国家社会科学基金项目

"当代东北地区少数民族新闻传播史研究（1949-2010）"（11BXW003）之最终成果

当代东北地区
少数民族新闻传播史研究

于凤静 著

中国社会科学出版社

图书在版编目(CIP)数据

当代东北地区少数民族新闻传播史研究 / 于凤静著. —北京：中国社会科学出版社，2017.10
ISBN 978-7-5203-1064-2

Ⅰ. ①当… Ⅱ. ①于… Ⅲ. ①少数民族—新闻事业史—研究—东北地区 Ⅳ. ①G219.297

中国版本图书馆 CIP 数据核字（2017）第 231940 号

出 版 人	赵剑英	
责任编辑	吴丽平	
责任校对	郝阳洋	
责任印制	李寡寡	
出　　版	中国社会科学出版社	
社　　址	北京鼓楼西大街甲 158 号	
邮　　编	100720	
网　　址	http://www.csspw.cn	
发 行 部	010-84083685	
门 市 部	010-84029450	
经　　销	新华书店及其他书店	
印　　刷	北京明恒达印务有限公司	
装　　订	廊坊市广阳区广增装订厂	
版　　次	2017 年 10 月第 1 版	
印　　次	2017 年 10 月第 1 次印刷	
开　　本	710×1000　1/16	
印　　张	23.25	
插　　页	2	
字　　数	390 千字	
定　　价	86.00 元	

凡购买中国社会科学出版社图书，如有质量问题请与本社营销中心联系调换
电话：010-84083683
版权所有　侵权必究

序 一

史论结合,论从史出,展现独特的新闻史观

白润生

拜读《当代东北地区少数民族新闻传播史研究》后,笔者认为,仅从命题来看,作者不只是为了存史,更重要的是为了"研究"。作者的意图显然是在占有大量史料,掌握丰富史事、史识的基础上,提炼史论,阐释史观,以东北地区少数民族新闻传播的发展研究为核心,全面梳理东北地区当代朝鲜族、蒙古族、满族、锡伯族、达斡尔族、鄂温克族、鄂伦春族、俄罗斯族等少数民族的新闻传播,更好地促进东北地区少数民族新闻传播事业的发展,弘扬核心价值观,增强新闻传播的舆论引导作用,增强各族人民对中华民族的归属感,对中华文化的认同感,对伟大祖国的自豪感。也就是说,作者呈献给读者的是一部"以事实为基础,以史料为依据"的史书,在写作上力求史论结合,论从史出,展现其独特的新闻史观。诚如作者在《绪论》中所阐述的那样:"廓清东北地区少数民族新闻传播现状,把握东北地区少数民族新闻传播的发展态势,挖掘问题和症结,找出解决问题的对策,正是本书的立意宗旨。"这部著作改变了只是保存史料,缺乏理论提升的缺陷,为后人的"资政""育人"提供了一面镜子。

这一研究的主体结构共 3 编 9 章 35 节,第一编以存史为主,即所谓的"历史沿革"。第二编在存史(史事、史识)的基础上,提炼史论,阐释史观,即所谓"当代东北地区少数民族新闻传播的特色形态"。第三编煞尾,重点评述了研究中国东北地区少数民族新闻传播的代表性人物,凸显其学术成就和重大贡献。"大事记"厘清了朝鲜族、蒙古族、满族、达

斡尔族新闻传播和少数民族新闻教育与研究的重大事件的脉络，方便后来者的深化研究。

主体结构的核心部分为第二编。作者在这里旗帜鲜明地提出东北地区少数民族新闻传播形态的重要特色："东北地区少数民族新闻传播经过60年的发展历程形成了独具特色的形态，即由跨境传播和县域乡村传播共同构成的外向和内向'两极传播'格局。"重点论述了"两极格局"的形成与由来；"两极格局"的内涵与外延及其理论与实践意义；"两极格局"的发展态势以及不同时期的萌动、偏狭和重振及其确立；结合媒体发展的新形势，重点论述了新媒体特征，探索跨媒体、跨区域和跨级别的媒体融合，提升受众意识和服务意识。作者在论证过程中尤其重视东北地区少数民族新闻传播的基本生态要素，诸如县域乡村要素、跨境民族要素、语言特色要素等。中央号召学者以当代史为研究重点，作者更是把21世纪东北地区少数民族新闻传播作为论述的重中之重。她于2008—2009年、2011年暑假和2012年、2013年寒假、暑假多次主持东北地区少数民族新闻传播的调研活动。以其调研成果"传者和受众对县域传播的认知和评价""中国朝鲜族和韩国人、朝鲜人对跨境传播的认知和评价"，论证少数民族新闻传播"两极格局"存在的问题及其症结，并提出把握解决问题、推动新闻传播事业发展的必要条件和因素，从媒介生态的优化、跨境传播的特色和多渠道开拓、县域乡村的准确定位、民族特色的把握和开掘、新媒体的开发及媒体融合的开展五个方面，详细具体地提出21世纪东北地区少数民族新闻传播"两极格局"的优化对策，以提高东北地区少数民族新闻传播的知名度和美誉度。作者在调研基础上提出来的"优化对策"，为党和国家制定发展东北地区少数民族新闻传播事业的政策、措施与未来规划，提供了可行性的决策依据，具有重要的参考价值。

作者于凤静教授是研究东北地区少数民族新闻传播的知名学者。她的研究不仅从社会意识形态的角度去分析，而且对该地区少数民族新闻传播的文化生态、少数民族语言的文化特色、民族特色的文化共同价值、传播媒介的文化符号等予以综合的审视和考量。在她看来，这样才能深刻地把握和凸显东北地区少数民族新闻传播的属性和特征。这种文化观照对我国少数民族新闻传播研究具有一定的开拓性和创新性。

于凤静从文化生态视角研究少数民族新闻传播，始于2010年。因为在这一年我看到了她发表的相关论文。崔相哲教授是研究我国东北地区朝鲜族新闻传播的历史与现状的开拓者、先行者，但是他很少涉及东北地区的其他少数民族，如满族、达斡尔族、鄂伦春族、鄂温克族、俄罗斯族等。于教授则不然，她比较全面地研究了我国东北地区少数民族新闻传播和各个民族新闻传播的文化生态、特色、价值以及传播媒介的文化符号等，并给予综合性的审视与考量，视角的转换和全方位的研究使其成为东北少数民族新闻传播史教学与科研的后起之秀。而其研究成果的不断问世，使她在学术界的影响与日俱增。

于凤静着眼于东北地区少数民族新闻传播的文化生态的变化与发展的研究，无疑是一项利国利民的文化民生工程，作为少数民族文化的一部分，丰富和深化了中华民族文化的内涵，是建设我们各民族共有精神家园的有力支撑。《当代东北地区少数民族新闻传播史研究》的写作彰显了作者守望民族文化，探寻民族精神传承的渴望与力量。

我们热烈祝贺《当代东北地区少数民族新闻传播史研究》的出版，预祝于凤静教授有更多的少数民族新闻传播学的学术成果问世！

是为序。

2015 年 11 月 24 日 20：30 于北京长河河畔

（白润生，中央民族大学教授，中国新闻史学会特邀理事，少数民族新闻传播史研究委员会名誉会长，南京师范大学民国新闻史研究所特约研究员。）

序 二

填补当代东北地区少数民族新闻传播史研究空白的力作

陈昌凤

地区新闻史的研究,近年来在我国开展得红红火火,一部部地区新闻史正在面世。而少数民族新闻传播史研究,也在向纵深拓展。于凤静教授的这部《当代东北地区少数民族新闻传播史研究》,就是系统梳理、深入开掘的一部专著,填补了地区新闻史研究和少数民族新闻传播研究的一项空白。著作资料翔实全面,评价力求公允,学科视角多元,观点较为独到,为中国新闻传播史研究作出了贡献。

东北地区是我国最大的少数民族散居区,也是我国跨境民族人数最多的地区,舆论交汇、文化多元,新闻传播对于地区发展与民族之间的交流,发挥了重要作用。著作在挖掘一手资料的基础上,梳理了1949年以来东北地区新闻传播历史的变迁脉络,分析阐述了各个时期不同民族地区、不同媒体类型的发展情况,并总结了当代东北地区少数民族新闻传播的特色,认为跨境传播和县域乡村传播共同构成了外向和内向"两极传播"的格局,并对格局的确立和功能成效进行了多方面的探讨。作者经过分析认为,县域乡村、跨境民族和语言特色,是影响东北地区少数民族新闻传播格局的重要因素,并提出了优化对策。著作从结构—功能的思路上,厘清了东北地区少数民族新闻传播与中国社会、东北地区及东北少数民族地区社会发展等子系统与大系统之间的关系,对现实新闻传播实践具有借鉴意义。

研究少数族群与新闻传播关系的最经典之作,莫过于美国社会学家罗伯特·帕克(Robert E. Park)的《移民报刊及其控制》,用罗杰斯在

《传播学史》中的评价，它"开创了大众传播研究"。帕克关注现实社会问题，并努力以学术寻求解释与解决之道，他认为移民之所以读报、关注新闻，是为了生存，而且他们打破了原有的对地区的忠诚，代之以更广泛的民族忠诚。他的深入研究，至今仍给予我们许多重要的启发。少数族群的生存与发展，一直是人类社会的一项重要课题，也是帕克在后来所提出的"边缘人"（marginal man）面临的挑战。少数族群在许多发达国家，仍未受到足够的重视，美国"皮尤研究中心"（Pew Research Center）近年的报告仍认为：主流媒体对非裔美国人并没有太大的关注。许多民族文化都是在不断销蚀原有的民族特性的情况下，寻求和主流文化的同化与融合。因此当代国际社会都是以多元化并存与文化融汇作为一种理想和追求。中国作为一个多民族国家，在民族传播方面也面临着许多传统的和新的挑战。在此背景下，于凤静教授的这部著作，对于我们思考更多深层的问题，富有启发意义。

我国少数民族新闻传播事业发端并兴起于20世纪初叶，新中国成立后得以发展和繁荣，20世纪80年代改革开放以后，形成了较为系统的，多语种、多文种、多层次的新闻传播体系。少数民族新闻传播研究开始于20世纪80年代中叶，1986年内蒙古乌兰察布报社的马树勋出版了其论文集《民族新闻探索》，开中国民族新闻传播研究之先河。20世纪90年代白润生的《中国少数民族文字报刊史纲》、崔相哲的《中国朝鲜族报纸、广播、杂志史》等著作，开始系统地梳理民族新闻史，及至21世纪以后白润生教授主编的《中国少数民族新闻传播通史》《中国少数民族新闻传播史》等多部力作面世，中国新闻史的一块短板真正被补齐了。民族新闻研究得到了国家和各级政府的支持，国家社科基金、教育部、国家民委等科研立项中，民族传播研究的项目逐渐增加。2011年，国家民政部批准中国新闻史学会下设"少数民族新闻传播史研究委员会"，可以说从机制上确立了民族新闻传播史的学术地位。在老一辈学者的开拓和带动下，中青年学者迅速成长，这部著作的作者就是其中优秀一员。

本人与作者于凤静既是同行，也是好友。凤静勤勉踏实，有学术理想，几年前她还赴武汉大学攻读博士学位，接受了系统的理论学习和方法训练。她近年发表了数十篇研究东北地区少数民族大众传播与社会发展关系的论文，涉及大众传播在少数民族城市化进程中的功能、民族传播调查、民族传播的文化等问题，并主持国家社科基金项目、国家民委项目、辽宁省社科基金项目等，学有所成仍笔耕不辍，成果丰厚。有幸阅读和学习她的书稿，令我受益匪浅。相信这部著作的出版，对于新闻传播史学界和新闻传播实务界，都有重要的意义。

2015 年 8 月于北京

（陈昌凤，清华大学新闻与传播学院教授、博士生导师、副院长，中国新闻史学会会长，国务院学位办新闻传播学科组成员）

目 录

绪论 …………………………………………………………………… (1)
  第一节　研究的背景和意义 ……………………………………… (1)
    一　研究的背景 ………………………………………………… (1)
    二　研究的意义 ………………………………………………… (4)
  第二节　国内外相关研究综述 …………………………………… (6)
    一　国外研究综述 ……………………………………………… (6)
    二　国内研究综述 ……………………………………………… (12)
    三　研究现状评析 ……………………………………………… (15)
  第三节　研究内容与基本观点 …………………………………… (18)
    一　核心概念界定 ……………………………………………… (18)
    二　研究的内容 ………………………………………………… (22)
    三　基本观点 …………………………………………………… (25)
  第四节　研究方法 ………………………………………………… (29)
    一　文献分析法 ………………………………………………… (29)
    二　田野调查法 ………………………………………………… (29)
    三　比较研究法 ………………………………………………… (29)

第一编　当代东北地区少数民族新闻传播的历史沿革

第一章　新中国成立后 17 年（1949.10—1966.5） ……………… (33)
  引言　此时期东北少数民族及少数民族地区概述 ……………… (33)
    一　朝鲜族自治地区 …………………………………………… (34)
    二　蒙古族自治地区 …………………………………………… (34)

三　达斡尔族地区 ………………………………………… (35)
　　　四　东北的满族聚居区 …………………………………… (35)
　第一节　朝鲜族地区:多种媒体的发轫 ……………………… (37)
　　　一　报纸 …………………………………………………… (37)
　　　二　刊物 …………………………………………………… (43)
　　　三　图书出版及发行 ……………………………………… (46)
　　　四　广播 …………………………………………………… (47)
　第二节　蒙古族地区:民族语言县报与广播的创建 ………… (49)
　　　一　报纸 …………………………………………………… (50)
　　　二　刊物 …………………………………………………… (51)
　　　三　广播 …………………………………………………… (52)
　第三节　达斡尔族地区:有线广播站的开建 ………………… (54)
　第四节　满族聚居区:县报与有线广播的创建与发展 ……… (54)
　　　一　报纸和刊物 …………………………………………… (54)
　　　二　广播 …………………………………………………… (57)
　第五节　非民族地区的民族语文新闻传播:省级报刊与广播
　　　　　的诞生 ………………………………………………… (59)
　　　一　报刊 …………………………………………………… (59)
　　　二　广播 …………………………………………………… (61)
　第六节　少数民族新闻传播教育:延边大学的人才培育 …… (62)
第二章　"文化大革命"10年(1966.6—1976.10) …………… (64)
　第一节　朝鲜族地区:电台的艰难生存与功率提升 ………… (64)
　　　一　报纸与刊物 …………………………………………… (64)
　　　二　广播 …………………………………………………… (65)
　　　三　电视 …………………………………………………… (65)
　第二节　蒙古族地区:有线广播的快速发展 ………………… (66)
　第三节　达斡尔族地区和满族聚居区:有线广播的全面推进 … (67)
　　　一　达斡尔族地区:广播自办新闻节目 ………………… (67)
　　　二　满族聚居区:有线广播技术的改进和普及 ………… (67)
　第四节　非民族地区的民族语文新闻传播:报纸、电台的改换
　　　　　和停办 ………………………………………………… (69)

第三章　改革开放 20 年(1976.11—1999.12) ……………………(70)

引言　此时期东北少数民族及民族地区概述 ………………………(70)

　　一　东北地区的少数民族 …………………………………………(70)

　　二　东北少数民族地区 ……………………………………………(70)

第一节　朝鲜族地区:新闻传播事业的全面复兴 ……………………(71)

　　一　报纸 ………………………………………………………(71)

　　二　刊物 ………………………………………………………(74)

　　三　图书、音像出版 ……………………………………………(75)

　　四　广播 ………………………………………………………(78)

　　五　电视 ………………………………………………………(81)

第二节　蒙古族地区:民族语言报刊、广播和电视的发展 …………(86)

　　一　报纸 ………………………………………………………(86)

　　二　刊物 ………………………………………………………(86)

　　三　广播 ………………………………………………………(87)

　　四　电视 ………………………………………………………(90)

第三节　达斡尔族地区:广播节目的丰富多彩 ………………………(95)

第四节　满族地区:县报、广播和电视的突飞猛进 …………………(96)

　　一　报纸、刊物 …………………………………………………(96)

　　二　广播 ………………………………………………………(98)

　　三　电视 ………………………………………………………(100)

第五节　非民族地区的民族语文新闻传播:多种、多层次

　　　　媒体的创建 ……………………………………………(103)

　　一　朝鲜族语文:报刊、广播的恢复和创建 ………………(103)

　　二　蒙古族语文:市级媒体的建立 …………………………(107)

第六节　少数民族新闻传播教育:多层次民族院校的建立 ………(108)

第七节　相关研究机构及传播:民族研究刊物和机构的创办 ……(109)

第四章　21 世纪以近(2000.1—2010.12) ………………………(111)

第一节　朝鲜族地区:新闻传播体系日趋完善 ……………………(111)

　　一　报纸、刊物 ………………………………………………(112)

　　二　图书、音像出版 …………………………………………(113)

　　三　广播 ………………………………………………………(114)

　　四　电视 ………………………………………………………(118)

五　电影 …………………………………………………… (122)
　　六　网络媒体 ………………………………………………… (123)
第二节　蒙古族地区：广播、电视媒体的突出发展 ……………… (128)
　　一　报纸、刊物 ……………………………………………… (128)
　　二　广播 ……………………………………………………… (131)
　　三　电视 ……………………………………………………… (135)
　　四　网络媒体 ………………………………………………… (138)
第三节　满族地区：电视媒体的重点推进 ………………………… (139)
　　一　报纸、刊物 ……………………………………………… (139)
　　二　广播 ……………………………………………………… (141)
　　三　电视 ……………………………………………………… (143)
　　四　网络媒体 ………………………………………………… (145)
第四节　达斡尔族地区：有线电视的开建 ………………………… (146)
第五节　非民族地区的民族语文新闻传播：多层次、多种
　　　　 媒体的深入发展 ………………………………………… (147)
　　一　朝鲜族语文：多种媒体的推进 ………………………… (147)
　　二　蒙古族语文：市级电台的上星播出 …………………… (150)
　　三　满族和其他少数民族：网络媒体的建设 ……………… (151)
第六节　少数民族新闻传播教育：民族教育机构梯度的完善 …… (153)
第七节　相关研究机构及传播：民族研究机构、刊物的发展
　　　　 与丰富 …………………………………………………… (154)

第二编　当代东北地区少数民族新闻传播的特色形态

第五章　当代东北地区少数民族新闻传播的"两极格局"及其
　　　　 由来 ……………………………………………………… (159)
第一节　"两极格局"的演进 ………………………………………… (159)
　　一　"两极格局"及其意义 …………………………………… (159)
　　二　"两极格局"的萌动、偏狭和重振 ……………………… (162)
　　三　不同时期新闻传播的民族特色 ………………………… (167)
第二节　"两极格局"的现状 ………………………………………… (171)
　　一　"两极格局"的确立及成效 ……………………………… (171)

二　"两极格局"的新媒体特征 …………………………………（183）
　　三　"两极格局"传播的民族特色 ………………………………（186）
　　四　对"两极格局"及其传播特色的评价 ………………………（190）
　第三节　"两极格局"形成的原因 ……………………………………（192）
　　一　东北地区少数民族新闻传播的基本生态要素 ………………（193）
　　二　20世纪下半叶全国与东北少数民族媒介生态的相互
　　　　影响 …………………………………………………………（198）
　　三　21世纪以来中国社会的发展与东北少数民族媒介生态的
　　　　合力促进 ……………………………………………………（204）

第六章　当代东北地区少数民族新闻传播"两极格局"存在的问题
　　　　及其症结 ………………………………………………………（211）
　第一节　传者和受众对"两极格局"的认知与评价 …………………（211）
　　一　传者和受众对县域传播的认知和评价 ………………………（212）
　　二　中国朝鲜族受众和韩国人、朝鲜人对跨境传播的
　　　　认知和评价 …………………………………………………（224）
　第二节　"两极格局"存在的问题 ……………………………………（228）
　　一　"两极格局"总体失衡 ………………………………………（229）
　　二　"两极格局"总体发展缓慢乏力 ……………………………（231）
　　三　"两极格局"中新闻传播的民族特色表现不足 ……………（233）
　　四　跨境传播的表面化与单向性 …………………………………（236）
　　五　县域乡村传播的尴尬处境 ……………………………………（238）
　第三节　"两极格局"存在问题的症结 ………………………………（241）
　　一　城乡"二元结构"与传统"外宣"思维的不利影响 ………（241）
　　二　新媒体开发及媒体融合滞后 …………………………………（242）
　　三　对民族特色、民族精神和民族身份的认识偏颇 ……………（246）
　　四　跨境传播的规划和执行力薄弱 ………………………………（248）
　　五　县域乡村传播的认识误区 ……………………………………（251）

第七章　当代东北地区少数民族新闻传播"两极格局"的优化
　　　　对策 ……………………………………………………………（254）
　第一节　媒介生态的优化 ……………………………………………（254）
　　一　生态要素的调整和重构 ………………………………………（254）
　　二　挖掘各种政策、政治效应的关联度 …………………………（259）

第二节 外向一极:跨境传播的特色定位和多渠道开拓 (260)
  一 统筹规划,形成合力 (260)
  二 以特色立台,以个性感人 (261)
  三 打造民族品牌栏目 (263)
  四 提升朝鲜民族文化的精神内涵 (264)
  五 建立沟通渠道,增强互动机会 (266)

第三节 内向一极:县域乡村传播的准确定位 (268)
  一 县域乡村的惠农传播 (268)
  二 培养少数民族的市民意识 (272)

第四节 民族特色的把握和开掘 (279)
  一 民族语言要由实用性的记录转向文化性的表达 (279)
  二 依托风土人情的表现,多领域打造民族特色 (282)
  三 提炼多民族共通的文化精神 (284)

第五节 新媒体的开发及媒体融合的拓展 (288)
  一 建立网络战略联盟 (288)
  二 开发手机等新媒体 (289)
  三 开展多层次的媒体融合活动 (291)

第三编 当代东北地区少数民族新闻传播人事评记

第八章 当代东北地区少数民族新闻传播研究人物志 (299)
  一 白润生(汉族,1939—)教授 (299)
  二 林青(汉族,1921—)高级编辑 (301)
  三 崔相哲(朝鲜族,1939—)教授 (305)
  四 波·少布(蒙古族,1934—)高级研究员 (306)
  五 吴泰镐(朝鲜族,1928—2014)高级编辑 (308)
  六 李逢雨(朝鲜族,1967—)博士、教授 (309)
  七 于凤静(汉族,1963—)博士、教授 (311)

第九章 当代东北地区少数民族新闻传播大事记 (315)
  一 朝鲜族语文新闻传播 (315)
  二 蒙古族语文新闻传播 (319)
  三 满族地区的新闻传播 (321)

四　达斡尔族地区的新闻传播 …………………………………（323）
　　五　少数民族新闻传播教育及研究 ………………………………（324）

附录 ……………………………………………………………………（326）
参考文献 ………………………………………………………………（342）
后记 ……………………………………………………………………（350）

绪 论

第一节 研究的背景和意义

一 研究的背景

（一）东北少数民族的勃兴

东北地区（黑龙江、吉林、辽宁三省）是我国最大的少数民族散居地区，呈现为大杂居、小聚居的居住形态。改革开放以来，由于民族政策的落实和民族地区经济的发展，东北地区的少数民族人口由1953年第一次人口普查时的362.01万人，增长到现在的1020万人，占东北三省总人口的9.3%左右，占中国少数民族总人口的8.96%左右。[①] 其中满族有695.1万人，占我国满族总人口的近70%；蒙古族有92.58万人，占全国蒙古族总人口的15.5%；朝鲜族人口有160.73万人，占全国朝鲜族总人口的87.8%。

东北共有16个民族自治地区，还有181个民族乡（镇），"居住面积14万多平方公里，接近江、浙一个半省，三个多海南省，四个台湾的面积"。[②] 在这些少数民族自治地方，仅少数民族人口就达366.56万人，比整个西藏地区的总人口还多出66万人[③]。在东北地区，县域的少数民族

[①] 本书除另有标注外，有关人口的数据来源于：国务院人口普查办公室、国家统计局人口和就业统计司《中国2010年人口普查资料》（上、中、下），中国统计出版社2012年版；黑龙江省、吉林省和辽宁省人口和统计部门编写的各省《2010年人口普查资料》。本书的一些数据也据此通过综合、运算而得出，时间一律截止到2010年，以下不再一一注明。

[②] 庞元第：《充分利用重振东北的机遇，促进东北少数民族的跨越式发展》，参见《中国民族理论学会第十三次专题学术研讨会论文集》，2005年。

[③] 据第六次全国人口普查，西藏人口由和平解放前的100万人增加到现在的300.22万人，其中藏族人口271.64万人，占90.48%。

正在经历深刻的变化，即由乡村迈入城市的城市化进程，涉及的人口近540万人，接近东北的少数民族总人口的一半。城市化进程中和城市中的新闻传播不论是传播的形式还是内容，接受的水平、效果都有所不同。因此新闻传播在这一民族身份的重大转折之中，其作用和意义更重大。

（二）东北亚地位的凸显

2003年10月，中共中央、国务院下发《关于实施东北地区等老工业基地振兴战略的若干意见》。2007年8月2日，国务院批复《东北地区振兴规划》，进一步丰富了东北老工业基地振兴的内涵，指明了其发展方向。2009年8月30日，为落实《东北地区振兴规划》，国务院又批复实施《中国图们江区域合作开发规划纲要》，这是国家第一个沿边开发开放的区域规划。这一战略的实施，把中、俄、朝、韩、蒙、日东北亚六国的辽阔地理和开发开放的前景连接在了一起，也把东北边境地区从中国的边疆变成了东北亚的中枢，战略地位凸显。延边作为东北地区唯一一个地区级别的少数民族自治州，成为该规划的核心区，被纳入国家发展战略，确定为长吉图开发开放先导区的"前沿"和"窗口"。这对于延边肩负起国家赋予的沿边开放"先行先试"的使命具有重大意义和深远影响。

东北三省作为老工业基地和中国的农业基地，经过市场脱胎换骨式的改革和提升，目前已焕发出后劲十足的强大活力。国家东北亚地区战略的实施更把东北推进到了发展和改革的前沿，推进到了东北亚发展的核心和基础地位。在这种形势下，东北地区的少数民族新闻传播发展和提升的重大意义自然得到彰显。服务于地区、服务于经济、服务于民众的东北地区少数民族新闻传播唯有同东北地区的发展、东北亚大区域的发展协调一致，才能在时代与社会的潮流中与时俱进。

（三）东北少数民族新闻传播面临着严峻挑战

东北的少数民族地区是我国跨境民族人数最多的地区。与我国其他跨境民族不同，东北跨境民族受发达国家影响较大。我国有近30个少数民族跨境居住，少数民族地区与10多个国家接壤。我国绝大多数的跨境民族与发展中或欠发达国家相邻，但东北的跨境民族虽也受欠发达国家蒙古国和朝鲜的影响，但他们与发达国家如俄罗斯、韩国、日本相邻相望，受其文化和信息传播影响较大。

另外，东北跨境民族多在境外有主权国家，如蒙古族、俄罗斯族、朝鲜族等，其中以朝鲜族和蒙古族尤为令人关注。① 共同的民族渊源、语言和密切的社会交往使他们具有共同的价值观和民族意识。因此，处理这些跨境民族问题往往与国家关系和利益连在一起，新闻传播的动态就更加复杂，也更加重要。朝鲜族不仅人口众多，聚居地集中，而且是境外主权国家最多的跨界民族。可以说，东北亚朝鲜民族的动态直接关系到本地区乃至世界的整体局势。

目前，美、英、德、法等西方国家在中国周边的10个国家部署了26个广播发射基地，近百套境外卫视节目覆盖了中国的版图。② 境外新闻传播对我国已形成了无孔不入的渗透态势。俄罗斯、韩国、日本等发达国家的新闻传播对我国东北少数民族地区形成了明显的渗透，尤其韩国的刊物、卫星电视等在延边等地区影响甚剧。在复杂的国际环境中，东北地区及其边疆跨境民族已成为一个十分重要和敏感的地带与传播受众。由于东北少数民族地区内部发展的不平衡性，城乡之间、边疆和内地之间差别较大，"一些人的祖国观念、民族观念淡漠，甚至对社会主义产生怀疑"。③

东北地区作为跨境民族人数最多的区域，少数民族新闻传播该怎样进行跨境传播、坚定而有效地进行主流意识和国家认同意识的传播、积极参与信息传播的全球化流动，是其面临的严峻挑战。

（四）东北地区少数民族新闻传播研究的需要

从现有的涉及东北少数民族新闻传播的研究成果来看，东北少数民族新闻传播的空白点有三处表现。

其一，时间断代较早。如：黑龙江日报社新闻志编辑室的《东北新闻史（1899—1949）》（黑龙江人民出版社2001年版）等论著，不但对东北少数民族新闻传播的记述有些零散，而且时间都截至新中国成立前。

其二，凡有涉及新中国成立后东北少数民族新闻传播的论著，一般都为专题研究，如吴泰镐的《延边日报五十年史》（汉文版，延边人民出版社1998年版）、崔相哲的《中国朝鲜族报纸、广播、杂志史》（［韩］庆南大学出版社1998年版）等。这些论著虽不乏对专门媒体的详尽梳理，

---

① 参见张兴堂《跨界民族与我国周边外交》，中央民族大学出版社2009年版，第92页。
② 参见程雪峰、张素梅、周宏宇《浅析我国传媒如何应对西方的跨境传播》，《新闻传播》2005年第4期。
③ 李晓林、陈鼎波：《一山两江间的家园——东北边境纪事之吉林篇》，《中国民族》2004年第12期，第17页。

但依然没有展现东北地区少数民族新闻传播的整体概况。

其三，散点式研究。一些研究少数民族新闻传播的论著，其重点一般集中在中央、5个民族自治区和省级的新闻传播，对县级新闻传播着墨不多。如林青的《中国少数民族广播电视发展史》、白润生的《中国少数民族新闻传播史》等。在这些论著里，东北地区的少数民族新闻研究记述多散落在民族史、新闻史或少数民族新闻史的研究之中。

近年来，一些学者的研究开始涉及东北地区及东北少数民族新闻传播。2004年，周建明发表了论文《东北地区与新疆新闻媒介生态环境比较》[1]，就改革开放以来东北地区与新疆新闻媒介生态环境的发展现状和特色作了介绍和对比，提出了东北地区与新疆新闻传播进一步发展的思路。2012年4月，延边大学李逢雨的《中国朝鲜族新闻传媒与和谐社会建设》[2]一书出版，将以延边州为代表的中国朝鲜族语文媒体的研究推向了一个较深的层次。2012年11月，郑保卫主编的《中国少数民族新闻传播发展报告》[3]一书出版，该书部分内容对新中国成立以来东北地区少数民族新闻传播事业的发展进行了粗略的梳理。总之，目前学界和业界还没有对新中国成立以来东北少数民族新闻传播活动进行综合式深入系统的研究，对东北少数民族新闻传播发展的对策性研究更是鲜见。

二 研究的意义

其一，首次系统全面地梳理东北地区少数民族新闻传播的发展脉络。

以东北地区少数民族新闻传播的发展研究为核心，全面梳理东北地区的朝鲜族、蒙古族、满族和达斡尔族等民族地区与非民族地区的民族新闻传播，对东北民族地区不同的媒体门类如报纸、刊物、图书出版、电台、有线广播、电视台和网络等予以分析和阐述。本书重点对2000—2010年东北东区少数民族新闻传播事业的发展予以整体观照，并兼顾东北少数民族新闻传播教育、学术研究等，探讨其发展规律及特点，寻求发展对策，意在为中国少数民族新闻传播研究填补一项空白，为中国少数民族新闻传播研究提供相关的基础资料，为东北少数民族地区新闻传播事业发展提供

---

[1] 参见周建明《东北地区与新疆新闻媒介生态环境比较》，《新闻传播》2004年第9期。
[2] 参见李逢雨《中国朝鲜族新闻传媒与和谐社会建设》，人民出版社2012年版，第4页。
[3] 参见郑保卫主编《中国少数民族地区新闻传播发展报告》，人民日报出版社2012年版，第11页。

新的理论支撑和实践借鉴。

其二，东北少数民族地区新闻传播具有代表性和典型性，对其展开研究具有推而广之的理论价值和实践意义。

占我国国土面积64%的少数民族地区，经济、文化相对落后，切实加快少数民族地区经济文化的发展，让少数民族地区人民群众共同参与和谐社会构建，实现经济社会的全面协调和可持续发展，共同享有改革发展的成果，始终是实现民族和谐与社会和谐的基本途径。新闻传播的桥梁与导向作用能对经济和科技信息、地方物产、地方文化产业等产生强大的助推作用，可以带动民族地区的产业振兴，促进民族地区经济的发展，进而提升民族地区经济在国家经济发展中的影响力。

全球信息化发展到今天，新闻传播在政治、经济、文化、社会建设等领域中发挥着越来越重要的作用，它所具有的信息传播、文化传承、社会关系协调、提供娱乐、教育等社会功能与责任在民族地区的落实过程，就是少数民族在政治、经济与文化领域的"共同团结奋斗，共同繁荣发展"[①]的过程，也是民族地区发展的基本保障。新闻传播所独有的社会功能和广泛的、强力的渗透性可以最大限度地实现受众的广泛参与和资源共享。因此，建设和谐社会，在经济文化相对落后的少数民族地区实现"两个共同"，一个不可忽视的有效途径就是大力发展少数民族地区的新闻传播事业。

我国有民族八省区，少数民族人口较为集中，而其余皆为少数民族散居区。东北地区就是我国最大、最典型的少数民族散居区。东北少数民族地区有55个少数民族，不仅有原住少数民族、世居少数民族，更有外来的少数民族。民族成分齐全，民族种类丰富，语言特色明显，经济文化类型多样。与其他民族地区相比，现代化进程较快，媒体功能布局有一定基础，这在我国民族地区中较有代表性和典型性。因此展开当代东北少数民族地区新闻传播发展研究，具有推而广之的理论价值和实践意义。

其三，增强东北地区新闻传播的舆论引导力，为少数民族新闻传播尤其是跨境传播提供新鲜和典型的范本。

[①] 2003年3月4日，在全国政协十届一次会议上，胡锦涛明确指出："共同团结奋斗，共同繁荣发展"是21世纪新阶段民族工作的主题。"两个共同"的提出，明确了21世纪新阶段我国民族工作的方向和目标。

由于地理环境、经济发展等历史和现实因素，少数民族地区在新闻传播和文化交流中往往处于弱势状态。通过新闻传播的强大力量，加大对少数民族非物质文化遗产的保护和弘扬力度，为民族地区大众参与和享有信息传播构筑坚实而畅通的平台，在充分传播主流话语、使民族地区受众享有主流传播内容的同时，利用新闻传播的互动和参与功能，为民族地区民众开通表达政治需求、政治观念的通道，已是当务之急。与此同时，通过新闻传播的参与和交流，增强少数民族对社会主义核心价值体系的认同、增强中华民族的整体观念、防止反动异端信息的传播与影响，更是刻不容缓。

东北少数民族地区多处于边疆地带，民族成分复杂，多种舆论交汇。展开少数民族新闻传播的发展研究，评估现状、总结规律、把握态势，能更好地促进东北少数民族地区新闻传播事业的发展，增强东北地区新闻传播的舆论引导力，进而促进东北少数民族文化的发展与繁荣。与此同时，也可以为在现代化和工业化条件下的少数民族新闻传播尤其是跨境传播提供新鲜和典型的范本。

第二节　国内外相关研究综述

一　国外研究综述

国外少数民族与新闻传播关系的研究，一般都是从对少数民族传媒的考察和分析开始的。少数民族传播在国外一般叫作少数族群传播，就是指民族国家中以某一个人口占少数的族群语言为传播语言的传播活动。其运作方式有两种，一种是由政府主导的主要向少数民族受众传播的传媒，内容一般是社会主流意识认同和国家认同；另一种是少数民族自己创办的传媒，主要是反映少数民族的利益诉求。社会学者和传播学者对少数民族与新闻传播关系的研究，一般都是基于后一种状况。[①]

最早关注少数民族和传播关系的是美国社会学芝加哥学派的掌门人罗伯特·帕克（Robert E. Park）。帕克的唯一著作《移民报刊及其控制》[②]

[①] 参见彭伟步《美国少数族群传媒关于族群和国家认同的研究》，《太平洋学报》2009年第10期。

[②] 参见［美］罗伯特·帕克《移民报刊及其控制》，陈静静、展江译，中国人民大学出版社2011年版。

是芝加哥学派的代表作,也是"开创了大众传播研究"[①]的启蒙之作,迄今为止也是研究少数民族与新闻传播关系的代表作。

帕克的论著成书于20世纪20年代,当时由于美国城市的发展,大量移民特别是欧洲移民来到美国。1840年芝加哥还是个仅有4000多人的小镇,1890年它的人口达到100多万人,1990年人口达到了170万人,而其中有一半人口是外来移民。[②] 欧洲移民尤其是德国裔美国人大量涌入,给美国原有的社会结构带来了巨大的冲击。面对美国社会和城市的少数族群"边缘人"剧增的现状,调查记者出身的帕克大力运用社会学的实地调查研究方法,并引入生态学的概念,通过对数十种少数族群开办的报纸进行大量实证性分析,进而对移民和国家、城市的关系进行了深入的考察。帕克的结论是,少数族群的报刊等传播媒介既有助于维护少数族群文化,又可以起到传播国家意识从而使少数族群融入主流社会的作用,国家应对其予以扶持。这与当时认为少数族群传媒只起到了强化族群意识、稀释国家意识的观点及主张对其打压的观点和行为完全相反。

美国著名传播学者罗杰斯认为,帕克是现代传播学的启蒙者和大众传播研究的开创者。在社会学领域功勋卓著的帕克之所以被传播学家推崇,最主要的原因是帕克把社会学理论带入新闻传播研究中,其提出的"边缘人"纯粹是个社会学概念,但已成为传播学的研究要素,其从受众的角度强调传播效果的研究也深为罗杰斯所称赞[③]。清华大学传播学者熊澄宇认为帕克提到的问题即使在当下也有深入研究的价值,如媒体传播的思想怎样左右公众意见,反过来又怎么被公众所影响?因此,其对社会发展的哪些方面作用明显而深刻?大众传播与人际传播的内在联系是什么?帕克对于传播含义的阐释与后来香农的信息理论有异曲同工之妙。[④] 由此看来帕克的社会学思想对后来的大众传播思想确有深刻的启发,尤其是对传播生态学和民族志传播学有更深刻的启迪。

第二次世界大战之后,国际秩序的重新建立和国际骤然增长的经济、

---

① [美]罗杰斯:《传播学史——一种传记式的方法》,殷晓蓉译,上海译文出版社2005年版,第134—142页。

② 参见秦斌祥《芝加哥学派的城市社会学理论与方法》,《美国研究》1991年第4期。

③ 参见[美]罗杰斯《传播学史——一种传记式的方法》,殷晓蓉译,上海译文出版社2005年版,第134—142页。

④ 参见熊澄宇《传播学十大经典解读》,《清华大学学报》(哲学社会科学版)2003年第5期。

文化、政治、军事、科学等交流促进了各国民众的全球性流动。不同国家背景、民族背景和文化背景的人员一时间都在进行着密切的交流、交往，在此基础上，跨文化的交流、交际的技巧方法就成为急需。20世纪50年代末，美国人类学家爱德华·霍尔（Edward T. Hall）通过传播跨文化思想的论著《无声的语言》①建立了跨文化传播学，旨在探讨跨越文化交流障碍的方法和途径，因此民族间的跨文化交流必然成为其研究的对象。霍尔早年有过与少数族群相处的经历，他通过研究北美纳瓦霍族人和印第安人的历史，强调不同文化、族群之间的互动和非语言信号在文化交流中的重要性，创立了文化"三个层次"即正式的、非正式的和专门的理论，提出了一种独特的文化交流模式，这种模式对于研究不同文化、不同族群和不同地域人群之间的互动、探寻他们不能互相理解的原因有重要意义，对跨文化交流产生深远的影响。

另外，在20世纪50年代与60年代之交兴起的文化研究（Culture Studies）思潮中，阶级、种族、性别和大众文化、传媒研究乃是主要的研究对象。因此，西方社会也有一些学者从文化研究的角度来探讨族裔和媒体的问题。②

20世纪60年代，美国著名学者德尔·海默斯（Dell Hymes）提出了"民族志传播学"术语，由此开辟了以民族志的方法研究传播学的新路径。民族志传播学的最主要特征是强调通过广泛的田野调查来搜集资料，并把自然语境中的传播实践作为分析对象。作为从人类学演化出来的传播学的一门新分支，在传播理论和调查方法上不仅对传播实务研究产生了较大的推动作用，也为少数民族新闻传播研究开辟了新的研究方法和途径。在海默斯之后，美国学者格里·菲利普森（Gerry Philipsen）又把民族志传播学的思想进一步光大和发展。菲利普森认为，文化是一种建构过程，文化存在于传播过程之中，传播过程建构了文化。因此文化影响传播实践，也受到传播实践的影响。③ 民族志传播学派更注重文化与传播的双向交流和影响，这对少数族群之间、少数族群与主流社会、国家意识的互动

---

① 参见［美］爱德华·霍尔《无声的语言》，何道宽译，北京大学出版社2010年版。
② 参见［日］刘雪雁《全球化与海外华文传媒研究的视点》，《首届世界华文传媒论坛论文集》，香港中国新闻出版社2001年版，第149页。
③ 参见蔡骐、常燕荣《文化与传播——论民族志传播学的理论与方法》，《新闻与传播研究》2002年第2期。

和沟通都有着积极的作用。

从帕克的生态学传播思想到海默斯的民族志传播学理论，无疑为后来少数民族与新闻传播研究提供了理论和实践上的依据。如罗布、托马斯、纽豪斯、卡威的《移民报刊：族群缓冲机构》就是沿用了帕克的传播学思想。① 用民族志方法进行少数民族与新闻传播研究的，当属柯克·约翰逊的《电视与乡村社会变迁——对印度两村庄的民族志调查》。有着两种文化背景（幼时有13年在印度乡村生活，后去美国）的约翰逊选择使用适合田野情况和研究对象的深度访谈（in-depth interviewing）和参与式观察法（participant observation），对两个村庄进行民族志研究，考察电视如何影响村民的希望、价值观、社会关系和传统。②

除了社会学家和人类学家对传播学的研究之外，新闻媒体的专家也对少数民族新闻传播给予了倾心的关注和研究。由于少数民族的暴乱及骚动引起大众关心、政府重视及传播学者的研究兴趣，欧美传播学者自20世纪70年代开始研究传播媒介报道少数民族问题的传播问题，认为主流媒体对原住民的报道呈现为如下三点错误：将少数民族问题化；对少数民族的成就与贡献疏于报道；欠缺有事件背景的深度报道等。台湾赛雅族传播学者孔文吉在其著作《忠于原味：原住民媒体、文化与政治》中曾经论及Bennett、Entman、Grenier、Husband、Van Dijk、Braham等人在20世纪70年代到90年代中期对少数民族新闻报道方面的研究。③

进入20世纪90年代尤其是迈入21世纪，随着全球经济一体化和新媒体的快速发展，主要发达国家和发展中国家少数民族在各个领域日益活跃并发挥重大作用，多元文化的重要性也日益突出，少数民族地位、作用的提高和实施多元文化政策成为多数国家的基本治国方略，这也促进了少数民族新闻传播实践的发展和对少数民族新闻传播理论的研究。2004年，研究美国整个报纸产业的《美国报纸产业》就分析了美国少数民族报纸

---

① 参见南长森、南冕《当前少数民族新闻传播的研究视域与拓新领域》，《当代传播》2011年第2期。
② 参见［美］柯克·约翰逊《电视与乡村社会变迁——对印度两村庄的民族志调查》，展明辉、张金玺译，中国人民大学出版社2005年版，第2页。
③ 参见赵丽芳《对美国原住民"红色阅读报告"的解读》，载张志、王晓英《新媒体与民族文化传播研究》，中国广播电视出版社2009年版，第224页。

的总体状况。①

近年来，以"全球态度调查"而著名的当今美国重要的新闻源、智库和"事实库"——"皮尤研究中心"（Pew Research Center）②，在目前其运营的七个项目中，最重要的两个核心项目就是以媒介和新闻传播为中心，调查和测量公众对于媒介、政治和公共政策问题的态度。其中卓越新闻项目（Pew Research Center's Project for Excellence in Journalism）自2004年开始发布《美国新闻媒体现状年报》。在2011年的年报中，《非裔美国媒体：新时代背景下的演进》部分，对2010年的非裔美国媒体进行了调查和研究，其结论是"主流媒体对非裔美国人族群并没有太大的关注"。③另据皮尤研究中心的调查报告称，2010年移民到美国的亚裔（43万人，占新移民的36%）首次超过拉美裔移民（37万人，占新移民的31%），成为该年移民美国的第一大少数民族族裔。④ 但是，亚裔美国人不认同"模范少数民族"的标签。⑤ 看来，移民性的少数民族同主流社会的融入、认同等，依然是新闻传播研究的重要课题。

进入21世纪，国外的研究者也积极关注和探讨原住少数民族媒体和传媒活动的关系问题。2002年，埃里克·迈克尔斯（Eric Michaels）通过对澳大利亚原住少数民族信息经济的研究指出，大众传媒应在原住少数民族社会信息经济中占有重要的位置；2008年夏天，《全球土著媒体：文化，诗学和政治》一书在美国杜克大学出版，该研究专著也同样强调了原住少数民族媒体在当今信息世界和媒体世界中的重大价值。无独有偶，美国加利福尼亚大学的媒体与文化研究系也同时在国际学界和业界招聘专职研究原住少数民族媒体的人才。

2009年10月，"媒体与传播国际研讨会"（International Conoference

---

① 参见吴清芳《中国回族与新闻传播》，硕士学位论文，中央民族大学文学与新闻传播学院，2007年，第2页。

② 参见马凌《以舆论调查的名义影响舆论——皮尤研究中心的前生今世及其影响》，《新闻记者》2011年，第12页。

③ ［美］艾米利·古斯金等：《非裔美国媒体：新时代背景下的演进》，载吕乐平、赵丽芳：《新媒体与民族文化传播研究》（第2辑），中国广播电视出版社2011年版，第124—133页。

④ 参见丁小希《美国亚裔成最大移民群体》（http://world.people.com.cn/GB/18247595.html, 2012 – 06 – 20）。

⑤ 参见《亚裔美国人不认同"模范少数民族"的标签》（http://blog.sina.com.cn/s/blog_9d2c2ade010176a2.html, 2012 – 07 – 06）。

on Media and Communication）在马来西亚召开。为突出原住少数民族传媒的重要作用和意义，增强其在西方主导的传播研究中的话语权，研讨会还专门设立了原住少数民族传媒学术研讨组。上述系列举措，都在学界和业界引起了很大的反响。

原住少数民族不仅利用各种机会影响传媒学界和业界，也积极投身现代传播活动中，以自己的实践活动和亲身体验表达自己的诉求，主张自己的社会权利。2008年年初，因纽特原住少数民族创立了独立的互动网络——Isurna TV。这一互动网络由因纽特原住少数民族的独立制片公司投资和支持，希冀通过网络平台整合现代多种传媒的力量，为因纽特原住少数民族发声。①

近年来，作为少数民族的华人华侨也受到了日本、澳大利亚和加拿大等国学者的关注②。日本出版的《族裔媒体——以多文化社会日本为目标》（1996年）、澳大利亚出版的《漂流生活——媒体与亚裔散居者》（2000年）这两本书中，都有关于华文传媒的章节，分别描述了当地华文传媒的现状，并探讨了华文传媒在族群内部以及对于整个主流社会的作用和意义。③ 对我国云南地区农村少数民族妇女生育健康与社会发展的探讨，是美国加州大学学者李滇（Virginia C. Li）在《图像表达：超越的视觉人类学》中表述的重点④，这是国外学者对我国少数民族传播研究具有重要价值的力作。

值得一提的是，自2001年至2013年，由中国新闻社主办每两年一届的世界华文传媒论坛已先后在南京、长沙、武汉、成都、上海、重庆和青岛举办过7届，最近的几届论坛参会的海外华文媒体来自50多个国家，达到了400余家。其论坛论文集较集中展现了当今海外各类华文媒体的现状，也体现了对海外华文媒体的最新研究成果。目前，世界华文传媒论坛

---

① 参见李春霞《媒介信息与彝族的文化认同》，中国少数民族地区信息传播与社会发展论坛组委会《中国少数民族地区信息传播与社会发展2009年刊》，经济日报出版社2010年版，第255—256页。

② 参见南长森、南冕《当前少数民族新闻传播的研究视域与拓新领域》，《当代传播》2011年第2期。

③ 参见［日］刘雪雁《全球化与海外华文传媒研究的视点》，《首届世界华文传媒论坛论文集》，香港中国新闻出版社2001年版，第149页。

④ 参见南长森、南冕《当前少数民族新闻传播的研究视域与拓新领域》，《当代传播》2011年第2期。

已成为海外华文媒体的"首脑峰会",以其开放性、国际性、高层次,为世界各地的各类华文媒体探讨自身在海外的生存发展,促进海外华文媒体之间及它们与中国大陆传媒界的沟通和交流,提升海外华文媒体的整体素质和水平,为表达海外华文媒体的心声搭建了平台。

二　国内研究综述

我国少数民族新闻传播事业兴发于20世纪初叶,新中国成立后进入发展和繁荣期,在20世纪80年代改革开放后,形成了较为系统,多语(文)种、多层次、多渠道的特色鲜明的新闻传播体系。① 目前,绝大多数民族地区都建立了使用本民族语言文字的广播、电视、出版等新闻传播机构。至2010年,我国民族自治地方使用少数民族语言的广播、电视机构达666个,运用14种民族语文出版的图书7593种、期刊207种、报纸82种,少数民族广播和电视人口覆盖率分别达92.7%和95.44%。② 少数民族新闻传播还在互联网、手机等新媒体中展开。

(一)少数民族新闻传播研究的发展过程

少数民族新闻事业的发展和进步是少数民族新闻传播研究的基础,为其提供了广阔的探索领域和丰富的推进契机。少数民族新闻传播研究始于20世纪80年代中叶。1986年5月,内蒙古乌兰察布报社马树勋的《民族新闻探索》出版,首开民族新闻研究的先河。该书收集论文13篇,"从理论上阐述了如何发展有中国特色的民族地区的新闻事业,以及如何运用民族自主精神发展具有民族形式和民族特点的新闻事业"等问题。③

1988年,中央民族大学(当时为中央民族学院)教授张儒发表论文《论民族新闻》④ 从学术上第一次提出了"民族新闻"的概念,对民族新闻概念的内涵和外延作了具体的阐述,把民族新闻推向理论研究的前沿。同年,《内蒙古日报五十年(1948—1998)》(内蒙古人民出版社1988年版)出版,中国少数民族新闻研究会(现为"中国少数民族地区报业研究会")也在贵州省凯里市成立,并创办了会刊《民族新闻》。20世纪90

---

① 参见白润生《中国少数民族新闻传播史》,民族出版社2008年版,第314页。
② 参见国家民委经济发展司、国家统计局国民经济综合统计司《中国民族统计年鉴2011》,中国统计出版社2012年版,第389、396、401、522页。
③ 戴邦:《序言》,载马树勋:《民族新闻探索》,内蒙古人民出版社1986年版,第1页。
④ 参见张儒《论民族新闻》,《中央民族学院学报》1988年第3期。

年代初，马树勋出版了《中国少数民族文字报纸概略》（内蒙古大学出版社1990年版）和《民族新闻纵横谈》（内蒙古人民出版社1991年版），为起步阶段的民族新闻研究打下了从实践到理论的研究基础。

进入20世纪90年代，少数民族新闻研究获得初步发展。此时期的代表性成果有：白润生《中国少数民族文字报刊史纲》（1994年）、崔相哲《中国朝鲜族报纸、广播、杂志史》（1995年），从宏观上对中国多民族和单一民族语文媒介进行了系统深入的概括，填补了我国民族新闻学研究领域的空白。白润生主编的《中国新闻通史纲要》（1998年）"第一次全面系统地将少数民族新闻史的内容按不同历史时期纳入高等院校新闻史教材，改变了过去出版的中国新闻史仅限于汉语文报刊史的格局"。①

1997年，白克信、蒙应合著的《民族新闻学导论》（广西师范大学出版社1997年版）出版发行。该书不仅同马树勋一样总结了民族地区报纸等媒介、新闻队伍的运作方针、特点等，还对我国民族新闻学的起源、发展、现状及其传播规律进行了理论总结。

进入21世纪后，少数民族新闻传播发展快速，研究成果逐渐增多，研究领域不断拓展。代表性的论著有林青主编的《中国少数民族广播电视发展史》（北京广播学院出版社2000年版），周德仓的《西藏新闻传播史》（中央民族出版社2005年版）、《中国藏文报刊发展史》（中国社会科学出版社2010年版）、张小平撰写的《民族宣传散论》（中国藏学出版社2005年版）、白润生主编的《中国少数民族新闻传播通史》（上下册，中央民族大学出版社2008年版）、《中国少数民族新闻传播史》（民族出版社2008年版）、《当代中国少数民族新闻事业调查报告》（中央民族大学出版社2010年版）、帕哈尔丁的《新疆新闻事业史研究》（新疆人民出版社2009年版）等。

中国少数民族新闻传播史研究的力作当属白润生先生的《中国少数民族新闻传播史》，这是一部集大成性质的鸿篇巨制，填补了中国新闻传播史研究的空白。

另外，高级别的新闻学术刊物对民族新闻传播研究日益重视，《当代传播》专门开设了"民族新闻研究"栏目。民族新闻传播的全国性学术

---

① 丁淦林：《〈中国少数民族新闻传播史〉序》，载白润生主编《中国少数民族新闻传播通史》（上），中央民族大学出版社2008年版，第1页。

会议相继召开，引起了学界和业界的广泛关注和积极参与。民族新闻研究也得到了国家、政府的支持，国家社科基金、教育部、国家民委等各层次科研立项中，少数民族大众传播项目逐年增多。目前，"中国新闻史学会少数民族新闻传播史研究委员会"已于2011年获准成立。

（二）少数民族新闻传播研究成果的分类

民族新闻传播历史研究类，即以时间为顺序、以少数民族新闻事业演进为中心，纵向考察其发展变化的研究。这一类别又可分为：（1）通史研究，目前这方面的代表作就是白润生先生的《中国少数民族新闻传播史》（民族出版社2008年版）；（2）地方史研究有周德仓的《西藏新闻传播史》（中央民族出版社2005年版）、帕哈尔丁的《新疆新闻事业史研究》（新疆人民出版社2009年版）等；（3）新闻媒介史，如林青的少数民族广播电视研究、周德仓的藏语报刊研究、崔相泽的朝鲜族语文媒介研究、白润生的中国少数民族文字报刊史研究等。

民族新闻学研究，即以民族新闻理论研究为中心，探讨中国民族新闻学的起源、发展、现状和规律等，如马树勋的《民族新闻探索》《民族新闻纵横谈》和白克信、蒙应的《民族新闻学导论》等。

民族文化传播研究类，即以民族文化传播及传播与社会发展为研究对象。21世纪以来代表性成果有：《鄂伦春族：黑龙江黑河市新生村调查》（郭建斌）、《独乡电视：现代传媒与少数民族乡村日常生活》（郭建斌）、《火塘·教堂·电视——一个少数民族社区的社会传播网络研究》（吴飞）、《中国西北地区少数民族大众传播与民族文化》（益西拉姆）、《新闻传播与少数民族受众——现代传播行为与边疆少数民族传统文化观念的冲突与调适》（阿斯买·尼亚孜）、《存异求同——多元文化主义与原住民媒体》（赵丽芳）等，这些论著基本是运用民族志的方法考察文化传播的现状。而《传播与民族发展——云南少数民族地区信息传播与社会发展研究》（张宇丹）、《民族宣传散论》（张小平）、《民族文化传播理论描述》（郝朴宁等）、《民族地区媒介素养引论》（徐晓红）等论著，多注重的是文化传播学的方法。

另外，传播学者周建明、倪延年、单波、石义彬、张昆、喻国明、尹韵公、戴元光、张咏华等也在少数民族新闻的跨文化传播、国家认同等方面发表了不少有见解的论文。

民族新闻传播实务研究类的成果中，《新闻报道中的西北民族问题研究》（牛丽红）的实践经验值得借鉴。

实用工具书类以《中国少数民族新闻工作者生平检索》（白润生主编）和《藏学报刊汇志》（徐丽华）等为佼佼者。

媒介发展研究类是针对特定媒体和媒体发展的理论研究，如《内蒙古日报五十年（1948—1998）》《走向辉煌——西藏人民广播电台四十五周年巡礼》（莫树吉）、《实践与思考——中央人民广播电台民族广播55周年文集》（张小平 肖玉林编）、《〈延边日报〉改革三十年》（柴泉）、《西部大开发与西部报业经济发展研究》（邱沛篁主编）等。

三　研究现状评析

（一）民族新闻传播史研究强盛，民族新闻传播理论研究薄弱

近年来，民族新闻传播史研究渐成显学，学术专著不断推出，通史、地方史、媒介史种类齐全，内容也更加丰富。"总体来说，对于少数民族新闻事业的研究，学术界已初步形成研究范式，总结出了有效的研究方法。"[①]

中国少数民族新闻传播研究以民族新闻理论研究为开端，虽历经30年的发展，但目前看来民族新闻传播理论研究最为薄弱。其一，学术成果较少，数量屈指可数。人们津津乐道的还是马树勋、白克信和蒙应的民族新闻研究的三本论著，"但是由于两位作者均来自业界从媒体的实践出发总结经验，缺乏理论上的抽象概括"。[②] 其二，学术成果推出的时间频次较长。白克信、蒙应的论著比马树勋晚了7年，截至目前16年内未有新的专著推出。其三，同民族新闻史研究学者相比，学术理论研究人才较少。

需要说明的是，2009—2010年，"新媒体与民族文化传播论坛"两次召开并出版了两辑《新媒体与民族文化传播研究》会刊，"中国少数民族地区信息传播与社会发展论坛"也有4辑会刊《中国少数民族地区信息传播与社会发展论丛》，这些会刊辑录了大量的民族新闻研究成果，对民族新闻理论亦有涉及，值得借鉴。

[①] 金石、彭敏：《论中国少数民族新闻学研究对象的特殊性》，《今传媒》2012年第7期。
[②] 白润生：《向着独立学科的目标迈进——在少数民族新闻传播史研究委员会2012年年会上的讲话》，载白润生《守护我们的精神家园——白凯文少数民族文化文选》，人民日报出版社2014年版，第391页。

（二）研究民族新闻传播过程及现象者居多，对传播效果考察较少

对少数民族新闻传播的研究，学界对媒介如广播、电视、报纸等的设立、发展、内容表达、栏目设置等传播现象的关注较多，而囿于对民族地区地理、经济、宗教和语言等环境的陌生，学界对受众接受情况的乡土调查不深，因而对民族新闻传播的效果研究不多且流于表面。因此，当郭建斌、吴飞的论著和李春霞的论文《彝民通过电视的仪式：对一个彝族村落"电视与生活"关系的民族志调查》（《思想战线》2005年第5期）推出时学界比较看重，不仅因为作者借用了民族志的方法研究传播学，更重要的是通过受众的角度来研究当今最重要的媒体——电视的传播效果。这可以说为民族新闻传播提供了从当时注重资料搜集式的媒介研究转向传播终端、走入乡野的效果研究的崭新思路。

（三）比较重视史料的搜集、总结，对现实分析、发展策略研究等用力不够

少数民族新闻传播的研究比较注重已有的史料，轻视现实生活丰富的素材和案例，因此使民族新闻传播研究后发式的、间接式的指导作用有余，而先发式的、直接式的对策作用不足。即使发展对策的研究也多为零打碎敲的就事论事，或是大而空的少有针对性的建议。"如小到新闻报道少数民族考试加分、西气东输具体事实，大到国家现代化建设与民族区域社会发展中民族心理、信息认知差异"[①]，其研究既没有解答少数民族在现实生活中亟欲克服的问题，又少有为国家、为社会发展的大政方针提供新闻传播和舆论导向方面的策略。此段论述尽管有恨铁不成钢、对民族新闻研究急功近利式的"责难"，却也道出了少数民族新闻传播研究目前存在的病症。本书的学术探讨侧重在少数民族新闻传播史的发展研究上，正是考虑到上述研究的缺憾和问题，因此，廓清东北地区少数民族新闻传播研究现状，把握东北地区少数民族新闻传播的发展态势，挖掘问题和症结，找出解决问题的对策，正是本书的立意宗旨。

（四）民族新闻传播理论的框架依然模糊，民族新闻传播学科建设仍显不足

即使对民族新闻传播学这一最本质的定义，目前也莫衷一是。这正是

---

① 南长森、南晁：《当前少数民族新闻传播的研究视域与拓新领域》，《当代传播》2011年第2期。

导致民族新闻传播理论研究薄弱的重要因素。实际上，在1988年张儒发表《论民族新闻》一文的第二年，崔茂林就发表了论文《也谈民族新闻——兼与张儒同志商榷》[①]，对张文中民族新闻内涵及其三层外延提出质疑。白润生的《中国少数民族新闻传播史》列入关于"民族新闻"的定义达11种。[②] 白润生倾向"民族新闻是中国少数民族新闻的简称，是对新近发生的中国少数民族政治、经济、文化事实的报道"这一论断。他认为少数民族新闻传播学的主要研究对象，除了少数民族新闻及其传播的历史这一重点，还应把民族新闻机构的建设、民族新闻教育的发展和少数民族新闻人才的培育等一并纳入其中。周德仓则指出，可以实现少数民族新闻传播概念的最大简约化，少数民族新闻传播三个基点范畴就是：媒介——少数民族语言媒介；区域——少数民族地区；传播内容——涉及少数民族题材，他认为少数民族新闻传播事业就是关于少数民族语言媒介、少数民族地区和涉及少数民族内容的新闻传播事业。[③] 因此，可以从民族新闻史研究、民族新闻理论研究和民族新闻实务研究构筑少数民族新闻传播学科。

从新闻传播史研究的兴盛中可以看出，目前的少数民族新闻传播研究多集中在新闻传播事业上，而较少关注本体意义上的民族新闻传播内容，因此就有了关于民族新闻研究方向的争论。

金石、彭敏的观点较有代表性。他们首先引用了宁树藩先生的见解。宁先生认为，新闻学可分为本来意义上的新闻学和广义上的新闻学两类，前者以新闻传播为研究对象，后者以新闻媒介的活动为探究重点。金石、彭敏认为，现在应重视本体意义上即第一种新闻学的研究。因为在新闻事业产生之前，新闻传播活动已大量存在，新闻事业是新闻活动"进化"到一定层次的产物。少数民族新闻学不应满足于对少数民族新闻事业研究的成就，还必须把新闻信息的"传播活动"纳入研究范围，做到对少数民族新闻传播活动与少数民族新闻事业研究的并驾齐驱。[④]

---

① 参见崔茂林《也谈民族新闻——兼与张儒同志商榷》，《中央民族大学学报》（哲学社会科学版）1989年第1期。

② 参见白润生《中国少数民族新闻传播史》，民族出版社2008年版，第391页。

③ 参见中国少数民族地区信息传播与社会发展论坛《2010年刊·中国少数民族地区信息传播与社会发展论丛》，光明日报出版社2011年版，第61—62页。

④ 参见金石、彭敏《论中国少数民族新闻学研究对象的特殊性》，《今传媒》2012年第7期。

综上所述,作为我国新兴的不足 30 年发展历程的少数民族新闻传播学研究,既受到了新闻学、传播学和民族学界的重视,也引起了文化学和历史学界的关注,使少数民族新闻传播学研究从冷门变为热点。①

第三节 研究内容与基本观点

一 核心概念界定

(一)本书提到的"当代",其时限为 1949 年 10 月至 2010 年 12 月

考虑到我国社会变革,尤其是政治因素及媒体发展对东北地区少数民族新闻传播的影响,把东北地区少数民族新闻传播分为四个发展阶段:1949—1966 年、1966—1976 年、1976—1999 年和 2000—2010 年。最后的 2000—2010 年是本书重点考察的历史阶段。

本书中"东北地区"指黑龙江、吉林和辽宁三省。当然,在新中国成立初期东北地区的行政区划曾有分立、合并性的变动,曾对少数民族新闻传播发展产生影响。如涉及这些变动,本书会加以说明。

(二)东北地区少数民族

1. 东北地区的少数民族

截至 2010 年,东北地区共有少数民族 1020 万人,占东北总人口的 9.3%。我国 55 个少数民族在东北都有分布,人口较多的有 5 个少数民族:满族 695.1 万人、朝鲜族 160.73 万人、蒙古族 92.85 万人、回族 46.64 万人和锡伯族 14.31 万人。还有 4 个人口较少民族:鄂伦春族 4250 人、赫哲族 3979 人、鄂温克族 3200 人和俄罗斯族 545 人。

东北少数民族分布虽总体呈现"大杂居、小聚居"的特点,但人口较多的满族、朝鲜族和蒙古族等少数民族所处地理环境各有不同。朝鲜族与赫哲族、鄂伦春族、鄂温克族等位于江河的冲积平原上。其中,吉林省朝鲜族近 104 万人,占全国朝鲜族总人口的 56.7%,人数最多。辽宁省的朝鲜族大部在辽河、浑河、太子河流域和城郊铁路沿线;锡伯族和赫哲族、鄂伦春族、鄂温克族等主要分布在黑龙江、松花江和乌苏里江的三江平原和嫩江冲积平原,占有交通便捷之地利。蒙古族多位于辽宁西部的丘

---

① 参见徐培汀《20 世纪中国新文学与传播学·新闻史学史卷》,复旦大学出版社 2001 年版,第 460 页。

陵区。除内蒙古自治区外，蒙古族人口在辽宁省分布最多，有65.8万人，占全国蒙古族总人口的11%。黑龙江省和吉林省的蒙古族聚居地则位于大兴安岭东部的东北平原上。满族多位于辽、吉两省东部的山区。满族在辽宁省分布最多，有533.7万人，占全国满族总人口的51.4%。

回族分布在东北各省，锡伯族主要分布在吉林省扶余县和前郭尔罗斯蒙古族自治县、黑龙江的双城县、肇源县以及辽宁省沈阳市等地。鄂温克族主要分布在黑龙江省的讷河市，鄂伦春族主要分布在黑龙江省塔河、呼玛、爱辉、逊克、嘉荫5个县（区），赫哲族主要分布在黑龙江省同江市、双鸭山市饶河县、佳木斯市、抚远县。

2. 东北少数民族地区

东北少数民族地区指东北民族自治地方如自治州、自治县和民族区（非自治县），本书又称其为民族聚居区，此区域外称为民族散居区。

截至目前，东北共有1个民族自治州、14个民族自治县（市）和1个民族区，民族地区内的少数民族约366.56万人，约占东北少数民族总人口的35.9%，占民族地区总人口的44.3%。另外还有181个民族乡（镇）。东北民族地区总面积10.53万平方公里，占东北三省总面积的13.3%左右。

东北朝鲜族自治地区有两个。吉林省延边朝鲜族自治州（后文简称延边州），是全国唯一的朝鲜族自治州和最大的朝鲜族聚居地，朝鲜族为73.69万人，占总人口的32.4%。延边州下辖8个市县，即延吉市、图们市和延吉县、珲春县、敦化县、和龙县、汪清县、安图县。东北朝鲜族另一个较为聚居的地区是吉林省长白朝鲜族自治县（后文简称长白县）。

东北满族自治地区共有9个，它们是：吉林省的伊通满族自治县（后文简称伊通县）、辽宁省的岫岩满族自治县（后文简称岫岩县）、新宾满族自治县（后文简称新宾县）、清原满族自治县（后文简称清原县）、本溪满族自治县（后文简称本溪县）、桓仁满族自治县（后文简称桓仁县）、宽甸满族自治县（后文简称宽甸县）。另外，辽宁省还有2个从民族自治县升级为市（县级）的凤城市和北镇市。

东北蒙古族自治县有4个：黑龙江省杜尔伯特蒙古族自治县（后文简称杜蒙县）、吉林省前郭尔罗斯蒙古族自治县（后文简称前郭县）和辽宁省的阜新蒙古族自治县（后文简称阜蒙县）、喀喇沁左翼蒙古族自治县（后文简称喀左县）。

东北还有1个城市民族区——黑龙江省齐齐哈尔市梅里斯达斡尔族区（后文简称梅里斯区），这是我国现有的5个城市民族区之一（另外4个区是呼和浩特市回民区、郑州市管城回族区、洛阳市瀍河回族区、开封市顺河回族区），也是我国唯一的达斡尔民族区。

东北少数民族自治地区的设立在60多年的发展中也在不断地变化。1952年2月，国家政务院发布了《关于地方民族民主联合政府实施办法的决定》，规定在民族杂居地区，少数民族人口占境内总人口的10%以上或未达到10%，但民族关系显著，对行政发生多方面的影响者，都可建立民族民主联合政府。1952年8月9日，中央人民政府颁布了《中华人民共和国民族区域自治实施纲要》。根据本地区的民族特点，一些民族自治地区纷纷成立。1966年年底，东北共有1个朝鲜族自治州、1个朝鲜族自治县、4个蒙古族自治县。

1956年4月1日，中央政府正式确认达斡尔族为单一的少数民族，9月，齐齐哈尔市成立县一级的梅里斯达斡尔族区。1961年10月后，梅里斯达斡尔族区改为齐齐哈尔市郊区办事处。1988年7月，恢复梅里斯达斡尔族区。

1985年6月，辽宁省建立了新宾、岫岩和凤城3个满族自治县。1988年8月，吉林省建立了伊通满族自治县。1989年6月，辽宁省又建立清原、北镇、本溪、宽甸、桓仁满族自治县。截至1989年年底，东北共建立了9个满族自治县。这些自治县均是满族聚居的地方，成立之初满族人口均占当地人口的30%以上，而岫岩县和凤城县满族人口占70%以上。1994年经国务院批准，撤销凤城满族自治县，设立凤城市（县级）。1995年3月撤销北镇县，设立北宁市（县级）（2006年2月8日，北宁市又更名为北镇市）。

从上述东北地区少数民族和民族地区的发展演变上可以看出两点。

其一，在我国民族自治区、自治州和自治县（旗）的三级民族地方自治建制中，自治区以下只有自治州和自治县（旗）的两级建制，没有自治市的称谓。因此，有的市虽符合我国民族地区的建制，以前也叫民族自治县，但在升级为县级市后，不叫自治市，却依旧享受民族自治地方的待遇，如辽宁的北镇市、凤城市。另外，梅里斯达斡尔民族区是国家认定的区县级的城市民族区，本书把上述地区也都视为少数民族地区。

其二，国家对少数民族自治地区的认定有一个过程，少数民族人口的增长也有时间差异。因此，现在的少数民族地区在过去尤其是在1949—1976年的17年里，也可能不是国家认定的少数民族自治地区，如伊通县和辽宁岫岩县、新宾县等9个少数民族自治县在上述时限内，还不是民族自治地区。

20世纪80年代至90年代，满族人口急剧增长。这一时期满族人口的增长并非自然增长，主要是由更改和恢复民族成分而引起的。1981年11月，国家《关于恢复或改正民族成分的处理原则的通知》下发后，有大量人口按规定恢复了自己原来的满族成分。在20世纪80年代，辽宁省不到10年由汉族恢复或改正为满族的人口达250万人之多。其中，尤以本溪县、桓仁县、宽甸县满族人口的增长最为突出，其少数民族人口增幅均高达6倍。据统计，1982—1990年，满族人口持续增长，其中有60%属于恢复或改正民族成分的情况，而又以汉族恢复或改正为满族的情况最为普遍。

可见，辽宁、黑龙江省的满族民众数量并非因自然生长而激增，而是因为落实了民族政策、恢复了自己原来的满族成分而暴增。因此可以认定东北相关地区原本就是满族较为聚居的地区。对这些地区，本书依然视为民族地区，只不过在称谓上依国家对其民族地区认定前，称之为民族聚居区，认定后称之为民族地区。

另外，依照惯例，也为了叙述的清晰，我们把上述含义的民族地区称为民族聚居区，也把一些人口较少民族主要聚居地区同此称呼，如东北地区的赫哲族主要聚居的黑龙江佳木斯市、同江市（属佳木斯市县级市）、抚远县（属佳木斯市）、双鸭山市饶河县等相关乡镇。除上述地区以外的区域，我们称为非民族地区，当然这也是民族散居区。

（三）少数民族新闻传播

本书所关注的"少数民族新闻传播"就是关于少数民族语言媒介、民族地区和少数民族题材的新闻传播。其一，少数民族地区的民族语文和非民族语文新闻传播，如延边州的朝鲜族语文新闻传播和汉语文新闻传播，辽宁新宾满族自治县、吉林伊通满族自治县的汉语文新闻传播等。其二，非少数民族地区的民族语文和民族题材传播，如辽宁阜新市、沈阳市、吉林长春市和哈尔滨市的蒙古语文和朝鲜语文新闻传播。其三，"少数民族新闻"也包含东北地区关于实施和推展少数民族新闻传播的政策法规、新闻教育、新闻研究等。

（四）两极格局

"两极格局"是指东北地区少数民族新闻传播因外向和内向的发展倾向而形成的较为定型的态势和布局，是当今东北地区少数民族新闻传播发展的最重要也是最突出的特色。外向一极意指跨境传播，即朝鲜族语文媒体担当的国家级媒体对外传播任务。以延边朝鲜族自治州朝鲜语文媒体为代表的民族语文媒体不仅对东北地区和中国朝鲜族整体展开传播，更重要的是代表中国对国外的朝鲜族进行跨境传播。内向一极意指县域内的传播，即朝鲜族、满族和蒙古族县域媒体对广大农村受众的传播活动。由于东北的少数民族地区多处于广大的县域乡村，因此，在少数民族县域乡村展开的新闻传播不仅是东北地区少数民族新闻传播的重要特色之一，也是本课题研究的重点。

二　研究的内容

（一）东北地区少数民族新闻传播的沿革

了解东北地区少数民族新闻传播的现实状态，必须厘清当代东北地区少数民族新闻传播的发展历程，这不仅是研究的前提和基础，也是研究结果的来源和支撑。本书以时间为序，参照中国社会变革及媒介发展等因素，把当代东北地区少数民族新闻传播的发展分为1949—1966年、1966—1976年、1976—1999年和2000—2010年四个时期。在每个时期按照不同民族地区如蒙古族地区、满族地区、朝鲜族地区、达斡尔地区等来划分，按以类系事、横排竖写的方式对不同地区的媒体门类如报纸、刊物、图书出版、电台、有线广播、电视台、电影和网络等，分别予以分析和阐述，重点观照2000—2010年新闻传播事业的发展。

对每一时期东北非民族地区的少数民族民族新闻传播，则按民族语言分类，以历史演进为线索，探究其发展历程及其对民族地区新闻传播发展的影响；与此同时，对东北地区与少数民族新闻传播相关的活动如新闻传播教育、学术研究等一并予以考察。

（二）东北地区少数民族新闻传播"两极格局"的成因及现状

新闻传播的格局就是新闻传播活动因多样的发展倾向而形成的较为定型的态势和布局。

在一般的新闻史尤其是地方新闻史、专业新闻史研究中，研究者多是从时间上梳理不同新闻要素的发展脉络，从而探讨其发展规律和价值。我们认为，考察一种新闻实践及其结果或一种新闻要素的发展动态，必须将其纳入新闻传播的总体格局中才能显示其普遍的价值和意义，否则其价值和意义就只有个别性而没有普遍性，研究的结果与初衷就会错位。比如，我国诸多新闻发展史研究大都漠视了1949—1976年我国主要的传播媒介——农村有线广播的传播活动。研究者只把它视为新闻传播活动中的一个节点，而不是新闻传播格局中重要的结构要素，因此，当20世纪80年代"电视独大"的态势和新媒体时代来临时，农村有线广播失去了存在的基础，一些学者因此认为农村有线广播失去了研究的价值。其实，如果我们深入研判当时新闻传播的城乡格局，就会发现农村有线广播同当时城市传播的主要媒介无线电台、报刊等相比在实现信息的直接引导和动员方面的重大价值，其针对性、实用性和方便性依然对我们这个农业大国有着重要的启发意义。

基于此，本书对东北少数民族新闻传播发展的研究在梳理其发展脉络的同时，重点探寻东北少数民族新闻传播因各民族新闻传播内在发展动因不同而形成的整体传播格局。

本书在追溯上述四个时期里新闻传播事业发展和传播内容变化过程，尤其是朝鲜族语文的跨境传播和县域乡村新闻传播发展演进的同时，总结了东北地区少数民族新闻传播经过60年的发展历程形成的富有特色的由跨境传播和县域乡村传播共同构成的外向和内向两极传播格局，并通过梳理、研究每个时期的典型媒介，如有线广播、无线电台、开路电视、闭路电视、卫星广电、网络媒体等多种媒体的现状结构、宣传内容、影响范围、传播效果等，分析当代东北地区少数民族新闻传播的"两极格局"在上述四个时期里显示的萌动、偏狭、重振、确立四种态势，把握当代东北地区少数民族新闻传播事业发展的架构和路径。

本书重点阐述了当今东北地区少数民族新闻传播"两极格局"的确立和成效。通过对朝鲜族、蒙古族、满族地区媒体传播的梳理分析，廓清了以朝鲜族语文媒体为核心的跨境传播的提升、民族地区县域媒体新闻传播更有针对性地为农服务这"两极格局"的特色，并分析了东北地区少数民族新闻传播"两极格局"在数字技术、网络技术和卫星技术的运用、媒体融合、受众意识和服务意识的提升等方面的新媒体特征。

在廓清当今东北地区少数民族新闻传播的"两极格局"后，进一步探讨了"两极格局"的成因。对东北地区少数民族新闻传播的探讨，不能仅从媒介自身及其与政治等意识形态关系的方面展开。东北地区少数民族新闻传播的"两极格局"首先是东北地区少数民族新闻传播媒介生态的产物，是东北少数民族媒介生态要素影响的结果。本书提出了县域乡村要素、跨境民族要素和语言特色要素是影响东北地区少数民族新闻传播"两极格局"的论断，并把这三要素与我国和东北地区社会发展的合力影响放在新中国成立后四个时期去考察，辨明东北少数民族媒介生态基本要素对新闻传播的根本性影响。当然，重点笔墨依然放在21世纪中国社会的发展与东北少数民族新闻传播媒介生态的合力促进与影响上，既关注我国新闻传播事业的改革深化、少数民族新闻传播政策的进一步实施和新媒体的突起，也关注东北少数民族媒介生态的新变化，如：新农村建设和"兴边富民行动""村村通"工程对县域新闻传播的影响、延边人口跨界流动的新趋向和国家西部大开发、"走出去"工程对朝鲜族语文跨境传播的影响等。

（三）"两极格局"存在的问题及其症结

本书在多次实地考察和问卷调查的基础上，将传者和受众对县域传播的认知、中国朝鲜族和韩国人、朝鲜人对延边卫视跨境传播的认知进行了比对和分析，从传者和受众对县域传播和跨境传播的媒体偏重、媒体接触率、媒体接触时间、媒体接触意愿、民族语言倾向、民族特色等方面的认知差异入手，分析了"两极格局"存在的问题及其症结。

通过对调查数据及实地考察结果的分析，在肯定少数民族新闻传播"两极格局"成效的同时，本书提出了"两极格局"总体和"两极格局"内部存在的五大问题，同时对这五大问题的症结进行了探讨和分析。只有明确少数民族新闻传播"两极格局"存在的问题及其症结，才能为少数民族新闻传播的发展提出有针对性和实效性的对策和建议。

（四）"两极格局"的优化对策

东北地区少数民族新闻传播的"两极格局"，其实就是东北地区尤其是少数民族地区的媒介生态与我国媒介生态的互动与演化。考察东北地区少数民族新闻传播"两极格局"，就是要把其置于整个东北地区的媒介生态中，置于我国政治、经济、文化和教育等整体的媒介生态中，寻找影响东北少数民族新闻传播活动的重要因子，只有如此才能廓清少数民族新闻传播的历史脉络、现实状态和发展趋势。

有了对东北地区少数民族新闻传播的发展脉络和总体面貌的充分认识，并对当今东北地区少数民族新闻传播的现实布局及其发展趋势进行合理的解析后，针对东北地区少数民族新闻传播"两极格局"存在的五个方面的问题及其症结，本书有针对性地提出了优化东北地区少数民族新闻传播"两极格局"的对策和建议。

（五）当代东北地区少数民族新闻传播人事评记

主要介绍当代东北少数民族新闻传播业界和学界专家在民族新闻事业发展中的贡献以及当代东北地区少数民族新闻传播事业发展中的重大事项。

三　基本观点

（一）东北地区少数民族新闻传播形成了跨境传播和县域传播的"两极格局"

在阐述东北地区少数民族新闻传播的媒介生态特征和发展历程的基础上，可以清晰地看到当代东北地区少数民族新闻传播的"两极格局"。在外向一极的跨境传播中，以延边朝鲜族自治州朝鲜语文媒体为代表的民族语文媒体不仅对东北地区和中国朝鲜族整体进行传播，更重要的是代表中国朝鲜族对国外进行跨境传播，朝鲜族语文媒体的国外受众圈扩大到韩国、日本、新加坡、英国、德国、美国、加拿大、澳大利亚等国家，覆盖人口突破了1亿。

在内向一极的县域乡村传播中，朝鲜族、满族和蒙古族县域新闻传播事业不仅有了较大的发展和提升，而且新闻传播在政策宣讲的基础上，更重视惠农技术的指导和示范，服务性和交流性进一步增强，惠农服务更有针对性。在这"两极"之中，东北地区省、市级朝鲜族和蒙古族语文媒体对上述"两极"传播活动给予了有力的支撑。

（二）东北地区少数民族新闻传播的"两极格局"是国内独有的新闻传播现象

从我国几大民族地区的新闻传播发展现状来看，东北地区少数民族新闻传播由跨境传播和县域乡村传播共同构成的外向和内向"两极格局"传播，体现了当代东北地区少数民族新闻传播最基本也是最富有特色的发展态势，这是国内独有的传播现象。

综观全国，作为地市级的自治州，其新闻媒体以对内的州域传播为主，跨境传播一般都是由民族自治区级或省级传媒来担当，跨境传播的主要方式——电视"上星"也是民族自治区级和省级电视媒体独享的"待遇"。延边卫视作为地市级的电视台，能够"上星"，能够同民族自治区级或省级新闻媒体一样作为国家级媒体，直接代表国家进行跨境传播，这在我国民族新闻传播中不能不说是独树一帜。

民族自治区级和省级传媒在担当跨境传播任务的同时也负有对内传播的责任。但由于中间还有地市（州）级的传播层次，其对县域乡村的新闻采集和传播远不如地市（州）级传媒那样直接、贴近、及时和鲜活。而以延边卫视为代表的朝鲜族语文媒体在担当跨境传播职责的同时，又直接面对广大县域乡村进行传播，并与本州的县域媒体实现直接的协调、联动，同时与东北其他少数民族自治县的媒体相互促进和补充。因此，与我国其他地区的少数民族新闻传播相比，东北地区少数民族新闻传播由跨境传播和县域乡村传播共同构成的"两极格局"，充分彰显了东北地区少数民族新闻传播独有的媒介生态。这一总体格局上的优势，直接提升了东北地区少数民族新闻传播的层次与质量。

（三）"两极格局"是东北地区少数民族新闻传播媒介生态的反映

从新中国成立初到2010年，东北地区少数民族新闻传播经过60年的发展历程形成了富有特色的由跨境传播和县域乡村传播共同构成的外向和内向"两极"传播格局。

综观全国，我国有民族五省区，其省级媒体也担当跨境传播的职责。但民族五省区的民族新闻传播体系并没显示出跨境传播和县域乡村传播的"两极格局"。我国有30个民族自治州，为什么只有地区级的延边电视台成为跨境传播的主力军？华中地区有2个民族自治州和9个民族自治县，东北地区有1个民族自治州和15个民族自治县，两个大区域的民族地区设置相同点较多，可是为什么只有东北地区少数民族新闻传播形成了"两极格局"？回答这些问题，仅仅探讨新闻传播的问题远远不够，只有在东北地区少数民族新闻传播的媒介生态及其同我国媒介生态合力影响中才能找到答案。

当代东北地区少数民族新闻传播的"两极格局"，在当代不同时期里显现的"两极"萌动偏狭、重振和确立的不同态势，正反映了由于媒介生态的变化给少数民族新闻传播带来的影响而形成的时代特色。东北地区少数民族新闻传播的"两极格局"从根本上讲，是东北地区少数民族媒介生态的综合反映。必须首先分析影响东北少数民族新闻传播的媒介生态要素,才能看清少数民族新闻传播与社会诸系统之间的多重联系,进而对东北地区少数民族新闻传播的属性和特征作出完整的评估和把握。

县域乡村、跨界民族和语言特色是东北地区少数民族新闻传播的基本生态要素,也是决定东北地区少数民族新闻传播"两极"态势和民族特色的根本因素,是影响东北少数民族新闻传播形成"两极格局"的最主要原因。当然,从新中国成立初到现在的60多年里,这些基本生态要素也随着我国经济、政治、文化、社会和新闻传播的影响不断地演变,进而显示出东北少数民族新闻传播"两极格局"演进的时代特色。因此,考察东北少数民族新闻传播"两极格局"的成因,必须把全国和东北的媒介生态统一起来分析,才能真正厘清东北少数民族新闻传播发展的趋势。

(四)"两极格局"中,东北主要少数民族地区的新闻传播具有不同的民族特色

东北主要民族——朝鲜族和蒙古族、满族等民族语言的特点造成了东北地区三个民族新闻传播发展的不同轨迹。朝鲜族地区新闻传播由于朝鲜族语文的发展水平和延边朝鲜族自治州的支持,发展比较完善。蒙古族地区新闻传播在新中国成立后因双语教育而稳步发展。满族地区的新闻传播则由于满族语言的消失,完全以汉语传播的形式出现。因此,研究东北地区少数民族的新闻传播,就要突破语言这个形式,从民族文化、民族精神的层面梳理新闻传播的轨迹和特色。

在论述"两极格局"确立的同时,对东北地区少数民族新闻传播在"两极"孕育和萌动时期对民族语言的偏倚、对民族艺术和民族风土人情的重视,尤其是"两极"确立时期新闻传播民族特色的表现及其对共通的民族精神的追求予以了充分的阐述和论证。东北地区少数民族新闻传播对民族特色的认识和把握及表现方式经历了从民族语言到风土人情再到以多面的社会生活体现文化理念和民族精神的"三级跳跃"。通过这个"三级跳跃",可以看到东北地区少数民族新闻传播整个系统对民族特色认识的提升和发展进程。

(五)东北地区少数民族新闻传播的"两极格局"总体及其内部存在诸多问题

在肯定东北少数民族新闻传播"两极格局"成效的同时,本书提出了"两极格局"总体和"两极格局"内部存在的五大问题。"两极格局"

总体问题有两个，即"两极格局"总体失衡和发展缓慢、乏力。"两极格局"内部的问题有3个，即"两极格局"中新闻传播民族特色的表现不足、跨境传播的表面化与单向性、县域乡村传播的尴尬处境等。这些问题当然与新闻传播本身有关，而问题的根源则是少数民族新闻传播媒介生态的影响和制约。研究表明，上述问题的症结与我国城乡"二元格局"及"外宣"思维，新媒体开发及媒介融合滞后，对民族特色、民族精神、民族身份的认识偏颇，跨境传播的规划和执行力薄弱，县域乡村传播的认识误区等因素有着直接而密切的关系。换言之，东北地区少数民族新闻传播"两极格局"存在的问题，在于对县域传播、跨境民族和语言特色这三个媒介生态要素对新闻传播之影响的认识和把握不当。

（六）东北地区少数民族新闻传播的"两极格局"需要有针对性的解决对策

在新闻传播进入全球化的多媒体时代，东北地区的少数民族新闻传播所处的东北老工业基地环境也有了快速的发展和变化，针对东北地区少数民族新闻传播"两极格局"存在的问题及其症结，需要相应的解决对策：第一，优化媒介生态。要注重东北地区少数民族媒介生态要素的调整和重构；挖掘各种政策、政治效应的关联度；借力政策导向，升华政治效应。同时要认清全球化传播的现状，树立开放、多元和自由互动等传播观念。第二，跨境传播的特色定位和多渠道开拓。统筹规划，以特色立台，打造民族的品牌栏目；提升朝鲜民族文化的精神内涵，促进各民族心灵深处的高度认同；多方建立国内外沟通渠道，增强互动合作的能力和机会。第三，对县域乡村传播予以准确定位。变对农传播为惠农传播；同时针对少数民族城市化的进程，县域传播还要把握城市化中少数民族受众的特点，建立新闻传播网络，注重市民意识的培育和弘扬。第四，要进一步开掘和把握民族特色。民族语言要由实用性的记录转向文化性的表达，在依托风土人情，多领域打造民族特色的同时，挖掘民族文化的精神内涵，提炼少数民族共同接受的文化理念和文化精神，注重多民族文化融通的生态。第五，新媒体的开发及媒体融合的拓展。建立网络战略联盟，开发手机等新媒体，开展跨媒介、跨级别、跨地区等多种形式的媒体融合，促进少数民族受众对新闻传播的参与。

第四节 研究方法

一 文献分析法

在 2011—2014 年，笔者多次走访北京、长春、沈阳、鞍山、大连、丹东等多地的大学、研究机构、当地的图书馆、档案馆、史志办和新闻传媒等教学、科研、文史、新闻机构等单位，查询、搜集资料，共搜集不同时期各类民族史志 50 余册、地方史志 80 余本、新闻史志 100 余册，有关光盘 40 余盘，各类市、县报刊 200 余份，复印资料 180 余份，积累了丰厚的理论和实物研究资料，在对收集的文献资料进行归类、分析和整理后，得出了大量有益的数据、观点和结论，为本书的撰写提供了有力的支撑。

二 田野调查法

田野调查法是民族学传统的、最基本的研究方法，其核心是实地调查，即要深入被调查的民族实体中去，收集资料，掌握第一手信息。笔者于 2008—2009 年、2011 年暑假和 2012 年、2013 年寒假、暑假，主持了多次针对东北地区少数民族新闻传播的调研活动。其内容涉及东北少数民族地区和非少数民族地区，如大连、丹东、沈阳、长春、哈尔滨、牡丹江和齐齐哈尔等地及延边等民族自治地区，调研涉及新闻传播的诸多环节及要素，并得到了丰富的第一手新闻传播资料，这些资料为本书的撰写奠定了扎实的实践基础。

三 比较研究法

比较研究法在跨文化的探讨中一般分为两种：一是对一国范围内的民族文化进行比较研究，二是对不同国家的民族文化进行比较研究。东北的少数民族地区实际上是以一个民族占相对多数、多民族共存的地区。大众传播的环境中，多民族共存的地域特色决定了传播的跨文化特征。因此，在新闻传播中，怎样协调、发扬各民族精神，又共同弘扬东北文化，这一问题首先要在理论研究中予以解答。另外，东北少数民族大多跨境居住，而其在境外的人数往往比境内多。比如中国朝鲜族先民是从朝鲜半岛迁入东北三省的朝鲜人，境外同民族的人数远远多于境内的人数。我国的朝鲜族、朝鲜的朝鲜人和韩国的韩国人是东北亚地区最大的跨境民族。就东北亚的朝鲜族来讲，尽管同根同族，但我国的朝鲜族同胞、朝鲜的朝鲜人和韩国的韩国人因社会发展的进程和文化熏染不同，其文化交流和新闻传播有多方面差异。因此，对不同国家的民族文化和传播的比较研究就成了本书重要的研究方法。

第一编

当代东北地区少数民族
新闻传播的历史沿革

第一章　新中国成立后 17 年
（1949.10—1966.5）

引言　此时期东北少数民族及少数民族地区概述

　　截至 1953 年 6 月 30 日，东北黑、吉、辽三省共有少数民族人口 364.38 万人[①]，占全国少数民族总人口 3532.03 万人的 10.31%，黑龙江省有少数民族 19 个，吉林省、辽宁省每省各有少数民族 16 个。满族、朝鲜族、蒙古族、回族和达斡尔族是人口较多的少数民族，其他的还有锡伯族、柯尔克孜族、赫哲族、鄂伦春族、鄂温克族和俄罗斯族等少数民族。赫哲族、鄂伦春族、鄂温克族和俄罗斯族等民族人口均不足万人，属于东北人口较少的少数民族，一般居住在黑龙江、松花江、乌苏里江交汇构成的三江平原、当时国家大小兴安岭和呼伦贝尔草原。

　　1952 年 2 月，政务院发布了《关于地方民族民主联合政府实施办法的决定》，同年 8 月 9 日，中央人民政府颁布了《中华人民共和国民族区域自治实施纲要》。根据上述文体精神和本地区的民族特点，全国一些民族自治地区纷纷成立。1956 年 9 月，梅里斯达斡尔族区成立，1966 年年底，东北已建立 1 个朝鲜族自治州、1 个朝鲜族自治县、4 个蒙古族自治县、1 个达斡尔族区。

---

　　① 新中国成立后至 2010 年，我国已经进行了 6 次人口普查，其时点分别为 1953 年、1964 年、1982 年、1990 年每年的 7 月 1 日和 2000 年、2010 年每年的 11 月 1 日。本书提到的关于人口方面的数字，除另有注明外，皆出自这 6 次人口普查的数据和东北少数民族自治县和聚居区的《县志》。

一 朝鲜族自治地区

（一）东北的朝鲜族

朝鲜族是由朝鲜半岛移居到中国的跨境民族。20世纪初，主要居住在鸭绿江、图们江以北地区。至新中国成立之初，东北的朝鲜族散居在松花江、牡丹江、绥芬河、嫩江、乌苏里江以及东、西辽河等流域。1953年第一次人口普查时，全国朝鲜族总人口为112.04万人，东北的朝鲜族人口占了大半。

吉林省延边地区和长白山地区是东北朝鲜族的主要聚居地。黑龙江省朝鲜族人口比较多的地区主要是牡丹江、海林等20余个市县。辽宁省的朝鲜族主要居住在沈阳、抚顺、丹东等地。

（二）本时期的朝鲜族自治地区

1952年9月3日，吉林延边朝鲜族自治区成立。当时延边地区总人口为85.4万人，朝鲜族人口为52.98万人，占当地总人口的62%，是我国朝鲜族最大的聚居地。1955年4月，延边朝鲜族自治区改为延边朝鲜族自治州。截至1965年12月，延边朝鲜族自治州辖2个市（县级）和6个县，即延吉市、图们市；延吉县、珲春县、敦化县、和龙县、汪清县、安图县。

1958年9月15日，吉林长白朝鲜族自治县成立，当时朝鲜族人口为9745人，占全县总人口的36.3%。

二 蒙古族自治地区

（一）东北的蒙古族

东北的蒙古族主要分布在辽西的朝阳市和阜新市、吉林省的白城、松原两市以及黑龙江省嫩江中下游、乌裕尔河流域的齐齐哈尔泰来县、杜尔伯特县和大庆市的肇源县等。

（二）本时期的蒙古族自治地区

1956年1月1日，吉林省前郭尔罗斯蒙古族自治县成立。同年12月5日，黑龙江省杜尔伯特蒙古族自治县成立。1958年4月1日，辽宁省喀喇沁左翼蒙古族自治县成立。当时总人口为23万人，蒙古族人口为26.7万人，占总人口的11.6%。1958年4月7日，辽宁省阜新蒙古族自治县成立。

三 达斡尔族地区

（一）东北的达斡尔族

我国的达斡尔族主要分布在内蒙古自治区的呼伦贝尔盟、黑龙江省齐齐哈尔市郊区、新疆塔城地区等。1953 年，达斡尔族总人口 4.8 万人，东北的达斡尔族有近 3 万人[①]，仅黑龙江省就有 2.5 万余人。

（二）本时期的达斡尔族地区

1952 年 7 月，黑龙江省龙江县达斡尔族聚居区建立卧牛吐达斡尔族自治区。据 1953 年统计，全区人口 12163 人，其中达斡尔族人口 5916 人，占总人口的 48.6%；而当时的龙江县有达斡尔族 14916 人。

1956 年 4 月 1 日，中央政府正式确认达斡尔族为单一的少数民族。1956 年 9 月，齐齐哈尔市政府决定，将原属龙江县的虎尔虎拉区、达呼店区、卧牛吐达斡尔族自治区以及榆树屯等 4 个农村区合并，成立县一级的梅里斯达斡尔族区。据 1958 年统计，梅里斯达斡尔族区总人口为 108518 人，达斡尔族 13046 人，占全区总人口的 12%。1961 年 10 月后，梅里斯达斡尔族区改为齐齐哈尔市郊区办事处。

梅里斯达斡尔族区是我国现有的 5 个城市民族区之一（另外 4 个区是呼和浩特市回民区、郑州市管城回族区、洛阳市渔河回族区、开封市顺河回族区），也是我国唯一的达斡尔民族区。

四 东北的满族聚居区

（一）东北地区是满族的发祥地

东北的满族民众主要分布在辽宁省的东北部和吉林、黑龙江省的松花江、黑龙江和乌苏里江的广阔地带，体现了典型的大散居、小聚居的特点。1953 年，第一次全国人口普查满族人口为 241.89 万人，东北三省约为 210 万人，占满族总人口的 86.8%。

清朝结束后，为避免政治上的压迫和歧视，众多满族人不敢承认自己是满族，致使满族人口数量由清朝末年的 500 万人减少到新中国成立前的 150 万人左右。新中国成立后，国家承认了满族的少数民族

[①] 参见内蒙古自治区编辑组等《达斡尔族社会历史调查》，民族出版社 2009 年版，第 3—4 页。

地位，满族的民族认同感开始逐渐增强。1952年12月7日，中共中央统战部首次指出"满族是我国境内的一个少数民族"，恢复了满族作为少数民族应有的政治权利和地位。1956年2月18日，国务院发布《关于今后的行文中和书报杂志里一律不用"满清"的称谓的通知》，对化解社会上对满族人的偏见起到了积极作用，也增强了满族人的国家主人翁意识。

（二）本时期的满族聚居区

新中国成立后，随着满族平等地位的取得，在满族聚居地区实现民族区域自治问题也相继提出。20世纪50年代，此问题已获得中央政府的原则同意。由于当时解决国内深层次民族问题的条件尚不具备，因此满族区域自治的问题迟迟未得到落实。

尽管当时东北没有成立满族自治地区，一些满族民众的成分还没有完全更改，但当时东北满族民众依然占全国的绝大多数，辽宁省的满族民众又占东北满族人口的绝大多数。当时，辽宁省有满族民众110万余人，比黑龙江、吉林省的总和还多。截至1966年，辽宁省和吉林省满族民众较多、基本超过本地人口30%的地区有9个，分别是：辽宁省的新宾县、岫岩县、清原县、本溪县、桓仁县、宽甸县、凤城县和北镇县，以及吉林省的伊通县。

新中国成立后17年（1949.10—1966.5），东北地区朝鲜族语文新闻传播有了长足的发展，蒙古族、达斡尔族地区和满族聚居区新闻传播事业建设也开始起步。与此同时，东北地区少数民族新闻传播顺应我国新闻事业发展的潮流，大力推进了农村有线广播网的建设。①

---

① 除另有注明外，东北少数民族地区新闻传播的有关数据一般出自：国家民委《民族问题五种丛书》之三《中国少数民族自治地方概括丛书》（修订本）：黑龙江杜尔伯特蒙古族自治县概况，吉林延边朝鲜族自治州、长白朝鲜族自治县、前郭尔罗斯蒙古族自治县概况，辽宁阜新、喀喇沁左翼蒙古族自治县和桓仁、新宾、岫岩、清原、宽甸、本溪满族自治县概况。这些书籍统由民族出版社在1985年和2009年前后出版。凤城满族自治县概况编写组的《凤城满族自治县概况》由辽宁大学出版社于1986年12月出版。黑龙江省地方志编纂委员会《黑龙江省志（第五十一卷）——广播电视志》、吉林省地方志编纂委员会《吉林省志（卷四十二）——新闻事业志/广播电视》和辽宁省地方志编纂委员会办公室《辽宁省志——广播电视志》等。还有一些数据来自东北少数民族自治县和聚集区的《县志》，不再一一列出。

第一节　朝鲜族地区：多种媒体的发轫

一　报纸

这一时期朝鲜族地区重要的报纸有《延边日报》《东北朝鲜人民报》《少年儿童报》和《延边青年报》等。1958年"大跃进"形势下，延边各县还创办了县报，每期发行2500—10000份。[①] 长白朝鲜族自治县的朝文版《长白报》和延边自治州各县县报是县域发行的主要媒介。

吉林省：

●延边州

（一）《延边日报》与《东北朝鲜人民报》

1.《延边日报》（1948.4—1949.3）

《延边日报》朝鲜文版于1948年4月1日创刊，延边地委主办，4开2版，一周6刊。新创刊的《延边日报》因出版于新中国成立之前，所以使用的是中华民国的年号。《延边日报》的报头是美术体汉字，版面题文直排，朝文和汉字混用，汉字加朝文读音（见图1—1）。

图1-1　《延边日报》朝鲜文版创刊号（上）和汉文版（下）

资料来源：选自吴泰镐《延边日报五十年》（汉文版）。

[①] 参见吉林省民族研究所等《吉林省朝鲜族社会历史调查》，民族出版社2009年版，第409页。

时任中共延边地委书记孔原在创刊词里开宗明义:"《延边日报》是延边地区朝鲜族人民群众的报纸。……在为人民服务的同时,要突出民族性、地方性和群众性的特点。在内容和形式上,要做到民族化、地方化和群众化。"报纸要"成为党的喉舌和工具",要及时报道国内外的重大事件,特别是当前春耕生产活动的情况和工作经验。但是,由于当时是辽沈战役的后期,东北解放在即,对前线的军事报道、鼓舞士气、激励后方就成了报纸的主要任务。

至1949年3月末,《延边日报》共出刊306期,每期发行量8000份左右。这家报纸是当时国内唯一的朝鲜文报纸。

2.《东北朝鲜人民报》(1949.4—1954.12)

东北全境解放后,1949年3月,经中共中央东北局批准,《延边日报》与通化的朝鲜文日报《团结日报》和哈尔滨的朝鲜文日报《人民新报》(后改名《民主日报》)合并。自1949年4月1日起,在延吉市创办朝鲜文日报《东北朝鲜人民报》。该报设有"文艺""教育生活""青年生活""国际一周"等固定栏目和副刊。1949年7月7日,新辟"新闻通讯",介绍新闻业务知识和新闻工作。该报以朝、汉两种文字出版,对开4版,一周6刊,出版发行1583期,1954年12月21日终刊。当时发行量为29923份。其发行对象和发行地区为朝鲜族群众和东北朝鲜族聚居区,并在哈尔滨、通化等地设有驻站记者,建立通讯报道网。

《东北朝鲜人民报》创刊词依然明确强调:"报纸应具有民族性、地方性、群众性特点。"该报的读者对象是"为人民大众特别是为工农兵服务,以党、政、军干部及知识分子为主要对象。还有东北的朝鲜族人民几乎都在农村,而且都以种田为主,所以不得不把朝鲜族人居住的农村和朝鲜族农民放在重要的位置"。强调为农民服务,尤其是为朝鲜族农民服务是报纸新的动态。

1949年11月7日至1952年4月20日,该报办有农村版,名为《工农版》(朝鲜文),面向延边地区劳动农民。开始为8开4版,隔日刊。从1951年1月1日起,改为日刊,出16开4版。1952年4月20日,发行至678号终刊。

《东北朝鲜人民报》从创刊到终刊,正值中华人民共和国成立初期。报纸创办初期,重点宣传了毛泽东《将革命进行到底》一文的思想。1950年6月25日,美帝国主义发动了侵朝战争,该报开展了声势浩大的"抗美援朝、保家卫国"的宣传报道,激发了延边各族人民参军参战、支援前线的热情。

1952年，中共中央提出过渡时期总路线、总任务，该报进行有组织、有步骤、有计划的宣传，报道关于朝鲜族聚居区，特别是延边地区工业化建设的消息。该报还着重组织关于农业合作化的宣传，进行有关经验和先进事迹的报道。

《东北朝鲜人民报》特别重视关于民族问题的报道。延边朝鲜族自治州自成立之日起，就把每年的9月定为"民族团结月"。报纸在"民族团结月"集中宣传党的民族政策、报道民族团结的先进事迹，鼓励各族人民在民族平等的基础上团结、互助、合作。

《东北朝鲜人民报》重视通联工作。报社通讯刊物原有《通讯工作》，后被《劳农通讯》所代替。1951年3月1日把《劳农通讯》改为《通讯业务》，月刊。1952年3月3日发行《宣传员手册》（半月刊），出到24号，年末停刊。1953年6月29日发行《业务简报》（不定期），1955年10月18日发行至35号停刊。[①]

3.《延边日报》（1955.1—1966.5）

中央东北局被撤销后，自1955年1月1日起，《东北朝鲜人民报》又改名为《延边日报》。当年元旦，中共延边地委在《关于延边日报的决定》中指出：《延边日报》以朝鲜文宣传党的路线、方针、政策，是贯彻领导意图的有力工具。重点报道延边地区，兼顾东北其他地区。提出改进报社工作的四点要求：强化报纸的指导性和评论工作，提高报纸的思想性，强化对民族政策的宣传，加强通讯、读报、发行工作。这一办报方针，实际强调报纸作为政治工具对现实工作的指导作用。因此，这时期着重报道农业合作化和后来的"大跃进"。

自1956年3月1日起，《延边日报》报名改用朝鲜文书写。1959年元旦起报纸改为日刊，4开4版。1961年到1967年报纸又改为一周6刊，4开6版。

4.《延边日报》在促进民族教育和民族语言的纯洁化、规范化方面作出了重要贡献

20世纪50年代，《延边日报》开展了促进民族教育和民族语言的纯

[①] 参见白润生主编《中国少数民族新闻传播通史》，中央民族大学出版社2008年版，第198页。

洁化、规范化问题的讨论，影响较大。《延边日报》强调报纸的民族化，重点在朝鲜语文的运用上得到了体现。

《延边日报》对民族语言的重视由来已久。《延边日报》的前身是1946年9月创刊的中共吉林省委机关报《人民日报》（朝鲜文版）。这时期的《人民日报》（朝鲜文版）具有浓厚的民族性，增加了对朝鲜半岛的报道比重。1946年9月9日是《训民正音》①发表500周年纪念日，在延吉的纪念活动由省民主联盟主持，由《人民日报》（朝鲜文版）赞助。由《延边日报》更名的《东北朝鲜人民报》在初创时还进行了一次重大改革，版面上不使用汉字。1949年9月14日又开始使用双语。

1951年6月6日，《人民日报》发表经由毛泽东修改定稿的社论《正确地使用祖国的语言，为语言的纯洁和健康而斗争》。从这天起，该报连载了清华大学语言文字专家吕叔湘、朱德熙编写的《语法修辞讲话》。《人民日报》带头倡导，半年多时间里，在新闻文化宣传战线上，在全国人民中间开展了认真学习祖国语言的活动。因此，《东北朝鲜人民报》此时期突出报道了延边大学和州委党校增设干部文化补习班，帮助朝鲜族干部学习汉语文的情况，但意义更为深远的是对朝鲜语文的重视。

1952年2月，延边地区朝鲜族小学教育已达到普及的水平，加之受到在8月召开第一届各族各界人民代表会议、正式成立延边朝鲜族自治区人民政府（1955年改为自治州）等消息的鼓舞，当时人民群众群情激昂，自然而然地更加重视本民族语言。

1952年2月21日，《东北朝鲜人民报》邀请有关人士就民族语言的正确使用和纯洁化问题发表意见，并以"为民族语言的纯洁化而斗争"的通栏标题在报上展开讨论。为其配发的编者按说："通过讨论，提出问题，对症下药，重视正确使用语言文字，使其纯洁化和得到健全的发展。"讨论长达四个月之久，引起了社会舆论的重视，就如何正确使用朝鲜语文，使其规范化统一了认识。在讨论期间，《东北朝鲜人民报》自

---

① 训民正音意为教百姓以正确字音。这是由朝鲜王朝第4代王世宗组织学者创制的朝鲜语文体系，命名为"训民正音"，1446年正式颁行。训民正音文字体系由28个字母（现在只使用24个字母）组成，能准确地标记所有声音，又便于学习和使用，作为文字体系被认为具有独创性和科学性，意义重大。1997年10月被联合国教科文组织列为世界文化遗产。朝鲜古代使用汉字，无本族文字，故文字与语言脱节。三国末年，薛聪借汉字音义标注朝鲜文字，但不符合朝鲜语的语音和语法结构，很不方便，故未取代汉字。《训民正音》颁行之后，使用范围有限，未能取代汉字的固有地位。直到近代朝鲜，因民族国家构建的需要，朝鲜语才取代汉字，广为采用。

1952年4月24日起，版面上不再夹用汉字，使用双语的时候，汉字旁边注明朝鲜文，不是音译，而是意译，编辑为了让朝鲜族读者容易看懂报纸，在遣词造句方面下了很大工夫。①

1953年1月，东北三省民族教育工作会议决定，朝鲜族中学教科书不再夹用汉字。1956年7月，中央人民广播电台朝鲜语广播在北京开播，引起了对朝鲜语文的进一步重视。

1957年3月1日至6月29日，《延边日报》开展了围绕民族语言纯净化问题的讨论。1957年3月1日，《延边日报》在头版显要位置连续发表了一组净化民族语言的文章。如《民族语文是行使民族区域自治权利的工具》《为了民族语的净化和健康发展而斗争》，并为《关于重视民族语纯洁化的座谈会》配发了《编者的话》。《编者的话》指出此次讨论的宗旨："我编辑部非常重视民族语的使用，为了它的净化与健康在报纸上展开了讨论。其目的就是消除民族语言应用上现有的缺点，解决现在的问题，使之为民族语的充分使用及健康发展作出贡献。"②

《延边日报》对民族语言的纯洁化和规范化所付出的努力，不但增强了朝鲜语文新闻传播的表达力和感染力，而且推动了整个民族地区正确运用朝鲜语言文字和民族教育的工作，增进了民族情感和民族凝聚力。1958年3月，延边朝鲜族自治州扫盲工作基本结束，全州305900名青壮年中，扫除文盲率达81%—85%。5月，黎明业余农业大学在延吉县东盛乡成立，这是中国第一所农民大学。至20世纪60年代，延边州、县各级机关举办业余学习班，帮助汉族干部学习朝鲜语文，全州出现了互相学习民族语言文字的热潮，促进了感情的交流和民族团结。1962年，周恩来总理视察延边，非常关心《延边日报》，指示自治州负责人一定要办好朝鲜文报纸。

5.《延边日报》汉文版（1958.1— ）

《延边日报》汉文版于1957年11月1日试刊，后于12月21日开始不定期发行《延边简报》。《延边日报》汉文版于1958年1月1日正式创刊，双日刊（隔日刊），4开4版，每期发行23000份。发刊词说："此报纸的服务对象以乡、市、工厂、矿山、企业中的汉族干部为主，报道方针

---

① 参见白润生主编《中国少数民族新闻传播通史》，中央民族大学出版社2008年版，第198页。

② 《延边日报》1957年3月1日，参见白润生主编《中国少数民族新闻传播通史》，中央民族大学出版社2008年版，第196页。

以农业为主……"

1960年，中共中央首先从农村开始，纠正错误，提出了"调整、巩固、充实、提高"的八字方针。全州各条战线正确贯彻调整国民经济的各项政策，出现了前所未有的新气象。《延边日报》连续刊登增产节约运动、调节劳动组织、提高生产效率的经验和成果的报道。报纸设置了"在这儿一分钱也发光"专栏，连续发表社论、评论，引导广大朝鲜族群众在国民经济调整的基础上，进行某些经济体制改革的试验。这一时期《延边日报》注重民族特色，着重宣传朝鲜族的典型人物。该报在发现典型、追踪典型、报道典型，使之成为民族的模范和榜样中取得了丰富的经验。

《延边日报》朝鲜文版和汉文版都是中共延边州委的机关报，也是州委一级的综合性报刊。

6.《延边少年》（1956.1—1966.7）

《延边少年》1956年1月创刊，由共青团延边朝鲜族自治州委员会主办，一周两刊。该报的读者对象是小学三年级以上、初中二年级以下的学生。1957年7月《延边少年》改称《少年儿童报》，开辟"知心姐姐""小记者园地""队长之家""优等生学习秘诀""外国孩子学习生活""小星星""我们都是一家人"等30多个小栏目。最初发行7000余份，后期发行30000多份。1961年3月2日改为周刊，发行量降低。

1962年9月10日，该报开辟名为"先锋"的漫画专栏，几个月后更名为"三娃"。这个专栏直观、形象、幽默有趣，深受小朋友们喜爱。1966年1月该报改称《延边少年报》，当年7月停刊，共出版658期。

7.《延边青年报》（1959.1—1959.10）

《延边青年报》于1959年1月创刊，系共青团延边州委机关报，4开4版，一周两刊。朝文版每期发行28000多份，汉文版每期发行9000多份。该报编辑部与《少年儿童报》编辑部合并后成立延边青少年报社，报社是由共青团延边州委领导的独立机构。《延边青年报》于当年10月停刊。

● 长白县

《长白报》于1956年7月1日创办，8月1日正式发行，是中共长白县委机关报。1959年1月1日，《长白报》朝文版创刊出版，向全国发行。1962年5月11日《长白报》停刊。

1958年"大跃进"形势下，延边各县还创办县报，每期发行2500—

10000 份。①

综观此时期朝鲜族地区主要报纸的发展,我们可以看出以下三个方面的成绩。

第一,《延边日报》是新中国成立初期最早,也是唯一的州(市)级朝鲜文报纸。它与后来的《东北朝鲜人民报》《少年儿童报》《延边青年报》等一起,支撑起了中央、省、州(市)、县四级新闻传播的第三级架构,使本时期的朝鲜语文新闻传播铺就了从中央到基层的传播通道。而长白朝鲜族自治县的朝文版《长白报》和延边自治州各县县报的发行,使报纸这四级传播得以最终的实现。

第二,坚持民族语言第一、为朝鲜族受众服务的原则。《延边日报》创刊时就是使用朝鲜文,后来是双语合刊,再后来朝鲜语、汉语分开;但不管怎样变化,报纸都坚持了民族语言第一这个原则。上述几种报刊在创刊时首先运用的也是民族语文,这不仅体现了对办报方针——以朝鲜族为读者对象的一贯坚持,更显示了对民族受众、民族文化和民族情感的极大尊重和真心维护。

第三,重视综合教育,关心青少年的身心成长。少年报、青年报的创刊可以看出朝鲜语文新闻传播对青少年教育的重视。

二 刊物

1949—1959年是延边地区朝鲜语文刊物创办的繁荣期,主要刊物有10余种,代表性刊物政治类有《支部生活》、文艺类有《延边文艺》、综合教育类有《少年儿童(朝鲜文)》等。由于1957年的反右和延续的"民族问题整风"的影响,1959年后,大部分刊物"关、停、并、转",进入发展的缓滞时期。②

吉林省:

●延边州

(一)《文化》(1949.7—1951.10)

1949年7月,《文化》月刊由东北朝鲜人民报社创办,是融政治、经

---

① 参见吉林省民族研究所等《吉林省朝鲜族社会历史调查》,民族出版社2009年版,第409页。

② 参见李逢雨《中国朝鲜族新闻传媒与和谐社会建设》,人民出版社2012年版,第57页。

济、文化等多方面信息为一体的综合性杂志。在出刊25期后，于1951年10月25日停刊。

（二）《农民乐》（1949.7—1954.3）

1949年7月1日，《农民乐》月刊由东北朝鲜人民报社创办。它是当时中央东北局汉文版《农民乐》（有文又译作《农民的喜悦》）的译刊，使命是向农村的基层干部和农民提供生产建设方面的知识和基本经验。1949年11月，《农民乐》改名为《新农村》，12月改为半月刊。

（三）《支部生活》（1954.3—1966.11）

1954年3月，由《新农村》改版定名的《支部生活》（朝鲜文版）创刊，由中共延边地委（后为州委）主办。该刊为月刊，16开64页，以工厂、矿山、企业、农村地区的朝鲜族党员和团员为主要读者对象，突出党的思想建设。

该刊的《创刊词》首先说明了把《新农村》更名为《支部生活》的理由："过渡时期需要加强对工厂、矿山、企业以及农村党支部的建设，加强对工厂、矿山、企业、农村党支部的宣传教育，为充实其内容，把《新农村》改名为《支部生活》杂志。"

1956年，杂志社召开一次座谈会，进一步明确出版方针和任务。会议指出：面向基层党员和党组织的《支部生活》，其任务是对党员进行思想教育，帮助和指导党的组织建设。根据这个精神，杂志社再次确定了读者对象和肩负的任务。主要读者对象是延边和其他地区的朝鲜族党组织、党员以及党的积极分子。主要任务是教育基层党员，指导基层党组织。[①]

《支部生活》杂志是全国地方党刊中历史最悠久的刊物之一，也是全国唯一的朝鲜文党建刊物。

1956年7月，中共延边州委经省委批准，决定分别出版农村版和财经版的《支部生活》，为半月刊。两个版的《支部生活》发行到第82期后，为了适应人民公社化的形势发展，从1959年7月3日又合并在一起出版发行。"三年困难时期"由于纸张供应不足，1961年2月停止发行。当年5月《支部生活》与《学习》《延边青年》《延边文学》合并，由此《延边》正式创刊。1963年5月25日，《支部生活》又从《延边》杂志社分离出来

---

① 参见白润生主编《中国少数民族新闻传播通史》，中央民族大学出版社2008年版，第201页。

独立发行,仍是半月刊。1966 年 11 月再次停刊至 1978 年 12 月。

此时期延边政治类刊物还有:《党的建设》《学习》《红旗》(朝文版)、《东北民兵》(1962) 等。

(四)《延边文艺》(1951.6—1961.5)

《延边文艺》于 1951 年 6 月创刊,16 开本,月刊,延边文联筹备委员会主办。当时担任延边地委书记的朱德海同志为《延边文艺》的创刊亲自挥笔题词:"人民的文艺工作者以文艺形式,正确地贯彻人民政府的各种方针政策,好好地反映人民群众的实情。"在创刊号里面,发表了金淳基、金礼三、金昌乐等作家的作品。①

1951 年 9 月《延边文艺》停刊,1954 年同名复刊。1957 年更名为《阿里郎》,1959 年又更名为《延边文学》,1961 年 5 月合并进《延边》。

此时期文学艺术类刊物还有《长白山》(1957) 等。1958 年,延边地区还出版了《奇迹》《火花》《铁流》《闪电》《萌芽》《东风》《泉水》《图们江》等近 30 种不定期文学期刊。②

(五)《少年儿童(朝鲜文)》(1950.4—1955.12)

《少年儿童(朝鲜文)》半月刊于 1950 年 4 月 25 日由《东北朝鲜人民报》创办,共青团辽宁、吉林、黑龙江省委员会联合主办,32 开 30 页左右,读者对象是全国朝鲜族小学二年级至初中二年级学生。1950 年年末发行量为 5000 份,到 1951 年 9 月,增加到 21000 份。《少年儿童》共出版 68 期,于 1955 年年末停刊。

此时期综合教育类刊物还有《中国朝鲜族教育》(1948)、《延边青年》(1955) 等;专业类刊物有《小学教育》(1951)、《延边卫生》(1953)、《延边日报通讯》(1953)、《学习与研究》(1957)、《大众科学》(1958)、《语文学习参考资料》(1958) 等。

从朝鲜族地区的刊物发展看,此时期刊物种类齐全,文化、党建、文艺、教育等刊物影响较大,读者包括工人、农民、教师、学生等,受众较广。刊物重视党员教育和宣传工作,而且专业、教育类刊物数量突出,显示了朝鲜族民族对教育工作的注重。

---

① 参见天龙《回顾〈延边文艺〉创刊的日子》(http://218.27.207.35/wenshiziliao/2011-08-12/791.html,2011-08-12)。

② 参见蔡永春《新闻春秋》,延边出版社 2006 年版,第 57 页。

1949—1959 年是朝鲜族地区刊物的繁荣期，1959—1966 年是消沉期。由于受 1957 年的反右和延续的"民族问题整风"的影响，1959 年后朝鲜族地区的大部分刊物"关、停、并、转"，进入发展的缓滞时期。①

三　图书出版及发行

（一）延边教育出版社

延边教育出版社是我国第一家民族出版社，也是第一个教育出版社。

延边教育出版社成立于 1947 年 3 月 24 日。创立当年就出版了 24 种课本，共计 22.5 万册，部分缓解了当时延边地区朝鲜族学校教学无教材的矛盾。1948 年出书品种增加到 58 种，计 112.9 万册，发行范围也扩大到东北各解放区的朝鲜族学校。1949 年年末，延边教育出版社由民办公助的出版单位转为地方国营的事业单位，职工人数也由创建初期的 2 人猛增到 164 人，成为既出版中小学教材，又出版一般图书，初具编辑、印刷、发行"一条龙"规模的出版社。

1951 年，周恩来总理在全国第一次少数民族教育工作会议上明确提出："凡是有通用语言文字的少数民族，用本民族语言文字授课。"这一指示极大地增强了延边教育出版社全体职工办好民族出版事业的信心。1952 年 6 月，东北三省朝鲜文教材会议提出了朝鲜文教材的编辑方针和任务，并把教材建设经费正式纳入地方财政计划中。延边教育出版社因此明确了方向，经费有了保证，发展更加迅速。到 1966 年，一共编辑出版了教材 2811 种，基本上满足了东北三省朝鲜族学校教学用书的需要。

（二）延边人民出版社

延边人民出版社是一家集综合性、地方性、民族性于一体的民族出版社，于 1951 年 8 月 19 日成立。该社成立之初，有职工 40 名，下设图书出版组、期刊出版组等 5 个部门。建社后不久，就用朝鲜文出版了毛泽东同志的著作《实践论》《矛盾论》《在延安文艺座谈会上的讲话》等单行本，还出版了《春香传》《沈青传》等朝鲜民族古典作品。国内一些后来成名的朝鲜族作家如金学铁、李根全等人的作品都是在这一时期得以出版的。20 世纪 60 年代前后，《青春之歌》《林海雪原》《红岩》《风雷》以

---

① 参见李逢雨《中国朝鲜族新闻传媒与和谐社会建设》，人民出版社 2012 年版，第57 页。

及《钢铁是怎样炼成的》《静静的顿河》等许多国内外名著通过延边人民出版社翻译成朝鲜文出版,介绍给了广大的朝鲜族读者。

1947年,延边教育出版社成立后,延边地区逐步形成了朝鲜文图书发行网。1949年有发行网点29处,其中国营书店14处,发行人员100余人,发行图书342万册,销售额达92万元。此外,在东北其他地区还有朝鲜文图书发行网点34处。延边新华书店是在新中国成立前后由多家国营和集体书店合并而成的,其前身东北朝鲜人民书店总店,成立于1951年5月20日,是当时朝鲜文图书、课本、报刊的统一发行机构。

四 广播

从朝鲜族地区的广播事业发展来看,延边人民广播电台的开播和发展意义重大。延边人民广播电台的开播标志着中国共产党领导下的中国地方民族广播事业的开始。1952年9月3日朝鲜族自治州的成立,则进一步促进了广播事业的发展。

此时期,延边人民广播电台的无线发射技术的基础得到了进一步加强。1962年6月,周恩来总理视察延边,解决了硬件问题,电台发射功率增强,覆盖面扩大,延吉各县市都能收听到延边台的节目,新闻传播的影响力进一步提升。

吉林省:

●**延边州**

(一)延边人民广播电台

延吉新华广播电台于1946年7月1日开播,该台归中共吉林省委领导。延吉新华广播电台不仅成为我国第一座用朝鲜语广播的电台,也是全国第一座用少数民族语言播音的电台。

1948年11月,东北全境解放,电台更名为延吉广播电台,归延边地委领导。1949年5月1日又更名为延吉人民广播电台。1951年4月正式改称为延边人民广播电台。建立初期,延边台除了转播中央人民广播电台的节目之外,其他节目如地方新闻、教育性的节目和文艺节目全都用朝鲜语广播。朝鲜语广播以将汉语节目翻译为朝鲜语节目为主。朝鲜语比重增加到51.2%。从1952年起,延边台增加朝语地方新闻和自编节目。

延边人民广播电台从1952年开始尽量采用自己采编的地方消息。报道性节目有自己编辑的地方消息、译自国内外的消息，还有转播自中央台的重要新闻。该台更重视自己采编的新闻，如1953年报道朝鲜族全国水稻丰产模范崔竹松，1960年报道朝鲜族回乡知识青年吕根泽等。

1952年10月，延边人民广播电台还创作和播送了新中国成立后第一个朝鲜语广播剧《赵玉姬》，揭开了朝鲜语广播剧制作的序幕。此后，延边人民广播电台每年都创作和播送10多部广播剧和100多首歌曲。演出组还将《红岩》《雷锋》《党费》《霓虹灯下的哨兵》和《杜十娘》等汉语广播剧译成朝鲜语，并创作了不少朝鲜语相声，这些节目都很受朝鲜族听众欢迎。1955年还建立了以朝鲜语广播剧为主的专业演出组。

从1956年起，延边台开设了少年儿童、理论学习、农业技术、祖国各地、国际时事、科学与生活、民兵、农村、文艺、音乐等自办节目。1956年9月1日以后重新开办汉语地方节目，逐渐增加了汉语播音时间，汉语栏目有新闻、专题和文艺，每天播出1小时。①

1956年，延边电台的发射功率扩大到7.5千瓦，并新建了发射台。

1962年到1964年，延边电台音乐广播有两大变化：一是由以播放唱片为主改为以录音播出为主，录制了大量音乐节目；二是以延边朝鲜族作品为主，在增加抒情歌曲和轻音乐的基础上，挖掘民族遗产，收集、整理了朝鲜族人民历代传唱的健康优美的山歌民谣在广播里播出。其中有《道拉吉》《阳山道》《山川歌》，还播出了具有浓郁民族特色的创作歌曲《长白瀑布》《春之歌》《江清八景》。到1962年，播出的朝鲜族民歌占音乐节目的30%。

1962年6月，周恩来总理视察延边时，就办好朝鲜语广播作了重要指示，并当即答应解决延边台发射功率偏小的问题。不久，延边电台的广播、录音、制作、发射等设备得到更新，扩大了覆盖面。延边人民广播电台也为提高宣传质量狠下工夫，制作并播出了许多高质量的广播节目。这一时期，延边朝鲜语广播形成了新闻性、教育性、文艺性、服务性等节目构成的比例较为合理的广播节目体系。

1963年，周总理指示延边台的朝鲜语应该以平壤语为标准。

（二）延吉人民有线电台

延吉人民有线电台于1956年10月成立，1958年更名为延吉人民广

---

① 参见崔相哲《我国朝鲜语广播发展概况》，紫荆译，《新闻与传播研究》1989年第1期。

播站。

此时期，延边州其余的县市也大力兴建有线广播，基础网络、技术建设的步伐在加快。

● **长白县**

1950年5月，长白县文化馆兼设广播站。1953年5月正式成立长白有线广播站，开始在县城普及广播。长白朝鲜族自治县成立后，开办了朝鲜语广播节目"长白新闻"。

1957年至1958年，全党全民大办广播，以"小土群"[①] 方式普及农村广播网。1960年全县共建起7个公社和林业广播站。

1963年6月29日，朝鲜两江道厚昌郡李镇善在鸭绿江中抢救我方溺水儿童王进宝，事后，王进宝更名为王友谊。同年8月16日自治县农民孙岳忠等3人在鸭绿江中流筏，救出落水的朝鲜儿童安福万（13岁）。安的父亲安永信表示感谢，将其子改名为安亲善。这两件体现中朝人民骨肉情深的事迹，长白有线广播站都进行了快速和详尽的报道。1963年9月15日，长白朝鲜族自治县成立5周年，县城举行了由各界代表千余人参加的庆祝大会，县广播站第一次用朝、汉两种语言成功进行了现场实况转播。

第二节　蒙古族地区：民族语言县报与广播的创建

此时期东北地区4个蒙古族自治县都创办了由县委主办的县报，尽管仅在县城区的企事业单位发行，且发行量较少，但毕竟4个蒙古族自治县有了自己本地的报纸。县报得到了普及，报纸在第四级传播中站稳了脚跟。《阜新县报》的双语体现了对蒙古族民众的重视。

黑龙江省蒙古族地区的教育专业报纸表现突出。油印小报一般由教育一线的中小学主办，实践性较强；小报重点发布蒙文教学经验和教学信息，并且运用蒙语刊印，针对性强。同时其量体裁衣，不定期发行，充分考虑到了实际的需求。

[①] "小土群"是1958年全民大炼钢铁的小高炉、土法炼铁、群众运动的简称。这里特指群众运动式办广播的态势。

一 报纸

黑龙江省：

● 杜尔伯特县

《杜尔伯特简报》于 1956 年创办，杜尔伯特蒙古族自治县县委主办，8 开 2 版，汉字铅印，每周 1 期。1958 年改为《生产简报》，出刊 37 期。1959 年 1 月改为《杜尔伯特报》，出刊 58 期，当年 8 月又改名为《生产快报》，出刊 122 期，1960 年又恢复为《杜尔伯特报》，出刊 39 期后停刊。以上每期月发行 1500—1600 份。

《东风教育报》于 1958 年 9 月 1 日创办，杜尔伯特东吐莫乡中心小学主办，创办人为蒙古族的波·少布。该报 8 开 1 版，是蒙汉合璧，报名套红，油印，不定期发行，共出刊 50 期，主要传播当地的民族教育信息。《东风教育报》是黑龙江省有确切记载的最早的蒙文报纸，1960 年停刊。

《蒙文教学简报》于 1959 年创刊，创办人为西力·伯桑布。该报 8 开 2 版，共出 12 期，1962 年停刊。杜尔伯特蒙古族中学还在 1962 年主办过蒙文油印的《多克多尔报》。上述两种小报都是蒙文油印，重点发布蒙文教学经验和教学信息。

吉林省：

● 前郭县

前郭尔罗斯县的《前郭尔罗斯报》创刊于 1956 年 1 月 16 日，8 开 4 版，每周 2 期。内容以反映全县农业生产形势为主，兼及工业、交通、文教、卫生、财贸战线上的动态、先进事迹和模范人物等，报道形式有社论、评论、经验介绍、通讯报道等。

《前郭尔罗斯报》是县委机关报，一些重要社论和评论文章都由县委主要领导亲自撰写，拥有通讯员近 200 名。《前郭尔罗斯报》于 1962 年 6 月 30 日停刊，先后共出刊 952 期，其中第 298 期至第 447 期为日报，每期发行达 2000 余份。

辽宁省：

● 阜蒙县

《阜新县报》于 1956 年 11 月 30 日创刊发行，由中共阜新县委主办。这是新中国创办的第一张县级蒙古文报纸。《阜新县报》规格为 4 开 4 版，蒙文、汉文各占 2 版，5 日刊。1958 年 4 月阜新蒙古族自治县成立，该报更名为《阜新蒙古族自治县报》。1962年4月，由于经济困难、纸张短缺等原因，《阜新蒙古族自治县报》被迫宣告停刊。

《阜新广播通讯》于1957年3月由阜新县广播站创办，目的是搞好广播宣传工作和提高通讯员的写作水平、传播和交流新闻写作的经验。小报为8开4版，每月或每季一期，第1版是报道要点、新闻理论，第2版是通讯园地，第3版是写作杂谈、灯下漫笔，第4版是稿件评介。这个小报不但在本省范围内发行，后来还发行到河南省的5个县，一直到"文化大革命"开始才停办。

● 喀左县

《喀左旗报》于1956年6月23日创办，由中共喀左旗委主办。该报8开2版，周刊，每期印数3000份，共出版30余期。1957年2月停刊。

1958年7月1日，《喀左旗报》更名为《喀左报》出版，8开2版，5日刊。1959年1月1日起改为双日刊，1961年2月停刊。

1957年夏天，喀左文化局还创办了综合性油印小报《喀左文艺》，一共出了4期。

二 刊物

与州（市）级的民族语言刊物相比，县级刊物创办数量较少，生存期较短。这是县级办刊物的普遍态势。与报纸的时效性、快捷性相比，刊物虽更具积累性和持续性，但也更需人力、财力，更需主办者知识的专业性、广博性，因此办刊物的难度大于报纸。另外，蒙古族民众居住分散，人员总数较少，整体受教育水平不高，再加上蒙古族语言流失严重，使用蒙、汉双语现象普遍，因此民族刊物的存活力不强。

此时期，文艺刊物受到了重视，有了专门反映蒙古族生活和蒙古语言的刊物，这是一大进步。

1962年9月24日，黑龙江省杜尔伯特蒙古族自治县文化馆创办了内部期刊《文艺爱好者来稿》，刊物共坚持了两年时间，于1964年10月停刊。据不完全统计，在《文艺爱好者来稿》上，共发表反映蒙古族人民生产生活的诗歌、散文、小小说48篇，揭开了黑龙江省蒙古文学创作的序幕。

1959年，吉林省前郭县文化馆创办了内部不定期文艺刊物《草原文艺》。

1963年，辽宁省阜蒙县政府编译室创刊并主办《阜新民族生活》

(《蒙古贞语文》的前身）杂志，5年后于1968年停刊。20世纪60年代，该县蒙古语文办公室和县文化馆还分别主办过《蒙古语文通讯》和《阜新文艺》等，都在"文化大革命"时停办。

三 广播

本时期4个蒙古族自治县对广播传播的快捷性、广泛性和灵活性有了充分的认识，农村有线广播基本形成网络，并开展蒙、汉双语广播，体现了对蒙古语新闻传播的充分重视。蒙古族自治县的广播坚持双语广播，不仅抓住了最广大的听众，而且维护了民族文化发展的持续性。

黑龙江省：

● **杜蒙县**

1950年7月，杜尔伯特县文化站开设有线广播室，在摘播中央、省电台有关新闻后，开设自办节目，以汉语播音，播音内容有国内外重大新闻、政策法规、领导讲话和歌曲等。

1953年，广播室改为泰康人民有线广播站，每天播出时间为中午和晚间，每天累计播音时间7小时25分钟。1956年，泰康人民有限广播站改为杜尔伯特人民广播站。1957年，广播宣传以农村为重点，播放内容有农村生活、农业常识、地方新闻、戏曲曲艺等。广播时间每周3组，每组播送2次，每次25分钟。1958年"大跃进"运动中，入户喇叭发展到9000只。

1962年，全县各乡均建立了有线广播站，广播入户普及率达47.3%。1963年，为贯彻民族政策，满足蒙古族群众要求，增办蒙古语节目。1964年4月，该站正式开播蒙古语节目，每周三、周六早、午、晚各播出20分钟，内容有民族政策、民族团结和民族文艺等。"文化大革命"期间，加快了广播线路架设进度。

吉林省：

● **前郭县**

1953年1月，前郭广播站建站播音，主要是转播省台和中央台的节目。1957年后增加自办节目，主要内容是围绕县委中心工作，开展广播宣传。自办节目为每天1次，每次10分钟。

1958年8月后，新店、吉拉吐等公社相继建立广播放大站，乡级站每天分早、午、晚3次播音，累计播出时间为7小时。

1959年，前郭自治县在全省第一个使用零线广播。县站播音内容除转播和自办节目外，还增加了文艺节目和服务性节目（天气预报、启事等）。自办节目宣传内容有县委中心工作要求，全县工、农、牧业生产情况、各项政治活动、典型人物等。自办节目每天播音次数增加到早、午、晚3次。1959年5月，增加了"蒙语新闻"节目，每天早晚2次，每次20分钟。

1966年"文化大革命"开始后，自办节目停播，转播中央台和省台节目。

辽宁省：

● **阜蒙县**

1953年，阜蒙县文化馆广播站成立。1955年12月在13个农业合作社建立了收音站。

1956年5月21日，阜新县建立了县人民广播站。9月开始举办汉语广播节目《今日阜新》。《今日阜新》每天播出3次，每次15分钟。1957年3月开始举办蒙古语广播节目《蒙古语广播》，蒙语、汉语新闻各15分钟。

1958年4月，阜新县人民广播站改称阜新蒙古族自治县人民广播站。1962年8月，阜蒙广播站在开设"蒙古语新闻"栏目的基础上，增设"民兵生活"栏目，时间长度为5分钟。该栏目主要报道民兵的训练、打靶、上夜校学习等方面的情况。1963年，"蒙古语新闻"栏目改为"民族生活"节目，重点报道全县各条战线的新面貌、新发展和重要会议信息，译播中央、省、市三级电台的重要新闻和国内外发生的重大事件，每次播音5分钟。

1963年6月，蒙文编辑部成立了蒙语文艺组，开办"蒙古语说书"节目。他们下乡录制蒙古族各类民歌、乐曲、好来宝、蒙古语说书（乌力格尔）等，先后到过佛寺、沙拉、大巴、土府、哈达户稍、大板等乡镇。录制的内容有叙事民歌《金珠尔》《达那巴拉》《森吉德玛》《乌云其其格》《海丽海丹》《桃儿》等。其中，录制说书艺人泽和乐的蒙古语说书"全家福"，时间长度为36小时，在广播文艺节目中播放72天。录制说书艺人康殿文的蒙古语说书"大西梁"，时间为52小时，在广播文艺节目中播放104天。这些节目深受蒙古族听众的欢迎。

县广播站蒙语文艺组还录制了佛寺镇民间艺人那木吉乐的蒙古语说书

"罗全扫北""灯笼颂"等,县艺术团的包玉明演奏的马头琴曲"初升的太阳""万马奔腾""高小姐""万里"等以及县文工团蒙古剧队演出的蒙古剧"乌云其琪格""分家"等。

在政治批判气氛弥漫的当时,阜蒙广播站体现了对传统文化的重视,实在是难能可贵。

● 喀左县

1952年7月,喀左旗政府成立了收音站。1955年1月,喀左县建立广播事业管理站,以选播中央、省广播电台的节目为主,每天从18点开始到21点结束。同年开始自办节目,以县内新闻为主。1956年10月,县广播站正式播音,广播信号通过电话信号送往全旗各区政府所在地。

1957年,喀左县开始建立基层站和广播网络。1962年全县22个公社都建立了广播放大站。同时,喀左县建立广播事业管理站创办了蒙古语文播音节目,开始时每天10分钟,从19:00到19:10,内容是喀左新闻、科技生活等。随后,又增设蒙语文艺栏目,每天5分钟,播放蒙语歌曲。1964年蒙古语文广播节目停办。

第三节 达斡尔族地区:有线广播站的开建

黑龙江省:

● 梅里斯区

1959年,黑龙江齐齐哈尔市的梅里斯达斡尔族区组建华丰人民公社广播站,下属共和乡、瑞廷乡两个广播放大站。当时采用有线传播,线路开通至梅里斯乡、共和乡、瑞廷乡等地。

1961年,华丰人民公社广播站更名为齐齐哈尔市郊区人民广播站。

1965年,郊区广播站纳入行政机构,郊区办事处设广播事业科,实行科站合一,合署办公。

第四节 满族聚居区:县报与有线广播的创建与发展

一 报纸和刊物

各满族聚居区的县报大都创刊于1956年后,发行量为2000—6000份。在20世纪60年代初,各县报大都停办。

吉林省：
● 伊通县

《跃进报》（由原《伊通简报》更名）创办于 1958 年 3 月，为中共伊通县委机关报。4 开 4 版，每周双刊。1959 年 8 月停刊，共发行 13.5 万份。

《伊通科技报》1964 年创办，伊通县科学技术协会主办，为综合性科学技术报纸，8 开 4 版铅印，主要介绍科学技术知识、科研成果，为不定期报纸。"文化大革命"开始后停刊。

辽宁省：
● 新宾县

《新宾农民报》创办于 1956 年 3 月，为县委机关报，8 开 2 版，每周 1 期。5 月改名为《新宾县报》，每 5 天出 1 期，8 开 2 版。始发行 2000 份，后增加到 5000 份，最多发行 7000 份。与此同时，《新宾县报》还创刊了《新宾县报》朝文版，向全县朝鲜族干部群众免费赠阅。刚开始发行 90 多份，后增加到 300 多份。

1958 年 4 月 22 日，《新宾县报》改为 8 开 4 版，一周 6 刊，发行量开始为 2000 份，后增加到 5000 份，最多发行量为 7000 份。1959 年 5 月 1 日，县委决定将《新宾县报》改为《新宾日报》，县委第一书记兼任主编。报社成立农业、工业和政教 3 个组，分工编写各版稿件。1962 年 12 月 29 日因资金困难停办，共出刊 841 期。

1958 年，新宾县文化馆还先后创办了《巨浪》《文艺汇编》《苏水奔腾》《苏子河》等综合性文艺刊物。

● 桓仁县

《桓仁农民报》于 1956 年 6 月由中共桓仁县委创办，是县内最早也是唯一的报纸，1957 年因故停刊。

《桓仁县报》于 1958 年 6 月由县委创办，出刊多期后于 1961 年 8 月停刊，共发行 40 多万份。

● 清原县

《清原县报》于 1956 年 7 月 1 日正式出版发行，1957 年 2 月 8 日停办。1958 年 6 月 1 日恢复出版，同年 7 月 4 将周报改为双周报，8 开 2 版，同年 9 月 3 日又改为 8 开 8 版。1962 年 3 月 8 日《清原县报》停办。从第 1 期到停办，《清原县报》共出版发行 473 期，每期发行 5000 份。

● 岫岩县

20世纪50年代末60年代初，曾断续办过县报，1961年秋停刊。此后的30多年里再没有办过报纸。

● 宽甸县

《宽甸县报》创办于1956年3月1日，为中共宽甸县委机关报，8开2版，每周1刊。1958年8月1日改为《宽甸日报》，发行量6000份。"大跃进"时期，该报版面编排强调鼓动性与指导性，每逢县内重大活动，报社全体人员即不分昼夜组稿，增稿增刊很多，最高期发行量达两万份。

1960年7月1日，《宽甸日报》改称《宽甸县报》，4开4版隔日刊。1962年3月13日，《宽甸县报》停刊。该报存在的6年时间里，共出版了1131期。

● 北镇县

《北镇县报》是中共北镇县委员会的机关报。1956年3月创刊，向全县发行。开始是3日刊，8开2版，后改为一周3刊，4开4版。发行量不稳定，一般为0.2万—3万份。1960年，设农村、工业财贸、时事政策、副刊等组，并在全县建立通讯组276个，其中220个在农村。当年发行总量近140万份，平均每期6939份。《北镇县报》在1957年5月一度停刊，1958年7月前复刊，至1961年4月终刊。

● 凤城县

《凤城农民报》于1956年4月5日创刊，是凤城县委机关报，15日正式出刊第1期。1957年10月1日改名为《凤城县报》，同年12月末停刊。1958年6月20日复刊，1962年4月1日再次停刊，至此共发刊727期。

从以上各县报的发展看，作为最基层的新闻传播媒体，县级党报得到了普遍的重视，而且刊期频率加快，一般是一周3—4刊。《宽甸县报》改为日报后，轰动性强，发行量大，典型性强。

各县报虽没有强调民族特色，但依然显示了自己的办报特点。《伊通科技报》努力突出报纸的科技专业特色；《新宾县报》发行了朝鲜文专版，满足县域内朝鲜族民众的需求；1956年，桓仁县在各农民报纷纷改县报时，却创刊《桓仁农民报》，针对性强，为以后的报纸特色和发行打下了基础。

二 广播

本时期各县农村广播有线网基本建成。1965年，桓仁县全县架设广播专用线248千米，成为全省第一个实现广播专线化的县份。1958年5月，为了加强少数民族教育工作，新宾县广播站还开办了朝鲜语节目。

吉林省：

● 伊通县

1955年，伊通县有线广播站建立。1956年通播范围达到管理区（村），每天3次播音。1958年广播喇叭入户率达30%。1963年后，随着农村广播站的建立，全县的广播网络不断完善。1966年全县建立了13个农村广播站。

辽宁省：

● 桓仁县

1952年，县文化馆内设广播室，对县城播送宣传材料和文艺节目。1959年后，县内各公社相继建起广播站，广播线路达360千米。到1965年，全县架设广播专用线248千米，成为全省第一个实现广播专线化的县份。

● 岫岩县

岫岩广播事业创办于1951年，1966年建成以县站为中心、以乡站为基础的农村有线广播网。

● 新宾县

新宾有线广播事业开始于1953年8月中旬。1957年，广播向农村发展，并开始自办节目"本县新闻"，时间为15分钟。"本县新闻"以后几经易名，改为"新宾生活""新宾在前进"等，广播时间由15分钟增加到20分钟，有时为30分钟。1958年5月，为了加强少数民族教育工作，开办了朝鲜语节目，节目时间为10分钟，每天播出1次。1964年至1966年，广播实现全县专线化，入户率83%。

● 清原县

1956年，清原县建立广播站，仅向县城居民广播，每天转播中央和省台的联播节目，早晚各播一次10—15分钟的自办"清原生活"节目。1957年以后借用电话线路向农村广播，县站自办节目改为"清原广播站联播节目"。

● 宽甸县

1954年3月，在县文化馆内设广播室，每天向县城4个街道播音3次。1955年5月，建县有线广播站，向县城及6个区广播。1957年9月，全县各区陆续建起广播放大站，转播县广播站节目。

● 本溪县

1956年，本溪县成立了县广播站，到1966年全县广播喇叭发展到13400个，广播线路长达1689千米。

● 凤城县

1953年1月，凤城人民广播转播站建立，在凤城镇各街道办事处门口装有1.5瓦喇叭共7只，转播上级广播电台的广播节目。

1956年5月1日，凤城人民广播站建立，开始自办新闻节目。1960年1月17日召开全县向科学技术进军广播誓师大会，约10万人收听了大会广播。1965年9月，县内有线广播利用电话线路向各公社播音，广播喇叭普及率达85%（见图1-2）。

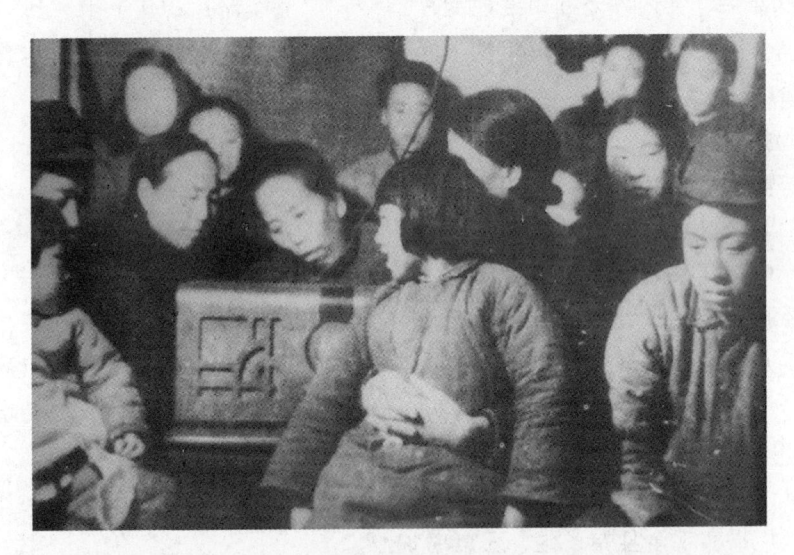

图1-2　1951年，辽东电台在丹东九连城设的收音网点
资料来源：辽宁省地方志编纂委员会办公室主编《辽宁省志广播电视志》。

● 北镇县

1950年在县文化馆始创有线广播室。1953年2月在县委院内成立县广播站,有线广播逐步由县城通向农村。1956年年末有线广播通往全县各地。1962年经过整顿,有线广播向村、户发展。1963年在大市公社首建公社广播放大站。1965年全县各公社都办起了有线广播放大站。

自1954年起,县广播站除按时转播省、市及中央人民广播电台新闻外,并自办"北镇生活""农业技术""卫生知识"等节目。

第五节 非民族地区的民族语文新闻传播:省级报刊与广播的诞生

此时期东北非民族地区的民族语文新闻传播主要是朝鲜族语文的新闻传播,这些媒体都属于省级层次,构成了四级传播中的重要环节。

一 报刊

黑龙江省:

● 牡丹江地区

《牡丹江日报》(朝鲜文版)于1957年3月1日创刊,系中共牡丹江地委机关报,4开4版,双日刊。这是新中国成立后为了适应黑龙江省朝鲜族群众的阅读需要,在朝鲜族聚居的主要区域——牡丹江地区出版的报纸。1959年5月1日《牡丹江日报》(汉文)创刊后,《牡丹江日报》(朝鲜文)又合并到牡丹江日报社,成为这一时期黑龙江省唯一正式出版的朝文报纸。

《牡丹江日报》(朝鲜文版)创刊词确定"该报主要宣传马克思列宁主义和党的过渡时期总路线以及国家各时期的方针、政策,特别注重宣传党的民族政策来提高全省朝鲜族的社会主义及爱国主义思想觉悟,加强民族团结,为完成社会主义建设任务而奋斗"。

该报一版为要闻版,二版为经济版,三版以政治教育、文艺为主要内容,设有副刊,四版主要刊登国内外时事。报纸还设有"党的生活""学校生活""法律顾问""汉语学习"等固定栏目。该报以农业建设和农村生活为中心,全面、通俗地报道政治、经济、文化教育等地方新闻和国内外大事。

报纸重视社论的写作。这些社论联系朝鲜族聚居的农村实际情况,针对读者需要解决的问题,提出解决方案,自己采编稿件占30%—40%。

该报注重发现和报道先进典型，1960年集中采写了一批受到全国妇联表彰的"三八"红旗单位、"三八"红旗手。通过典型报道，解决朝鲜族聚居区农业生产遇到的实际问题，如《水田地区也可以进行多种经营》，报道鸡西市鸡冠公社勇鲜大队不仅种植水稻，而且养猪、养羊、养兔子、养蜂、养鱼，同时还栽培果树，进行多种经营，增加农业总收入的30%，反映了朝鲜族聚居地区农民生活水平的提高。

宣传民族团结，也是该报的一项重要内容。1960年3月1日，该报在第3版以《增强民族团结》为题，报道了密山县地日公社地日管理区汉族、回族、满族、朝鲜族合力战胜自然灾害的典型事例。这一报道涉及是否组建民族联合社的问题，是群众关心的问题，引起了有关领导的关注。

考虑到牡丹江地区乃至全省朝鲜族民众对民族语言的需求，1960年之后，该报出现过朝、汉两种文字共用和转载汉文报刊新闻的现象：汉文标题，内容译成朝鲜文；有时也用朝鲜文标注汉语读音或全部用汉文刊载文章。

1961年1月29日，根据"调整、巩固、充实、提高"的八字方针，《牡丹江日报》（朝鲜文）停刊，至此该报共发行了643期，每期发行量为6000多份。《牡丹江日报》（朝鲜文）停刊后，黑龙江省没有了面向全省发行性的朝鲜文报纸。

● 哈尔滨市

1961年4月30日，《牡丹江日报》（朝鲜文版）改为省级《黑龙江日报（朝文周报）》，报社由牡丹江迁入哈尔滨。《黑龙江日报（朝文周报）》是中共黑龙江省委机关报《黑龙江日报》的组成部分，4开4版，每星期六出版。

报纸以翻译《黑龙江日报》和《人民日报》的重要社论、消息和文章为主要内容，同时也刊登朝鲜族人民的生产、生活以及民族工作方面的言论和消息。该报1962年12月末每期发行6000份。

自1963年元旦起，《黑龙江日报（朝文周报）》改名为《黑龙江日报（朝鲜文版）》，每周2刊，同年7月2日改为每周3刊。报纸更名和提高出刊率后，自采自编的朝鲜文新闻的利用率逐渐提高，充分报道朝鲜族人民的生活、生产情况。1963年7月2日的《本报告知》进一步指出："今后将会更加充分地、及时地反映国内外和全省的形势发展，加强朝鲜族人民的生活、生产、斗争的宣传报道,增强报刊的思想性、群众性,使本报的地方特色和民族特色更加浓厚,并发挥更大的作用。"

从创刊到"文化大革命"之前,该报主要报道内容有:翻译转载新华社、《人民日报》《黑龙江日报》在全国有很大影响的典型人物和典型事件,刊载朝鲜族记者采写的关于朝鲜族群众中涌现的典型事迹。

1959年1月《松花江》(朝鲜文)双月刊创刊。《松花江》是用朝鲜文出版的综合性文学期刊,由哈尔滨市文化局、哈尔滨市朝鲜族文化馆主办,至1966年被迫停刊。停刊期间为不定期内部发行刊物,共出刊36期。

辽宁省:

● **沈阳市**

《辽宁农民报》(朝鲜文农村版)于1958年10月1日创刊,初期4开4版,一周两刊,每期发行4800份,编辑内容主要是转译《辽宁日报》的内容,1961年该报停刊。1965年12月复刊,更名为《辽宁日报农村版(朝文版)》,稿件主要译自《辽宁日报农村版》(汉文版)。

二 广播

黑龙江省:

● **哈尔滨市**

1963年2月20日,黑龙江朝鲜语广播开播。黑龙江朝鲜语广播是黑龙江人民广播电台系列台之一,是全国唯一的省级朝鲜语广播。

朝鲜语广播的方针和任务是向黑龙江省朝鲜族人民宣传党的路线、方针、政策,进行社会主义、集体主义、爱国主义教育,传授生产经验,普及科学知识,丰富他们的文化生活。主要任务是报道时事政治,传播生产经验,普及科学知识,丰富文化生活,由"新闻报道""农业知识""理论讲座""人物通讯""文艺"等部分组成。初期广播的时间是每天半小时,隔一天做一次新节目。从1964年1月开始每天播30分钟,次年每天播3次,每次播30分钟,自编稿已占30%—40%,有300名通讯员派往朝鲜族聚居地区12个县。[1]

---

[1] 参见白润生主编《中国少数民族新闻传播通史》,中央民族大学出版社2008年版,第220页。

吉林省：

●长春市

1965年8月1日，吉林人民广播电台开办了"朝鲜语节目"，它是以吉林省内朝鲜族人民为对象的综合性节目。当时制定的节目方针与任务是："以毛泽东思想为指导，配合党在每个时期的中心工作，向全省朝鲜族人民群众宣传马列主义、毛泽东思想和党的路线、方针、政策，讲解国内外时事；进行社会主义、爱国主义、国际主义思想教育和民族团律教育；介绍各条战线上的新成就、新经验与新人新事；普及科学知识，丰富富文化娱乐生活等。"

《朝鲜语节目》设有"本省新闻""国内外新闻""好人好事""毛主席语录""经验介绍""时事解说""在伟大祖国""科学与生活知识"等栏目。省内新闻约占60%，采取翻译与编采相结合的方法，从吉林电台播出稿件与各地报刊中选编。每次节目编排，文艺占40%，每天播出2次，每次30分钟（后改为40分钟）。

第六节 少数民族新闻传播教育：延边大学的人才培育

1949年3月20日，延吉大学在吉林省延边朝鲜族自治州首府延吉市成立，4月改称为延边大学。这是我国最早在少数民族地区建立的综合性高校之一。

1957年9月前，延边大学曾隶属于国务院高教部，之后划归吉林省。后来经过院系调整，将原有的文学部、医学部和农业专科学部发展成为师范学院、医学院和农学院。

1958年8月，为了更好地适应国民经济和社会发展的需要，医学院、农学院、工学院从延边大学中分离出来，成为各自独立的延边大学、延边医学院、延边农学院、延边工学院。1959年3月，延边工学院又并入延边大学。①

1962年6月22日，周恩来总理来到延边大学视察。1964年7月12日，全国人大常委会委员长朱德和国家副主席董必武也到学校视察。朱德委员长为学校题词"学习毛泽东思想，培养社会主义接班人"，并书写了

---

① 参见《延边大学本科教学工作水平评估宣传手册》（2014年3月2日）。

"延边大学"校名。

延边大学建校初期，共有教职员工181人、学生378人。学校设立的文学部下设语文系，讲授中国和韩国等语言文学知识，虽没有明确的新闻传播专业和方向，但为以后该校韩国语言文学和新闻传播专业奠定了扎实的基础，积累了丰富的教学经验，也培育了专业的人才。研究中国朝鲜族语文新闻传播的著名学者崔相哲先生，就是延边大学1964届语文系的毕业生。

1960年9月27日，吉林省广播电视学校创办于吉林农安县。它是吉林省广播电视厅（局）所属的理工科中等专业学校，为全省广播电视系统培养了既有基本理论又有实践技能的中等技术人才。首批招收学员150多人大都来自全省各市、县从事广播工作的职工和经过考试录取的应届初中毕业生。学校开设无线广播和有线广播两个专业，学制3年。

1960年年末，吉林省广播电视学校由农安迁入长春市新建校舍。1963年5月，吉林省广播电视学校改为干部训练班，负责培训全省广播电视系统的职工，地址在长春市兴业街84号。1963年8月，吉林省广播电视学校首届毕业生82人离校。吉林省广播电视学校是当时东北三省较早成立的培养广播电视基层专业人才的教育机构，为吉林省各市、县包括民族基层地区输送了急需的广播、电视技术人才，为民族地区广播、电视的发展打下了基础。

第二章 "文化大革命"10年
（1966.6—1976.10）

至1964年全国第二次人口普查时，东北少数民族总人口达到了428.81万人，占全国少数民族总人口3988.4万人的10.8%，黑龙江、吉林、辽宁三省的少数民族数量由每省的近17个，上升到每省近33个。满族、朝鲜族、蒙古族、回族和达斡尔族成为东北地区人口数量居前五位的少数民族，人数分别达到了218.84万人、134.07万人、39.29万人、33.56万人和3万人。

"文化大革命"时期，东北地区少数民族新闻传播遭到重创，民族语文的报纸、广播基本停办，但农村有线广播发展迅速，延边无线电台的功率也得到提高。

第一节 朝鲜族地区：电台的艰难生存与功率提升

一 报纸与刊物

1967年2月25日至1968年7月31日，《延边日报》朝鲜文和汉文版都变为《新华社电讯》，完全转播中央和"两报一刊"关于"文化大革命"的动态和信息。报社革委会成立后，1968年8月又恢复为《延边日报》。

1974年1月，延边电台创办《延边广播》（内部）月刊，32开本，用朝鲜文和汉文两种文字出版。栏目设有："报道提要""业务研究""经验交流""采写体会""佳作评介""评稿园地""编辑随感""写作知识""播音艺术""通讯员生活""语文知识""广播歌曲"等。到1978年年底停办时，共出版60期，每期3000册。

延边州其他刊物至"文化大革命"时基本都已停办。

二 广播

吉林省：

● 延边州

"文化大革命"开始后，延边电台实行军事管制。1967年1月停止自办节目，只转播中央电台节目和朝鲜语译播。

1968年，延边电台恢复了部分自办节目。这年冬季，延边电台技术人员组装一部15千瓦中波发射机。从1969年4月1日起，汉语、朝鲜语两种语言广播分开：7.5千瓦发射机播汉语节目，频率1050千赫，15千瓦发射机播朝鲜语节目。为提高全州朝鲜语广播的覆盖率，延边人民广播电台又自装了150千瓦的大功率发射设备，于1972年10月1日正式用于朝鲜语广播，使收听朝鲜语广播的效果有了显著提高。

"文化大革命"期间，延边各县市有线广播建设进展迅速，不但形成了相当规模的农村有线广播网，而且通过广播技术革新，提高了信号传输的质量，在东北影响较大。

● 长白县

1971年，长白朝鲜族自治县各公社普遍建起了广播站，形成了以县广播站为中心、公社广播站为基础的专线与载波传送信号的有线广播网络体系，实现了全县广播化。无线广播也开始营建，1968年年初，长白无线转播台建立，春季正式转播吉林省台节目。

三 电视

吉林省：

● 延边州

1974年10月1日，延边人民广播电台组建了电视台并正式开始向观众播放，当时的名称为延吉电视转播台。由于收不到省电视台的节目，延边也没有电视制作设备，按当时的政策规定，地区一级不得制播电视自办节目，不能自己开办电视节目，因此延吉电视转播台只好播放电影。

● 长白县

1974年5月，长白县广播站购进825-2型电视接收机，通过5频道收看朝鲜平壤电视节目。1976年9月15日，在龙岗公社启用电视接收机，收看到中央电视台播放的悼念毛泽东主席的电视节目，这是自治县首次看到国内电视节目。

第二节 蒙古族地区：有线广播的快速发展

"文化大革命"期间，虽然4个蒙古族地区县级报纸、刊物全部停办，但农村有线广播推展较快，农户通播率平均达到70%，无线广播与电视事业开始营建。

黑龙江省：

● **杜蒙县**

1966年年末，杜尔伯特人民广播站蒙古语广播一度停办，直到1967年9月才重新恢复，蒙古语广播每周三早、晚各30分钟。1974年，蒙古语广播自办节目时间每周增加到3小时，有线广播专用线路达1200延长千米，小广播喇叭1.2万只，入户率80%，有线广播事业进入最兴盛时期。

吉林省：

● **前郭县**

1966年，全县已有17个乡镇建立了广播放大站。"文化大革命"开始后，自办节目停播，转播中央台和省台节目。1971年5月开建中波转播台，无线广播事业从此发端。1975年，自办节目有"蒙语新闻""农业学大寨""理论讲课"等，累计播音1小时。

1965—1976年，全县有23个乡建立了有线广播站，农户通广播率占70%。全县大部分地区均能免费收听到前郭尔罗斯广播电台的广播节目，广播覆盖率达到95%。

1975年6月，成立前郭电视转播台，开始进行黑白电视转播，覆盖半径为30千米。

辽宁省：

● **阜蒙县**

1970年，阜蒙全县30个人民公社实现了广播载波化。1971年，普及零线广播工作在全县铺开。截至1972年年末，农村广播入户率达到96%，再创历史新高。1975年，根据中央《农村广播网工作座谈会》的精神，县广播站开办了"广播讲课"节目，通过定期举办乡站编播人员学习班和业余通讯员培训班等形式，提高新闻工作者的写作水平，对提高广播宣传的质量起到了很大的作用。

●喀左县

1976年3月，喀左县成立自治县广播事业管理局，对县域内广播、电视事业统一进行建设和管理。

第三节 达斡尔族地区和满族聚居区：有线广播的全面推进

总体来看，此时期满族聚居区和达斡尔族地区的新闻传播同其他少数民族县级地区一样，农村有线广播一枝独秀，基本实现了广播专线化，广播入户率达到90%以上，无线广播与电视事业建设也开始启动。

一 达斡尔族地区：广播自办新闻节目

黑龙江省：

●梅里斯

1967年12月8日，梅里斯撤销了郊区工委和办事处，成立了郊区革命委员会。

1972年，齐齐哈尔郊区广播站在转播上三级人民广播电台节目的基础上，开始自办新闻节目，同时增加了大民公社、水师公社、边电公社等广播放大站。郊区广播站已下辖7个广播放大站。

1975年，边电、水师、大民等公社划归昂昂溪区管辖，这三个公社的广播放大站也随之划归昂昂溪区。当时，区广播事业科下辖现在的8个乡、镇广播放大站。

新闻节目是本区人民广播电台最早自办的主体节目，主要是采编播发本区的政治、经济、文化生活领域中出现的先进模范人物、典型事迹及有重大社会影响的事件。中国作家协会会员李风清曾于20世纪70年代在本地区从事新闻采编工作，写出了一大批较有影响力的新闻作品。

二 满族聚居区：有线广播技术的改进和普及

（一）报纸、刊物

1969年5月，辽宁北镇县的《北镇县报》重新创刊，是北镇县革命委员会的机关报，4开4版，5日刊，每期2000份，免费发给全县各机关、单位、公社、生产大队等，至年末终刊。

其他各县的县报此时期基本停办。

（二）广播

吉林省：

●伊通县

1969 年，伊通县公社办广播站纳入了国家计划。1970 年至 1971 年，县广播站试制成功 50 瓦调频载波机两台，解决了电话与广播同线互扰的矛盾。1971 年至 1973 年，先后架设了县站—营城子、县站—地局子、板石庙、县站—头道、西苇、县站—东尖山、马鞍山等多条广播专用线。

1972 年全县通电，县广播站再次更新、添置设备，全县建立了 21 个广播放大站，生产小队通播率 100%，喇叭入户率 94%。

辽宁省：

●清原县 至 1973 年，农村安装喇叭 4.3 余只，有 93% 的农户能收听广播。

●岫岩县 1966 年，建成以县站为中心，以乡站为基础的农村有线广播网。1978 年以后，有线广播事业迅速发展。

●宽甸县 1975 年夏架设广播专线，总长达 361.47 千米，基本实现了广播专线化。

●桓仁县 无线广播事业从无到有，1971 年，辽宁无线广播转播台（省广播电台 310 中波转播台）在桓仁建成，此后不断增大发射频率，转播辽宁人民广播电台节目和中央人民广播电台第一套节目。

●本溪县 1972 年，撤销广播专线，实行广播、电话两网合一，从村到用户都采用零线广播的办法。

1974 年本溪县成立广播事业局，设有编播组、技术组、办公室、服务部等。县广播站每日自办 20—30 分钟的本县新闻节目，同时办 20—30 分钟的文艺节目，此外，还转播中央、省、市节目。全县 17 个乡镇都设有广播站，每个乡镇设播音员、编辑各 1 人，并有自办节目，各村设广播室。全县基本形成了广播专线化，实现了以县城广电局为中心，乡镇放大站为基础，用专线输送联系千家万户的广播网。

●新宾县 1976 年 1 月，为了适应广播事业发展的需要，县广播站始设编辑部、事业组、线路组等。

●北镇县 从 1969 年 11 月开始架设广播专线。1971 年中安公社中安大队首建大队广播室。至1975年年末,全县325个生产大队共建大队广播室290个,并有97%的生产队接通了有线广播,约有6万只广播喇叭安装到农户。

(三)电视

吉林省：

● 伊通县　1972年伊通县电视差转台建成,开始转播中央台和省台的电视节目。

辽宁省：

● 桓仁县　电视转播始于1974年,当年县内安装了第一台黑白电视接收机,1976年开始安装晶体管彩色电视接收机。

第四节　非民族地区的民族语文新闻传播：报纸、电台的改换和停办

1967年1月13日,《黑龙江日报(朝鲜文版)》报名改为《新华社通讯》,专发新华社电稿。《辽宁日报农村版(朝文版)》则于1968年停刊。

"文化大革命"期间,黑龙江人民广播电台的朝鲜语广播几乎全部转播或译播中央人民广播电台的节目。1967年1月15日,吉林人民广播电台停办《朝鲜语节目》,虽以后又有恢复,但在1975年2月10日吉林电台彻底停办了《朝鲜语节目》。

第三章　改革开放 20 年
（1976.11—1999.12）

引言　此时期东北少数民族及民族地区概述

一　东北地区的少数民族

至 2000 年第五次全国人口普查时，东北少数民族总人口达到了 1094.43 万人，占全国少数民族总人口 10522.61 万人的 10.4%，黑龙江、吉林、辽宁三省每省的少数民族数量由 1982 年第三次全国人口普查时的 39 个，上升到每省平均 51 个。满族、朝鲜族、蒙古族、回族和锡伯族成为东北地区人口数量居前五位的少数民族，人数分别达到了 741.55 万人、177.52 万人、98.35 万人、51.40 万人、14.47 万人。

二　东北少数民族地区

党的十一届三中全会以来，中国逐渐消除极"左"路线的影响，呈现出社会安定、民族团结、政治环境宽松和经济发展的大好形势。党和政府进一步落实和完善民族政策，尤其是在邓小平提倡的"要使各民族真正实行民族区域自治"这一政治背景下，满族区域自治问题得以解决，满族真正享有了区域自治的权利。

1984 年，《中华人民共和国民族区域自治法》颁布，对少数民族自治地方的政治、经济、文化等各方面的权利和义务作了系统的规定。

1985 年 6 月，国务院批准在辽宁省建立新宾、岫岩和凤城 3 个满族自治县。1988 年 8 月，吉林省建立了伊通满族自治县。1989 年 6 月，辽宁省建立了清原、北镇、本溪、宽甸、桓仁满族自治县。截至 1989 年，东北共建立了 9 个满族自治县，这些自治县均是满族聚居的地方，成立之初满族人口均占当地人口的30%以上，而岫岩和凤城满族人口占70%以上。

经国务院批准，1994年5月撤销凤城满族自治县，设立凤城市（县级）。凤城满族自治县是全国自治县中第一个撤县设市的自治县，开启既设市又保留民族政策和民族优惠待遇的先河，对民族自治地方撤县设市产生了深远影响。1995年3月北镇县撤销，设立北宁市（县级）（2006年2月8日，经国务院批准，北宁市更名为北镇市）。

1983年4月7日，延吉县更名为龙井县，县政府驻龙井镇。至1995年12月，延边朝鲜族自治州辖6个市（县级）和2个县——延吉市、敦化市、图们市、珲春市、龙井市、和龙市、汪清县、安图县。

1980年3月10日，经黑龙江省人民政府批准，齐齐哈尔市郊区革委会名称改为梅里斯区，区所在地按城镇管理，并建立街道办事处。1988年7月，经民政部报请国务院批准，恢复梅里斯达斡尔族区。至1990年年底，梅里斯达斡尔族区下辖4乡、4镇、1街道办事处。

在改革开放的20年里，东北地区少数民族新闻传播得到了恢复和发展，一方面电视传播得到了普遍的重视，另一方面，朝鲜族语文新闻传播发展较快，满族、蒙古族、朝鲜族和达斡尔族的县域传播得到了进一步的加强，民族新闻教育和研究也展现了较好的势头。

第一节 朝鲜族地区：新闻传播事业的全面复兴

一 报纸

吉林省：

●延边州

1992年1月1日，《延边日报》由4开4版改为对开4版，揭开了《延边日报》发展新的一页。同年12月2日，《延边日报》在星期日出版《经济特刊》（海外版）（见图3-1）。

1998年4月，经省、州新闻出版局批准，又扩为对开8版。不过由于财力有限，扩版根据出版需要不定期进行。同年，《延边日报》又创办了《星期刊》，这是延边地区唯一的一张地区级具有晚报性质的报纸。延边日报社也在当年被国家新闻出版署命名为全国地方报社管理先进单位。至1999年年底，《延边日报》已成为现代化、高水平的少数民族新闻出版机构，其朝鲜文版的采编能力在国内少数民族文字报纸中居于领先地位。

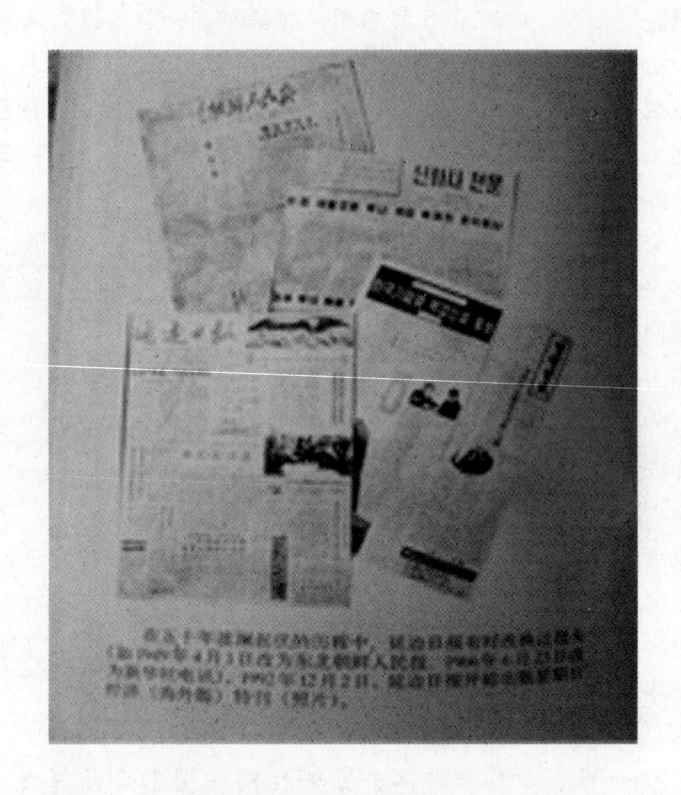

图 3-1 资料选自吴泰镐《延边日报五十年》（汉文版）

1981年9月3日，《延边科学技术报》创刊，1988年6月，更名为《东北朝鲜族科学技术报》，由半月刊改为4开4版的周报。这是全国唯一的朝鲜文科学技术普及报，由州科学技术协会和州民族事务委员会联合主办。《东北朝鲜族科学技术报》面向东北三省及全国朝鲜族干部群众，传播农业、林业、畜牧业、副业、渔业等方面的实用技术，传授生活科技常识、卫生知识、生活知识，为广大朝鲜族群众的科学致富与生活科学化献计献策。

1982年1月《延边少年》复刊，1985年1月经团中央同意，改刊为《中国朝鲜族少年报》，4开4版，每周2期，读者对象是全国朝鲜族小学二年级至初中二年级学生。

1984年10月，由延边朝鲜族自治州广播电视局主办的《延边广播电视报》创刊，刊登电视台一周节目安排，设有"每周一歌""影视人物""文艺评论""生活知识""要闻集锦""广告"等栏目。朝鲜文版设有"兄弟民族""祖国各地"等专栏。

1985年2月8日，《延边广播电视报》朝鲜文和汉文分别出版，每期各4开4版，当年共出版52期。朝鲜文版平均每期发行38000份，中文版平均每期发行92000份。《延边广播电视报》创刊初期自己发行，从1985年4月起由邮局发行。汉文版和朝文版的《延边广播电视报》同延边广播电台和电视台相互依托和补充，成为延边广播电视局的第三大媒体，在体现延边广播电视的立体化宣传效果方面充分了显示其特有的功能。

1985年6月15日，延边电台社教部创办的朝鲜文周报《生活之友》创刊。《生活之友》4开4版，自办发行东北三省，主要编辑、刊发延边广播电台播出的知识性、教育性节目的部分稿件，弥补了广播节目瞬间即逝的缺陷，增强了广播效果，深受广大读者的喜爱。设"生活小常识""名人故事""风土人情""名胜古迹""世界知识""家庭顾问""科学故事"等栏目。《生活之友》每期发行量25000份，是全国发行量较大的朝鲜文报纸。1999年9月20日，《生活之友》增扩为4开8版，报社开始自行电脑排版，设有"延边各地""祖国新貌""科技史话""历史人物""法律知识""政策问答""生活百科""医疗保健""老年生活""生活万花筒""社会与法律"等栏目。

由《延边日报》社主办的《朝鲜族中学生报》周刊创刊于1989年5月1日，创刊伊始发行量就超过20000份，荣居全国朝鲜文报刊首位。《朝鲜族中学生报》主要为朝鲜族中学生服务，针对朝鲜族中学生的特点，经常举办作文、摄影、书画、演讲、知识智力竞赛活动，成为朝鲜族学生的好朋友、教师的好帮手、家长的好参谋。1993年9月，报纸分别出初中版和高中版。1997年9月，初中版改为8个版，当时报纸期发行量约5.3万份。

1979年10月1日，由《延边日报》社主办的朝鲜文版《参考消息》创刊。朝鲜文版《参考消息》基本是新华社汉文版《参考消息》的译文，一周6刊，每期4刊4版。至1985年12月31日共出版1905期。1986年1月1日，朝鲜文版《参考消息》更名为《综合参考》，一方面延续《参考消息》的主要内容，另一方面又广泛译载新华社其他刊物和全国各报刊的最新消息。1997年1月6日，《综合参考》更名为《综合新闻》，成为一个8开16版的综合信息周刊。

● 长白县

1985年，县委办公室创刊《长白信息》，不定期发刊，主要反映和交流全县各条战线、各个部门的最新工作动态、新闻、成就等。据1991年至1995年统计，5年共编发《长白信息》533期1076条，其中有272条被国家和省、市有关部门采用。《长白报》1987年恢复，1991年再次停办。

为了加大宣传工作力度，县委成立新闻中心，与宣传部密切配合，在国内外报刊、广播、电视上年均发播新闻稿件近千篇。1997年，邀请和接待了人民日报社、吉林日报社、吉林经济报社、长白山报社百余名记者来自治县采访报道。1998年，在对外宣传上广交新闻界朋友，先后与省内外近30家市级以上主要新闻单位建立了密切的伙伴关系，借助外力，广泛宣传长白。全年邀请并接待省内外记者200人次，在市级以上主要新闻单位包括《人民日报》《经济日报》、中央人民广播电台、中央电视台和香港《大公报》上播发各类新闻稿件近千篇。

二　刊物

此时期，延边复刊并创办了《支部生活》《中国朝鲜语文》《中国朝鲜族教育》《少年儿童》《青年生活》《延边妇女》《延边文学》《大众科学》《延边医学》《文学与艺术》《道拉吉》《东疆学刊》《延边大学学报》等20余种期刊，其中朝鲜语文刊物达12种。

《中国朝鲜语文》于1986年1月创刊，1987年更为现名，是目前国内朝鲜语研究的最高级别学术刊物。

《延边妇女》是创刊于1983年的妇女杂志，每期发行量都超过4万册，成为印数最多的朝鲜文杂志之一。为了把刊物办得更好，解除杂志社的后顾之忧，政府每年都要拨出100多万元专款，用于补充办刊经费。

1981年1月，《延边广播》朝鲜文版复刊，双月刊，32开本，每期1500册。1985年，《延边广播》改由延边电台和延边电视台合办，每期1000册，免费发给通讯员和全州广播电视系统及有关部门。

本时期，延边复刊和创办的文艺性杂志当属最多，一共有 10 余种。其中《延边文学》（由《延边文艺》更名）培养朝鲜族文学艺术人才和弘扬民族艺术的成就和影响较大。

进入 20 世纪 80 年代，《延边大学学报》逐渐增发反映民族语言问题和东北亚地区民族文化的论文，学术研究的民族特色和地方特色有了进一步的凸显，进而使其在朝鲜学研究、韩国学研究、东北亚问题研究等栏目始终保持着自己的优势和特色。

三 图书、音像出版

1. 延边教育出版社

进入改革开放的新时期，延边教育出版社完善了朝鲜语文教材的出版体系，这一体系从幼教至小学、中学，一直延伸至中等师范教育。

自 1952 年至 1984 年的 30 多年里，延边教育出版社和延边人民出版社进行了三次合并和三次分拆。第一次合并是 1952 年 3 月，延边人民出版社被取消机构划归延边教育出版社。1957 年 7 月，因为民族出版的需要，延边人民出版社拆分出延边教育出版社，这是第一次拆分。第二次合并是 1958 年 3 月，合并后的出版社对外称为延边人民教育出版社。"文化大革命"时期出版社的各编辑部被解散，1969 年解散后的出版社与新华书店合并改名为延边出版发行社革命委员会，这是第二次拆分。1972 年下乡干部返社后得以重新恢复出版机构和编辑室，直到 1978 年 12 月才改名为延边出版社，这是第三次合并。1984 年 2 月延边人民出版社和延边教育出版社再次进行了拆分，延边教育出版社建制恢复。这是第三次拆分并保留至今。[①]

1988 年 7 月延边教育出版社更名为东北朝鲜民族教育出版社，随后的 1998 年又更为原名延边教育出版社。至 1998 年，该社已发展成为拥有 10 个编辑室、百余名职工、具有相当规模的民族教育出版社，每年出版朝鲜文图书 900 种，其中教材 470 种，基本满足了我国朝鲜族中小学校、师范学校、幼儿园的教学需要，成为全国中小学朝鲜文教材的编写出版中心和研究开发中心。该社出版的图书，已进入国内 20 多个省市的图书市

[①] 参见朴国斌《延边州民族出版业发展初探》，硕士学位论文，延边大学，2012 年。

场，部分图书还发往国外。①

1999年，延边教育出版社拉开了深化民族出版业改革的大幕。出版社抓住全州文化事业单位改革试点的机遇，实行"一社两制"。"一社两制"就是把出版社业务进行分离，出版社作为母体仍然保持事业体制不变，其主要任务是集中精力抓好朝鲜文教材出版，确保"课前到书，人手一册"等公益性出版任务顺利完成。同时，出版社将经营性的汉文图书策划与营销、广告设计、激光照排、发行储运等业务从母体中剥离出来，组建公司。新组建的公司彻底摆脱了事业单位的管理模式，完全按公司制模式运营。由此，1999年8月10日出版社出资成立了控股公司——延边未来文化发展有限公司。公司以图书选题策划、版权贸易、图书发行为主，同时策划和设计音像制品、多媒体、广告、商标，兼营纸张、印刷、文化用品等。新的发展经营体制确立后，该社提出了"立足延边，走向全国，把出版社建设成现代文化企业"的奋斗目标，并实施了"走出去"和"以文补文"的发展战略，向汉文图书市场进军，开始了向文化企业的转型。

至20世纪90年代末，延边教育出版社累计出版各类图书、期刊和丛书共9000多种，其中朝鲜文图书6000多种，成果丰硕。

2. 延边人民出版社

延边人民出版社自1979年到1988年10年中，共出版各类图书2357种，计5995万册。其出版工作特点：一是地方自编朝鲜文图书比例明显增加，从1979年占年出版图书总数的20%增加到1988年的50%，促进了地方政治、经济和文化的发展。二是朝鲜文辞书的出版成绩引人注目，《朝鲜语谚语词典》《朝鲜语分类词汇手册》《朝鲜语语言学词典》等20多种辞书的出版，弥补了这方面的空白。三是获奖图书数量增加很快，《延边朝鲜族自治州概况》《苦难的年代》《延边黄牛》等84种图书在全国和东北三省图书评选中连连获奖，使出版同行对延边人民出版社的实力不得不刮目相看。1989年，为了向国庆40周年献礼，该社还出版了《延边青年运动史》《边陲十年》等10种好书，其中《延边青年运动史》一书还荣获了共青团中央任弼时基金会优秀青年图书奖。这一年，延边人民

---

① 参见王冰《东北朝鲜民族教育出版社庆祝建社50年》，载刘菊兰《中国出版年鉴1998年》，中国出版年鉴社1998年版，第128页。

出版社共出版图书158种，印数110万册。

进入20世纪90年代，延边人民出版社把主要精力放在出版重点图书方面，共翻译、出版了《马克思主义哲学学习纲要》《改革与探索》等有关马列主义理论图书42种，《改革开放中的党的建设研究》《中国共产党延边党组织活动大事记》等有关党的建设方面的图书33种，其中《改革开放中的党的建设研究》一书荣获了第二届全国优秀党建读物最佳图书奖。[①]

3. 延边大学出版社

延边大学出版社成立于1986年11月17日，是吉林省省属大学出版社之一。1995年延边五大高校合并为新的综合性大学——延边大学后，延边大学出版社也随之变为综合性大学出版社。合并后的延边大学出版社相继编辑出版了师范、人文、理工、农学、医学、体育、科技等领域的朝、汉双语教材和学术著作，尤其是致力于朝鲜文高校教材的出版，推动了我国高校民文教材的建设。

近几年来，延边大学出版社陆续出版了《朝鲜通史》《朝鲜简史》《现代朝鲜语》《朝鲜文学史》、《渤海史研究》丛书、《朝鲜史研究》丛书、《朝鲜族研究论丛》丛书、《高丽外交史》（译著）等一批在国内外极具影响的大学教材和学术著作。同时，着力开展版权贸易，引进韩国、日本等国版权图书，出版《韩国学术译丛》《韩流超级丛书》等。此外，《汉朝图解字典》《汉朝实用字典》《新华字典》（朝文版）等朝、汉双语工具书的出版，具有很强的科学性、实用性，深受广大读者的欢迎。出版社在基础教育和一般图书的出版方面也卓有成效。

此时期，延边大学出版社立足本校，面向全国，出版了具有教学、科研特色的文、理、工教材、教学参考书、学术专著、翻译著作以及有价值的民族古籍等，共出版了1700多种图书。

4. 吉林民族音像出版社

吉林民族音像出版社成立于1984年8月，隶属于吉林省民族事务委员会，是全国唯一出版朝鲜族文化、艺术、社会教育方面音像制品的单位。1984年8月1日，经国家广电部批准，建立了长白山音像出版社延边分社。1989年8月23日，长白山音像出版社延边分社更名为延边音像出版社。

[①] 参见卢尔群《延边朝鲜族自治州的出版事业》，《中国出版》1990年第9期。

1992年6月20日,延边音像出版社更名为吉林民族音像出版社。

1997年,出版社出版录音带30种,发行10万多盒,出版录像带20种,发行5000多盒,出版6种VCD,12种CD,不断出版朝鲜族文化、艺术、社会教育方面音像制品,填补了中国朝鲜族音像市场的空白。

四 广播

吉林省:

●延边州

(一)无线广播

1976年11月6日,延边电台译播的《国内外新闻》节目安排在6点30分和20点播出。延边电台用模写机接收新华社汉文电稿,连夜翻译,重要新闻能与中央电台同时播出。

1978年9月1日,延边电台在原演出组的基础上建立了广播文工团(后改称广播电视艺术团),演职人员35名(后增到68人),设剧队和乐队。

1982年,延边电台大力宣传农村家庭联产承包责任制,报道了农村劳动致富和向商品经济转化的先进典型,组织"全州致富状元录音座谈会",为在全州开展致富大讨论起了领路作用。

从1979年到1983年,延边电台连续宣传了农民育种家柳昌银水稻直播技术,请柳昌银在广播里系统讲解这种先进耕作方法。敦化、安图、江清高寒山区采用这种耕作法后,增产显著。同时,又通过典型大力宣传水稻旱育苗和塑料温床育苗新技术,促进水稻早熟高产。延边州农业局的负责人说:"广播电台为我州旱育苗普及作出了很大贡献。"

1982年8月至9月,延边电台开辟了庆祝延边朝鲜族自治州成立30周年特辑节目,播出200多篇专稿,从各个方面反映了党和国家对少数民族地区的关怀,以及30年来延边各条战线取得的巨大成就。中共延边州委对延边电台这一阶段的报道给予了表扬。

在城乡经济体制改革中,延边电台加强了典型报道。1984年10月,延边电台播出了延吉市羊毛衫厂朝鲜族女厂长卜今顺的改革方案,支持了她的改革行动。两个多月后,该厂扭亏为盈,延边电台又跟踪报道了这个工厂的变化和朴今顺的先进事迹。

延边电台的朝鲜语、汉语两套节目在宣传报道上坚持统一宣传思想、统一报道计划、统一宣传口径、统一组织指挥、统一编发重大新闻和评论。在此基础上,力求各有特色,不强求划一。

到1985年年底,延边电台朝鲜语广播(频率1206千赫)全天播音时间10小时50分钟,节目设有"全州联播""地方消息""简明新闻""今日延边""少儿节目""青挥生活""广播杂志""科学与生活""理论学习""文学节目""小说连续广播""音乐""点播音乐""每周一歌""广播剧院""广告""天气预报",译播"中央电台农业技术讲座",转播中央电台朝鲜语节目。

汉语广播(频率1053千赫),全天播音10小时55分钟,节目设有"延边新闻""简明新闻""今日延边""经济信息""学习与漫谈""文化生活""锦绣中华""大众科学""广播文摘""音乐""文艺""小说连续广播""每周一歌""点播文艺""请您录音""为您服务""广告""天气预报""广播体操",转播中央电台"各地人民广播电台联播节目""新闻和报纸摘要节目"和吉林电台的"全省联播节目"。

1994年1月18日,延边人民广播电台汉语节目在全州率先实现直播。

1999年7月22日,交通文艺台开播。9月15日,经济部与韩国、俄罗斯联合直播节目《寻找离散家族》。

(二)有线广播

20世纪80年代中期,延边州8个县(市)基本都建立了广播电台,自办的本地新闻节目一般都用朝、汉双语播出,极大地方便了本区的朝、汉听众。随着各县(市)广播电台的建立,农村有线广播网以此为中心,充分拓宽了延边朝鲜族广播的覆盖面。1988年,全州109个乡镇,有101个乡镇通有线广播,通播率达92%,有13.7万农户安装有线喇叭,占全州农户总数的65%。进入20世纪90年代,有线广播通播率急剧下滑,至1999年农村有线广播用户仅剩1600户。1999年年底,有线广播退出了延边地区。

● 延吉市

1984年1月6日,延吉市广播站开设了调频广播,发射功率50瓦,同年12月1日正式播音,传输该站广播节目,其中每天有15分钟立体声调频音乐节目。

1985年4月8日,经吉林省广播电视厅批准延吉市广播站改为延吉市人民广播电台，调频发射功率1千瓦。

1985年10月1日，延吉电台正式使用朝鲜语、汉语两种语言广播，每天播音7小时30分钟，其中朝鲜语3小时25分钟，汉语4小时5分钟。自办节目有"延吉新闻""天南地北""青少年天地""田野之声""法制天地""广播文艺厅""每周一歌""广告"，转播中央电台"全国各地人民广播电台联播""新闻和报纸摘要"和朝鲜语节目。

● 敦化等县、市

敦化县于1984年改为敦化市。1985年4月17日，敦化市广播站改为敦化市人民广播电台（简称敦化电台），调频发射功率500瓦。敦化电台每天播音8小时10分钟，以汉语播音为主，朝鲜语广播有45分钟。自办节目有："新闻""知识宫""法律与生活""农业科技""信息之窗""广播俱乐部""故事会""小说连播""天气预报""广告"，此外，转播中央电台"全国各地人民广播电台联播""新闻和报纸摘要"和省、州电台的联播、新闻节目。1991年，广播、电视两台合一。

1989年7月1日，珲春有线广播站改为珲春人民广播电台，办有汉语和朝鲜语双语节目。

1989年12月，安图县调频广播开播，自办朝鲜语、汉语新闻节目。1986年1月23日，图们人民广播电台成立。1998年4月，成立龙井市广播电视台，开办1套广播节目和1套电视节目。1990年，汪清人民广播电台成立，1994年电台信号停播。1990年，和龙有线广播站改为和龙人民广播电台，2000年2月停办。

● 长白县

1988年7月3日，经省广播电视厅批准，自治县广播站改为长白人民广播电台，1990年4月16日正式开播。为了提高编播业务素质，对电台播、录、放设备全部进行了改造，提高了节目制作能力和播放质量。到1991年年末，全县拥有广播站（室）90个，线路总长349杆公里（其中，县至乡镇146杆公里，乡镇至村屯203杆公里），专用线全部为油炸杆，扩音机功率7100瓦。全县有107个村屯通了广播，入户喇叭8023只，普及率达85%。

长白人民广播电台每天除转播中央人民广播电台、吉林人民广播电台新闻节目和部分文艺节目外，还自办"长白新闻""农家百乐""广播顾问""白山绿水""七彩生活""少儿广播"以及文艺性、服务性节目，每天广播时间达3小时。朝鲜语"长白新闻"等节目每天播出3次,年播出600小时。朝鲜语文艺节目以播送歌曲、曲艺、少数民族文艺为主,年播出190小时。

1997年4月,广播电视台与有线电视台合并为县广播电视台以后,自治县自办的广播节目逐步转为有线电视播出。

在无线转播方面,长白县也取得了进展。1978年9月,长白县架设了适于738千赫的发射天线,同年12月,根据国家施行同频同步广播的要求,又增加了一套同步自动校频装置。1983年,长白县安装了76米高的中波发射铁塔,并将地网由原来的20米延伸到135米。1985年将原用频率改为1107千赫,改进了信号发射能力和收听效果,转播节目覆盖全县。

1986年以来,无线转播台逐步走上正规化、程序化轨道,并加强了技术管理,最大限度地减少了停播率,发射机的各项技术指标均达到上级要求。为了转播好中央第一套节目,安装了双频共塔调机639KHI中波转播发射机,改善了收播效果。

1991年12月16日开始正式转播中央一套节目,每天13.5小时,转播吉林台节目,每天16.5小时。

1997年至1998年,新安装了300瓦全固态立体声调频广播发射机,转播白山人民广播电台节目,安装调试成功10千瓦全固态中波发射机,正式转播吉林人民广播电台第一套节目。[①]

五 电视

截至1999年,延边全州有电视台9座,其中延边州级电视台——延边电视台1座,延吉市、图们市、敦化市、珲春市、龙井市、和龙市、汪清市和安图县各1座,自办节目11套,其中延边州级电视台——延边电视台有新闻、经济、文化3套,其余县市电视台各1套。

吉林省:
●延边州

(一)延边电视台

延边电视台的前身是延吉电视台。

[①] 参见《长白县政府、长白概况·广播影视》(http://bs.jl.gov.cn/BsWebCms/site/cbc-ms/news/n3912037367.html,2014-2-2)。

1977年12月31日，经中央广播事业局批准，延吉电视转播台改称延吉电视台，可以自制电视剧。延吉电视台正式成立，成为我国电视史上的第一家少数民族语言电视台。

延吉电视台第一个创办的电视节目是《延边新闻》。1980年7月19日晚，我国第一位朝鲜族电视播音员朴贞义首次与延边朝鲜族观众见面，全国第一个朝鲜语电视新闻节目问世。

1980年后开始自办节目，每周播出9小时，大部分时间是播放电影。从1981年8月15日开始每天播出3小时，星期三、星期六为自办节目。1981年8月15日，延吉电视台结束了不定期播放黑白电视节目的历史，开始用彩色画面定期播出电视节目。

1981年12月26日，延吉电视台改为延边电视台。

1982年，延边电视台自办节目由每周2次增加到3次（星期二、星期四、星期六），节目大体分3种：一是自制的朝鲜语节目，有"延边新闻""延边新貌"（新闻专题）、"蓓蕾"（少儿）、"生活之友""金达莱"（文艺专题）、"每周一歌""音乐欣赏""电视剧""广告""天气预报"；二是译制的朝鲜语节目，有"国内外新闻""电视剧"和各种专题；三是中央电视台的专题节目和各兄弟台制作的电视剧，用汉语播出。除"国内外新闻""延边新闻""每周一歌"在固定时间播出外，其他节目均无固定播出时间。

延边电视台自制和译制的朝鲜语节目占总播出时间的比重为：1983年18%，1984年29%，1985年33%。从总的节目播出时间来看，汉语多于朝鲜语，但自办的节目基本都是朝鲜语。延边电视台也译播中央电视台和吉林电视台的节目，而且译播的比重较大。

延边电视台建立初期的自办新闻节目主要是实况转播和播音员口播。从1980年开始用摄影机拍摄新闻片，1981年8月有了录像设备，使用摄像机摄制新闻、专题片。1983年8月13日，邓小平同志到延边视察，延边电视台采取多种形式进行了专题报道。延边电视台也译播中央电视台和吉林电视台的节目，而且译播的比重较大。到1985年，延边电视台朝鲜语自办节目由原来的每周播出两次增加到每天定时播出自办节目。这一时期，延边电视台拥有了较为齐全的机构、实力较强的采编队伍，一批水平较高的专业技术人员和较为现代化的机器设备，依靠制作中心和播出中心，每年保证了1800小时的播出时间，其中朝鲜语电视节目占30%。州内各县（市）也相继建起了电视转播台，利用微波传输节目，使全州的朝鲜语电视节目覆盖率达到80%。

延边电视台的朝鲜语文艺节目既有自制的又有译制的。1981年译制了第一部电视剧《老战士》。1982年除译制《大地深情》《新岸》《洁白的手帕》外，还拍摄了第一部电视剧《放心吧，妈妈》，该剧反映了朝鲜族青年自强不息的精神和丰富多彩的幸福生活，其在1983年元旦播出后，受到观众好评。随后，延边电视台摄制了《向优秀共产党员金龙浩同志学习》和《邓小平同志视察延边》等纪录片。进入20世纪90年代后，延边电视台又先后制作播出了《芦花》（9集，1994年）、《战地金达莱》（15集，1996年）等电视连续剧。特别是电视连续剧《战地金达莱》被译成汉语，先后两次在中央电视台播出，并荣获国家级奖。这部电视剧用生动感人的画面和人物形象，告诉人们中国朝鲜族不仅是能歌善舞的民族，而且是为建立新中国作出巨大贡献的中华民族大家庭中的一员。

自20世纪80年代，介绍我国朝鲜族发展历史和传统文化的电视专题片一直是延边电视台的制作热点之一，该节目成为广大朝鲜族观众和国内外各民族所喜爱的节目。用电视语言向观众展示中国朝鲜族走过百年历史沧桑的40集大型电视专题片《延边阿里郎》，描写朝鲜族之魂的大型电视特别节目《世纪钟声》，全方位、多角度反映延边朝鲜族自治州50年成就的电视系列纪录片《光辉的50年》，介绍朝鲜族50年音乐史的50集大型音乐专题片《歌唱50年》等节目，为后人留下了宝贵的精神财富，是中国朝鲜族电视史上的传世佳作。

20世纪90年代，延边电视台紧跟飞速发展的延边改革开放形势，加大对外宣传的力度，为提高延边在国内和国外的知名度作出了巨大的贡献。相继制作出《中国第一自治州——延边》《东北亚的宝地》等有分量的节目，并通过中央电视台向全国宣传延边，同时利用吉林电视台的国际节目《中国吉林》，把延边电视台的自办节目介绍到世界各地。

1993年9月30日，延边有线电视台成立，这是全国30个少数民族自治州第一家有线电视台，也是全国第一家地区级市（县）联网的有线电视台。至1995年年底，延边广播电视规模、种类、播出时间、人口覆盖率、安全优质播出及整体水平均排在全国30个少数民族自治州前列。

1996年9月至1997年1月，延边电视台开展"祖国边境万里行"活动，行程9000多公里，途经10个省市，报道沿海地区改革开放的经验。

1998年10月1日，延边电视台经济信息频道开播。

（二）延边各县（市）电视台

20世纪90年代初，延边各县（市）电视台先后成立，都自办了朝、汉双语的本地新闻，并利用微波传输节目，使全州的朝鲜语电视节目覆盖率达到80%。

1984年1月，延吉市电视转播台建成，1985年5月22日，改为延吉市电视台。1986年元旦正式播音，开始以转播为主，自办少量新闻性、知识性和服务性节目，自办的《延吉新闻》每周2次（周六汉语，周日朝鲜语），每次10分钟。

1992年2月，珲春电视台成立。《珲春新闻》用朝鲜语和汉语双语播出。1994年6月，珲春有线电视台成立。2000年6月，珲春电台、电视台合并，成立珲春广播电视台。

1992年5月9日，安图县电视台成立。1994年4月11日，县有线电视台成立，自办朝、汉双语新闻节目。

1991年8月14日，图们电视台成立。1994年8月14日，图们有线电视台成立，1995年撤销。2001年10月，图们电视台调整《图们新闻》播出语序，变汉朝语序为朝汉语序。

1992年6月，龙井电视台成立。1993年3月，龙井有线电视台成立。1998年4月，成立龙井市广播电视台，开办1套广播节目和1套电视节目。

1990年6月4日，敦化电视台成立。1997年4月，成立有线节目部，对外称有线电视台，独立频道播出。2000年11月29日，有线电视节目停播。

1993年9月，汪清有线电视台成立。1994年6月16日，汪清电视台成立。

1985年8月9日，和龙电视台成立。1994年，和龙有线电视台成立。

● 长白县

1977年5月1日，长白县安装黑白电视差转机，转收浑江（712）台的第2频道。1978年9月27日，正式成立长白电视调频转播台。

1985年，长白县建起微波机房、微波电路与卫星地面接收站。从1986年开始试办电视节目。

1988年8月28日，建立长白电视台，9月正式开通微波线路，长白电视转播台正式进入国家电视网规划。

至1991年年末,全县共有电视发射(差转)台45座,设备74部,发射总功率3833瓦,卫星地面接收站22座,电视信号覆盖面达90%以上。

1993年年末,长白电视台改为长白有线电视台,在自办"长白新闻"节目的基础上,新开办了9个栏目,加大了新闻宣传力度。

1995年,长白电视台与长白人民广播电台合并为长白广播电视台。长白广播电视台是白山市唯一的用两种语言对外播出的广播机构。1998年6月,广播节目停播,长白广播电视台改称长白电视台。9月,正式开播了朝鲜语"长白新闻"电视节目。1999年9月,长白电视台在办好精品栏目"长白新闻"、专题栏目"白山绿水"、文艺栏目"黄金放送"的基础上,开办了服务类节目"百姓消费"和"百业信息"。"百姓消费"栏目以维护消费者及经营者权益为切入点,让百姓找到商品,让商品找到消费者,节目贴近观众,贴近生活。"百业信息"则以发布政策、农科、金融、致富、市场信息为主,节目形式多样,观众喜闻乐见。"长白新闻"将每日最新资讯献给观众,成为长白电视台主打栏目。

长白电视台的电视专题较有声色。

1988年,长白电视台拍摄的60分钟专题片"今日长白"在省电视台播出,使全省人民对长白改革开放新成就和各族人民的生活状况有了广泛了解。1993年与新华社吉林分社合拍的专题片"边陲明珠"完整地再现了长白县的风土人情,并在全国13家省、市电视台播出。1995年和2004年,长白县遭受了百年不遇的特大洪灾,危难之时,长白电视节目"长白新闻"发挥了独有的、不可替代的作用,传达政令、发布信息、鼓舞斗志、战胜洪灾。长白电视台拍摄制作的专题片"万众一心抗洪魔""长白县洪灾纪实汇报",为全县各族人民抗洪救灾鼓舞了士气,为争取国家、省、市各部门的支援作出了极大贡献。

1996年,与中央电视台合作的专题片"长白风情"在中央电视台《神州风采》栏目中先后播出7次,提高了长白县在国内的知名度。1998年,由长白电视台拍摄的专题片"一池天水润长白""山沟里的小康村"通过吉林电视台《中图吉林》栏目,在美国斯克拉电视网播出,这是长白电视台节目首次在国外媒体播出。

第二节　蒙古族地区：民族语言报刊、广播和电视的发展

一　报纸
辽宁省：
● 阜蒙县

1983 年 8 月 5 日，《阜新蒙古族自治县报》复刊，报社内设汉文编辑部、蒙文编辑部等机构。《阜新蒙古族自治县报》蒙文、汉文各两版，对开 4 版每周 1 刊，1985 年 1 月公开订阅发行。1985 年 10 月将蒙文、汉文合刊改为蒙文、汉文分别刊出，各 4 开 4 版每周 1 刊，1988 年 1 月改为每周 2 刊。

县报围绕县委、县政府的中心工作，加强改革宣传，坚持三个特点：民族特点、地方特点、小报小办特点，开设的主要栏目有"民族生活""自治县古今""两户园地""农业科技""商品信息"等，还有"乌兰山""大家谈""新风赞""自治县简报"等专栏，对农村、城市改革、城乡科技、商品信息、典型人物等做了大量宣传。

● 喀左县

1977 年，铅印综合性 4 开小报《喀左文艺》出刊，1979 年变为 16 开本，到 1982 年更名为《新星》，出至 18 期。

1980 年，《喀左报》复刊，更名为《喀左县报》，4 开 4 版，周刊。第 1、2、3 版为汉文，第 4 版为蒙文。1981 年 1 月改为每周 2 刊。1994 年 8 月改为每周 3 刊。县报第 1 版为县内要闻版，第 2 版为经济版，第 3 版为政文版，还定期出版文艺副刊"乌兰花"，四版为综合蒙文版，侧重少数民族的政治、经济、文化的宣传。《喀左县报》是蒙、汉两种文字并用出版的报纸，发行量由 1980 年复刊时的 1700 份，增加到 2005 年的 5000 份。

二　刊物

1979 年，阜蒙县文化馆创办《阜新文艺》刊物。1983 年，经省有关部门批准，扩大发行到省内朝阳、喀左、建昌等县，1989 年停刊。

1980 年，受阜蒙县县政府的委托，《阜新民族生活》由县蒙语办恢复出版发行。1998 年《阜新民族生活》更名为《民族生活》。

从 1980 年起，阜蒙县组织人力收集 600 多部古籍资料、168 种 700 多册民族历史文献，整理出版 36 种图书。其中《蒙古贞史》《蒙古剧选编》

填补了国家空白,阜蒙县民族民间文化遗产保护工作有了新的进展。

1987年,杜尔伯特教育局创办了《杜尔伯特教育报》。

三　广播

此时期蒙古族自治县的广播电台自办节目、栏目增多,除本地新闻外,蒙、汉双语节目涉及文艺、经济、科技、法律、教育、娱乐等内容,而且节目时间明显加长。

黑龙江省:

● 杜蒙县

1981年11月16日,杜尔伯特人民广播站蒙古语广播开始改为每日早、晚播音各10分钟。1984年6月1日,每天播音3次,播音总时数8小时。在转播上级广播节目的同时,播出自办汉、蒙双语节目2小时。1985年建立了调频广播电台,自办节目时间每日增加至180分钟,其中蒙古语节目75分钟。

吉林省:

● 前郭县

1976年,开通广播的农户数占全县总户数的69%。1991年,有线广播入户率达到81.2%。

从1984年开始,节目设置由过去的8种增加到12种,使用蒙、汉两种语言广播,主要节目有:"前郭新闻""前郭尔罗斯各地""蒙古族民歌欣赏""蒙古族琴书""汉语文艺节目""学习节目""农业知识"等。每天播出时间6小时15分钟,其中自办节目2小时。

1984年10月16日,前郭尔罗斯人民广播电台在有线广播站的基础上成立,用调频和中波发射机广播蒙、汉两种语言的县自办节目和省台节目。前郭尔罗斯人民广播电台通过无线广播传输方式,提高了有线广播传输节目的质量,扩大了县自办节目的覆盖率。1988年3月,电台又新购置一部调频立体声广播发射机,用于播出前郭尔罗斯人民广播电台节目,蒙语台仍使用调频发射机。

1992年,全县建起了一批村级标准广播室,原穆家乡(今八郎镇)实现了各村广播和电话自动搬闸,洪泉乡广播站成功安装了双向会议对讲机,实现了双向会议对讲。自办节目中又增加了"科学与生活""社会论坛""草原百花""农村天地"。

1990年至1992年，全县完成了20个乡（镇）标准广播站的建设任务，同时有近1/3的乡（镇）广播站办起了自办节目。

1994年，广播电台把过去几个不同类型的节目合并为"草原之声"板块节目，开设了"前郭要闻""庄稼院记事""法制红绿灯""生活百事通""小作家园地""文艺欣赏"等十余个栏目。

辽宁省：

● 阜蒙县

1986年年末，阜蒙全县基本上形成了以县广播电台为中心，以乡镇广播站为基础，连接千家万户的农村有线广播网。

1986年12月15日，广播站升级为"阜新蒙古族自治县人民广播电台"，无线广播开始运营。1987年3月，县人民广播电台用蒙、汉两种语言广播，每天3次播音，每天广播时间为6小时15分钟，蒙、汉双语节目时间各半。除转播中央、辽宁、阜新台的新闻节目外，还自办了蒙、汉两种语言的"蒙古贞新闻""蒙古贞风光""蒙古贞科技""乡镇联播""文化与生活""新闻与通讯""知识与生活""每周热线""农业科技""致富园地""道德与法制""健康之友""学习论坛"等栏目，深受广大听众的欢迎。

为了扩大宣传面，1987年4月，县电台举办了"乡镇联播节目"，节目在每周的周六举办，1天播2次，每次10分钟。节目由参加联播的乡（镇）广播站编排、播音，内容来源于本乡（镇），面向全县，体裁以消息、通讯为主。"乡镇联播节目"的举办，不但调动了乡（镇）广播站工作人员的积极性，也给县电台的自办节目带来了活力。仅就1987年年末统计，电台全年来稿5845件，被采用的稿件3180件，自采的稿件820件，听众来信154件。

由于县电台的自办节目既有地方性又符合广大听众的口味，许多县城听众纷纷来信，要求在县城环路上安装广播音箱。为满足听众的要求，1988年1月，在县城西环路上安装了19只广播音柱，县城的听众在马路上就可以听到县电台的节目。

阜新人民广播电台开办了丰富的民族特色栏目。

1980年，蒙古语广播开办的新闻栏目有"民族生活""民族之花"等文艺节目。"民族生活"节目每次播音15分钟，每天早、午、晚3次播出，播出的主要内容是：前10分钟报道全县厂矿、企业的发展情况，后5分钟报道国内外的重要事件。"民族之花"栏目是综合性文艺节目，主要播放蒙古语评书（乌力格尔）、歌曲、民歌等，时间长度为30分钟。

1986年有线广播改为调频广播之后，对蒙古语广播栏目也及时地进行了调整，把原来的"民族生活"节目改为"蒙古贞新闻"，还增加了"蒙古贞风光"专题节目和"每周一歌"等。"蒙古贞新闻"播出的内容是县委、县政府的重大事件和各部门的重要工作情况，还加强了对企业改革、改制情况的报道。对蒙医蒙药、蒙古族教育发展情况也加大了宣传力度，收到了较好的社会效果。"蒙古贞风光"专题节目每月办2次，主要介绍蒙古贞风土人情、美好山川、寺庙古刹、人文思想等方面内容。

1990年1月，"蒙古贞新闻"的播出时间由原来的每天播出15分钟，改为10分钟，早、午、晚3次播出，主要宣传全县的先进典型人物，如全国劳动模范王祥、棉织厂下岗女工韩红、税务干部赵忠仁、优秀派出所干警董贵、优秀护林员韩振山、优秀村书记范守贵等人的先进事迹。这些节目在全国蒙古语电台新闻优秀稿件评比中获得了不同等次奖项。

自1996年起，自办栏目除了"蒙古贞新闻"，还有"农业科技"，每日45分钟，蒙语文艺节目每周一、三、五播出，每次30分钟，汉语文艺节目每周二、四、六播出，每次30分钟，节假日每天播出文艺节目5小时。播出形式从过去录播和转播变为以直播为主，主持人在直播间直接同听众对话。

● 喀左县

1978年，喀左县广播站恢复并创办蒙语会话专题节目，播送蒙语会话、蒙语修辞、蒙语语法等蒙语讲座。

1983年，全县1717个村民组，通广播的有1684个，占村民组总数的98%，普及率为73.8%，专杆专线（与电话线分开），形成了独立的有线广播传输系统。

1984年，县广播站自办了"政策顾问""城乡风貌""科技讲座""致富信息""法制园地"等专题节目，增设了地方性文艺节目，播出评剧、皮影、相声、评书等，活跃城乡文化生活。

自治县电台在办好蒙古语、汉语《喀左新闻》的同时，又新上了"今日利州""健康之声""文学家园""少儿园地"等新节目，增加了"经济视窗""三大主导产业开发"专题节目。

1986年，县广播站担负着及时转播中央、省、市电台节目的任务，担负着紧紧围绕党的中心工作，向全县蒙、汉各族人民群众宣传党的政策，进行爱国主义、社会主义、共产主义教育，推动生产、活跃农村文化生活，为实现四个现代化服务的重要使命。县人民广播站除办好蒙、汉两套"喀左新闻"节目和一些固定专题栏目外，还开设了"政策顾问""城乡风貌""科技讲座""致富信息"等专题节目，及时宣传了改革开放及党和国家有关的方针、政策，弘扬了全县的人情风貌，介绍了全国的一些名胜古迹及喀左的山川地理，增强了全县人民建设和发展事业的信心，拓宽了致富门路，同时对计划生育、家庭联产承包责任制、法制教育、民族政策以及精神文明建设等进行了广泛的宣传。在地方性文艺节目中，播出了评剧、皮影、相声、评书等，进一步活跃了城乡文化生活。

1990年7月，喀左人民广播站升级成立"喀左人民广播电台"。1994年秋季，县广播电视局为提高新闻采编人员素质，进一步提高新闻宣传质量，举办了编辑、记者和各乡镇、县直各单位通讯员培训班。通过办班学习，实行奖励政策，进一步提高了他们的新闻写作能力，调动了广大通讯员的积极性，他们踊跃投稿，为广播电台节目增添了活力，节目质量进一步提高，有力地促进了全县物质文明和精神文明建设。

1997年，广播电台紧紧围绕经济建设这个中心，强化了新闻宣传的主导地位，突出了主旋律，加大了对党的重大决策、重大战略部署的宣传力度，产生了强大的轰动效应，对贯彻"十五大"精神，促进全县改革开放、社会发展进步和两个文明建设起到了积极的推动作用。这一年，广播电台共编发各类稿件1500多篇，其中经济类稿件占80%以上。

1998年，在庆祝喀左自治县成立40周年之际，广播电台举办了"辉煌40年"专题节目，全面系统地宣传了全县各系统取得的辉煌成就。广播电台还举办了面向县内外的大型有奖征文活动，收到了很好的社会效果。1999年，县广播电视局按县委、县政府的改革要求，对全局股（台）级干部竞聘上岗，公开招聘了电台蒙语播音员1名。

四 电视

此时期东北蒙古族地区无线电视得到大力发展，有线电视也大面积入户，电视显示了第一媒体的强劲势头。自治县电视台基本做到了本地新闻的蒙、汉双语播出。

黑龙江省：

●杜蒙县

黑龙江省杜尔伯特蒙古族自治县开设有蒙古语电视节目，这是黑龙江省唯一的少数民族语言电视台。

1982年，建成电视差转台，转播中央和省市电视台节目。1985年，增建城镇彩色电视差转台和始建农村电视差转台，卫星地面接收站也随之兴建。1994年4月，杜尔伯特电视台建成开播，从而结束了只能在其他电视频道插播新闻、广告的历史。

1995年12月，有线电视增开了中央电视台卫星加密频道。

吉林省：

● 前郭县

1983年3月10日，前郭县开始进行彩色电视转播。1985年起设立自办节目，主要内容是结合县委、县政府中心工作，设立典型报道、现场录像、口播新闻、工农业生产情况、改革开放、油田新闻及服务性节目。自办节目时间每周3次，重播3次，每次10分钟。1985年12月1日成立前郭尔罗斯电视台。

1991年，县电视台开设了"蒙古语新闻集锦"节目。1992年，自办节目细分为新闻、知识、服务类，报道内容也由生产领域拓展到政治、文化等各个领域，并将蒙古语新闻节目由口播新闻改为图像新闻。1993年7月，前郭尔罗斯有线电视台建成开播。1994年，县有线台用户发展到7000户，开通了12套节目，自办栏目设置了"草原百家"版块节目，开设了"社会扫描""经济广角""为您服务"栏目。1995年，前郭电视台成立了广播电视新闻中心，下设新闻部、专题部、编辑部、广告部。

1999年，前郭电视台开设了"多彩50分"新栏目，增加了公益广告，当年县有线台可传输50套节目，并开始转播松原电视台新闻节目。全县城乡有线电视入网总户数突破一万户，广播电视综合覆盖率达85%以上。

辽宁省：

● 阜蒙县

1985年2月，阜蒙县建成了县第一座电视转播台。1986年至1993年在农村乡镇建立了32座电视转播台，发射功率各为50瓦，基本上解决了全县农民看电视难的问题。

1993年开通县城有线电视网，播出12个频道的电视节目，用户发展到3000多户，自办电视节目开始通过有线电视3个频道播出。1997年开通了中央台加密频道，并利用电信光缆向10个乡镇传送有线电视信号，农村有线电视用户发展到 4500 户。

1998 年 1 月,县人民广播电台、电视转播台、有线电视台合并,成立县广播电视台。自 1998 年 8 月起,电视新闻从每周 3 次播出逐渐增加到每周 6 次播出,同时用蒙、汉两种语言播出。蒙语电视宣传不断得到加强,增加了栏目和播出时间,并开设了专用频道播出蒙语节目。1999 年,农村 35 个乡镇与县城有线电视实现联网,有线电视频道增加到 28 个,其中自治县自办节目一套。

阜蒙县电视宣传的内容较丰富,报道方向进一步向经济工作和农村倾斜。

1991 年刚成立记者站的时候,新闻节目主要是"自治县新闻"和"专题"节目。1993 年,围绕"发展经济、共奔小康"栏目,编采人员经常深入经济建设的第一线,捕捉新闻线索,及时宣传、总结在经济建设中的各方面典型经验。

为了配合阜新蒙古族自治县成立 35 周年庆典活动,拍摄了专题片《蒙古贞风情》和《蒙古贞哈达情》,反映了阜新蒙古族自治县的山水风光和风土人情,向世人介绍了民族文化和旅游资源。

宣传计划生育工作的专题片《金钥匙的魔力》,先后在阜新市电视台和辽宁省电视台播出。这是一部反映阜新蒙古族自治县农村计生组织在落实国策的同时带领农民发家致富的纪实性专题片,节目播出后,县计生委宣传站荣获"全国计划生育宣传教育示范站"称号。

1994 年,电视台开展了形式多样的宣传报道,特别是在经济工作的宣传方面进行了新的探索,开办了"企业之声"栏目,通过对典型人物和典型事例的报道,为企业的发展呐喊助威。为配合劳动就业的"光彩杯"宣传,拍摄了反映劳动就业的专题片《那山、那沟、那青年》,在阜新市电视台播出后,引起了强烈的反响。

为发挥"半边天"的作用,在阜新蒙古族自治县妇联的协同下,拍摄了专题片《十大女状元》。该片播出后,县妇联又进行了复制,分发到 36 个乡(镇)作进一步的宣传,激发了乡村广大妇女生产致富的热情。中共阜新市委宣传部和阜新市妇女联合会对此片给予了高度评价,在"巾帼英雄"活动总结会上,对《十大女状元》拍摄人员进行了表彰。

1995 年,为响应中共阜新蒙古族自治县委、县人民政府实现亿元县的奋斗目标,首次开辟"局长访谈录",以面对面的"访谈"形式,拉近了领导与百姓的距离，让老百姓知道县委、县政府的规划和他们在改革中能得到的实惠。

　　1995年至2000年，辽宁省开展了"争创公路建设文明县"活动，要求各个县每年拍摄一部反映本地公路建设的专题片向省厅汇报。为宣传全县公路网化建设所取得的成绩，1995年至1998年，拍摄了反映公路建设的专题片《蒙古贞的哈达》，每年拍1集，一共4集。1999年至2000年又拍摄了2集反映公路建设的专题片《通向二十一世纪的路》。以上这6集专题片，以大量活生生的镜头和翔实的数据，真实地反映了阜新蒙古族自治县几年来公路网化建设的巨大变化，每次汇报都受到辽宁省交通厅领导的表扬和专家们的肯定，阜新蒙古族自治县也连续6年荣获"公路建设文明县"的荣誉称号。

　　1998年，中国的企业改革进入实质性阶段，为了让广大职工正确认识企业产权制度改革的重大意义，积极投身这次改革的大潮，开辟了"企业之声""开放之窗"等栏目。通过邀请分管的县长、局长进行电视讲话等形式，对南环引路工程、创办体育先进县、交通安全、种子市场管理、劳动安全周、土地法、森林法等进行了广泛的宣传。同时，派记者到兴城等改革试点先进地区进行采访，开辟了"再就业之路"专栏，对解除下岗职工思想上的迷惘，正确认识这场改革，起到了积极的引导作用。为庆祝阜新蒙古族自治县成立40周年，县电视台拍摄了一部《中国有个蒙古贞》的电视专题片，向前来参加40周年庆典活动的全国各地来宾介绍了全县经济、文化、风土人情及投资环境，为招商引资做了舆论宣传。

　　1999年，为大力宣传县经济工作会议精神，除继续办好"企业之声""开放之窗"栏目外，又开设了突出农业产业化调整、科技兴农的"绿野采风"，倡导自强不息精神的"走近再就业人"，反映人民城市人民建、人民城市人民管的"创造美好蒙古贞"和"乡镇长局长访谈"等栏目。这些栏目把为"三农"服务作为宣传工作的重点，每天都播出有关"涉农"的新闻。尤其是在县委、县政府的赴南方考察城建、到熊岳举办果树培训班、县五大机关招商引资团到北京举行新闻发布会等项工作中，县广播电视局都派记者随同采访。回来后将其活动的内容、外地的经验、活动的成果等，采取连续报道的形式，及时准确地传播给广大观众，使全县各族人民更加深刻地理解了县委、县政府招商引资的决心和工作力度。

　　县广播电视台也非常重视民族语言的宣传工作。

1993年12月，在县政协会议上，政协委员提出了"关于建立蒙古语电视台的议案"，这个议案很快得到了落实，决定在县有线电视台开办蒙古语新闻节目。经过县广播电视局的努力和认真筹备，于1994年1月20日正式开通了蒙古语电视新闻节目。为支持蒙古语新闻节目的创办，县民委、县蒙语委投入资金帮助购买设备，县蒙语委向有线电视台赠送1台M9000摄像机，用于蒙古语新闻摄像。开办之初，蒙古语新闻节目和汉语新闻节目共用一个频道传输，在每周周二、周四晚19：30播出，每次播出时间为10分钟。节目内容是自采与翻译汉语新闻相结合。

1996年，县有线电视台设立了独立的蒙古语频道，节目内容由过去的周二、周四播出，改为每周周一、周三、周五播出。

1997年1月，县有线电视台调入一名蒙古语电视播音员，进一步加强了蒙古语编播力量。

● 喀左县

1980年，喀左县增设电视转播台。1985年，全县境内共有小型电视差转台4座，全县广播系统的播音员27人。其中，县站3人，包括1名蒙语播音员。1990年，绝大多数农户能收看到中央电视台1套节目和辽宁电视台节目。

1994年，喀左县组建有线电视台，入户2000户，城镇居民收看到6套清晰的有线电视节目。同年10月1日，县城有线电视信号开通（通过电缆传输），县城居民能收看12套电视节目。1995年，电视转播台配置了专职女播音员，开始正式播出电视《喀左新闻》节目。

1996年1月，电视转播台开展了《继往开来、再创辉煌》系列专题报道活动。此项活动历时100天，发稿近30篇，旨在全面展示"八五"期间全县各行各业取得的辉煌成就，反映全县各级干部和各族人民群众"八五"期间进行经济建设和发展各项事业中崭新的精神风貌。

1997年，为县财政部门"粮食自给"工程拍摄的专题片《大凌河畔涌金波》在省内播出，产生了较好的影响。9月，按市广播电视局统一安排部署，配合市电视台采访录制的专题片《守土、创业、奋进》，在朝阳电视台播出，并推荐到全省农村广播电视工作会议上播放。同年，城镇有线电视用户达6000户，占城镇居民总户数的60%。至年末，农村有线电视已有8个乡镇开通，入户达3000户。全县形成以"四台一部"（即广播电台、电视台、有线电视台、发射台、广播电视服务部）为主体，有线、无线立体覆盖,广播电视协调发展的局面。

1998年9月,在庆祝喀左自治县成立40周年期间,电视转播台举办了"辉煌40年"专题节目,全面系统地宣传了全县各条战线取得的辉煌成就,收到了很好的社会效果。10月,县政府召开工业企业百日会战调度会,县领导发出了"打好打胜工业经济百日会战"的号召。根据县委统一安排部署,电视转播台派出记者对县领导帮扶的鸿泰染织公司、县铁矿、陈醋厂、化工厂等35个工业企业做了深入全面的采访。稿件在新设立的"打胜百日会战、实现两个确保"专栏中及时播出,促进了全县工业经济的快速发展。至1998年年底,县城有线电视入户达7000户,占城镇总户数的70%。全县有100个村看到12套有线电视节目,入户达6000户。11月25日,撤销电视转播台,成立喀左电视台。

1999年夏季,电视台配合辽宁电视台"冬访农家"摄制组、台湾电视台"民族民情"采访组在喀左采访、摄影,加大了喀左县的对外宣传,进一步提高了喀左知名度,树立了喀左新形象。10月,电视台又向社会公开招聘了2名电视播音员、主持人。电视台播音员开始上镜,电视台节目质量进一步提高。1999年年底,"村村通"广播电视工程全部完成,累计入户1万户。

第三节 达斡尔族地区:广播节目的丰富多彩

黑龙江省:

● 梅里斯区

1983年4月29日,齐齐哈尔地区包括梅里斯区遭受了历史罕见的大风雪袭击,致使有线广播处于半瘫痪状态。1988年,梅里斯区内开通了调频广播,广播站改为梅里斯人民广播电台。至此,本区的广播事业从有线发展到无线,全区的广播覆盖率达到100%。

电台主要自办栏目有新闻和专题节目。新闻节目是本区人民广播电台最早自办的主体节目,为全区的物质文明建设、精神文明建设服务,为区委、区政府的中心工作搞好宣传,当好喉舌。新闻专题节目"阿伦河之声"主要发表人物通讯,采用较长篇幅,利用广播手段宣传区内的新人新事。此节目推出一批典型人物,受到广大听众的赞赏。其中《达乡黄花》一稿分别被中央人民广播电台、《黑龙江教育》采用,还被改编为广播剧在黑龙江人民广播电台播出。《达斡尔的骄傲》稿件也在全省"中流砥柱"征文中被评为优秀作品奖。除此之外，电台还设有"科学天地""社会纵横""信息与服务""文艺百花""戏曲欣赏"等栏目。

20世纪70年代末80年代初，县域内有的家庭已购置黑白电视机，随后逐年增多，至1990年，全区已基本普及黑白电视机，同时彩色电视机也已步入一些家庭。此时，本地区还没有电视转播设置。

第四节 满族地区：县报、广播和电视的突飞猛进

一 报纸、刊物

20世纪80年代中后期，东北满族自治县先后成立。90年代初，满族各县县报纷纷复刊，但大都是内部刊号，每期发行2000—5000份。内容一般是自治县委、县政府重大决策信息和工农业生产信息等。

此时期值得一提的是，北镇市文联创办的《北镇文艺》、北镇市文化馆创办的《闾山文艺》以及伊通县在1979年复刊的《伊通科技报》、1993年7月岫岩县创办的《致富信息》周刊等特色报刊，不但丰富了报刊的内容，及时传播了时代和社会进步的信息，最主要的是满足了民族地区广大乡村受众对知识丰富性和新颖性的渴望，尤其是广大少数民族群众对生产经验和科技信息的需求。

吉林省：

● 伊通县

1979年《伊通科技报》复刊，到1985年，共出版43期，发行4.35万份。

1992年12月，自治县委机关报《伊通报》创刊。《伊通报》为内部发行，4开4版，每周周二、周四定期发行。一版为要闻版，主要报道自治县委、县政府重大决策、要事活动；二版为经济版，主要围绕经济体制改革发展市场经济，刊登工农业生产、招商引资、个体私营经济、下岗职工再就业以及市政建设等内容的稿件；三版为社会生活版，围绕社会主义精神文明建设，开辟理论研究、以案说法、反腐倡廉、治理整顿社会治安、爱岗敬业等栏目；四版为文艺副刊，以刊发全县专业和业余文学艺术工作者创作的诗歌、小说、散文、书画作品为主，兼载外地优秀文艺作品。《伊通报》于2003年11月20日停刊。《伊通报》从创刊至停刊，共发行了1108期。

辽宁省：
● 桓仁县

1995年9月，《桓仁县报》第二次创刊，出版周期为每周1刊。该报为4开4版，第1版为时政要闻，第2版为综合新闻，第3版为农业科技，第4版为文艺副刊。1999年根据形势发展改为每周2刊，每期发行6万份，其中5.8万份系免费提供给全县农民读者，当时的发行量居全国县级报之首。

● 岫岩县

1992年2月，岫岩创办了以配合中心工作、宣传全县工作部署、反映各乡镇各部门工作动态为主旨的8开4版小报《岫岩宣传》，每月1期，期发1000份。1993年1月，《岫岩宣传》更名为《岫岩周报》，4开2版，每周1期，期发3000份。到1995年年末，《岫岩周报》共出版173期。1996年1月1日，在《岫岩周报》的基础上，岫岩县委主办的《岫岩县报》创刊。《岫岩县报》创刊之初为4开4版，每周1期，期发5000份。1999年1月1日增为每周2期。

1993年7月，为给广大农民群众提供生产经验和科技信息，岫岩创办《致富信息》，8开4版，每周1期，期发1000份，到1996年年末停刊，共编发162期，传播信息5000余条。

1998年2月，岫岩县创办《岫岩文摘》，8开4版，半月刊，期发500份，主要摘登市级以上报刊发表的宣传岫岩的稿件。至2000年停刊时，《岫岩文摘》共编发50多期，摘登文章2000余篇。

● 清原县

1995年1月1日，《清原县报》周报正式复刊，内部报刊号，版面为4开4版。自1997年10月起增为每周2期。

《清原县报》复刊以来，以县委、县政府的中心工作为主导，围绕全县两个文明建设刊发各类新闻稿件，交流各地的发展经验，传播致富信息，弘扬社会主义精神文明，歌颂清原的进步和变化，为各乡镇、各单位的宣传人才提供了展现才华的舞台，培养了一大批优秀的业余新闻工作者。1996年，为配合县委在全县开展的"进场入轨"大讨论和实施"换脑筋"工程思想教育工作，《清原县报》在完成常规的宣传教育报道任务外，围绕解放思想换脑筋，加快进入市场经济的步伐，完成了14次战役性的宣传教育报道任务，一共发稿1800篇，总计80余万字。《清原县报》全年发行50期，充分发挥了党报的宣传教育和舆论导向作用。1997年，围绕中共"十五大"的会议精神，坚持团结鼓劲和正面宣传的方针，结合香港回归的宣传，使《清原县报》成为向全县人民进行形势任务教育和爱国主义教育的喉舌和阵地。

《清原县报》还通过增刊、专版、套红、扩大版面等措施，加大宣传力度，提高影响，烘托社会氛围。1997年，《清原县报》以几期整版的版面登载了由县政协、县委宣传部牵头组织的清原周边进行考察活动的新闻报道及以此为主题制作的电视片《周边行》《虑野》的解说词，在全县引起较大的影响。1998年8月，全力报道了清原"知青文化节"活动，出2期"知青文化节"专刊，并以2个版面开辟了"追忆知青生活"专栏，刊登知青作品10余篇，约2.5万字。1999年8月，用对开套红印刷，出版庆祝清原满族自治县成立10周年县庆特刊，全方位地介绍了清原民族团结和经济、社会的发展。

● 宽甸县

1993年3月，《宽甸县报》复刊，为每周1刊。1995年，《宽甸县报》增为每周2刊，每周二、五出报。自1998年起，《宽甸县报》改为每周3刊，每周一、三、五出报。

● 本溪县

《本溪满族自治县县报》创办于1992年，是县委、县政府机关报，隶属县广播电视局。1995年从广播电视局分离，独立办公，隶属县委。1999年，报社实行全员聘任制。

● 凤城县

1993年9月，县委、县政府决定恢复县报，定名为《凤城报》。1994年5月8日《凤城报》改名为《凤城市报》。

● 北镇县

十一届三中全会以后，北镇市文学创作之风骤然兴起。北镇市文联创办的《北镇文艺》和北镇市文化馆创办的《闾山文艺》成为广大业余作者发表习作的园地。

二 广播

20世纪80年代末至90年代初，满族各县先后组建了调频广播电台，自办节目有本地记者采写录制的新闻、通讯、报道等，全天播音一般为

5—7小时，分早、午、晚3次播出。20世纪90年代末，农村有线广播基本退出。

吉林省：

● **伊通县**

1985年，调频广播正式开播，从此结束了县站至乡镇间有线广播的历史。1986年9月1日，伊通县广播站升格为伊通人民广播电台。1990年，全县21个乡镇（伊通镇除外）广播站全部达到了省广播电视厅规定的标准化广播站标准，同时乡镇广播站改为广播电视站。从1994年起，自治县有计划、有步骤地发展小片调频广播，各乡镇建立小调频台，安装50瓦调频发射机，各村屯安装调频接收机、调频音箱或调频喇叭。

至1995年，全县已有50%的乡镇取消了镇村之间的有线广播。1998年，电台至乡镇间的广播信号改用光发射机通过光缆传输到乡镇广播站。2005年，无线广播人口覆盖率达100%。

伊通人民广播电台全天播音7小时30分钟，分早、午、晚3次播出。自办节目有本台记者采写录制的新闻、通讯、报道等，如报道县委、县政府重大决策、要事活动、中心工作、信息反馈等，报道各条战线典型人物、事件、物质文明和精神文明建设成果、科学技术推广以及文艺节目等。

辽宁省：

● **新宾县**

1981年3月16日，新宾县广播站改称广播事业局，自办节目有新闻性的"全县联播"，服务性的"听众之友""农家生活""知识天地""青年知音""儿童乐园""听众信箱""可爱的家乡"等专题栏目和娱乐性的"评书联播""每周一歌""文艺节目"等。

1986年，全县21个乡镇都建立了广播站，288个村建立了放大站，普及率63%。

1990年，新宾广播站升为新宾人民广播电台，电台节目又开设了"农村税收""干部下基层""农村社会主义思想教育""民主与法制"等专题，由于节目内容贴近群众，反映效果好。

1994年，电视台、电台分设，全县广播覆盖率达到100%。1995年3月，广播电视中心进行内部机构改革，将原电台、电视台、有线电视台合并，建立了广播电视台。

● 岫岩县

1978年以后，岫岩有线广播事业迅速发展。至20世纪80年代初，已形成比较完善的独立的传输体系。1990年建立调频广播电台，1994年3月，岫岩人民广播电台开始播报，有线广播从此退出了历史舞台。

岫岩人民广播电台信号可覆盖岫岩90%以上的乡镇。广播电台除转播上级台的节目外，每天坚持自办新闻、专题、广告和文艺节目。

● 清原县

1984年10月，清原县开始建设调频广播高山发射台，1985年年末建成，初步实现无线和有线相结合的独立信号传输系统。1986年12月，县广播电台在发射台安装调频广播发射机（功率50瓦），乡镇站配备了调频接收机接收县台信号。

● 宽甸县

1985年，全县有乡（镇）广播站23个，农户安装广播喇叭入户率达82%。1986年，县有线广播站更名为宽甸人民广播站，每天早、午、晚3次播音。各乡（镇）广播站收转县站广播信号，通过大喇叭覆盖乡（镇）政府所有地，各村农户通小喇叭，入户率达85%。

1993年5月，宽甸人民广播站正式改变呼号为宽甸人民广播电台。

● 桓仁县

1978年后，县内广播事业有了很大发展，到1983年，城乡广播网音响率、自动化率、农村广播喇叭入户率均达到85%以上，广播专线达360千米。

● 北镇县

1977年，北镇有线广播恢复正常。1978年12月，全县共有广播小喇叭8.9万只，入户率为70%。截至1985年，县广播站举办了"北镇新闻""农科知识""生活顾问""听众论坛"以及文学艺术等多种节目，建成了以县广播站为中心，乡镇广播站为基础的有线广播网。全县25个乡镇都有专职人员，除按时转播县广播站的节目，还自办一些节目。

三　电视

20世纪80年代初，满族各县的广播电视差转台先后升格为电视差转台，后又以此为基础成立了电视台。90年代，有线电视工程纷纷上马。

1992年前后，满族各县又先后成立了有线电视台，大力发展城乡有线电视建设。至1999年，满族各县电视台一般都自办了一套电视节目，乡镇有线电视终端用户平均能收看20套以上电视节目，基本完成"村村通"工程，广播电视覆盖率由80%左右上升到95%以上。

吉林省：

●伊通县

1989年，伊通广播电视差转台升格为电视转播台，1994年7月1日，又升格为伊通电视台。1992年开始兴办县城有线电视。1996年开通加密频道，全县可接收20套有线电视节目。同年，开辟专用频道转播四平电视台节目，微波传输线路80千米。

1998年，实现广播、电视信号光缆传输，加快了农村有线电视的发展，同年有16个乡镇建成有线电视网，终端用户达3500户。

辽宁省：

●新宾县

新宾地区的无线电视建于1984年5月，1985年春投入使用，转播辽宁一套节目。1987年11月，电视转播台工程交付使用，正式转播中央一套、二套电视节目。是年各乡镇建立了28座小型电视差转台，除接收中央台节目外，还能收到辽宁、沈阳等电视台的节目。1988年新宾地区可收看五套电视节目（辽宁，中央一套、二套，抚顺，吉林）。

1994年，新宾电视转播台升格为新宾电视台，增加一个电视发射频道，播出县电视台的节目。

1992年，新宾地区开始筹建有线电视工程。1996年全县20个乡镇，有19个乡镇开通了有线电视，村一级发展到77个村。1999年加快了"村村通"广播电视的步伐，全县309个行政村安装有线电视的有240个村，占总数的78%，发展用户4万户。当年，新宾县被评为全国"村村通"广播电视先进县。

●岫岩县

1981年，岫岩建立了电视差转台，农村也先后建立了8处小型差转台，县城及农村一部分居民可以较清晰地收看到辽宁电视台的节目。1999年实施"村村通"工程，又建成10个无线差转台。至年末，岫岩已拥有县级电视转播台2座，乡镇级电视转播台19座，小型村级差转台10座。

1993年5月，岫岩组建了有线电视台。有线台从1993年7月开始播出节目，共有米波 10 个频道，转播中央一套、二套、三套和辽宁台一套、鞍山台等 9 套节目，并自办 1 套节目，每天播出时长共计 158 小时，其中自办节目每天播出 10 小时。

自 1993 年起，岫岩开始自办电视新闻节目，利用转播台进行无线传输，对岫岩的中心工作进行不定期的宣传报道，同年播出新闻 100 多条。1995 年，有线电视台开始自办节目，同年播出影视片 88 部。经过几年的发展，1996 年实现了电视新闻当日发稿、主持人上镜和滚动播出 3 个突破，新闻的播发量明显增加。1997 年，《岫岩新闻》由 3 天 1 期变为 2 天 1 期，并实现了有线、无线交叉播出。

1999 年，电视台又新购置采、编、播设备，在坚持办好 2 天 1 期的《岫岩新闻》基础上，对县内重大活动和重大事件随时增发新闻节目。同时成立电视专题部，利用周六、周日时间播发专题节目。特别是在洪水、地震等重大自然灾害发生时，电视台都能准确及时地报道灾情和抗灾自救的情况，推动了抗灾救灾、重建家园、恢复生产工作的开展。

截至 1999 年年底，岫岩县全面完成"村村通"工作，广播电视覆盖率由 85% 上升到 95% 以上。

● 清原县

1981 年 6 月，县广播站增建电视转播台。1984 年，各乡镇和厂矿建小功率差转台 24 个，电视信号覆盖率达 45%。1986 年 12 月，建成发射塔（包括地面卫星接收站、微波站、调频台），县城居民均可收看中央电视台节目。

1992 年，清原建立有线电视台。1993 年，县城有线电视网建成，有 5000 多户居民能收看到 12 套电视节目。1994 年，开始开发乡村有线电视，全县 21 个乡镇都能收看到有线电视节目。

1994 年，清原电视台建立。1995 年 8 月 1 日，清原电视台正式开播。1998 年，全县有线电视用户达到 5.7 万户，有线电视入户率为 55%。

● 宽甸县

1985 年 12 月 5 日电视转播台正式播出，转播中央和省电视台的电视节目，全县直接受益的有 14 个乡镇，在半径 30 千米范围内图像清晰，声音纯正。同时，一些乡镇与企业用该台信号陆续建起小型差转台 11 座。

1992 年 5 月 8 日建立宽甸有线电视台，首批 108 户居民看上了图像清晰的 8 套有线电视节目。1994 年，全年新架主干线 6 千米，新增 3 套节目，广告、新闻等节目开始插播。

1998 年 7 月 1 日正式试播《宽甸新闻》，新增 5 套节目，节目保有量达 16 套。

● **桓仁县**

1980 年，县内各地建起小型电视差转台 32 座。1986 年，桓仁电视转播台竣工发射，使全县 50% 的人口能够收看到辽宁电视台的节目。1992 年，首先在县城内建有线电视网，到 1999 年，全县 150 个村中有 88 个村实现了有线电视覆盖，能收看 5—8 套电视节目。

● **本溪县**

1980 年，全县约建有 8 处小型电视差转台。1996 年成功开通了中央电视台的 4 套加密节目，使县城有线电视节目从 12 套增加到 16 套。1999 年率先在全省实现"村村通"广播电视。

● **凤城县**（1994 年升格为市）

1987 年 2 月，电视转播台扩建完工。1992 年 10 月 1 日，凤城有线电视台建成试播，入网电视节目 8 套，当年入户 1080 户。截至 1994 年年末，市内入网电视节目 10 套，全市总入户 17670 户。

● **北镇县**（1995 年升格为市）

1985 年 8 月，县广播电视差转台开始转播中央电视台、辽宁电视台的节目，广播、电视信号覆盖辽西地区各市、县。

第五节　非民族地区的民族语文新闻传播：多种、多层次媒体的创建

一　朝鲜族语文：报刊、广播的恢复和创建

（一）报纸

辽宁省：

● **沈阳市**

1979 年，《辽宁日报农村版（朝文版）》复刊，开设栏目有"致富信息""实用技术""文化生活""教育园地""社会生活""法制天地""百草园""青年之友""神州大地""一周时事""国际短信""鸭绿江"等。

1982年6月，更名为《辽宁朝鲜文报》。

黑龙江省：

●**哈尔滨市**

1979年12月12日，经黑龙江省委宣传部批准，《黑龙江日报》（朝鲜文版）更名为《黑龙江朝鲜文报》。1983年，黑龙江朝鲜文报编辑部从黑龙江日报社分出，单独成立黑龙江朝鲜文报社，单独立户、独立经营，由中共黑龙江省委宣传部直接领导。同年7月1日，该报改为对开4版，每周6刊。

1986年，《黑龙江朝鲜文报》又更名为《黑龙江新闻》（朝鲜文版），成为黑龙江省唯一的少数民族文字报纸。《黑龙江新闻》是以黑龙江省朝鲜族为主要读者对象，面向全国朝鲜族发行的综合性党报。1995年3月，根据黑龙江省委常委会会议精神，黑龙江朝鲜文报社更名为黑龙江朝文日报社，1998年，黑龙江新闻社在山东省青岛市建立自己的记者站，同时创办《沿海专刊》。这一首次跨地区的办报尝试，极大地拓展了报社采编、出版和发行的地域和视野。

吉林省：

●**长春市**

1985年4月1日《吉林朝鲜文报》创刊。该报对开4版隔日刊，由中共吉林省委主办，委托延边州委创办，《延边日报》朝文版编辑部负责承办。该报以吉林省朝鲜族为主要读者对象，以及时准确地传播中央的方针政策给全省广大朝鲜族群众、报道朝鲜族活动为其宗旨，辟有"一鳞半爪""农家乐""主妇生活""说东道西"等专栏，大量报道省内朝鲜族生产、生活和与朝鲜族相关的新闻，融指导性、民族性、乡土味于一体，受到读者欢迎。

1987年3月5日，吉林朝鲜文报社从延边日报社分离，成立自己独立的报社，迁至长春。1999年起发行副刊版《东北指南》，向来华投资经商的韩国人提供吉林省的经济文化信息。

（二）刊物

吉林省：

●**长春市**

1980年5月，吉林省通化地区文联主办的朝鲜文大型文学双月刊《长白山》创刊，1990年刊社由通化迁至长春。

黑龙江省：
● 哈尔滨市
《银河》（朝鲜文月刊）

1981年1月，综合性文学艺术刊物《银河》（朝鲜文月刊）创刊，该刊由黑龙江朝鲜民族出版社主办，16开本，每期4个印张，每期均有本民族作者新创作的小说、散文、诗歌、歌曲、美术等文学艺术作品，并设有"历史实话""兄弟民族""世界知识""成功的秘诀""警世篇""感情世界""时代和思索"等30多个栏目，深受广大朝鲜族读者的欢迎。创刊号发行了6000册，第4期超万册，第8期达到25000册，发行面涉及东北三省和北京、内蒙古等地，国外也有一定数量的长期订户。

《花丛》（双月刊）

《花丛》（朝鲜文双月刊），是以朝鲜民族小学高年级学生为读者对象的综合性刊物，由黑龙江朝鲜民族出版社主办，1983年3月创刊。它的前身是1979年创刊的不定期刊物《小灵通》。《花丛》融知识性、科学性、趣味性为一体，向朝鲜族少年儿童提供教材以外的广泛知识，辟有"儿童小说""童话""儿童诗歌""科学实验""科学园地""智力乐园""今日科学""世界见闻""史地知识""名人故事""科学家故事"以及"民间故事""学生作文"等栏目，主要在东北三省发行，每期发行量为11000册。

《松花江》（双月刊）

《松花江》（朝鲜文）1981年12月复刊后为公开发行的文学双月刊，至1985年12月共出版61期。《松花江》以发表朝鲜族作家、作者的作品为主，同时也介绍和借鉴其他民族的优秀作品，发行范围主要是辽宁、吉林、黑龙江三省，每期发行7000册左右，有的还通过各种渠道传播到美国、加拿大、日本、波兰等国家的朝鲜侨民中，受到侨民好评。

（三）图书出版

黑龙江朝鲜民族出版社是目前黑龙江省唯一一家编辑、出版朝鲜文图书的出版社（见图3-2）。其前身是黑龙江人民出版社朝鲜文编译室，承担编辑、翻译朝鲜文图书出版任务，该编译室于1976年3月1日在牡丹江创建。1982年，编译室改为出版社，以编译出版朝鲜文图书为主，同时兼营出版部分汉文图书，逐渐变成一所综合性的出版部门，出版政治、经济、文学、艺术、科学、教育及少年儿童读物等多门类、多学科的图书。

图 3-2　黑龙江朝鲜民族出版社牡丹江的旧址（1982 年建）
资料来源：选自黑龙江地方志编纂委员会《黑龙江省志》第 52 卷"出版志"。

由于国内朝鲜文图书的读者多数在农村和学校，出版社把编辑出版工作的重点放在中小学生课外读物、教师教学参考书和科普读物、文学读物上，至 20 世纪 90 年代末已出版《中韩词典》《韩中词典》《万字玉篇》《中国语虚词词典》《中朝中韩双语词典》《现代朝鲜语词典》等精品词典 30 多种，在国内初步形成品牌，图书行销东北三省、北京、天津、上海、山东等地，部分图书出口朝鲜。

2008 年 10 月 31 日，黑龙江朝鲜民族出版社搬迁至哈尔滨。截至目前，该出版社是黑龙江省仅存的一家编辑出版朝鲜文图书的出版社，图书行销东三省、北京、天津、上海、山东等地，部分图书出口朝鲜。

（四）广播

黑龙江省：

●哈尔滨市

黑龙江朝鲜语广播电台

1979 年 9 月，黑龙江人民广播电台朝鲜语组升格为朝鲜语部。1993

年以来，黑龙江电台相继开办了朝鲜语台等五个专业频道，后升格为黑龙江朝鲜语广播电台。1997年10月16日，黑龙江朝鲜语广播电台随黑龙江电台节目开始通过亚洲二号卫星播出，覆盖人口30多亿。

黑龙江朝鲜语广播立足黑龙江，面向全国200万朝鲜族听众，每天以中波873KHz、短波5950KHz播出5小时，FM95.8MHz、FM96.1MHz播出6小时，共播出11小时节目。节目有新闻、专题、文艺、广告等。朝鲜语广播设有新闻部、专题部、文艺部、星期天直播部、综合信息部、广播部及播音部。新闻部每天以直播方式播放省内外新闻，注重迅速全面地报道朝鲜族地区重大新闻。文艺部为听众提供丰富多彩的文艺节目，其中《我们村里的歌手》节目，主持人深入朝鲜族聚居的地区，结合当地的历史、文化、风土人情，以歌舞和谈话相结合的方式进行联欢，并进行现场录音，深受广大听众的喜爱。

1999年，朝鲜语广播建立了数字化音频工作站，使节目效果和工作效率更加显著，朝鲜语广播深受广大朝鲜族听众的喜爱。朝鲜语广播广泛进行对外交流，每周定期为KBS韩国放送公社提供一次广播节目，介绍黑龙江省的人文地理及投资环境，在韩国放送公社每年举办一次的世界韩国语广播电视优秀节目评选中，获奖数目在全球60多家韩国语广播电视播出机构中名列前茅。

二 蒙古族语文：市级媒体的建立

1984年1月，辽宁省阜新市的阜新人民广播电台设蒙语部。1995年1月1日"846"独立频率——阜新蒙古语广播电台正式成立。这是全国唯一一家集采、编、播为一体的，独立建制的蒙古语广播电台（其他皆为蒙汉合一）。节目时间由蒙语部时期的每天75分钟增加到目前的635分钟。全台设有记者部、专题部、文艺部、播音部、总编室、广告部、录音部、技术部、中控室、办公室10个部室，开设了"阜新新闻""民族风情""法制文体时空""科技与生活""连心桥""蒙古贞民歌荟萃""文艺百花园""草原颂""民族大家庭""蒙乡旋律""欢歌金曲好时光""歌曲欣赏""乌力格尔"、汉语"846生活"等14个栏目。

阜新蒙古语广播电台节目深受广大听众的喜爱。1996年，阜新蒙古语广播电台上星播出后，收听阜新蒙古语广播电台节目的听众除阜新地区以外，内蒙古、锦州、朝阳，遥远的日本、挪威、蒙古国的听众也参与蒙语台的节目，听众多达百万之众。

蒙古语文出版事业也发展迅速。1984年，辽宁民族出版社成立，成为东北地区唯一一家出版朝鲜文、蒙古文和满文图书的综合性出版社。辽宁民族出版社的蒙古文图书出版工作成绩较有成效，其中《蒙古语言学词典》《〈蒙古源流〉研究》获中国民族图书二等奖、三等奖，蒙古文的《藏蒙汉大词典》《多功能新汉蒙词典》获辽宁省优秀图书评选一等奖、三等奖，《蒙古学文库》《蒙古文化丛书》，特别是大型古籍《甘珠尔经》荣获国家图书奖提名奖。辽宁民族出版社在8省区蒙古语文协作办公室的支持和帮助下，自1991年起承担了中国高校蒙文教材出版任务。

另外，其他地区的蒙古文字、音像出版事业发展也较快。辽宁省朝阳地区有着厚重的民族历史文化底蕴，为进一步弘扬这些优秀的民族文化，朝阳市民委组织人员汉译并出版了蒙古族文学家尹湛纳希的处女作《红云泪》、蒙古族早期哲学家罗布桑却丹的蒙文遗著《蒙古风俗鉴》，补全了残缺25回的蒙文手抄本《三国演义》。北票市整理出版了《土默特之声》，朝阳县录制了民间故事录音带，收录民间故事数十个。这一系列举措，进一步传承和弘扬了蒙古民间文化和民族精神。

第六节　少数民族新闻传播教育：多层次民族院校的建立

本时期，东北地区已出现专门培养少数民族新闻传播人才的大专院校，民族新闻教育的梯度渐成雏形。

1982年，黑龙江省民族干部学院创建，肩负着为黑龙江省民族干部进行培养培训的职能，为培养黑龙江少数民族地区各类适用的包括新闻传播专业的技术人才，1992年该学院又扩充发展，改称为黑龙江省民族中等专业学校。

1995年组建的齐齐哈尔大学外国语学院也设立朝鲜语本科专业，培养新闻出版、教育、文化等朝鲜语高级专门人才，该专业与韩国的东新大学、光州大学等高校联合办学。

大连民族学院（2015年3月升格为大学）是国家民族事务委员会直属的民族高等学校，是国家唯一设在东北和沿海开放地区的民族高等学校。该校从1993年开始面向包括港澳台在内的全国所有省、区、市招生，少数民族学生占60%以上。在2004年新闻系设立前，汉语言文学专业开设了新闻传播方向。

延边大学是国家"211工程"重点建设大学,位于延边朝鲜族自治州首府延吉市。1984年,延边大学设置了新闻专业大专班。1994年,朝文系为满足新闻媒体对朝鲜族新闻人才的需求,开办了新闻学本科专业,该专业是我国唯一用韩语授课的专业。到1999年,延边大学新闻学专业已有一届毕业生,共毕业60人。

延边大学新闻学专业的学术研究也较为精深。至20世纪90年代末,该校新闻专业教师发表学术论文70余篇,出版专著、教材7部,获批国家社科基金项目1项,省(部)级项目2项。[①] 1998年,该校崔相哲教授的著作《中国朝鲜族报纸、广播、杂志史》(朝鲜文)由韩国庆南大学出版社出版,影响较大。

第七节 相关研究机构及传播:民族研究刊物和机构的创办

1980年,双月刊《满族文学》创刊,当时刊名为《杜鹃》,1986年改为《满族文学》。该刊由辽宁省作家协会与丹东市文联共同主办,是全国唯一的满族文学刊物。《满族文学》还开设了"索伦杆"和"满族词典"栏目,专门介绍满族民俗和民族文化知识。1982年,辽宁省民族研究所成立,1985年5月编辑出版了我国专门研究满族的第一份杂志《满族研究》(季刊)。

1983年3月,全国专门研究满—通古斯语言文化的中心机构——黑龙江省满语研究所成立,1985年,该研究所主办的《满语研究》创刊,成为目前世界上唯一的专门研究满—通古斯语言文化的学术期刊。为抢救、开发同语族语言文化遗产尤其是满族语言文化遗产,该研究所于1999年12月在黑龙江大学创立了黑龙江大学满族语言文化研究中心。1999年创刊的双月刊《大连民族学院学报》也是研究民族新闻的重要领地。

1983年4月,黑龙江省民族研究所成立,1985年5月,其主办的黑龙江省唯一的民族学类专业学术期刊《黑龙江民族丛刊》(季刊)创刊,

---

[①] 参见郑保卫主编《中国少数民族地区新闻传播发展报告(1949—2010)》,人民日报出版社2012年版,第270页。

主要栏目有"民族工作研究""民族理论""民族经济""民族历史""民族学"等。同年7月,黑龙江省民族事务委员会主办的《民族生活》(季刊)创刊,这是反映少数民族地区生活的综合性期刊,开辟的主要栏目有"神州雄姿""民族风情""民族论坛"等,每期发行2万册左右。

1988年,吉林省民族研究所成立,其主办刊物为《北方民族》(季刊)。1997年3月,延边大学民族研究院成立,下设机构有民族学、民族历史、古籍整理、民族艺术、民族体育和民族教育6个研究所,是全国唯一专门研究中国朝鲜族历史与文化的研究机构。

第四章　21世纪以近(2000.1—2010.12)

截至2010年，东北少数民族总人口达到1020万人，占全国少数民族总人口11379万人的8.96%，黑龙江、吉林、辽宁三省的少数民族数量基本都达到55个，满族、朝鲜族、蒙古族、回族和锡伯族仍是东北地区人口居前五位的少数民族，人数分别达到695.12万人、160.73万人、92.85万人、42.46万人和14.31万人。此时期东北少数民族地域区划同前一时期相比，基本没有变化。

进入21世纪，东北地区少数民族新闻传播事业实现了快速发展。截至2010年，东北地区少数民族新闻传播机构（民族地区的传播机构和非民族地区但使用民族语文的传播机构）中，报纸共28家，其中使用民族语言或双语的10家，刊物共37家，其中使用民族语言或双语的20家，出版社6家，广播电台22座，其中使用民族语言或双语的13家，电视台25座，其中使用民族语言或双语的15家。网络媒体有了进一步的拓展，少数民族新闻传播教育和研究也迈入了新的阶段。

第一节　朝鲜族地区：新闻传播体系日趋完善

延边州新闻出版事业经过60年的发展，形成了较为完备的新闻出版体系。截至2010年年底，全州拥有报纸13种，其中朝鲜文6种，期刊21种，其中朝鲜文12种，图书出版社3家，音像出版社1家。[①] 此时期，报刊和出版业的拓展和市场化转型成为其发展的主题。

---

① 参见《延边州广播电视及新闻出版事业》（http://bb.atx.jl.cn/Article.asp? id = 1385, 2012 - 7 - 9)。

一 报纸、刊物

吉林省：

● 延边州

2003年4月，《延边日报》根据读者需求在保留原有副刊的基础上又增加了《足球周刊》和《阿里郎周刊》，增设了《报刊文摘》"文化广场""时尚生活""养生保健""美食旅游"等专版，深受广大读者的欢迎。目前，《延边日报》发行范围已扩大到国内26个省、市、自治区以及朝鲜、韩国和日本等国家。

2010年，《延边日报》朝鲜文版全年组办1450个版面，采编新闻稿件达10000余篇，稿件自采率达到70%。《延边日报》还开办了《上海周刊》《青岛周刊》等异地周刊，读者群以东北三省和沿海地区、韩国、日本为中心，渗透到了美国、加拿大、澳大利亚，成为对外宣传延边和朝鲜族，展示民族文化的窗口。

2004年1月，《延吉晚报》与《东北亚开发报》合并为《延边晨报》。《延边晨报》作为吉林省第一份晨报，在由原来经济型媒体转变为都市新闻媒体后，从内容到形式都坚持贴近区域生活，贴近延边群众。延边珲春市的《珲春报》于2006年1月6日正式更名为《图们江报》。《图们江报》是中国第一家口岸外宣类报纸，也是全国唯一同时拥有中、俄、朝3种文字、3个独立刊号、面向国内外公开发行的报纸，主要报道珲春暨图们江区域开放开发进程和国际交流、合作信息。

2001年1月，《延边广播电视报》第一期彩版正式印刷，完成了报纸由黑白版向彩色版的过渡。2006年，该报朝文版24版，汉文版32版。2006年4月，《延边广播电视报》副刊《生活之友》扩版为4开16版，彩版印刷，新设"营养美食""市场与消费""热点话题"等栏目。2006年5月，《延边广播电视报》划归延边广播电视报社管理。2009年1月1日，《延边广播电视报》进行了改版，报头改成"延边广播电视报·民生周刊"。全新改版的《延边广播电视报·民生周刊》以"关注民生、服务百姓"为办报理念，分为民生、服务、资讯三大板块，确立以民生角度做本土化新闻，深度报道社会热点、焦点，关注百姓生活，反映民众诉求，加强舆论监督，着力在报纸的服务性、知识性、趣味性和娱乐性上下功夫，深层次挖掘新闻背后的新闻。《延边广播电视报·民生周刊》许多反映民情民意的报道受到读者的喜爱,成功打造了一批品牌栏目。

2008年6月,在保留期刊刊号的基础上,延边州把《延边文学》《文学与艺术》《艺术殿堂》《天池小小说》《延边医学》《大众科学》《延边妇女》7家民族语文期刊整体划归延边人民出版社统一管理,并把整合后的民文期刊发行工作定性为公益性文化事业,这标志着延边民文期刊整合工作取得了重大进展。

● **长白县**

2001年,新闻中心邀请中央电视台二套、四套、七套栏目组记者来县采访,先后采摄和播出3个专题片、3条新闻和长达30分钟的风光旅游片《龙行天下》,进一步宣传了长白,扩大了长白朝鲜族自治县的对外影响和知名度。

2003年12月,县委宣传部重办县委机关报《长白报》,加大对本地各项事业发展的宣传力度。

二 图书、音像出版

2000年,延边大学出版社出版了各种韩国语教材,成为高校韩国语专业的学习教材,为出版社带来了长期经济效益和社会效益。

从2005年5月开始,作为延边州事业改革试点单位,延边人民出版社在进行了半年多的改革试点工作后,又积极主动地开展、推进集中国古代经典之大成的《大中华文库》的韩语翻译、出版工作。2007年6月,恰逢中韩建交15周年及中韩文化交流年,出版社把韩汉双语对照的《文心雕龙》《搜神记》《老子》等中国文化经典图书推向在韩国首尔举办的国际书展,并同时举行首发仪式,这是中国出版史上首次在韩国举办的首发仪式。在2010年首尔国际书展上,延边人民出版社国家重点出版项目《中国朝鲜族史料全集》引起了业内人士的极大关注和重视。为进一步建立同海内外出版机构的横向联系与合作,出版社不仅在国内设立青岛、上海和北京3个办事处,还在韩国设立了首尔办事处,因此,延边人民出版社成为中国出版界首个在韩国设立办事处的出版机构。

2008年,延边人民出版社在接手7个民文杂志的管理后,迅速成立了朝鲜文期刊中心,进一步协调、服务于包括《小学生汉语作文》《少年儿童》《中学生》《青年生活》《延边妇女》《老年世界》《艺术世界》《文化与艺术》《延边文学》《天池小小说》《大众科学》《延边医学》

《法律与生活》等13种民族语文刊物的编辑和发行工作。

  2002年，延边教育出版社在北京设立了延边未来文化发展有限公司北京分公司，选派中坚力量到北京工作，同时在京招聘一批高级专业人才，使出版社在较短时间内策划、出版了《一课三练》《教材精析精练》《课时详解随堂通》等精品系列教辅丛书，发行到全国20多个省、市，受到了读者的青睐。

  目前，延边教育出版社和北京鼎尖教育图书有限公司、延边未来文化发展有限公司已经初步形成了独具特色的具有集团架构的企业形态，走出了一条"事业+企业"的经营发展模式。

  2001年，吉林民族音像出版社出版朝鲜语录音带11种、VCD 2种。同年，在广州市建立了对外办事处，与韩国、日本、朝鲜等国家和中国香港地区保持着密切的业务往来。2004年出版45种音像制品，发行近13万张，其中朝鲜语音像制品占50%。2005年出版发行《中国朝鲜族歌曲二百首》录音带、CD、VCD，包括《故乡情》《人间爱》《追忆之歌》《民谣、打令》等。同年，出版音乐类、语言类音像制品32种，发行VCD 3.3万张、DVD 0.7万张、CD2万张、录音带5.15万盒，从韩国引进《青少年性教育系列》和《保健教育系列》电视讲座，共55集。2009年，发行网点33家，遍布全国7个省市。2010年，吉林民族音像出版社制作出版39种音像制品（包括再版13种），其中，VCD4种、DVD10种、CD22种、录音带3种。全年制作8.2万张音像制品，发行6.5万张音像制品。

三　广播

  至2010年，延边全州有州级广播1座5套节目：朝鲜语新闻综合频道、文艺生活频道、延边人民广播电台汉语新闻综合频道、旅游广播频率和交通文艺频道。县市级（延吉市、图们市、敦化市和珲春市）4座4套节目。全州广播综合覆盖率为99.7%。

吉林省：

● 延边州

  2000年10月23日，延边人民广播电台朝鲜语调频广播开播。2002年1月1日，延边电台汉语调频广播开播。5月29日，延边广播电视总台成立。自2002年1月15日起，朝鲜语广播每天17小时不间断播出，结束了朝鲜语广播50多年早、中、晚3段式播出的历史。

2003年2月17日,汉语广播反映百姓投诉和行业风气的栏目《百姓热线》开播,成为延边电台的名牌节目。2004年1月1日,汉语调频与中波广播分别办节目,成立延边电台音乐生活台。

2005年9月3日,延边电台朝鲜语文艺生活频道开播。2006年2月20日,延边电台汉语频率图文广播试播。同年3月20日,节目通过延边有线电视网络输出信号正式开播。4月28日,FM 98.3音乐生活台广播进入图文广播,实现在电视里收听广播。

2006年8月11日,中国唯一的朝鲜语卫星广播频道——中国延边卫星广播开播。每天播出17小时35分钟的广播节目。

2006年8月20日,AM1053延边人民广播电台汉语广播节目也成功上星,汉语广播信号实现全州覆盖,并更名为延边卫星广播。据调查,辽宁、吉林、黑龙江、内蒙古、山东、湖北、陕西、四川、湖南、江西、云南、新疆、河南、浙江、宁夏等省、自治区的听众也能收听到延边电台汉语卫星广播节目。延边电台汉语卫星广播主要节目:"早安延边""延边新闻联播""百姓热线""缤纷生活""音乐传情""夕阳晚情""信息广场"等。

2009年,延边电台朝鲜语频率把"新闻话题"播报形式从原来由一名主持人播报改变为主持人和记者的谈话形式,并开设"民生365""体验新闻"专栏,加强民生报道和社会报道。2009年,延边电台朝鲜语频率"金大用热线"栏目突出服务性、时效性、监督性,全年共接受处理各类咨询2500多件。从当年开始,延边电台汉语频率"百姓热线"实现了早、中、晚3档播出,共推出直播节目662期,播发稿件反馈852篇,反馈率达到97%以上,群众满意度达到95%。在全国"两会"期间,延边电台汉语频率首次推出"连线北京"板块,实现了在全国人大会议宣传报道上延边广播零的突破。同年,延边电台汉语频率"百姓热线"栏目策划了"放心农资下乡进村宣传周及阳光工程惠农宣传"活动。

2009年,延广交通文艺台又打造一个群体形象叫"马路曹操",在第一时间帮助群众解决问题。

进入21世纪后,延边人民广播电台深刻分析现代人的生活方式、生活观念的变化对广播的生存空间、生存方式所带来的巨大影响,以及电视所带来的冲击,以改革创新意识,结束了持续半个多世纪的早、中、晚3段式广播模式,将广播时间从原来的10小时延长到17小时,并充分发挥广播优势，把节目方式从过去的以录播为主改为以直播为主（占70%），同时大大增加了主持人节目。现在，延边人民广播电台成为目前全国地区级广播电台中输出功率最大、可收听区域最广、播音时间最长的广播电台。

"百姓热线"栏目是延边人民广播电台立足民生需求，全新打造的名牌栏目。

2003年2月17日，汉语广播"百姓热线"开播，每天早7：25至7：55分播出。同年，"百姓热线"开设"州长访谈录"，播出各位副州长对所分管工作作出的公开承诺，对州直各职能部门的公开承诺，"百姓热线"开辟专栏，进行宣传。

2004年1月"百姓热线"在"延边信息港网站"开辟专栏，利用互联网接受群众投诉和反馈信息。同年3月3日与延边电视台影视频道合作，开设电视版"百姓热线"。

2004年10月11日，省委宣传部组织吉林日报、吉林电视台、吉林人民广播台记者对"百姓热线"栏目组进行专访。到2005年年末，"百姓热线"在电台直播节目中累计接听电话9200次，在办公室接听电话8400次，接待群众来信来访70人次，反馈率90%以上，听众满意率98%以上。

2010年2月5日，延边人民广播电台汉语频率"百姓热线"节目通过延边州及延吉市数字电视网络的延边电台图文广播频道实现电视直播，热线电话、网络发帖留言"两头热"，成为全省首家把广播办到电视上的政行风（政风行风的简称，下同）热线类节目。同时，"百姓热线"栏目还和"延边广播电视报"实现联动，每周定期刊发部分反馈信息。3月17日，"百姓热线"栏目组再次邀请州建设局和延吉市房产局负责人走进直播间，就延边州整治房地产市场乱象的决心和办法向大家作介绍，现场解答听众朋友提出的有关房地产市场问题。4月16日，州纠正行业不正之风领导小组和州软环境建设领导小组专门召开全州"百姓热线"工作会议。会议下发州纠[2010]1号文件《延边州政行风和软环境建设〈百姓热线〉栏目协调互动制度》，对各部门参与"百姓热线"直播节目、回复网站百姓提问等作出了具体、明确的要求。专门为新闻媒体的一个栏目制定工作制度并以正式文件的形式下发，在延边州尚属首例。5月24日，"百姓热线"播出特别关注"水表冻坏，谁来买单！"，报道揭示汪清县推广智能水表过程中暴露出的水表产权归属争议、价格虚高增加居民负担、水表存在缺陷等问题。报道播出以后，栏目组又递交内参，积极促成问题的解决。报道引起了汪清县建设局的高度重视，向上级呈报材料，申请省政府发文明确水表产权、管理责任的归属问题。

2010年6月2日，延边人民广播电台汉语频率"百姓热线"栏目组与州直机关党工委、州直机关事务管理局、依法治州办公室在延吉市时代广场联合举办"州直机关节能宣传周活动启动仪式暨州及8县（市）执法和行政执法部门法律宣传服务活动"，在2小时直播中，有13个部门21位嘉宾走进直播间，介绍相关政策法规知识并接受群众现场咨询。一个栏目组主办州直机关大型活动，这在延边州新闻媒体中还是第一次。7月21日，"百姓热线"节目组针对听众反映比较集中的社会保险补贴发放繁琐的问题，进行专题采访并播出特别关注节目《社会保险补贴发放程序繁琐》。"百姓热线"栏目组就此情况向州委信息处提交了内参，受到州领导重视。省委常委、州委书记邓凯专门批示相关部门调查解决。7月30日，州住房和城乡建设局召开落实《州政府关于解决部分房层没有及时办理产权证照问题的指导意见》工作会议，会议发布了州政府常务会议《关于解决部分房屋没有及时办理产权证照问题的实施意见》，"百姓热线"对会议进行全程直播。

2010年，延边人民广播电台汉语频率在10月20、21、22日每天8：00—12：00推出大时段特别直播节目"供热进行时"。"百姓热线"栏目组邀请延吉市住建局供热管理办公室以及延吉市各主要供热企业的负责人做客直播间，集中关注延吉供热情况。10月22日重点关注州内其他县市供热情况，3天直播共接听听众热线150多个。

同年，延边人民广播电台汉语频率"百姓热线"早间版、上午版播出直播节目548期，其中，政行风在线121期，嘉宾427人，共接听热线电话11050个，采写、播出反馈稿件近592篇，实现"三方连线"200余次，答复、反馈率97%以上，群众满意度95%以上。同年，"百姓热线"上午版"民生在线"获省广电局"吉林省精品栏目奖"。

延边人民广播电台对图文广播也进行了有益的探索。

2006年1月16日，延边电台汉语频率投资10余万元筹办图文广播。2月20日图文广播试播。3月20日节目通过延边有线电视网络输出信号正式开播。4月28日，FM 98.3音乐生活台广播进入图文广播YBDT，实现在电视上收听广播。

图文广播设："延边新闻"图片版、文字版，"百姓热线""上周反馈"文字版、"公告栏""通知""延边概况""服务信息""魅力延边""美图欣赏""生活与保健""温馨提示""电台简介""调频节目介绍""节目主持人推介""娱乐专题""生日祝福""足球宣传""公益宣传"等栏目。节目全天 24 小时滚动播出，另有电视字幕 24 小时不间断地传递即时信息。通过延边广播电视网络和已改造过的延吉市广播电视网络传输的有线电视用户，都可以收听、收看到延边电台图文广播。

● 延吉市

2001 年，延吉人民广播电台开办朝鲜语调频台"阿里郎之声"。4 月 16 日，延吉人民广播电台开办汉语调频台"交通之声"。2004 年"阿里郎之声"增加中波广播，信号覆盖延吉、和龙、龙井、图们等地。每天播出 20 小时。自 2007 年上半年起，延吉电台利用直播车每周开办一次室外现场直播节目。2009 年，电台交通之声在"935 都市新闻"中开辟"民生专栏"。

2010 年 4 月 23 日，中国国际广播电台（以下简称国际台）朝鲜语节目在延吉市落地播出。

● 敦化等县、市

2006 年，敦化市人民广播电台全天 24 小时不间断播出朝鲜语节目，每天 20 分钟。2010 年，电台直播节目达 7 小时。同年 5 月，电台全部节目实现网上直播。

2006 年，图们人民广播电台自办节目 4.5 小时。2009 年 4 月 26 日，电台改变播出内容，以汉语评书为主，成为全州首家评书专业频率，每天播出时间延长至 10 小时。

2009 年，珲春人民广播电台开设了朝、汉双语节目。

进入 21 世纪，长白广播电台停播了自办节目，但增强了转播功能，转播吉林电台第 1 套节目、中央电台第 1 套广播节目和吉林交通文艺台广播节目。无线调频广播、长白电视调频转播台等也转播中央、省和市电台多套综合或专题节目。

四 电视

吉林省：

● 延边州

截至 2010 年，延边州电视有州级 1 座 4 套——延边卫视、延边电视台新闻综合频道、经济文化频道和购物频道。县级8座8套（全州8个县市各1套）。全州电视综合覆盖率为97.4%。

2000年7月1日晚19：55，延边电视台为贫困学生募款的栏目"伸出友爱之手"直播节目开播，成为电视台的精品栏目。

"伸出友爱之手"是延边电视台进入21世纪之初就精心打造的精品栏目。

2001年7月，中央电视台"实话实说"栏目主持人崔永元通过"伸出友爱之手"把10万元捐献给延边州贫困学生。当年"伸出友爱之手"播出12期，募集资金20多万元，捐助50多名贫困学生。《中国广播电视学刊》《吉林电视》等国家、省级杂志、报纸纷纷介绍《伸出友爱之手》栏目。北京广播学院把《伸出友爱之手》作为该校观摩教材。2002年《伸出友爱之手》直播11期，参与热线电视的观众4.6万多人次，募集善款23万元，接受社会捐助资金12万元和价值10万元物品，资助贫困学生83名，帮助28名贫困学生走进大学校园。2003年8月，"伸出友爱之手"举办"崔京浩捐资助学义演"活动，募集善款60万元，资助上百名大学生。2005年12月，"伸出友爱之手"播出11期，其中大型特别节目两期，接受募捐32万元，资助56名品学兼优的贫困学生。北京、上海、青岛和韩国、美国、日本、荷兰的善良人士还通过"伸出友爱之手"栏目定期为延边州的贫困学生捐款。同年，"伸出友爱之手"被省广播电影电视局评为精品栏目。至2009年，延边电视台新闻综合频道"伸出友爱之手"栏目累计播出百期，2009年当年募集社会捐款25万元，共资助30名贫困学生。

2002年，延边广播电视总台成立，各频道实行总监负责制。2004年6月，延边电视台影视频道更名为延边电视台文化频道。

2004年12月，国家广电总局将延边电视台外宣工作纳入国家"西新"工程，并最终确定了以"地方、民族、外宣"为频道定位的卫星传输方案。2005年2月，延边电视台卫视频道筹建工作启动。

自2005年11月1日起，延边电视台对中央电视台的"新闻联播"节目实现当天译制、当天播出。2006年8月10日，全国唯一地区级"上星"媒体——延边卫视正式开播。延边卫视日播出18小时30分钟，采用朝、汉双语播出，播出比例各占50%。2007年7月31日，延边电视台经济频道和文化频道整合为经济文化频道。

2009年，延边电视台新闻综合频道完成建台以来最大规模的节目改版工作。同年，延边卫视组建了北京、上海、哈尔滨、沈阳、丹东、青岛、吉林等地的通联队伍，拓宽了"延边卫视新闻"稿件来源。延边卫视电视剧译制组进一步吸收外地先进经验，引进相关音效，盘活了已完成前期翻译的电视剧，全年完成电视剧译制近 300 集。延边电视台新闻综合频道还精心制作了延边台 2009 年"春晚"，在国内外播放时影响较大。

自 2009 年 1 月 1 日起，延边州广播电视局与韩国中华 TV 达成协议，由延边卫视制作的央视"新闻联播"朝鲜语版在韩国中华 TV 正式播出，"新闻联播"译制版每日播 15 分钟。播出以来，考虑到韩国受众的语言习惯，聘请一位韩国语教授把语言关，使节目在语言方面既能坚持中国朝鲜语文法，又迎合了韩国观众的收视要求。延边电视台新闻综合频道精心制作了延边台 2009 年"春晚"，这台文艺晚会时长 3 小时，分"相逢""抒怀""庆典""希望"4 个篇章，由歌舞、小品、民俗表演等节目组成。2009 年春节文艺晚会面向全国的朝鲜族观众，通过卫星和网络播出，收视圈扩大到北京、上海、广州、西安、乌鲁木齐、拉萨等城市以及韩国、日本、新加坡、英国、德国、美国、加拿大、澳大利亚等国家。

2009 年，延边卫视积极配合州局实施"走出去战略"，实现中央电视台"新闻联播"译制版在韩国中华 TV 播出，"延边卫视新闻"朝语版在韩国 CNM 电视台九老区和京东区月播。2009 年 12 月 24 日，延边广播电影电视局与日本 ASIC 株式会社在东京就延边卫视在日本落地转播事宜正式签署合作协议书。根据协议，日本 ASIC 株式会社通过交互式网络电视（IPTV）在日本全境完整转播延边卫视的所有节目，收视人口达到 150 万人。这是继央视"新闻联播"朝鲜语版在韩国中华 TV 完整播出后，延边卫视落地工作取得的又一重大突破。

同年，延边卫视积极与黑龙江、内蒙古、大连、沈阳等省市的相关媒体开展联谊活动，加大感情投资，完成在内蒙古霍林郭勒市、黑龙江的北安市、罗北县的落地。

延边州县（市）电视台除继续办好朝、汉双语的本地新闻外，大力推新，不断丰富节目内容。

● 延吉市

2006 年 5 月 29 日，延吉电视台"延吉新闻"由原来的 10 分钟扩版为 15 分钟，实现每天朝、汉双语播音。2012 年 5 月 2 日，电视台与市财经办合作推出经济类新栏目"财经纵横"，填补了延吉电视台没有经济类栏目的空白。

● 敦化市

2006年，敦化电视台制作专题片、纪录片32部，为历年之最，采、编、制、播设备全部实现数字化。2009年，敦化电视台朝鲜语电视新闻开设了手语节目。

● 和龙市

2006年8月，和龙电视台开通文艺频道。2010年，电视台"和龙新闻"用朝、汉双语同步播出。

● 珲春市

2006年7月，珲春电视台"珲春新闻"开通了当日新闻，并增加了对"三农"的报道。

2007年12月25日，"珲春俄语要闻"开播。

● 图们市

2006年，图们电视台播出自办栏目已达8小时。2010年，电台节目改版，朝鲜语节目开播。

● 龙井市

2009年，龙井电视台的"龙井新闻"用朝、汉双语播出，每天播出朝、汉新闻时间各10分钟。

● 安图县

2006年，安图电视台"安图新闻"栏目开通3档汉语新闻，1档"新闻回顾"，每档长约10分钟，2010年加长至15分钟。

● 汪清县

2006年汪清电视台在"汪清新闻"中开辟了崭新的新闻专栏，全县新选出的18个村支书、村主任参与了"村官访谈节目"。2010年，电视台"汪清新闻"用朝、汉双语播出。

● 长白县

为了搞好县城有线电视网建设，提高节目传输质量，2002年开始对县城和主线的线路全部进行了光缆化改造和对光缆支干线的升级改造；形成了自己独立的网络。

2003年9月，长白电视台实现了采、编、播的初级数字化。2004年至2005年全县有线电视城乡覆盖率达100%，实现了"村村通"，县城可收看40个电视台节目。仅2004年长白电视台就播出新闻稿件1340条，各类专题和综合服务稿件700余条,在中央人民广播电台、国际广播电台和省、市电视台、《吉林朝文报》《长白山报》等播发新闻稿件60篇。2005年,长白电视台已具有完整的节目结构和编播体系,先进的采、编、播设备和多功能演播室,满足了各类节目的录制和节目包装的要求。

2007年12月,长白电视台由原来的一个频道增加到两个频道,即长白电视台汉语综合频道和朝鲜语综合频道。汉语综合频道设有新闻栏目"长白新""媒体链接""一周要闻回顾",社教栏目有"今日长白""信息时空",朝鲜语综合频道开设朝语两档新闻、一档专题。长白电视台自办节目质量也不断提高,"长白新闻"实现日播,由起初每周一档汉语新闻发展到每周六档汉语新闻、两档朝语新闻,两期专题节目,一期信息栏目,新闻宣传、广告策划、综艺娱乐、传承文化、弘扬新风等功能日臻完善。"长白新闻"全方位、多视点宣传报道党的方针政策、重点经济项目、工程业绩、社会事业发展亮点,打造和展现新长白形象。社教类专题栏目"今日长白"年播出上百部,发现和捕捉社会热点、百姓焦点。"信息时空"年播出时政、财经、致富、生活常识类信息3500余条。朝鲜语综合频道节目突出民俗特色,深挖民族传承文化,促进了民族团结、社会和谐发展。

2007年长白电视台与白山市电视台合作完成了"走遍白山"的拍摄工作,与吉林卫视合作完成风光片"天赋长白"的摄制,并在吉林、辽宁、沈阳、大连等多家电视台进行播放,在吉林卫视"畅游吉林"栏目播发长白专题9期。

"十一五"期间,长白县电视台在中央人民广播电台、国际广播电台、电视台共发稿280多篇,在省电台、电视台发稿210多篇,在市电台、电视台发稿600多篇。①

五 电影

2009年1月,根据中宣部、中编办、文化部和广电总局《关于进一步理顺地方电影管理体制的通知》要求,由文化部门承担的指导电影发

---

① 参见《长白县广播电视管理局"十一五"工作总结、2010年重点工作完成情况和广播电影电视事业发展"十二五"规划及2011年重点工作安排》(http://govinfo.nlc.gov.cn/search/htmlflash4Radar?docid=911951,2011-5-23)。

行、放映的工作职责统一归口划入广电部门。4月27日,延边州举行了电影行政管理职能划转交接暨延边州广播电影电视局揭牌仪式,将州文化局监督管理协调电影发行、放映工作的职责划入州广电局。同时,延边电影发行放映公司和延边惠民农村数字电影院线公司一并划归州广电局管理。

2009年,截至10月,全州6个电影放映队,已在全州66个乡镇、1072个行政村巡回放映电影9146场,其中数字机3204场、胶片机5942场,完成计划任务的71%,观影人数达60多万人次。国庆期间,州广播电影电视局通过市场运作等形式,为延吉市11个社区放映了多部国产优秀影片,受到广大群众的欢迎。

2010年,延边州广播电影电视局成立延边州农村电影管理中心,组建数字电影流动放映大队17个,下设小分队47支,有放映员49人。流动电影放映覆盖全州1072个行政村。当年,延边州共完成农村公益电影放映场次12864场,观众94万人次,圆满完成国家规定的"一村一月放映一场公益电影"的"农村电影2131工程"任务。

2010年9月,延边广播电影电视局组建吉林延边朝鲜语电影译制中心,并从国家有关部门争取到电影译制经费80万元。同年,电影译制中心译制完成《非诚勿扰》《欠我十万零五千》《追击阿多丸》《建国大业》《大兵小将》等10部故事片和《民事案件执行》《地震避险与自救》《远离癌症》《农药安全使用》等8部科教片,由国家广电总局电影数字节目管理中心制作出流动放映数字发行版。

六 网络媒体

进入21世纪,人们不仅意识到网络媒体的重要性,也对媒体融合的作用有了较充分的认识,因此,以延边州政府网站——中国延边(http://www.yanbian.gov.cn)为代表,自治州各委办局和自治州所属8个县(市)都开办了自己的门户网站和政务网站,提供信息服务;各媒体单位也纷纷开办网站,充分发挥朝鲜语的资源优势,利用文字、图片、音频和视频等方式,向朝鲜族网民报道国内外的重大新闻事件,宣传延边的各项事业发展。这些网站已成为世界范围内的朝鲜族网民了解延边、了解中国的重要平台。以下重点介绍各媒体创办的相关民族类网站。

（一）延边信息港（www.yb983.com）

延边信息港（www.yb983.com）是延边人民广播电台汉语编辑部主办的媒体门户网站，于2004年1月1日正式开通。"延边信息港"与QQ、雅虎、网易泡泡对接，全面介绍延边概况、历史文化、风土人情、民俗风情、特色旅游等。"延边信息港"与吉林彩虹网、吉林人民广播电台网、中广网、中国经济网、新浪网、新华网、中国新闻社网等大网站建立了密切关系，并与州内已开通的网站链接。2004年2月27日，延边音乐生活台节目实现网上播出。7月1日，"延边信息港"实现延边电视台新闻节目网上视频回放。同年9月，"延边信息港"设计制作的延边州政府采购中心网、延吉市交警大队网、延边党建网、延边林业党建网开通。

2004年，"延边信息港"刊发各类新闻资讯600余条，新闻图片上千幅，对重大活动实现了网上现场直播。到年底，"延边信息港"日均点击达3000人次，总点击人次突破100万。

2005年7月，"延边信息港"全面改版升级，主办单位升级为延边广播电视局，主管单位为延边州委宣传部。"延边信息港"增添"延边新闻网""延边宣传网""延边声屏""疯狂彩铃""网络情缘"等频道，整合了"延边党建网""延边足球网""延边旅游网""百姓热线"；2005年9月20日，"延边信息港"开通精品回放频道，州局所属各频道的精彩节目都可以在网上回放；2005年10月末，"延边信息港"与延边广播电视报合作，开通广播电视报网络版。

2006年1月，"延边信息港"网站开通视、音频专栏，每天上传延边广播电视总台各频道精品节目十几条；全年"延边信息港"日均访问量达到20000人次以上。

2010年11月，网站完成第四次改版，服务性更强。网站日均访问量11万次，注册用户近10万，独立IP 7000个。

（二）延边网络传媒（www.ybrt.cn）

2004年12月1日，延边人民广播电台朝鲜语频道开通"延边网络传媒"（www.ybrt.cn）网站。2006年11月3日，网站正式开通延边网络广播。2007年10月24日，开播视频广播。

2010年，网站采取有效措施，进一步规范延边新闻、广播广场、延边歌谣、文学沙龙、延边足球等视频广播节目，并不断进行技术改进，提高图片新闻、延边新闻、国内外新闻、体育广场、音乐广场、文化广场、文艺专题等节目的上传质量。"延边网络传媒"立足于本土化,充分发挥朝鲜语的资源优势,利用文字、图片、音频和视频等方式,宣传延边的经济社会发展,向朝鲜族网民报道国内外的重大新闻事件,成为世界范围内的朝鲜族网民了解中国延边的重要平台。

2010年4月1日,延边网络传媒全面升级,视频广播在线直播时间由原有的9小时20分钟延长到14小时25分钟。此次视频广播在线直播时间的延长增强了节目的视听性、参与性、时效性及信息互动性。同年,网络传媒开辟《话延边经济发展新引擎》专栏,集中采访各部门、各单位、各阶层人士和有关专家,结合实际畅谈延边相关先导区建设的新变化、新成效,并通过企业宣传延边的政策优势、资源优势、区位优势等,全年开办10期,所有节目录制成视频,实现在网上同步播出。

(三) 延边日报(朝文版) 网站 (www.iybrb.com) 和延边新闻网 (http://www.ybnews.cn)

2007年4月6日,延边日报(朝文版)网站 (www.iybrb.com) 正式开通。延边日报(朝文版)网站通过平面媒体的品牌栏目"民族之窗""海兰江""策划""延边体育"等专题继续向网络延伸,利用平面媒体的影响,发挥主流媒体的地区特色和民族特色。同年7月2日,延边晨报主办的综合性新闻网站——延边新闻网 (http://www.ybnews.cn) 正式开通。延边新闻网是目前延边州每日新闻发布量最大的新闻类综合网站,每日平均发布本地新闻100余条。目前,延边新闻网以新闻、娱乐、延边美食、延边旅游、便民等几个主打频道为主线,24小时滚动更新,首页平均每天点击人次逾2万,新闻页面平均每天浏览量逾5万次以上。截至2010年,延边新闻网已建立延边晨报与网站的报网联动机制,并与腾讯新闻、TOM新闻、搜狐新闻、网易新闻等网站进行新闻信息交流,成为延边地区有影响力的区域性综合门户网站。

(四) 延边电视台网站 (iybtv.com)

2000年2月,延边电视台组建了自己的网站,经济频道也于2004年11月15日开通了"爱延边图们江国际信息港"。2007年年初,延边电视台新闻综合频道开通了延边电视台网站 (iybtv.com),实现了电视向新媒体的延伸。

(五) 敦化新闻网

2007年10月,敦化市广电局开通敦化新闻网站。2009年10月,敦化新闻网正式加入《中国互联网视听节目服务自律公约》组织,成为全州第二家加入该公约组织的网站。敦化新闻网负责在互联网上延伸地方广播电视媒体,建设敦化人民广播电台和敦化电视台音频、视频播出平台,实现所有电视自办节目网上点播。同时发布文字、图片新闻,开展地方文化展示,开办"民生热线"投诉与督办平台,开办广播电视节目与受众互动平台。敦化电视台所有自办节目全部上网,广播电台节目开通网络直播,使敦化新闻网成为广播电视视听特色突出、新闻资讯内容丰富的地方性最大新闻网站,广播、电视与网络资源共享,实现了广播电视向新媒体的延伸。

2009年,敦化新闻网开通了"广电征求意见"和"为创建卫生城献计"两个互动专栏,开展了"百年敦化老照片"征集活动和庆祝新中国成立60周年"与共和国同行"大型征文活动,受到社会各界的广泛赞誉,并已经形成了五个平台,即文字新闻平台、敦化电视台视频节目在线播放平台、民生热线投诉与回复处理平台、招商引资平台、城市形象与地方文化展示平台,网上传播平台建设和管理日趋完善。新闻网有效延伸了广播电视媒体,扩展了对外宣传空间。2009年,敦化新闻网上千条新闻被国内各大网站转载,其中正觉寺等旅游题材的新闻被新华网等引入论坛,在国内引起了一定反响,得到市委高度关注,广大市民积极参与论坛。"民生热线"平台成为市民关注的焦点,日接待市民网上投诉、咨询等约50条。敦化新闻网日浏览量达到1万人次左右,位居全市各类网站百度搜索量和点击量第一。

2010年5月,敦化电视台所有自办节目全部上敦化新闻网,网民可以直接选择,随时观看。同时,敦化人民广播电台节目开通网络直播,网民可实时收听。敦化广播电视节目上网后,实现广播、电视与网络资源共享。2010年,敦化新闻网日浏览量达到上万人次左右,位居敦化市各类网站百度搜索量和点击量第一。同年,敦化新闻网向各大门户网站转贴敦化本地新闻7988条。

(六)珲春视讯网

2007年,珲春市广电局开通珲春视讯网站——东北亚视讯。2010年,网站访问量突破3万人次。2010年年底,珲春市广播电影电视管理局开办的"珲春新闻网"(http://hctvnet.com)进入测试阶段。

（七）"延吉广电网"网站（http：//www.yanji.tv）

2010年，延吉广播电视台主办的"延吉广电网"网站（http：//www.yanji.tv）开通，"阿里郎之声""交通之声"部分节目、电视台9个栏目实现网上播出。

（八）中国网络电视台朝鲜语频道（http：//korean.cntv.cn/）

2010年12月6日，由中国网络电视台与延边广播电视总台共同组建的中国网络电视台朝鲜语频道（http：//korean.cntv.cn/）正式开播。

中国网络电视台朝鲜语频道是中国网络电视台的第一个民族语言频道，是中国网络电视台和延边州委、州政府根据媒体传播需要，依托中国网络电视台的品牌优势、技术优势和延边州的地域优势、内容优势，共同推出的新媒体传播平台。中国网络电视台朝鲜语频道以电视、广播特色栏目为主，结合新闻话题、延边生活、延边风俗等图文内容，向广大网友展示极具民族特色的网站内容，同时集纳了直播和在线广播等内容，为网友提供1路卫视直播、3路广播直播以及近40个卫视、广播栏目的点播。在页面设计上风格简洁大方，分为视频直播、视频点播、广播资源、视频排行榜4个模块。为了让网友获得更多更好的收视体验，朝鲜语频道在主导航中设置了电视直播、在线广播、栏目、新闻等明显入口，在首屏对重点栏目进行推荐，对即将播出的电视直播也会进行预告，同时，朝鲜语频道还会对用户最关注的视频、栏目进行重点推荐。

手持电视也开始走进朝鲜族民族地区。2010年5月18日，吉林省中广传播有限公司延边分公司成立，开始在延边地区开展手持电视（CMMB）业务，这也是吉林省在地市一级成立的首家专门从事移动媒体业务的机构。为满足移动中的受众随时随地收听收看音视频的需求，该公司采用具有中国自主知识产权的移动多媒体音视频系统，面向手机、笔记本电脑、数码相机、MP3、MP4和PDA等多种移动终端，利用音、视频网络实现全国漫游、"天地"无缝覆盖。截至2010年年底，该公司支持6套电视节目手持电视业务已正式上线。[1]

---

[1] 参见《中广传播延边分公司将手持电视带入延边》（http://www.ybnews.cn/news/newsyb/201005/111728.html，2010-5-18）。

第二节 蒙古族地区：广播、电视媒体的突出发展

一 报纸、刊物

黑龙江省：

● 杜蒙县

2004年1月15日，杜蒙县的《草原新报》正式发行。《草原新报》系县委机关报，由宣传部主办，为半月刊，每期发行10000份。2005年7月改为旬刊（见图4-1）。县文化馆出版了《草原文化报》月报。2007年5月25日，杜尔伯特文化研究会成立，创办会刊《杜尔伯特文化》，对杜尔伯特历史、政治、经济、文化、教育、医药卫生等多领域进行学术研究，并发表描写杜尔伯特人民生产、生活、风土人情以及蒙古族历史文化风情的文学艺术作品。

图4-1 杜蒙县县报《草原新报》

2008年12月，由陈玉芝主编的《杜尔伯特文化志》由内蒙古文化出版社出版。该书共上下两部，分为文化工作机构、队伍、文学、艺术、图书、电影、文博七大类十章，它不仅全面、系统、客观地反映了近20年来杜尔伯特文化事业的发展状况，也对杜尔伯特蒙古族文化历史进行了全景记录。

吉林省：

● 前郭县

前郭县文联在办好县报《郭尔罗斯》的基础上，又创办了文学期刊《查干湖》和《校园文化专刊》，为广大作者提供创作园地。[①]

辽宁省：

● 阜蒙县

2003年1月1日，《阜新蒙古族自治县报》更名为《蒙古贞日报》，并在原基础上增加星期刊，从此县报每日1期，成为日报。2005年，报社改制整合为蒙编部、汉编部、星期刊、创联部、经营部、办公室。县报是阜新蒙古族自治县委机关报，办报原则是坚持党性原则，开展宣传，突出自治县特点，体现小型多样。《蒙古贞日报》坚持三个特点：民族特点、地方特点、小报小办的特点，具有较强的指导性、实用性和可读性（见图4-2）。

图4-2 蒙古贞日报汉文版和蒙文版

[①] 参见前郭尔罗斯蒙古族自治县概况编写组《前郭尔罗斯蒙古族自治县概况》，民族出版社2009年版，第214页。

从 2000 年开始，阜蒙县利用 5 年时间投入 10 万元编译出版了蒙古贞作家恩可特古斯撰写的文学巨著《兴唐五传》共 6 卷本、212 万字，为研究、开发蒙古贞语言文化作出了积极贡献。

自 2002 年起，阜蒙县的《民族生活》更名为《蒙古贞语文》，由蒙语委主持出版。《蒙古贞语文》是不定期蒙古语文杂志，蒙古文和汉文各占 50%，每期印数 1500 份，赠阅发行全国蒙古语文工作机构。《蒙古贞语文》杂志为 16 开版，共 48 页，封面封底均为彩印。主要栏目有："我们的事业""蒙古贞论坛""文化教育""蒙语授课""蒙古剧""文学欣赏"等。

《蒙古贞语文》自创刊以来，始终致力于宣传党的民族语言文字政策，展示蒙古贞语言文化发展成果，报道自治县城乡民族语言文化工作的新人新事，发表民族语言文字翻译方面的研究成果，为挖掘整理民族文化遗产、弘扬民族语言文字作出了贡献。

2007 年 8 月，《蒙古贞语文》杂志被中国蒙古语文期刊协会评为优秀期刊，受到奖励。

● 喀左县

《喀左县报》是蒙、汉两种文字并用出版的报纸，2010 年，发行量由 1980 年复刊时每期的 1700 份，增加到 10000 份（见图 4-3）。

图 4-3 喀左县县报

第四章　21世纪以近(2000.1—2010.12)　131

二　广播

截至 2010 年，东北 4 个蒙古族自治县有广播电台 4 座，共 6 套节目，除有蒙、汉双语的本地新闻和文艺节目等外，阜蒙电台还专门开设了蒙古语频道。

吉林省：

●前郭县

2000 年，前郭广播电台平均每天播出时间为 10 小时 40 分钟（含重播），其中自办节目时间 7 小时 40 分钟（含重播），改版和新增了"田野之声""绿野采风""法制时空""七彩阳光""校园风景线""彩虹综艺"等 16 个节目。前郭电台使用汉语和蒙语两种语言播出，其中汉语节目开设有 16 个栏目，蒙古语节目设有 3 个栏目，汉语与蒙古语节目分别由不同的记者、编辑采编制作。2006 年 11 月 8 日前郭尔罗斯电台直播节目开播（见图 4-4）。

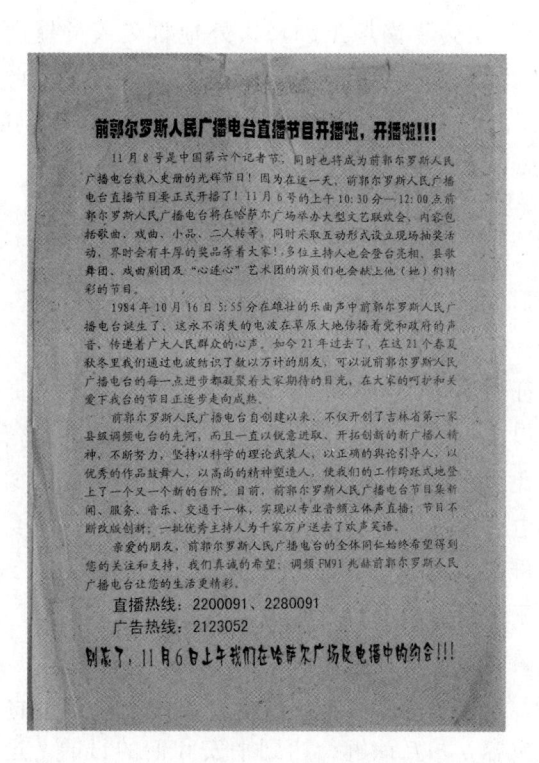

图 4-4　2006 年 11 月 8 日前郭尔罗斯电台直播节目开播宣传单

辽宁省：
● 阜蒙县

2003年9月1日，阜蒙县电台（FM92,8MHZ）"生活娱乐"频道广播正式开通。县电台的播出时间也从过去的6小时增加到18小时。自办栏目有"阜蒙县新闻""致富之路""今日末班车""中介热线""就业航标""空中情缘""垂直娱乐""一路平安"等。

"中介热线"是为听众提供各种中介服务的栏目，主要是为听众出售二手物品服务，内容包罗万象，无所不有，只要是听众想得到的信息，都可以通过热线得到满意的答复。有一位军人的遗属在万般无奈的情况下打来电话，讲述她家有顶账来的300多双凉鞋和几十米纯棉布急需出售，以解决读高中的孩子的学习费用。热线播出没几天，凉鞋和棉布全都卖了，解决了她家的燃眉之急。"中介热线"开通以来不仅给听众提供了方便，而且提供了更多、更快捷的信息。

"就业航标"是为下岗职工和想去外地打工人员提供就业信息的栏目。开通热线电话，传送就业信息，让他们坐在家里就能找到合适的工作。有一位下岗的电工想找份工作，县电台播出信息后的第3天，这位同志就被一个集体企业录用了。电台在传送就业信息的同时，还注重宣传自谋职业的典型人物和事例，以鼓励那些想创业又没有信心的人，增强他们的勇气和自信。

"空中情缘"是阜新地区唯一一档为单身朋友牵线、搭桥的征婚类直播节目，是一种方便、高效、快捷的寻找伴侣的方式。这个节目不仅通过电台直播征婚信息，还用联谊会的形式给单身朋友提供面对面交流的机会。开通以来，每天都会接到许多不同听友的征婚信息，为保护听友的隐私，避免恶意骚扰，直播时采用不公开电话的方式进行，有意者可以通过查询电话进行联系。节目创办以来，使一些单身朋友找到了如意伴侣。一位母亲为儿子征婚，经过几期节目的播出，终于如愿以偿，这位母亲在儿子结婚时给电台打来电话表示感谢。还有一位患先天性小儿麻痹症的大龄女孩，通过直播也找到了她心目中的"白马王子"。

"一路平安"是为司机、乘客和交警提供信息的平台。通过这个平台使大家相互包容，相互谅解，达到平安和谐的目的。这个节目很受司机朋友的欢迎，尤其是出租车司机，只要到了节目播出时间，就会打开收音机收听，不仅了解了一些体育、健康、娱乐、交通方面的信息，也提高了安全系数。很多司机早出晚归，常年在外开车，没有更多的时间和家人交流，每当结婚纪念日、老人过生日，他们就会通过这个节目为亲人送上一首歌或几句祝福的话语。这个节目在互动的基础上还就一些热点问题进行重点直播，在第三者强制保险的规定实施之前，为了让广大司机尽快了解这个规定的好处，节目主办者到交警支队、车行了解情况，请有关人士就提出的问题进行解答。为了使这个节目真正成为司机的朋友，还和交警等相关部门的业内人士达成长期共识，对路况信息的发布、交通违法的曝光、交通事故的案例分析、交通管理动态的宣传等，都能以真实的事例指导交通参与者自觉遵守交通规则，为百姓的安全出行提供保障。

直播节目在给广大听众提供最新、最快信息的同时，也无偿地播送一些寻物启事。有一次，一位乘客焦急地把电话打到直播间，说他着急办事把皮包忘在出租车上了，里面有两万元钱和一些票据，请电台给播一下。节目播出不久，那位司机就把皮包和钱物原封不动地交给了失主。

2005年1月，县电台和县纪律检查委员会、县纠风办联合举办了"行风热线"专题节目，邀请有关单位主要领导做客直播间，接听热线电话，解答听众关心的难点、热点、疑点问题。节目过后，县电台、电视台还通过新闻、专题等形式对疑难问题的解决进行了跟踪报道。如一位听众来电反映，三沟酒业西侧居民点雨后下水道堵塞严重，县城建部门领导节目过后立即带人前去查看，采取措施解决了问题，深受人民群众的好评。"行风热线"节目两年间共举办48期，接听电话500多个，树立了党和政府在人民群众中的良好形象，促进了党政机关的建设，密切了党同人民群众的联系。

2003年，蒙古语广播也开办了"社会广角""百姓生活""蒙古语文艺"等栏目。"蒙古语文艺"节目是一档综合性文艺节目，在每天的17：30—18：00播出，主要内容有蒙古族歌曲、乐曲、民歌、相声、小品、好来宝、蒙古剧、听众点播的歌曲。2003年9月，蒙古语广播播音员在45周年县庆大会上为县长作现场讲话翻译，使蒙古语电台工作者很受鼓舞。

2006年，蒙古语广播开办"蒙古语会话"节目，主要是针对蒙古族干部群众丢失母语现象严重的问题而开办的，同时也是为了配合县民族宗教委、蒙语委举办的蒙古语文培训班，深受蒙古族听众的欢迎，甚至一些汉族同志也跟着学起了蒙古语。县广播电视局充分调动职工的积极性，给蒙古语新闻工作者创造展示自己才能的机会。

2006年12月，县电台的信号不仅覆盖了整个阜新蒙古族自治县的各个乡（镇），还覆盖到邻县的部分地区，使全县偏远山区的农民也能听到县电台的广播节目。

●喀左县

2004年，广播电台围绕县委确定的"工业强县、农业富民、城市牵动、体制创新"的指导思想，通过专题栏目，举办技术讲座，对典型跟踪报道、连续报道。

自治县电台在办好蒙古语、汉语播报"喀左新闻"的同时，又开办了"今日利州""健康之声""文学家园""少儿园地"等新节目；增加了"经济视窗""三大主导产业开发"专题节目。

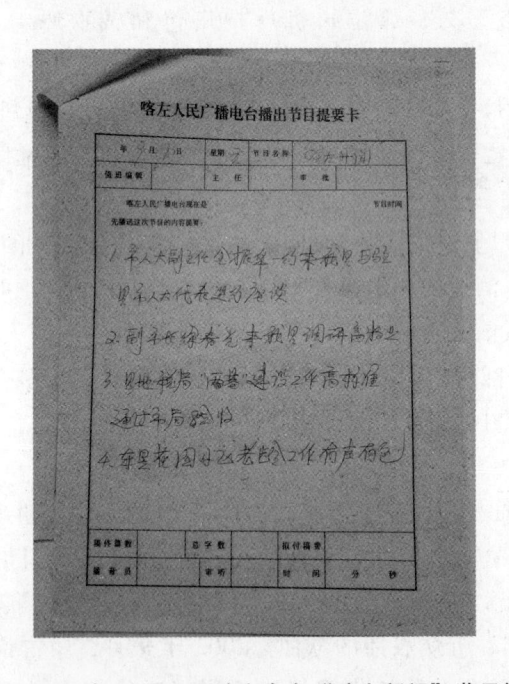

图4-5　2008年10月9日喀左电台"喀左新闻"节目提要卡

自1999年至2005年，县广播电台由于重视蒙古语文工作，曾先后有

3人5次受到国家、省有关部门奖励。其中乌建清和李桂敏同志翻译的清代蒙文档案荣获1999年全国蒙古语文广播优秀新闻评选三等奖,何淑玲同志撰写的《我县民族教育事业飞速发展》荣获2001年全国蒙古语文广播优秀稿件播音作品三等奖,李桂敏同志撰写的《贯彻落实民族政策、办好办活蒙古语文广播》荣获2003年辽宁省第一届蒙古语文学术研究会三等奖,《论汉译蒙新闻稿件要注意的几个问题》荣获2005年辽宁省第六届蒙古语文研讨会一等奖。

2006年,广播电台将项目建设、农业产业开发、社会事业发展、建设和谐社会中涌现的先进事迹和典型经验作为重点宣传的同时,又新设了"大地缤纷""法制时空""校园风景线"等栏目(见图4-5)。

三 电视

截至2010年,东北4个蒙古族自治县有电视台4座,共10套节目,其中蒙古语节目3套,每个县有线电视平均开设40个电视频道。

黑龙江省:

● 杜蒙县

2005年,杜尔伯特电视台开通蒙古语电视频道。2006年以来杜蒙县广播电视事业获得了恢复性发展。全县开设了40个电视频道,17个扶贫开发重点村实现了有线电视"村村通",用汉、蒙两种语言播出的节目极大地丰富了当地少数民族群众的文化生活,深受广大听众和观众的喜爱。

吉林省:

● 前郭县

2000年,前郭尔罗斯电视台内设1台2部,即电视发射台、新闻部和专题部。2003年5月,新闻部、专题部、编辑部在人员管理体制上打破新闻、专题、编辑条块分割状态,形成局台合一的管理体制,成立了以分管局长为组长的广播电视新闻中心,下设策划、编辑、采访、制作等若干个小组。同时,广播电视联合联动,共同组织策划选题,形成了合力,提高了选题质量。

2000年,前郭县有线台实行挂牌服务。自2001年起,全县农村广播电视站开始实行"垂直"管理,由原来的双重领导(以当地党委、政府领导为主的"块块"管理)变为由县广电中心人、财、物垂直管理。实行垂直管理后,县广电中心多方筹措资金,积极组织技术人员恢复农村有线网络。2002年10月,县有线台进行城镇网络改造。

前郭电视台已具备了独立进行电视新闻采编制作的能力,新闻节目自采自制的比例达到95%。截止到2010年年底,前郭县有线电视台自办三套电视节目,全县382个行政村已有368个开通了有线电视,1847个自然屯已有1417个通了有线电视。

辽宁省：

● 阜蒙县

2001年,阜蒙县建起了主体6层共4421平方米的广播电视发射中心大楼。到2003年,全县35个乡镇,147个行政村开通了有线电视,有线电视用户达1.2万户。2004年建成了广播电视局域网,实现了编播制作,硬盘播出系统自动化播出,为办公自动化、有线电视数字化、网络化的实现奠定了基础。2005年,全县已有193个行政村开通了有线电视,占行政村总数的51%;农村有线电视用户已达4.5万户,占农村总户数的25%;县城内发展有线电视用户1.6万户,占城内总户数的73%。全县有线电视用户达到6.1万户,有线用户可收看到38套电视节目,其中自治县有3个频道节目：有线频道、无线频道和蒙古语频道。

在宣传内容上,2002年阜蒙县电视台开办了"每周要闻回顾""乡村风景线""经纪人系列报道"等栏目。

为促进劳务输出工作,电视台派记者到北京、沈阳、大连等地采访打工者,录制了专题片《你在他乡还好吗》。这是阜新地区第一部反映在外地打工人员生活状况的专题片,节目播出后,在全县上下引起了强烈的反响。从片中人们第一次看到打工者的真实生活经历,化解了一部分人的种种顾虑,开始对外出打工有了新的认识,使得当年在北京友仁居餐饮集团首次来县招工时,出现了报名者蜂拥而至,3000多人争300个名额的打工奇观。此节目被阜新市电视台采用播出。同时,辽宁省妇联对劳务输出的承办单位县妇联给予高度评价。

"周末大看台"是电视台的精品栏目,它是集"综艺节目""点歌台""家乡一景""请您参加"等节目于一体的大型综合性栏目,是由原来的"综艺点歌台"几经改版之后定型的,从开办之初到2006年已经播出了200多期。

"家乡一景"栏目,涉足全县的山山水水,先后拍摄了海棠山、三塔沟、白泉寺、查海遗址、瑞应寺、佛寺水库等县域自然风光,介绍了海棠山的由来、三塔沟的传说、查海遗址的挖掘、玛瑙工艺的制作流程。通过这个栏目展现了蒙古贞的美好风光，激发了广大观众了解家乡、热爱家乡的激情，也为外地朋友了解蒙古贞提供了窗口。

"星火科技"栏目是根据"科技三下乡"的精神创办的，旨在引领农民进入科学新领域，为广大农民朋友提供了种植、养殖、大棚生产等方面的最新科技信息和成果。开办8年播出了400多期，对促进农业产业化调整起到了积极的推动作用，深受广大农民朋友的欢迎和喜爱。

县电视台对蒙古语电视节目极为重视。2003年年初，为了解决专项资金缺乏的问题，中共阜新蒙古族自治县委、县政府以及市、县民族部门领导专程到县广播电视局听取汇报，决定由民族部门拨款，解决经费问题。当年争取到民族经费19万元，购买了摄像机，成立了蒙古语新闻组，由新闻部、汉编部、蒙编部抽调3人组成。2月，从辽宁省蒙古族师范学校招聘一名男播音员，主播蒙古语电视新闻节目，同时专门为男女播音员制作了蒙古袍。9月，蒙古语电视在原有的"蒙古贞新闻"节目基础上推出了"请您欣赏"文艺节目，播放草原歌曲和一些自行录制的当地节目。县广播电视局又安排1名制作人员，专门制作蒙古语新闻节目。

为了解决蒙古语电视节目源匮乏的问题，县广播电视局领导专程到内蒙古电视台译制中心研究解决办法，投入资金，引进带有汉语字幕的蒙古语电视连续剧十余部，并达成长期协作意向，使蒙古语电视走上了正规化发展的轨道，越来越受到广大蒙古族干部群众的关注和欢迎，影响面也逐年扩大。

2005年7月，内蒙古赤峰市蒙古语电视台20余名编采、播制人员到阜新蒙古族自治县电视台考察，对蒙古族语言环境较差县份能够坚持办蒙古语电视节目表示肯定。

2006年，在县蒙语委的支持下，县广播电视局播音员赴内蒙古电视台参加"元上都"杯全国八省区蒙古语电视播音员、主持人大赛，经过激烈角逐，获得了特别奖。

截至2006年年底，蒙古语电视节目分"蒙古贞新闻""蒙古贞专题""请您欣赏"电视剧四大板块运作，每周一、三、五晚19∶30—21∶30播出。"请您欣赏"文艺节目后来又被改版为"希望之虹"观众点播节目，深受蒙古族群众欢迎，点播节目的人越来越多。

●喀左县

2000年，县有线电视台先后开设了经济导航、劳模风采、辉煌50年、自治县英雄谱、百日攻坚战、深入揭批"法轮功"、私企展示、喜迎澳门回归等近20个临时性专题节目；2004年，围绕县委确定的"工业强县、农业富民、城市牵动、体制创新"的指导思想，通过专题栏目，举办技术讲座，对典型跟踪报道、连续报道。

2004年，开路电视覆盖率由原来的20%提高到85%，全县各乡镇都看到了"自治县新闻"节目（见图4-6）。

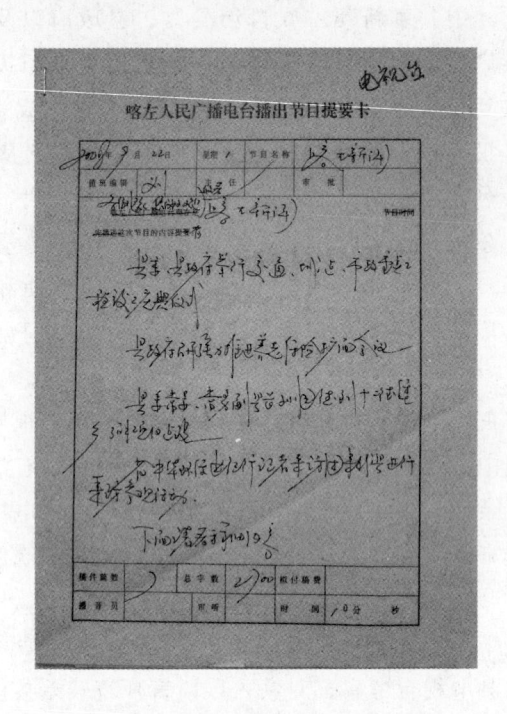

图4-6 2008年9月22日喀左电视台"喀左新闻"节目提要卡

2005年年底，广播电视信号实行全县联网，农民可以看到36套至50套高清晰度的电视节目。

四 网络媒体

东北地区4个蒙古族自治县都开通了政府网站和专业资讯门户网。其中喀左在线（http://www.kazuo.ccoo.cn）得到了喀左博文网络科技有限公司和城市中国（http：//www.ccoo.cn）网站的大力支持与合作，所以它的个性化和地方特色更加浓厚，自身的特点更为突出，在网站的信息选取、加工、更新等方面做得相对较好，对各个信息板块的利用也较为充分。阜新蒙古族自治县文联（http：//wl.lnfmx.cn）也建立了自己的网站。

2002年7月，阜蒙县蒙古贞语文文化网站（http：//mgz.fuxin.gov.cn）成立，第一次通过国际互联网把阜蒙县蒙古语文工作介绍给公众，成为全国第一个县级蒙古语文工作网站。2005年12月10日，辽宁蒙古族经济文化促进会网站（http：//www.lnmch.com）正式运行，成为宣传、介绍、弘扬辽宁蒙古族经济、文化的又一个窗口。网站考虑到了蒙古族文字的传播与传承，尽量将其整合到网站中，如网站的标识、蒙文培训的信息、蒙文书法展示等。网站信息丰富，更新速度快，为辽宁省内其他民族团体网站树立了一个好的榜样。

第三节 满族地区：电视媒体的重点推进

一 报纸、刊物

2003年11月，中发（2003）19号文件《中共中央办公厅和国务院办公厅关于进一步治理党政部门报刊散滥和利用职权发行，减轻基层和农民负担的通知》指出，"县（市旗）和城市区不再办报刊，已办的要停办"，中央对党政部门报刊开始整顿。因此，东北地区9份满族自治县报剩下5份，且都变成内部刊号，由县财政补贴在本地区免费发行。即使如此，生存下来的县报也努力办出特色，成为全县人民了解县情，获取本地信息的重要窗口。

吉林省：

●伊通县

《伊通报》于2003年11月20日停刊，伊通报社撤销。自1993年1月6日至2003年11月20日，共发行1108期。

辽宁省：

●桓仁县

《桓仁县报》4开4版，每周2期。截至2005年，县财政共投资1000多万元，免费为全县农民提供报纸5800万份。截至2007年每期发行6万份，发行量居全国同级报纸首位（见图4-7）。

图4-7 桓仁县县报

● **本溪县**

2000年，《本溪满族自治县县报》改为每周2刊，2001年改为日报。县报社把提高报纸质量作为办报宗旨，根据全县经济社会发展实际及地域民族特色，不断创新丰富报纸内容，力求把报纸办出地方特色。

● **岫岩县**

2002年6月，《岫岩县报》由每周2期增加到每周5期。2004年年末，又购买了岫岩唯一一台激光照排机，一举实现胶片印刷，进一步提高了报纸的印刷质量。

10年来，《岫岩县报》坚持正确的舆论导向，围绕全县中心工作办报，服务于岫岩的经济社会发展和群众生活。先后创办了要闻、综合、农村天地、"大洋河"副刊、校园、技术信息、玉都广角等版面；设立了"满乡在腾飞""平凡人生""百姓故事""生活视点""人生百态""记者调查""热点透视""山城论坛""农家院"等多个栏目。自2003年1月起创办的大周末版，每周 1 期，以细腻的笔触、生动的笔法介绍岫岩百姓生活中的喜人事、感人事、要紧事等，成为县报版面的拳头品牌，深受读者喜爱。《岫岩县报》以其权威性、指导性、服务性和实用性赢得了广大读者的喜爱，并多次获得省、市新闻出版部门表彰，已连续多年成为岫岩发行量最大的报纸，为岫岩经济和社会发展作出了重要贡献。

● 清原县

2005 年 8 月，清原遭受特大洪水灾害，《清原县报》出版了图文彩印版的"8·13"洪灾特刊，全面介绍了清原的灾情以及全县人民在县、乡各级党政机关领导下，遭灾不减志，挺直脊梁，振奋精神，各族人民一起积极进行生产自救，重建家园的壮举，向外界传播了清原精神。

"十五"期间，《清原县报》紧密围绕党的路线、方针、政策给全县人民以正确的舆论导向，全面反映了清原在贯彻落实党的政策、改革开放、招商引资、产业结构调整、依法治县、富民强县、普及科技知识和建设辽宁生态大县等方面取得的成绩以及各行各业的先进模范人物的事迹，成为全县人民了解县情、获取信息的窗口。

● 宽甸县

2003 年，全国进行报刊整顿，在周边《东港市报》《凤城市报》等县市报纷纷被撤掉的情况下，《宽甸县报》作为满族自治县的机关报被保留。截至 2005 年年末，《宽甸县报》共出版 1413 期。

● 新宾县

2001 年新宾县文化馆主办的《苏子河》复刊，全年 4 期（季刊），每期 500 份，发送至各乡镇、部、委、办、局，但因资金问题仅发行了一年。

二　广播

截至 2010 年，东北地区 9 个满族县（市）拥有电台 9 座，节目 9 套，无线广播人口覆盖率达 100%，大都突破了传统的一天 3 次播音和自办录播节目的方式，采用了直播节目为主、录播和转播为辅的形式，尽量增加自办节目时间和内容。每天播出时间平均为 14 小时以上。

吉林省：

● 伊通县

2005 年，县无线广播人口覆盖率达 100%，全天播音 7 小时 30 分钟，分早、午、晚 3 次播出。

辽宁省：

●新宾县

2000 年，县广播局购置了 1 套广播电视音频工作站，淘汰了六七十年代的播出设备，实现了电视台节目的自动播出。2005 年，将广播电台调频信号用光缆传输到发射台，用有线电视光纤网络覆盖全县，实现了无线信号的有线传输。

●清原县

2000 年，县调频广播覆盖率达 100%，广播设备全部更换成数字化音频工作站。2005 年，清原人民广播电台自办播出"清原新闻""放飞视窗""绿都看台""欢乐时光""文艺星空"等栏目。

●岫岩县

2002 年，县电台开办了大型交通节目"平安快乐行"，设"小城故事""红绿灯"等几大板块，在广大听众特别是司机中引起了强烈反响。广播对加快岫岩经济的发展和社会进步、提高岫岩的知名度和美誉度起到了促进作用。

●宽甸县

2000 年 9 月 28 日，县广播电台正式开播，每天 1 小时的直播节目。随着条件改善，逐步增加直播节目量，丰富节目内容。每天一次播音达到 14 小时，其中直播节目达到 3 小时。自办新闻类、专题类、娱乐类、服务类 4 大档节目，自办节目量达到 45%，并且由原来的录播为主改为直播、录播双向运行。

●桓仁县

2007 年 6 月 19 日，桓仁人民广播电台突破了传统的 1 天 3 次播音和自办录播节目的方式，采用了以直播节目为主、录播和转播为辅的形式，尽量增加自办节目的时间和内容。共开设了 5 档直播节目、3 档录播节目，并增设了 2 档贴片节目。全新开播的广播电台，每天播出时间为 14 小时，创造了桓仁广播电台有史以来的时间之最。

电台开播以来，充分利用了广播特点，发挥"大容量、高密度、时效性强"的优势，配合县委、县政府的中心工作，同时，又为山城百姓提供了便捷服务。特别是对建县 130 周年纪念大会及全县全民九运会的现场直播，实现了会场内外同时收听，扩大了会议的影响面。电台还通过一些服务类节目的开播，为广大听众送去了生活常识、健康知识等人民群众十分喜爱的内容，使开播的广播电台的知名度和影响力不断提高。

● 北镇市

自 2008 年起，北镇人民广播电台全天播出 19.5 小时，开设"古城春秋""说古道今""放歌医巫闾""温馨提示""说咱北镇人""医闾览胜"等栏目。整套节目结构严谨、逻辑性强、内容丰富、信息量大、形式多样、雅俗共赏，覆盖半径可达 50 公里，固定听众人数约 10 万人，车载收听工具 1 万多件，每天接受节目"辐射"的听众逾 30 万人次。

三　电视

东北地区 9 个满族县（市）的有线电视工程进一步拓展，城乡有线电视联网工程基本完成，城镇有线电视数字化改造工程已经开始，有线电视乡镇入户率达到 80% 以上，20 户以下的"村村通"工作深入进行。截至 2010 年，东北地区 9 个满族县（市）共拥有电视台 9 座，电视节目 11 套，乡镇有线电视终端用户平均能收看 30 套以上电视节目，广播电视覆盖率由 95% 上升到 98% 以上。

吉林省：

● 伊通县

到 2000 年年末，全县 17 个乡镇政府驻地全部建成有线电视网。2005 年，全县有线电视用户发展到 15000 户，电视节目由 2001 年的 18 套增加到 28 套。2010 年，有线电视覆盖了 90% 以上的村屯，城市有线电视数字化改造已于 2010 年下半年启动。

辽宁省：

● 新宾县

2005 年，新宾县南山地面卫星接收站能正常转中央 1 套、2 套和辽宁电视台节目。无线电视随着有线电视的发展已逐渐萎缩，收看人口还不到总人口的 10%。2005 年，新宾真正实现了有线电视"村村通"，普及率达到 100%，总户数达到 6.6 万户，入户率达 80.1%。

● 岫岩县

为从根本上解决山区人民看电视难的问题，从 2003 年开始，岫岩县全面实施城乡有线电视联网工程，2 万多农民看到了高质量的有线电视节目。2004 年提前一年完成了乡镇联网。2005 年实现了岫岩有线电视与省、市联网，同年还实现了69个村级有线电视站与县有线电视台的联网。截至2005年年末，岫岩已拥有县级有线电视台1座，城镇有线电视用户达2万户，农村有线电视用户达4万多户。

自2001年4月起，电视台开始创办每日新闻，增强了新闻的时效性，充实了新闻队伍，使电视节目在栏目的设置包装上、大型会议和活动的报道上、自办节目的收视率上都实现了历史性突破。电视台对重大题材和事件做到当日采访、当日播发、滚动播出，并增加了早7点的新闻时段。2003年4月，电视台正式启用设计新颖的"玉龙"台标，对片头、角标等也进行了重新设计，在原有"岫岩新闻""玉都纵横"等品牌栏目的基础上，又增加了"电视散文"和"玉乡晨曲"等栏目。

2004年8月，借助滑翔机首次实现了航拍，把家乡的山川、河流、沃野、街道、楼宇等完美地展示给广大电视观众。2005年举办"金穗杯"电视歌手大奖赛并获得成功，实现了岫岩电视历史上的首次现场直播。到2005年年底，岫岩的电视节目经过不断创新，实现新闻当日播发，生活类专题、艺术类专题、大型晚会等能自己拍摄和制作，收视率不断上升，成为岫岩人民必看的电视节目。

从1999年起，岫岩开始涉足电视专题片摄制，到2005年已拍摄了1200多部。《中国瑰宝岫岩玉》以纪实的手法，从历史、现实及未来的角度记录了岫岩玉的起源及发展，该片在国家、省、市电视台多次播出，不仅弘扬了岫岩玉文化，也为岫岩玉当选国石"第一候选石"起到重要作用。从2000年春节起，成功摄制了《玉龙腾飞》《玉乡新世纪》等7台节目，使岫岩人民看到了自编、自演、自摄、自制的春节电视文艺晚会，这些节目还分别在中央、省、市电视台播出，扩大了岫岩的对外影响。

● 清原县

2000年，清原实现了广播电视"村村通"，有线电视用户达到6.8万户，占总户数的60%。广播电视综合人口覆盖率100%。2002年1月，清原电视台完成与抚顺电视台共用频道的对接，清原电视台的新闻、专题、广告节目顺利并入抚顺共用频道播出。2004年12月，清原电视台开通图文频道，全县实现了有线电视光纤联网屯屯通，消除了空白屯。

清原电视台有线电视节目共29套，其中，本地节目有清原电视台的综合频道、图文频道、清原点播3套。

●宽甸县

1999—2000年两年间,"宽甸新闻"播出为隔日新闻。2001年1月1日,电视台开通每日新闻。2000年10月成立了农村有线电视网络公司。截至2005年年末,已有农村有线电视用户20000余户。

●桓仁县

到2005年,实现了全县109个村(原150个村)的县—乡—村电视光缆联网,消灭了有线电视"盲村",40户以上的自然屯全部实现联网,能收看到27套以上电视节目,全县有线电视用户达6.5万户,有线电视入户率为78%,电视覆盖率为96.3%,全县所有有线电视用户都能收看本县自办节目(主要播放"桓仁新闻")和中央电视台加密电视节目。

2007年年末,全县有线电视用户6.9万多户,入户率达85%,全县电视覆盖率为98.1%,广播电视综合覆盖率为98.9%,有线电视覆盖率为98%。

2006—2007年,县电视新闻中心本着品牌栏目创优、增设栏目出彩的工作思路,对"浑江夜话""今日桓仁"等品牌栏目进行完善创新,进一步提高了节目质量。为适应社会需求,适合观众口味,又精心策划推出了"走进演播室""旅游时空"栏目,受到了群众的普遍欢迎。到2010年,"桓仁新闻"栏目已由2005年的每周2次,改为每周3次,专题节目也由过去的3个栏目增至5个栏目。

●本溪县

2002年,全县14个乡镇的广播电视站划归县广播电视局管理,电视传输由以往的模拟网改建成数字网,并通过电信光缆将信号送到乡镇。乡镇以下电视网最少可以收看到8套节目,县城达到传送包括中央、省、市、县台共31套节目。到2005年,全县有线电视用户达6.5万户,广播电视综合覆盖率达到97%。

四 网络媒体

东北地区满族自治县的传统媒体大都还没有开通网络媒体,或者开通后因建设和维护不善而残缺不全。相比而言,北镇和凤城新闻网开办较好。北镇新闻网(http://www.bztvw.com/)由北镇市广播电视台主办,新闻专业内容和门户搜索性质对半。凤城新闻网(http://

fengcheng. nen. com. cn/）是凤城市委宣传部主管的专业新闻网站，也是目前凤城地区最大的综合性网络新闻发布平台，新闻内容虽然有些单调，不过更新速度较快。

与满族自治县传统媒体的网站相比，反倒是一些政府网站的新闻传播值得重视。东北9个满族自治县都开通了自己的政府网站和相关专业网站，如岫岩农业信息网（http：//www. xynongw. com）、中国玉都岫岩（http：//www. xiuyan. com. cn）、桓仁旅游网（http：//www. hrlyw. com）和各自治县专业资讯门户网等。

这里值得一提的是桓仁在线（http：//www. huanren. ccoo. cn）和新宾在线（http：//www. xinbin. ccoo. cn）两个网站，这是与城市中国（http：//www. ccoo. cn）合作建设，并由其提供技术支持的城市门户网站，在充分借用网络平台的基础上，这两个网站设立了丰富的栏目和子频道，个人、企事业单位和政府机关可从中获取更多的差异化信息服务，因此，这两个县级网站不仅成为本地网民了解世界的又一扇窗口，也是本地公共信息服务的重要平台。这两个网站的规模、信息量、更新速度、网站的结构化程度、页面设计等方面都达到了较高的水平。本溪满族自治县、桓仁满族自治县和宽甸满族自治县专业资讯门户网，是由千业千站网站联盟统一规划和构建的，从整个网站运行情况看，栏目闲置较多，内容更新缓慢。

第四节　达斡尔族地区：有线电视的开建

进入21世纪，随着梅里斯区有线电视台的成立，梅里斯新闻传播活动有了新的发展。截至2010年，梅里斯区有广播电台1座，广播人口覆盖率达100%。有线电视台1座，有线电视入户3600户（总户数59775），农村有线电视安装率达到39.8%，可以收看电视节目88套。梅里斯区有线电视台开设新闻和综合两个频道，开办专题"达乡天地"、新闻"民族快讯"栏目等。在1320篇全年播发的稿件中，记者自采稿件为1290篇。[①] 2009年，区文联推出了《映山花红》文学艺术集锦丛书，诗词楹

---

① 参见《梅里斯统计年鉴 2011》（http：//www. mls. gov. cn/Zwgk _ showNews. action? news. id = 2587，2013 - 7 - 29）。

联协会创办了期刊《达乡文苑》①，达斡尔族文化传播活动得到了进一步的推广。

1992年成立的齐齐哈尔市达斡尔族学会立足达斡尔族区，进行了大量的实地调查和学术研究，积极为推动梅里斯达斡尔族区科学发展建言献策。30年来，学会开展了学术活动和与学术研究有关的活动153次，出版4本文集，刊印和出版书籍64册。②

梅里斯达斡尔族区政府网（http://www.mls.gov.cn/）不仅是该区政府门户网站，也是重要的新闻传播网站。该网站新闻频道设置了"近期要闻""部门动态""乡镇动态""视频新闻"等栏目。民族风情频道也开设了民族活动、风俗风情、饮食、服饰、节日、文化艺术等丰富的栏目，是地方民族网站中新闻传播开展较好的范例。

第五节　非民族地区的民族语文新闻传播：多层次、多种媒体的深入发展

一　朝鲜族语文：多种媒体的推进

（一）报纸、刊物和图书

2001年，根据省委文件精神，黑龙江朝文日报社又重新更名为黑龙江新闻社。2002年9月，面向在华韩国人和城市朝鲜族的《周日特刊》正式创刊。2002年11月，经黑龙江省新闻出版局批准，《黑龙江新闻》（朝鲜文）由每周6刊对开4版扩为每周7刊对开8版瘦报彩印版。周日刊为周日特刊，经黑龙江省新闻出版局批准，周日特刊由对开8版扩大为对开28版，随主报发行。

2003年，经黑龙江省委宣传部和黑龙江省出版局批准，黑龙江新闻社又在"京、津、沪、吉、辽、深"六省市正式组建记者站，并相继派驻记者，进一步提高《黑龙江新闻》的伴随式服务功能，为全国各地的朝鲜族提供一个了解黑龙江的窗口。9月1日，《黑龙江新闻》（朝鲜文）扩版增刊后新辟出沿海版、东北版、西部版等版面，每天有要闻、经济、

---

① 参见《梅区走民族文化强区之路》（http://qiqihar.dbw.cn/system/2011/11/09/053500987.shtml，2011-11-9）。

② 参见《庆祝齐齐哈尔市达斡尔族学会成立三十周年大会在我区举行》（http://www.mls.gov.cn/Zwgk_showNews.action?news.id=1382，2013-7-29）。

社会、国际四个新闻版。

2008年，根据黑龙江省委宣传部指示，黑龙江新闻社在部门机构调整的同时对版面再一次进行了调整，从7月1日起，由瘦报改为大报，报纸版面日刊从周48版调整为周28版，周刊从周28版调整为周20版。《黑龙江新闻》（朝鲜文版）作为黑龙江省唯一的省级少数民族报刊获得了快速发展的契机，形成了自己的特色。

2009年4月，黑龙江新闻社编辑出版的《黑龙江新闻·韩国版》在韩国发行，该报为每周出版12个大版的周刊，主要针对关心中国事业和中韩交流事业的当地韩国人阶层和在韩朝鲜族读者。①

从2000年开始，《辽宁朝鲜文报》适当压缩版面，每周2刊，面向来华投资的2万多家韩国企业提供经济信息，现已发行到全国26省、市、区以及朝鲜、韩国等国家，在韩国、大连、丹东、抚顺、北京、天津、上海、广州、威海、青岛、延边等地均设有记者站。2005年11月，《辽宁日报》海外专页（韩国版）在韩国和沈阳同时发行。

2001年《吉林朝鲜文报》、2005年朝鲜文大型文学双月刊《长白山》划归吉林日报报业集团管理，成为吉林省有影响力的省级报刊，《长白山》已成为我国对外进行文化交流的重要窗口。《长白山》不仅是与国内兄弟民族作家进行文学交流的园地，还是进行国际文学交流的窗口。杂志不仅发行至美国、加拿大、巴西、日本、韩国、朝鲜、澳大利亚、英国、德国、芬兰、法国和俄罗斯等12个国家，而且在美国和日本建立了销售点。2004年9月，杂志社为促进中外文化交流，将10位韩国诗人的作品译成中文，中文译本由中国和平出版社出版发行后，受到中韩读者的欢迎。②

辽宁民族出版社在承担中国高校蒙文教材出版任务后，从2004年起又把东北三省中、小学蒙古文教材、教参的出版任务揽在肩头。2005年1月，其出版的《蒙古族文学史（现当代）》《教育学》和《蒙古风俗学》等近30种高校蒙文教材获得国家的奖励。2007年，出版社与辽宁出版集团展开合作，先后出版了蒙、藏、维、哈、朝5种民族文版《中国读本》。民族文版《中国读本》是出版社继《中国儿童百科全书》之后推出

---

① 参见齐辉《黑龙江少数民族新闻事业的发展现状》，《新闻论坛》2013年第2期。
② 参见山文朝鲜文大型文学期刊《长白山》，《文艺报》2007年第5期（周四版）。

的又一部运用多民族语文的系列图书。《中国读本》的英文版目前已作为中国出版界"走出去"的成功典范,在国外出版发行。2009年,出版社与中央民族博物馆合作,又承担了《中国少数民族文物图典》的出版工作。

进入21世纪以来,黑龙江朝鲜民族出版社努力与市场接轨,注重将其打造成中朝、中韩双语出版基地,在韩国建分支机构等诸项计划稳步推进。社办两种期刊《银河》《花丛》的发行量稳中有升(见图4-8)。

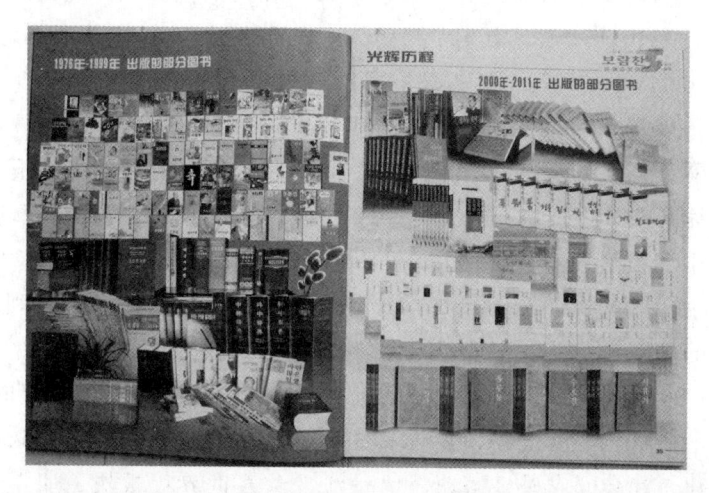

图4-8 1976—2011年黑龙江朝鲜民族出版社出版的部分图书
资料来源:选自黑龙江民族出版社《拼搏奋进的35周年》。

(二)广播

2008年年底,黑龙江朝鲜语广播电台完成了对转播朝鲜语广播的中波发射机的全固态更新工作,其中在牡丹江市增加一部10千瓦发射机,转播黑龙江人民广播电台朝鲜语广播节目。近来,黑龙江朝鲜语广播电台的音乐节目已经传播到国内很多省市及俄罗斯、日本、朝鲜、韩国等国家。截至2010年年底,黑龙江朝鲜语广播电台是全国唯一一家单独用朝鲜语广播的电台。

2007年,辽宁人民广播电台第五套节目也曾开设30分钟的朝鲜语广播节目。

(三)网络媒体

2000年2月,黑龙江新闻社在朝鲜族媒体中率先开通《黑龙江新闻》日刊网站，服务器放在韩国首尔，编辑办公室人员负责上传日刊的新闻内容。2005年12月20日成立电子新闻部，对原有的黑龙江新闻网进行改革，增设了"头条链接""滚动新闻""当日图片"等多个栏目。2008年9月，黑龙江新闻社与东北网络台进行合作，利用"北方网发布系统"构建韩文频道，全面改版黑龙江新闻网，网站新名"邻邦网（www.chinanavor.com）"从此替代"黑龙江新闻网"。邻邦网构建了黑龙江新闻"日刊""周日特刊""韩国版""招商网"等专业频道，并于2009年7月8日以崭新的界面在包括韩国在内的世界朝鲜族民族网网民面前亮相。2010年，"邻邦网"又正式更名为"朝文黑龙江新闻网（www.hljxinwen.cn）"，全面调整了网站所有栏目和页面，增设了影像部。同年6月，网站视频频道正式开通。①

为了适应改革开放的需要，1999年9月1日《吉林朝鲜文报》开通中国吉林网吉林朝鲜文报频道。2010年10月28日，隶属吉林日报报业集团的中国吉林网朝鲜文版（kr.chinajilin.com.cn）正式开通。它借助《朝鲜文报》和《吉林日报》的采、编、译的媒体资源，并充分利用中国吉林网的网络技术平台和运行经验，极力塑造在东北亚影响巨大的朝鲜语文网站的权威形象。《辽宁朝鲜文报（朝）》网站（http://cwb.lnd.com.cn）也设置了要闻、综合、国际、教育、经济、法制、健康、文化、社会、农村、运动、鸭绿江、老人世界等板块，加强了报网互动。

朝鲜族人才网（http://www.024job.net）创建于2005年，总部坐落在沈阳市。作为一个求职网站，所有栏目都用中、韩两种文字标示，整个网站风格清新，是典型的韩国风格式界面。网站集合了大量的韩资企业的招聘信息，并且开辟了实战培训和留学服务两个板块，服务全面周到。

二 蒙古族语文：市级电台的上星播出

进入21世纪，阜新蒙古语广播电台大力丰富新闻、文艺、专题、广告、直播节目等，开设"阜新新闻""民族风情""法制文体时空""科技与生活""连心桥""蒙古贞民歌荟萃""文艺百花园""草原颂""民族大家庭""蒙乡旋律""欢歌金曲好时光""歌曲欣赏""乌力格尔"

---

① 参见齐辉《黑龙江少数民族新闻事业的发展现状》，《新闻论坛》2013年第2期。

"汉语846生活"14个栏目，进一步满足了东北三省、内蒙古以及境外广大蒙古族听众的不同需求。

2008年5月，东北三省、内蒙古东部五盟市（兴安盟、呼伦贝尔市、通辽市、赤峰市、锡林郭勒盟）蒙语广播电视协作体成立。该协作体通过办活蒙语节目，共享蒙古语广播资源，建立蒙古语广播电视创优机制，提高了各台蒙古语广播节目的能力。截至2012年9月，各台分别播出新闻192期，共播出2500多条新闻。[①]

2007年9月6日，由东北新闻网主办，阜新蒙古语广播电台承办的东北新闻网蒙古语频道——东北蒙古语网（http://dbmg.fxrbs.com）正式开通。东北新闻网是辽宁省重点新闻网，阜新蒙古语广播电台是全国唯一一座集采、编、播于一体的、独立建制的蒙古语广播电台（其他皆为蒙汉合一）。东北新闻网利用资源优势，阜新蒙古语广播电台利用人才优势，合作开通蒙古语网站。[②] 网站现有汉文版和蒙文版，推出了有关东北三省蒙古族的新闻、蒙语、文化、人物、教育、医药和艺术等内容，开辟的栏目有"历史文化""民族教育""蒙医蒙药""乌力格尔""学习蒙古语""在线听歌""蒙古语文""书法展示""图片欣赏""蒙语会话"等，并链接了阜新蒙古语广播电台的名牌栏目"连心桥"。

三 满族和其他少数民族：网络媒体的建设

此时期，东北地区介绍满族历史、文化的网站较多，以下兼有新闻传播功能的两家地方民族网站值得注意。

2010年11月11日，东北新闻网满韵清风频道（http://manzu.nen.com.cn）开通（见图4-9）。

满韵清风频道由东北新闻网、沈阳市满族联谊会共同主办，设置了满族历史、满族风情、历史遗迹、特色服饰、饮食习惯等10多个栏目，从历史、人文、民族习俗等方面全面介绍满族文化。网站文图并茂，更新速度较快。

[①] 参见梁双喜《东北三省内蒙古东部五盟市蒙语广播电视协作体第五届年会在辽宁阜新市召开》（http://dbmgcn.fxrbs.com/mdls/ah/ahw.aspx?pid=0&alias=menkcms&iid=343&mid=4774&wv=P, 2012-09-18）。

[②] 东北新闻网蒙古语频道9月6日开通（http://news.nen.com.cn, 2007-09-06）。

图4-9 满韵清风网站

中国赫哲族网站（http://www.hezhezu.com）由黑龙江省民族研究会赫哲族研究分会、同江市赫哲族研究会、饶河县赫哲族研究会主办，于2010年4月改版运行（见图4-10）。

图4-10 中国赫哲族网站

该网站尽管由同江市赫哲族研究会负责日常运营，但也设置了新闻、民族区域、民族研究、民俗文化、民族历史、民族经济、教育卫生、人物介绍、大事记载、民族论坛等10多个栏目，网站新闻内容丰富、发布及时，是较全面地介绍赫哲族，尤其是黑龙江省赫哲族历史与发展现状的优秀网站。

第六节　少数民族新闻传播教育：民族教育机构梯度的完善

　　从专门培养民族新闻人才的角度看，本时期，东北既有省属民族中等专业学校——黑龙江民族职业学院，还有国家民委所属本科民族院校——大连民族学院和国家重点大学——延边大学，可以说，民族新闻教育梯度基本合理，少数民族新闻人才的培养和适应面较广。

　　2001年筹建的黑龙江民族职业学院是黑龙江省唯一的全日制少数民族学院，由原黑龙江省民族中等专业学校（黑龙江省民族干部学院）、哈尔滨朝鲜族师范学校、齐齐哈尔民族师范学校合并组建而成。学院与民族新闻教育有关的专业有少数民族语言系的应用韩语专业、蒙古语言文学教育专业、朝鲜语言文学教育专业和中文系的传媒策划与管理专业（新媒体与公关实务方向）等。以上专业每年招生各民族考生200人，已有5届毕业生，共毕业人数1000人左右。毕业生多被黑龙江省、哈尔滨等市的地方新闻媒体和中小学录用。另外，1995年6月组建的齐齐哈尔大学外国语学院也设立朝鲜语本科专业，培养新闻出版、教育、文化等朝鲜语高级专门人才。该专业与韩国的东新大学、光州大学等高校联合办学。

　　2004年，大连民族学院开设新闻专业，每年招生各民族考生70人，已有6届毕业生，共毕业人数400余人。毕业生被中央电视台等国家级新闻媒体以及省、市地方新闻媒体录用。

　　到目前为止，延边大学新闻学专业已有6届毕业生，共毕业360多人。毕业生被中央人民电台、中国国际电台、民族出版社等国家级新闻媒体，以及《延边日报》《黑龙江日报》《辽宁日报》地方新闻媒体录用。

　　2000年，黑龙江大学满族语言文化研究中心获批"中国少数民族语言文学（满语文化学）"硕士学位点。2005年招收首届历史学（满文与历史文化）专业本科生，2009年又开始增设博士生培养方向（汉族与北方民族语言文化关系、汉语言与相关民族语言比较），培养博士研究生，从而形成了目前全国最为完善的本科、硕士、博士满学人才培养体系。截至2010年，黑龙江大学新闻学院以民族预科或者直接高考方式共招371人，其中有少数民族学生27人，占总数的7.2%，涉及5个省、市、自治区。①

第七节　相关研究机构及传播：民族研究机构、刊物的发展与丰富

　　进入21世纪，黑龙江大学的满族语言文化研究中心在科研、教学、办刊、学术交流等各方面取得了诸多成果，在精办《满语研究》的基础上，出版了《满族语言与历史文化》《满文文献概论》《满语文翻译研究》《阿尔泰语系语言文化比较研究》等专著、编著25部，国内外重要学术刊物上发表学术论文、译文300多篇，承担国家社科基金、省部级重大科研项目多项，成为国际满族语言文化研究的中心阵地。

　　2000年，延边大学新闻专业主办了"中国朝鲜族新闻的现状与发展""网络新闻的问题和展望""东北亚摄影展及学术会议"等学术活动。2004年又以"新闻专业创立20周年纪念学术会"为契机，出版论文集《新闻春秋》。

　　2002年1月，延边广播电视局创办了《延边声屏》，作为全州广播电视工作者业务交流、学术研究的平台。延边广播电视局先后承办了中国朝鲜语广播电视优秀作品评析会（2006年）、中央台朝鲜语广播研讨会（2007年）等重要的学术交流会议。②

　　2007年10月26日，北华大学（校址在吉林省吉林市）非物质文化遗产（满语言文化）研究所成立。该研究所是由北华大学东亚历史与文化研究中心与东北师范大学东北民族与疆域研究中心联合创办，其宗旨是推动东北地区的非物质文化遗产特别是满族语言文化的发掘、研究与传承工作。③

　　2008年10月，东北师范大学的满族历史语言文化研究中心成立，该中心致力传播满语言文化、开展满语言文化调研和抢救工作、出版满语言文化丛书、培养满语言文化人才等。

---

　　① 参见郑保卫主编《中国少数民族地区新闻传播发展报告（1949—2010）》，人民日报出版社2012年版，第306页。
　　② 同上书，第271页。
　　③ 东北首个非物质文化遗产研究所在吉林成立（http://unn.people.com.cn/GB/14780/21697/6447025.html，2007-10-29）。

2005年，大连民族学院的东北少数民族研究院成立。研究院以东北地区少数民族的历史、文化、生态、经济和社会发展为主要研究领域，形成了满族历史文化、东北少数民族生态文化、民族理论与政策、朝鲜族社会文化发展、萨满文化等重点研究方向。2007年7月1日，国家民族事务委员会设置在沈阳师范大学的中国北方民族文化研究基地成立。基地承担了国家、东北地区的民族文化研究项目，编辑出版基地工作直投双月期刊《中国北方民族》。

2000年，《延边大学学报》（社会科学版）进入了清华大学期刊网络中心，通过互联网传送到全国和全世界。该刊推出的"朝鲜学·韩国学研究""东北亚问题研究""中朝韩日文化比较研究"等栏目，地缘和族缘特色鲜明。此外，延边大学的《延边大学学报》（自然科学版）、《延边大学医学学报》《延边大学农学学报》《汉语学习》《东疆学刊》《朝鲜学·韩国学丛书》《朝鲜族研究论丛》等刊物也显示了自己的办刊特色。

2003年，《黑龙江民族丛刊》改为双月刊，设置民族问题研究、民族经济、民族历史、民族学与人类学、民族教育、民族宗教等栏目。《黑龙江民族丛刊》注重对东北地区民族、人口较少民族的研究，在国内学术界较有影响。《满族研究》也走上了国际发行的道路，《满族研究》的国外订户达150余个，分布于世界各大图书馆和研究机构。另外，《满族文学》和《大连民族学院学报》在坚持东北少数民族特色研究的同时不断提高品质，发行量稳步增长。

第二编

当代东北地区少数民族新闻传播的特色形态

第五章　当代东北地区少数民族新闻传播的"两极格局"及其由来

东北地区少数民族新闻传播经过 60 年的发展历程形成了独具特色的形态,即由跨境传播和县域乡村传播共同构成的外向和内向"两极传播"格局。

新闻传播格局的形成,与新闻传播事业的发展和布局息息相关,当然也与新闻传播的内容诉求、栏目设置、受众指向和影响范围有着更紧密的联系。因此,在考察东北地区新闻传播事业发展的基础上,从上述各方面对东北地区少数民族新闻传播在时代发展中的情势予以分析和阐述,则更能看出东北地区少数民族新闻传播"两极格局"的状态,以及"两极格局"在每个时代发展中不同的表现和特色。而对东北地区少数民族新闻传播"两极格局"形成原因的分析,不仅涉及我国的媒介生态对新闻传播的影响,而且更关联着东北地区少数民族特有的媒介生态。因此,阐释东北地区少数民族特有的媒介生态,找出影响媒介生态的要素,就可以对东北地区少数民族新闻传播的"两极格局"作出准确的研判。

第一节　"两极格局"的演进

一　"两极格局"及其意义

(一)"两极格局"的含义

新闻传播的格局就是新闻传播活动因多样的发展倾向而形成的较为定型的态势和布局。

东北地区少数民族新闻传播现已形成了由跨境传播和县域乡村传播共同构成的外向和内向"两极传播"格局。外向一极即跨境传播,指朝鲜族语文媒体担当的国家级媒体对外宣传任务。以延边朝鲜族自治州朝鲜语文媒体为代表的民族语文媒体不仅对东北地区和中国朝鲜族整体进行传播，更重要的是代表中国朝鲜族对国外进行跨境传播。内向一极即县域乡村传播，意指朝鲜族、满族和蒙古族县域传媒对广大农村受众的传播活动。在这两极之中，东北地区省、市级朝鲜族和蒙古族语文媒体对上述两极传播活动给予了有力的支撑。

从我国几大民族地区的新闻传播发展现状来看，东北地区少数民族新闻传播由跨境传播和县域乡村传播共同构成的外向和内向两极传播格局，体现了当代东北地区少数民族新闻传播最基本也是最富有特色的发展态势，是国内独有的传播现象。

综观全国，作为地市级的自治州，其新闻媒体以对内的州域传播为主，跨境传播一般都是由民族自治区级或省级传媒来担当，跨境传播的主要方式——电视"上星"也是民族自治区级和省级电视媒体独享的"待遇"。延边卫视作为地市级的电视台，能够"上星"，能够同民族自治区级或省级新闻媒体一样作为国家级媒体，直接代表国家进行跨境传播，这在我国民族新闻传播中不能不说是独树一帜。

民族自治区级和省级传媒在担当跨境传播任务的同时也负有对内传播的责任。但由于中间还有地市（州）级的传播层次，因此，其对县域乡村的新闻采集和传播远不如地市（州）级传媒那样直接、贴近、及时和鲜活。而以延边卫视为代表的朝鲜族语文媒体在担当跨境传播职责的同时，又直接对广大县域乡村进行传播，并与本州的县域媒体实现直接的协调、联动，同时与东北其他少数民族自治县的媒体相互促进和补充。因此，与我国其他地区的少数民族新闻传播相比，东北地区少数民族新闻传播由跨境传播和县域乡村传播共同构成的"两极格局"，充分彰显了东北地区少数民族新闻传播独有的生态。这一总体格局上的优势，直接提升了东北地区少数民族新闻传播的层次与质量。

（二）"两极格局"的理论和实践意义

在一般的新闻史尤其是地方新闻史、专业新闻史研究中，研究者多是从时间上梳理新闻要素的发展脉络，从而探讨其发展规律和价值。我们认为，考察一种新闻实践及其结果或一种新闻要素的发展动态，必须将其纳入到新闻传播的总体格局中才能显示其普遍的价值和意义，否则其价值和意义就只有个别性而没有普遍性，研究的结果与初衷就会错位。

比如，我国诸多新闻发展史研究大都漠视了1949—1976年我国主要的传播媒介——农村有线广播的传播活动。研究者只把它视为新闻传播活动中的一个节点，而不是新闻格局中重要的结构要素，因此，当20世纪80年代"电视独大"的态势和新媒体时代来临时，农村有线广播失去了其存在的基础，一些学者便认为农村有线广播失去了研究的价值。其实，如果我们深入研判当时新闻传播的城乡格局，就会发现农村有线广播同当时城市传播的主要媒介无线电台、报刊等相比，在实现信息的直接引导和动员方面的重大价值，其针对性、实用性和方便性依然对我们这个农业大国有着重要的启发意义。

基于此，本书对东北少数民族新闻传播的研究在梳理其发展脉络的同时，重点探寻东北少数民族新闻传播因各民族新闻传播内在发展动因不同而形成的整体传播格局。

新闻传播的总体格局，规定了新闻传播要素的联系和展开的趋势，成为信息传播与组织的方法与原则，即大卫·阿什德（David L. Altheide）所说的"范式"。大卫·阿什德是美国当代著名媒介研究学者，对传播生态有着深刻的见解。他指出："如果我们要成为引导者而避免成为被引导者，我们就要懂得这种范式的历史、特性和影响力。"[①] 由此可见，只有把握了东北地区少数民族新闻传播的总体格局，才能准确阐释各新闻传播要素在"两极格局"的发展、联动和优化过程中发挥的作用，对东北少数民族新闻传播的研究才具有系统性和综合性的价值，避免碎片化、零散化的结论和认识。对东北地区少数民族新闻传播"两极格局"这一独有的传播生态的考察，不仅可以为我国新闻传播研究提供理论借鉴，促进东北地区少数民族新闻传播事业的发展，同时对我国跨境传播、县域传播也有着重要的启发和示范意义。

（三）"两极格局"的发展态势

从新中国成立初到2010年，东北地区少数民族新闻传播历经了60多年的发展历程。在这60多年的时间里，东北地区少数民族新闻传播事业虽历经波动和挫折，终因多方探索和努力而兴盛。本书依中国社会政治因素和媒介发展因素对新闻传播的影响将这60多年的发展历程分为四个时

[①] ［美］大卫·阿什德：《传播生态学：控制的文化范式》，邵志择译，华夏出版社2003年版，第58页。

期：1949—1966 年、1966—1976 年、1976—1999 年和 1999—2010 年。在这四个时期里，当代东北地区少数民族新闻传播的"两极格局"显示了萌动、偏狭、重振、确立四种态势。通过梳理、研究每个时期的典型媒介，如报刊、有线广播、无线电台、开路电视、闭路电视、卫星广电、网络媒体等多种媒体的现状结构、宣传内容、影响范围、传播效果等，把握当代东北地区少数民族新闻传播事业发展的路径，探索当代东北地区少数民族新闻传播"两极格局"的演进规律，为东北地区、为民族新闻传播事业的发展提供借鉴和参考。

二 "两极格局"的萌动、偏狭和重振

（一）"文化大革命"前 17 年的两极萌动

在 1949—1966 年的 17 年里，东北少数民族新闻传播最明显和最主要的特征当属两极萌动。一方面，朝鲜语文媒体事业建设和传播内容都有了进一步的提升，跨地区影响扩大，对外宣传活动已开始萌发；另一方面，蒙古族语文媒体和满族等地区的新闻传播，尤其是有线广播在广大县域乡村的建设和发展，真正奠定了少数民族县域乡村新闻传播活动的基础。"萌动"的含义是指，由于少数民族新闻传播态势是一个长期的活动趋向，因此"两极格局"的形成是一个长期的人为培育过程；在此时期，东北少数民族新闻传播"两极格局"主动培育的意识不强，主要是侧重于内向一极即县域乡村的宣传，对外传播初现端倪，因此"两极格局"远没成型，只是处于萌发初动的状态。

1. 朝鲜族语文新闻传播的快速发展和外向传播的趋势

东北地区朝鲜族语文的新闻传播不仅建立早、硬件好，而且媒介种类齐全，报纸、刊物、无线电台、有线广播、图书等一应俱全。更重要的是，东北地区朝鲜族语文的新闻传播在广播媒体上承接中央级媒体，实现了中央—省—市—县完整的 4 级传播层次。1956 年 7 月 6 日，中央人民广播电台朝鲜语广播开播；1965 年 8 月 1 日，吉林人民电台开办了《朝鲜语节目》；中央与吉林省的广播媒体虽有开办和开展过程中的错位和断档，但它们与延边朝鲜语电台（开播时间为 1946 年 7 月 1 日）及其他县（市）有线广播一起，完整实现了传播的 4 级深化，使朝鲜语文新闻传播活动有了较系统和较深入的发展。到 1966 年，延边电台发射功率达到了 7.5 千瓦中波发射，当时国内其他市级电台的发射功率还在 1 千瓦左右。

1958年，《延边日报》在朝文版的基础上又创刊汉文版，一报办两刊这对州级报纸已是难能可贵。

东北朝鲜族语文新闻传播活动覆盖面较广，影响力较大。《延边日报》的创刊词开宗明义："《延边日报》是延边地区朝鲜族人民群众的报纸。"① 后《延边日报》改为《东北朝鲜人民报》，显示了媒体开阔、开放的眼界。《延边日报》《东北朝鲜人民报》《少年儿童报》《支部生活》《大众科学》《延边文学》等朝鲜族语文报刊都是全国发行的传媒，传播范围广，影响深远。延边朝鲜语文图书的出版也承担了为东北和全国的朝鲜族服务的重任。延边电台不仅远播内地，还影响俄罗斯、日本、韩国等国家，初显了外向传播的趋势。

此时期不可忽视的还有非民族地区的朝鲜语文新闻传播活动，如《牡丹江日报》（朝鲜文版）、《黑龙江日报》（朝文周报）、《辽宁日报农村版》（朝鲜文版）、黑龙江朝鲜语广播和吉林人民广播电台开办的《朝鲜语节目》等，这些基本都是跨地区的省级传播活动；这些传播活动对民族地区的朝鲜语文新闻传播活动是重要的支撑，对非民族地区的新闻传播是不可缺少的补充，为朝鲜语文新闻传播的对外宣传奠定了良好基础。

2. 东北少数民族地区农村有线广播的快速发展，使朝鲜族、蒙古族地区和满族聚居地区的新闻传播在县域乡村开始营建与布局

新中国成立初期，我国的传播媒介并不发达，广大农村更是新闻传播的死角。正是在这种形势下，中央政府大力推展、普及农村有线广播，恰当解决了新闻传播由三级传播走向县镇，进入农村千家万户的问题。东北的少数民族地区处于县域下的广大乡村之中，有线广播正是其当时最主要的媒体。新中国成立后至"文化大革命"开始，是我国农村有线广播的起步、发展期。东北少数民族地区农村有线广播与全国农村以及其他地区少数民族有线广播相比，建设起步早，普及快，其发展速度和水平明显高出一等。

由于东北是我国较早解放的地区，因此有线广播在时间和环境上有了优先发展的基础。新中国成立初期，当我国各县还在忙于建立收音站时，1952年4月1日，吉林省九台县有线广播站作为我国第一个农村有线广播站已开始正式播音。当全国大多数少数民族县级自治地区完成收音站建

---

① 孔原：《延边日报创刊词》，《延边日报》创刊号1948年4月1日，转引自白润生《民族报刊研究文集》，中国物价出版社1996年版，第189页。

设时,东北少数民族地区包括满族聚居区在 1956 年前后就已完成了县级广播站的建设,而全国县级广播站建成的时间在 1957—1960 年。至 1965 年,东北少数民族地区公社的广播通播率为 87%,生产大队为 65%①,远高于全国公社 77%、生产大队 54% 的广播通播率。②

与国内情况相近的少数民族自治地区的横向比较看,1966 年湘西土家族苗族自治州农村有线广播入户率为 3.29%,而早在 1959 年年底,延边州的入户率就已达到 30%。1965 年,四川阿坝藏族自治州的汶川县雁门公社建成了四川少数民族地区第一个农村有线广播站,延边州的公社级广播站早在 1949 年 5 月就已在石岘镇(原属汪清县,后划归图们市)建立。③

(二)"文化大革命"10 年的两极偏狭

在 1966—1976 年的十年"文化大革命"中,东北地区少数民族新闻传播同全国的新闻事业一样,遭受了严重的挫折和打击,"两极格局"偏狭态势明显。所谓"偏狭",一方面指延边无线电台的功率进一步增强,影响扩大,广大县域乡村的有线广播基本普及,"两极格局"的基本架构维持存在。但另一方面,"两极格局"的发展受到干扰、破坏,外宣工作内容匮乏、媒介单一,"两极格局"基本偏向内向一极的延伸,而这一延伸也只是偏重单一的农村有线广播的布局和进展。

从 1969 年 4 月 1 日起,延边电台用自己组装的 15 千瓦中波发射机播送朝鲜语节目。为扩大延边州朝鲜语广播的收听范围,延边人民广播电台通过内部技术革新,制造了 150 千瓦的大功率发射装置用于朝鲜语广播。在 1972 年 10 月 1 日正式播出时,广播节目时间不仅比新中国成立初期的每天 6 小时增加了 4 小时以上,而且使其朝鲜语广播的覆盖率达到了 90%,朝鲜语广播的收听效果有了大幅度提高。

"文化大革命"时期,随着政治运动的深入和国家财力的保障,全国有

---

① 此处数字据黑龙江省地方志编纂委员会《黑龙江省志(第五十一卷):广播电视志》(黑龙江人民出版社 1996 年版)、吉林省地方志编纂委员会《吉林省志(卷四十二):新闻事业志/广播电视》(吉林人民出版社 1991 年版)和辽宁省地方志编纂委员会办公室《辽宁志:广播电视志》(辽宁科学技术出版社 1998 年版)中有关农村有线广播的数据综合统计而得出。

② 《当代中国》丛书编辑委员会:《当代中国的广播电视》(上),中国社会科学出版社 1987 年版,第 362 页。

③ 参见林青主编《中国少数民族广播电视史》,北京广播学院出版社 2000 年版,第 496、485、476、488 页。

线广播的建设发展迅速,并开始大面积进入农户家庭。至1976年年末,有线广播入户率为60%。① 相比之下,此时期东北少数民族地区农村有线广播的入户率远高于全国水平。1972年,阜蒙县广播入户率为96%;1974年,杜蒙县的入户率为70%;1976年,前郭县入户率为69%。到20世纪70年代初,伊通县广播入户率达到了94%,清原县也有93%的农户能收听广播,其他满族聚居区平均广播入户率也达到80%以上。与其他民族地区相比,1974年,湘西土家族苗族自治州广播入户率为40%②,而在1972年延边州广播入户率已达到85%。县域广大农村有线广播基本普及,显示了东北地区少数民族新闻传播对基层农村的深入和发展的潜力。

(三)改革开放20年的两极重振

1977年至1999年,随着我国拨乱反正、改革开放政策的实施、市场经济的确立以及不断完善,我国新闻传播事业得以迅速恢复和发展。此时期东北地区少数民族新闻传播的"两极格局"出现"重振"的态势。"重振",意指此时期的"两极格局"重新得到了拓展,对内、对外双向架构的传播事业得以振兴。一方面,东北地区朝鲜语文传播活动全面展开,对外传播的内容越来越丰富,传播的影响逐渐扩大;另一方面,随着此时期满族自治县的相继成立,新闻传播更自觉、更广泛地深入乡村,县域乡村的传播范围进一步扩大。总体观之,此时期"两极格局"有了更自觉、更主动的构筑,"两极格局"已渐显型。

1. 朝鲜族语文传播活动对外影响不断增强

此时期,朝鲜族语文传播活动抓住电视这一强势媒体,积极开展外宣工作。20世纪80年代,介绍我国朝鲜族发展历史和传统文化的电视专题片一直是延边电视台的制作重点。20世纪90年代,延边电视台加大对外宣传的力度,相继制作出"中国第一自治州——延边""东北亚的宝地"等有分量的节目,并通过中央电视台、吉林电视台向全国和世界宣传延边。吉林民族音像出版社也出版了多部有关长白山的大型电视旅游风光片,向韩国、朝鲜和俄罗斯等国家发行。

---

① 参见周然毅《广电"村村通"建设:历史、现状和未来》,《现代传播》2006年第5期。

② 除另有注明外,东北少数民族地区农村有线广播的数据一般出自国家民委《民族问题五种丛书》之三《中国少数民族自治地方概况丛书》(修订本)中有关东北民族自治地方新闻传播事业的介绍,这些书籍统由民族出版社在1985年和2009年前后出版。还有一些数据来自东北少数民族地区的志书,不再一一列出。

1996年,长白电视台与中央电视台合作的专题片"长白风情"在中央电视台先后播出7次,提高了长白县在国内、国外的知名度。1998年,由长白电视台拍摄的专题片《一池天水润长白》《山沟里的小康村》走出国门,在美国斯克拉电视网播出,进一步展示了中国朝鲜族的风采。

朝鲜族语文的新闻传播从对语言的重视,开始转向对当地朝鲜族现实和历史的多元化关注。进入20世纪90年代,延边大学出版社陆续出版了《渤海史研究》丛书、《朝鲜史研究》丛书、《朝鲜族研究论丛》等一批大学教材和学术著作,通过版权贸易和文化交流发行到韩国、俄罗斯、朝鲜、日本等国家;综合性朝鲜文文学艺术刊物《松花江》《银河》等,也传播到美国、加拿大、日本、波兰等国家的朝鲜侨民中,为世界了解中国朝鲜族提供了重要渠道。1999年9月15日,延边电台与韩国、俄罗斯有关电台跨国合作,联合直播节目"寻找离散家属",潜移默化地传播了民族地域信息和风土人情。

2. 民族地区的县域传播广开对农栏目,加强为"三农"服务

蒙古族语文新闻传播得到进一步的重视,媒介中的蒙古语传播时间大幅度增加(见图5-1)。1978年喀左县广播站恢复并创办蒙语会话专题节目。1995年1月1日,阜新蒙古语广播电台正式成立,蒙语节目时间由1小时15分钟增加到10小时30分钟。1996年,阜蒙县电视台开设专

图5-1 喀左和阜蒙县广播电视志

用频道播出蒙语节目，蒙语电视宣传不断得到加强。

县域媒介加强对致富信息、科技信息、政策信息等的介绍，在乡村和牧区的传播更为广泛和扎实。1986年，喀左广播站开设了"政策顾问""城乡风貌""科技讲座""致富信息"等专题节目，对广大乡村民众就拓宽致富门路、计划生育、家庭联产承包责任制、法制教育、民族政策以及精神文明建设等信息进行了广泛的传播。1987年4月，阜蒙电台举办了"乡镇联播节目"，进一步扩大、延伸了电台在广大农村的传播阵地。1998年以后，前郭县广播电台除新闻节目外，主要侧重农村栏目建设，先后开办了"田野之声""七彩阳光""绿野风采"等节目。1999年，阜蒙电视台开设了突出农业产业化调整、科技兴农的"绿野采风"栏目和"乡镇长局长访谈"等栏目。这些栏目把为"三农"服务作为宣传工作的重点，每天都播出有关"涉农"的新闻。

满族地区的新闻传播更注重按照对象性、服务性、贴近性、参与性的要求，传播更贴近农村和农民的内容。1993年7月，为给广大农民群众提供生产经验和科技信息，岫岩县创办《致富信息》，每周1期，期发1000份。1993年，针对新宾县3万多亩"月见草"（俗名山芝麻）的市场滞销问题，新宾县电台采取逆向思维方式多角度予以原因剖析，促使政府管理部门面向市场、依靠科学决策来决定生产项目。1996年4月，新宾县电台提出了"农业也呼唤名牌"的问题，为新宾的林蛙、移山参、陆地香菇扬了名。[①] 1999年，为满足更广大的农村读者需要，《桓仁县报》由每周1刊改为每周2刊，每期发行6万份，其中5.8万份免费提供给全县农民读者。

三　不同时期新闻传播的民族特色

（一）两极萌动和偏狭时期对民族语言的偏倚

在这两个时期对新闻传播民族特色的认识上，虽然无论朝鲜族地区还是蒙古族地区的新闻传播基本上还都停留在对民族语言的运用上，但已开始显现不同的倾向。

---

① 参见侯雪峰《把握时代新气息　唱出时代最强音——浅议县级电台怎样服务经济建设》，《中国广播电视学刊》1999年第6期。

1. 朝鲜族地区的新闻传播，不但重视民族语言的运用，还不断致力于民族语言的纯洁化、规范化

1952年2月，延边地区朝鲜族小学教育得到了普及，8月又成立了延边朝鲜族自治区（1955年改为自治州）；教育和民族语言的普及，再加上民族认同感的增强，使得延边地区的新闻传播自然而然地重视本民族语言运用的提升。1952年2月21日，《东北朝鲜人民报》邀请有关人士就民族语言的正确使用和纯洁化问题发表意见，并以"为民族语言的纯洁化而斗争"的通栏标题在报上展开讨论，讨论长达四个月之久。这期间，《东北朝鲜人民报》，版面上不再夹用汉字。①

1956年7月，中央人民广播电台朝鲜语广播在北京开播，引发了对朝鲜语文的进一步重视。1957年3月1日至6月29日，《延边日报》又开展了围绕民族语言纯净化问题的讨论。为之配发的《编者的话》指出了此次讨论的宗旨："我编辑部非常重视民族语的使用，为了它的净化与健康在报纸上展开了讨论。其目的就是消除民族语言应用上现有的缺点，解决现在的问题，使之为民族语的充分使用及健康发展作出贡献。"② 1963年，周恩来总理指示延边台的朝鲜语应该以平壤语为标准。

朝鲜语文的新闻传播活动重视了语言的纯洁化和规范化，增强了朝鲜语文新闻传播的表达力和感染力，推动了整个民族地区正确运用朝鲜语言文字的工作，增进了民族情感和民族凝聚力。因此，即使在"文化大革命"的两极偏狭时期，民族新闻事业受到了冲击，但东北相关少数民族地区的有线广播依然在坚持利用、开发广播技术，开展民族语言的分众传播，充分照顾少数民族地区受众，发挥新闻传播的民族特色效应。

1970年，延边州和龙县头道公社广播站用两部扩音机，在已架设的广播专线（双线）上，实线传送一种语言广播，幻线传送另一种语言广播，信号进屯后按不同民族分别进户，这是在全州第一个实现两种语言同时传送的乡镇站。延吉县（现龙井县）也有类似的做法。1972年下半年，黑龙江省推广延寿县的"一线多用载波技术"。这项技术就是利用广播线

---

① 朝鲜古代使用汉字，无本族文字，故文字与语言脱节。1446年，朝鲜正式颁行朝鲜语文体系后，其使用范围有限，未能取代汉字的固有地位；因此，书面语言常借用汉字音义标注朝鲜文字。

② 白润生主编：《中国少数民族新闻传播通史》，中央民族大学出版社2008年版，第196页。

路传送载波，送 2 套节目信号。如有的县广播站办朝鲜语节目和汉语节目，就用载波传送给乡放大站，朝鲜族听众较多的公社（乡）播朝鲜语广播，汉族乡播汉语节目。延边州汪清县站也开发了这种技术，用于乡镇到村屯之间两种语言（广播）的同时传送，坚持了数年。

2. 蒙古族地区的新闻传播侧重发掘和保护民族艺术，维护民族文化的持续性

东北每个蒙古族自治县都有自己的文艺刊物，如杜尔伯特蒙古族自治县文化馆的内部期刊《文艺爱好者来稿》、前郭尔罗斯县文化馆的《草原文艺》、阜蒙县文化馆的《阜新文艺》和喀左文化局的《喀左文艺》综合性油印小报等，发表反映蒙古族人民生产生活的寓言、传说、民间故事和小说、诗歌、散文、小小说等，为发掘和保护民族艺术，推动蒙古族文学艺术创作发展作出了极大的贡献。

辽宁省的阜新蒙古族自治县是我国蒙古族文化的重要发源地之一，挖掘和整理丰富多彩的文化遗产成为该县一项工作重点。许多来自民间的文艺作品，经过整理加工后，推陈出新，在县报发表，在保护和促进民族文化发展等方面均起到了积极作用。自治县广播站对此更是不遗余力。1963年6月，自治县广播站蒙文编辑部成立了蒙语文艺组，开办"蒙古语说书"节目。广播站下乡录制蒙古族各类民歌、乐曲、好来宝（意即接着唱、大家唱，是蒙古族人民的传统曲种）、乌力格尔（意即说书。说书人或以马头琴或以四胡伴奏，自拉自唱，唱说交替，也称蒙古琴书）等，其中，录制了说书艺人泽和乐、康殿文、那木吉乐的蒙古语说书达 88 小时，在广播文艺节目中播放 176 天。广播站还录制了县艺术团的马头琴曲和文工团蒙古剧队演出的蒙古剧等。

阜蒙县素有"歌海"之称，有"三人同行，二人是道古沁（歌手），一人是胡尔沁（说书艺人）"之佳话。以蒙古族说唱艺术为主要形式的阜新东蒙短调民歌，距今已有 300 多年的历史，流传于我国东部各蒙古族地区的许多短调民歌都发祥于阜蒙县。在政治批判气氛弥漫的当时，阜蒙广播站对民族民间艺术的录播体现了其对传统文化的重视，实在是难能可贵。

因为当时满族聚居区还没有设置民族地区，民族语言也流失严重，不再使用，因此满族聚居区的新闻传播基本流于一般县域地区的新闻传播活动。

（二）两极重构时期对民族艺术和民族风土人情的重视

进入新时期，随着我国社会的发展和民族政策的恢复、落实，东北地区少数民族新闻传播的民族特色由对语言的倚重，转向了对丰富多彩的民族风土人情和民族艺术的表现。

在前文提到的此时期朝鲜族语文媒体的"外宣"中，延边电视台、长白电视台和吉林民族音像出版社等传媒的重要工作就是表现当地朝鲜族风土人情、民族艺术。蒙古族语文和满族等地区的新闻传播活动同样也对民族艺术和民族风土人情予以了极大的重视。

1980 年，阜蒙县蒙古语广播开办了主打栏目"民族之花"，播放乌力格尔、歌曲、民歌等，时间长度为 30 分钟。1986 年，有线广播改为调频广播之后，增加了"蒙古贞风光"专题节目等。"蒙古贞风光"专题节目，每月办两次，主要介绍蒙古贞风土人情、美好山川、寺庙古刹、人文思想等方面内容。

1984 年，喀左县广播站增设了地方性文艺节目，播出评剧、皮影、相声、评书等，活跃城乡文化生活。前郭尔罗斯人民广播电台也把"蒙古族民歌欣赏""乌力格尔"等民族文艺节目同"前郭新闻""前郭尔罗斯各地"等节目并列设置；1988 年后，梅里斯达斡尔族区的广播电台开设了"文艺百花""戏曲欣赏"等栏目，传播达斡尔民族艺术。

1993 年，阜蒙电视台拍摄了专题片"蒙古贞风情"和"蒙古贞哈达情"，反映了阜新蒙古族自治县的山水风光和风土人情，向世人介绍了民族文化和旅游资源。1995 年以后，阜新市蒙古语广播电台开设的"民族风情""蒙古贞民歌荟萃""文艺百花园""蒙乡旋律""欢歌金曲好时光""歌曲欣赏""乌力格尔"等多个民族特色栏目，更是把蒙古族多元的文化艺术通过电波推广开来。1999 年夏季，喀左电视台配合辽宁电视台冬访农家摄制组、台湾电视台"民族民情"采访组在喀左采访、摄影，加大了喀左的蒙古族风土人情、民族艺术的对外宣传力度。

由于不使用本民族语言，满族地区对大众传媒民族节目的设计和传播，更倾向以独特的民族历史、家乡风光、风土人情及社会变迁等风情艺术节目（栏目）的方式，来展示地域特色和民族特色，保持民族文化的独特性。歌舞、说唱等艺术形式，历来是少数民族文化传承与发展的重要载体。同样，为了"传统民族文化艺术与现代民族文化艺术相结合、民族特色与地方风格相结合,文化内涵与艺术形式相结合",①满族民众和当地的传播媒体对民族的诗歌、散文、歌舞弹唱、歌剧等文化艺术类节目形式极为关注。

进入20世纪90年代后,岫岩电视台的民族性节目"玉都之韵""玉乡新视野""国乐飘香""话说满族""玉都纵横",本溪县电视台"小城故事""风雅家园""满乡新姿",新宾电视台的"龙城风光"和对列入世界文化遗产名录"一宫三陵"的宣传,桓仁电视台的"五女山传说"及对五女山山城遗址的风光展示,各满族县对被列为全国和省非物质文化遗产的二人转、喇叭戏、皮影、社火、单鼓、剪纸等几类节目制作,以及满族舞剧《珍珠湖》、满族神话舞剧《白鹿额娘》、舞蹈诗《满乡情韵》的演出和播放,无不展现了满族独有的风土人情和家乡风光。1999年,桓仁县出版了《桓仁传说》《桓仁史话》和《桓仁形胜》等诗文集,重点宣传了当地民族的风土人情。清原县专门组织力量,收集、整理、研究本地区的少数民族尤其是满族的历史、文化和风俗等,并结集、出版了《满族民间故事》《满族音乐清原资料本》和《中国民间舞蹈辽宁卷清原资料本》等书籍。

第二节 "两极格局"的现状

一 "两极格局"的确立及成效

在2000年至2010年媒体技术飞速发展的时代里,东北地区少数民族新闻传播活动的跨境传播和县域乡村传播的"为农服务"进一步深入和完善。之所以把此时期的"两极格局"定义为"确立",是因为此时期东北地区少数民族新闻传播初步以传播行为的主动性、定位的鲜明性和服务的针对性,构筑了符合地区发展的"两极"传播模式,"两极"传播的格局得以确立。

对外传播方面,朝鲜族语文新闻传播的外宣工作实现跨越式提升,跨境传播的媒体事业建设取得明显成效,传播内容更加丰富,民族精神得到彰显;县域乡村传播方面,朝鲜族、蒙古族和满族地区各种媒介充分普

---

① 益西拉姆:《中国西北地区少数民族大众传播与民族文化》,兰州大学出版社2002年版,第103页。

及，新闻传播在重视民族语言、风土人情的同时，进一步增强对"三农"问题的关注，为农服务更有针对性。

(一)朝鲜族语文媒体跨境传播的提升

1. 跨境传播的媒体事业建设取得明显成效

2006年8月10日，延边卫视正式"上星"播出。作为全国唯一一家地区级通过卫星播出的媒体，"它已不再是单纯为地方服务的'有限媒体'，而是直接代表国家承担对外宣传任务的一支'队伍'和'力量'"[①]。自2009年1月起，延边卫视先后通过韩国中华TV、韩国C&M电视台九老区和京东区、日本IPTV、朝鲜平壤羊角岛国际饭店在韩国、日本、朝鲜实现落地播出[②]，国外的收视圈扩大到韩国、日本、新加坡、英国、德国、美国、加拿大、澳大利亚等国家，收视覆盖人口突破了1亿人。2010年12月6日，延边卫视通过中国网络电视台朝鲜语频道在央视网成功上线，实现节目24小时落地播出，跨境传播迈出了重要的一大步。

跨境传播的媒体事业建设取得明显成效。2006年8月11日，延边卫星广播正式开播。这是中国唯一的一家朝鲜语卫星广播，它不仅覆盖我国约15个省、自治区，还远播俄罗斯、日本、朝鲜、韩国和澳大利亚等国家。近年来，黑龙江朝鲜语广播电台的音乐节目同样已经传播到国内很多省市及俄罗斯、日本、朝鲜、韩国等一些国家。

目前，《延边日报》发行范围已扩大到国内26个省、市、自治区以及朝鲜、韩国和日本等国家。《延边日报》还开办了朝文网站和《上海周刊》《青岛周刊》等异地周刊，读者群以东北三省和沿海地区、韩国、日本为中心，渗透到美国、加拿大、澳大利亚，成为对外宣传延边和朝鲜族、展示民族文化的窗口。《图们江报》与俄罗斯《俄罗斯报》《哈桑消息报》，韩国《大田每日新闻》《新闻快报》、MBS放送会社等媒体建立了友好合作关系，共同宣传长吉图地区的开发事业。吉林民族音像出版社的音像制品也发行到韩国、日本、朝鲜和中国香港等国家和地区。

在非民族地区，朝鲜文大型文学双月刊《长白山》已成为我国对外进行文化交流的重要窗口。2006年，《辽宁日报》海外专页（韩国版）

[①] 韩龙根：《办好民族语广播电视，提升对外传播影响力》，《中国记者》2006年第12期。
[②] 参见南学天《凝心聚力　务实奋进——在全州广播电影电视工作会议上的工作报告（摘要）》（http://tv.yb983.com/szbg/2012 - 10 - 24/290.htm，2012 - 10 - 24）。

在韩国和沈阳同时发行；2009年4月，黑龙江新闻社编辑出版的《黑龙江新闻·韩国版》也在韩国出版。

2000年2月，鉴于国际互联网迅猛发展，黑龙江新闻社为了拓展外宣影响力，在朝鲜族媒体中率先开通《黑龙江新闻》日刊网站（www.hljxinwen.cn），服务器放在韩国首尔。延边电台朝鲜语网站（www.ybrt.cn）开设延边新闻、国内外新闻等10多个频道。网络传媒日平均访问量超过23000多人次，网民分布在吉林、北京、台湾、香港、韩国、美国、日本、蒙古、加拿大等60多个地区和国家。2010年12月6日，中国网络电视台朝鲜语频道（http：//korean.cntv.cn/）正式开播，延边广播电视总台借助中国网络电视台，实现了跨境传播的全球连通。

2. 典型案例解析：延边卫视的跨境传播与民族形象塑造

延边广电传媒在20世纪40年代末就已开展了对外传播工作，但在网络化、信息化发达、全球化语境传播的21世纪，沿用"我为中心、单向传播"的外宣思路和模式，肯定不适应当今世界价值多元、信息共享、渠道多极、方式多样的传播模式，更不利于对民族形象和国家形象的跨境传播。边疆少数民族地区的卫星电视如何在新的信息时代和环境下，开展跨境传播活动，已成为摆在延边广电决策者面前新的时代课题。对此，延边卫视的决策层有较清醒的认识。

时任延边广播电视局局长的韩龙根在延边卫视开播时就曾撰文指出，延边卫视的对外传播活动重要的是要先做到传播理念的更新与转变。首先，要以受众为导向，以朝鲜族民族歌舞和生活习俗为主要内容进行对外传播，注重传播效果。其次，传播活动不仅要强调意义，又要显现用处。因此，对外传播活动要挖掘、突出信息传播活动的服务功能，既要考虑受众文化、政治方面的信息诉求，更要满足其经济、娱乐等方面的传播需要。最后，按照开放性原则，多渠道调动受众的参与积极性，双向互动取代单向说教。延边卫视依托自身文化特色，打造适合时代发展需要的文化品牌，就一定能够在国际传播中扮演好自己的角色。[1]

由此可见，延边卫视的决策者希望以文化特色替代单纯的政治灌输，以民族风俗博得受众的感情和理念认同，以开放性的双向互动替代以自我

---

[1] 参见韩龙根《办好民族语广播电视，提升对外传播影响力》，《中国记者》2006年第12期。

为中心的单向说教，可以说，思路是清晰的，但具体落实则绝非易事。

(1) 延边卫视的探索与发展。

2006年8月，延边卫视开播伊始就把新闻类、译制类专题和优秀国产电视剧作为播出重点。[①] 新闻专题有中央电视台"新闻联播"译制版和"延边卫视新闻"栏目。延边卫视新闻播出了"科学发展观与延龙图一体化""东亚博览会""棚户区改造""城市绿化工程"等重点新闻。译制类专题有"看神州""世界万花筒"等栏目。"看神州"栏目对中央电视台的"走进科学""环球""探索与发现""百科探秘""人与社会"等优秀节目进行重新编译后播出。"世界万花筒"对央视"走遍中国""人文地理""人物""中华民族"等节目进行重新编译后播出（见图5-2）。

图5-2 延边广播电视志

在此基础上，延边卫视大面积移植延边电视台新闻综合频道的自办栏目，如体育节目"体育大行进"、法制节目"法眼看天下"、公共节目"每周经济"、青少节目"我们的花园""青春起跑线"、文艺节目"文化广场"、专题节目"故乡之晨"等。

---

① 参见延边广播电视局《延边广播电视年鉴（2008年版）》（内部发行），2008年，第37页。

此时，延边卫视的节目还是偏重译制类节目，内容除新闻外，基本上是地理风景、民族风俗、科学探秘和译制电视剧等，自制节目不但偏少，而且处于"填空、补足"的地位，地方色彩和民族色彩明显不足，离"依托文化特色，打造文化品牌"的距离还较遥远。

2007年，延边卫视在坚持原有新闻类专题之外，将译制类专题栏目"世间万花筒"分设为"科学与生活"和"人与人"。同时与中央电视台、北京电视台、上海文广集团、广东电视台加强合作，拓宽节目来源。

更为最重要的是，2007年4月8日大型谈话类节目"天南地北延边人"开播，成为延边卫视的亮点。"天南地北延边人"节目组采访了北京、大连、深圳、长春、青岛等城市的政界、国防、科技、教育、文艺、商界等各个领域的"延边人"，通过一个个鲜活的行为和个性讲述，从侧面反映延边的社会变迁和延边人的心路历程，让人们对延边人、延边的朝鲜族民众感到亲近亲切、可感可触，一下子使延边形象有了进一步的提升。延边卫视通过"天南地北延边人"搭建了一个让全国乃至全世界认识延边、让延边走向全国、走向世界的传播平台，进而"天南地北延边人"也成为延边卫视真正的品牌节目，在社会上引起了巨大反响。

进入2008年，"天南地北延边人"节目策划上进一步加强深度，以更独特、更细微的视角进一步关注延边人的生存状态，同时继续推出主题策划，力求以人物个体的变化来见证时代的变迁、社会的进步和国家的发展。

很明显，这两年延边卫视扩大了栏目信息来源，眼光放在了凝聚时代、社会和民族发展的人的精神和行为上来，找到了民族形象宣传的根源。同时，建立了卫视自己的品牌节目，用节目内容和栏目特色显示了卫视的频道定位和跨境传播的地位。

2009年，延边卫视重新制作了以蓝白为主色调、以《阿里郎》为主题曲的频道包装片，并重新编排整台节目，突出"东北亚、朝鲜族、外宣"的特色。4月，延边卫视拓宽"延边卫视新闻"节目来源，与北京、上海、哈尔滨、沈阳、丹东、青岛、吉林、长白县等地的相关媒体和公司联系，组建通联队伍，形成供稿网络。自5月1日起，来自全国各地的通讯员稿件正式与受众见面，新闻节目以丰富的信息量、浓郁的民族特色，受到了观众的好评。延边卫视建立了与全国5个少数民族自治区和30个少数民族自治州电台、电视台专题节目交流合作平台，为延边卫视储备节目源。8月16日延边卫视顺"韩流"而动，从韩国专业钓鱼频道引进的休闲娱乐电视节目"快乐地钓鱼"开播。

进入2010年，针对延边州图们江区域边疆近海、朝鲜族聚居、生态完好、有着国际合作开发极大利好的自然和人文特点，延边卫视在继续保持"天南地北延边人"栏目的热度同时，全力打造卫视"图们江"文化品牌。

2010年8月22日，延边卫视"图们江"栏目正式开播。该栏目下设"今日延边""文化网络""文化漫步""文化人物""文化遗产"五大板块。节目讲述伴随《规划纲要》①的实施、图们江区域日新月异的发展变化，对散居在全中国乃至世界各地朝鲜族进行采访，将他们的相关新闻和文化活动传递给受众，构建传递长吉图地区的新闻和文化活动的交流平台。通过"文化漫步"介绍延边的文化产业，尤其是旅游文化，采访对中国朝鲜族文化作出伟大贡献的代表性人物，展现他们扎根于民族传统，为积累独特民族文化而做出的努力和成果，并通过节目介绍延边百年文化史中取得的成果。

围绕"图们江"文化品牌，当年9月延边卫视新闻部把新华社和延边电视台新闻综合频道的新闻素材重新编辑，陆续报道了《长吉图先导区"窗口"珲春作用日益提升》《长吉图为珲春商贸带来巨大商机》《城市基建日臻完善为延龙图一体化提速》《确保〈规划纲要〉启动之年有良好开局》《延吉市全力推进〈长吉图规划纲要〉实施步伐》等一系列新闻。同时，延边卫视新闻部与中央人民广播电台朝鲜语部组织联合采访团，探访散居国内各地朝鲜族乡镇，从10月2日起播出《中国朝鲜族乡镇见闻》系列报道。

可见，进入2010年，延边卫视以打造品牌节目为核心，进一步加大了自办栏目、自制作品的力度，民族特色和地方特色有了较大提高。因此，在2010年延边卫视"东北亚、朝鲜族、外宣"的频道定位才有了基本特色，跨境传播也才基本定型。

（2）从延边卫视栏目设置和内容的变化动态上，可见其从依托民族语言到关注风俗、风景再到展现多领域民众行为、挖掘民族精神的传播

---

① 《规划纲要》为《中国图们江区域合作开发规划纲要——以长吉图为开发开放先导区》的简称，由国务院于2009年8月30日正式批复实施。

升级。

语言对于一个民族来说不仅具有实用价值，还具有情感价值。从少数民族语言在大众传播中的接受效果上看，少数民族语言更容易为少数民族受众所接受，得到受众在感情上的认同。延边卫视一直对引进节目的民族语言译制工作极为重视，仅在 2006 年 3 月至当年年底，延边卫视就完成了《走遍中国》《人文地理》《人物》《中华民族》《欧洲之旅》《走进科学》《百科探秘》《探索与发现》《人与社会》《环球》等共 239 期节目文字稿的编译工作。① 对于跨境传播来讲，民族语言是传播的前提条件。

多年来，大众媒体传播民族节目内容偏重于民族风情和民族风俗的报道，认为依托反映民族风情方面的内容可以突出民族特色。延边卫视也不例外，民族风格主持、民族文艺活动、民族风土人情等一直是延边卫视传播的重点，长白山、金达莱、民俗、边境、冰雪等特色资源，一直是树立民族形象的要素。但风俗习惯、风土特色毕竟在某种程度上更多体现的是地域特色和传统特色，是民族特色在形式上的一种表现。如果新闻传播活动对新时期民族地区的民众在政治、经济、科技、文化等领域的作为和发展反映不够，那么民族形象的塑造就会大打折扣。

改革开放以来，我国的少数民族地区发生了巨大变化。无论是其文化艺术、宗教生活，还是经济、政治、科技等领域都有了极大的改观。既然民族特色绝非风情一色，那我们在传播民族内容时，就必须打破风俗、风土的局限，全面开拓思维，在民族政治、经济、科技、文化等领域发现和挖掘多彩的民族特色，从而打造出具有时代性的地方民族特色。

改革开放以后，东北三省城乡朝鲜族的创业脚步不仅遍布全国，而且远赴海外开拓事业。大型谈话类节目"天南地北延边人"通过这些走出或走进延边的个人经历的讲述，在反映延边的社会变迁和延边人的心路历程的同时，更重要的是体现了朝鲜族四海为家、达观豁然、大胆创业、敢为人先的民族精神，这是实实在在的又是最打动人心的民族特色。这不仅是当代朝鲜民族的精神和灵魂，更是改革开放以来朝鲜民族在政治、经济、文化等领域勇于探索、开拓奋进的时代精神。因此，通过"天南地北延边人"的个人奋斗，我们不仅警醒了自己，认识了他人，还认同了

---

① 参见延边广播电视局《延边广播电视年鉴（2008 年版）》（内部发行），2008 年，第 38 页。

一个民族，感触了一个时代，了解了一个国家。因此，"天南地北延边人"在跨境传播中一直受到国内外朝鲜族和其他民族受众的追捧，就不足为奇了。由此可见，跨境传播中对民族的精神提炼、表现和推展举足轻重。

（二）县域民族地区新闻传播更有针对性地为农服务

1. 惠农传播的针对性和有效性得到增强

此时期县域新闻传播的事业建设进一步发展。东北地区的4个蒙古族自治县和9个满族自治县（市）都创办了县报，其电台和电视台的节目内容进一步丰富。截至2010年，东北地区蒙古族和满族自治县共有县报12份，广播电台13座，电视台13座，共有3套蒙古语电视频道。乡镇有线电视终端用户平均能收看30套以上电视节目，广播电视覆盖率上升到98%以上。东北地区蒙古族自治县和满族自治县都开通了自己的政府网站和自治县专业资讯门户网。2002年7月，阜蒙县蒙古贞语文文化网站（http://mgz.fuxin.gov.cn）第一次通过国际互联网把阜蒙县蒙古语文工作介绍给公众，在全国率先把蒙古语文工作政务推向政府公众信息网站，成为全国第一个县级蒙古语文工作网站。

蒙古族和满族地区的新闻传播一方面及时传达中央及省市媒体的大政方针和政治、经济、文化等信息，反映邻近地区的社会信息和发展动态；另一方面，积极利用县级媒体扎根本地的特长，发挥其了解本地经济、文化等方面的态势和受众生产、生活现实的优势，对当地少数民族受众在农业、牧业、矿业、商业、卫生和文化娱乐等方面的需求进行精确细分和定位，通过广播、电视、县报等媒体，运用入户调查、现场访谈、专家讲解等方式，大力开办相关的经济、科技、卫生等传播栏目，进一步提高了对"三农"问题的关注度，为农服务更有针对性。

进入2000年，县级传播视线瞄准了广大乡村，纷纷改版和新增栏目。前郭县电视台改版后的"周末聚焦""百姓生活"，将镜头面向基层，面对百姓；杜尔伯特县电视台为推动、指导畜牧业发展，编播了《狐业市场》《善待草原》专题片；2002年，阜蒙县电视台根据科技"三下乡"的精神，创办"星火科技"栏目，旨在引领农民进入科学新领域，为广大农民朋友提供了种植、养殖、大棚生产等方面的最新科技信息和成果。开办10多年来，播出了500多期，对促进农业产业化调整起到了积极的推动作用。2003年，阜蒙县电视台深入农村采访有关农业产业化调整的先进典型，连续播出 9 期。其中，反映富荣镇六家子村农民白凤明发明农机具、种地夺高产的专题片"庄稼院里的发明家"，播出后社会反响很大。2004 年，喀左电台增加了经济视窗、主导产业开发专题节目，"三农"服务得到了加强。

满族地区的新闻传播也在惠农服务上下足了功夫。2000 年，《岫岩县报》先后创办了农村天地、技术信息、玉都广角等版面；设立了"满乡在腾飞""平凡人生""百姓故事""农家院"等多个栏目，以其权威性、指导性、服务性和实用性赢得了广大农村读者的喜爱。2000 年 6 月，《清原县报》利用全国食用菌大会在清原召开的时机，以"利用优势、依靠科技，大力发展食用菌产业"为主题，套红出版了"食用菌"特刊。2005 年，《桓仁县报》由县财政共投资 1000 多万元，继续免费为全县农民提供报纸 6 万份，发行量居全国同级报纸首位。清原电台的"放飞视窗""绿都看台"等自办服务类节目的开播，为广大农村听众送去了科技、交通、生活和健康知识。本溪县电视台开设了"农村科技致富"栏目，极大地促进了科技信息走进农家，延伸了致富信息的传播，使农户及时掌握商品供求信息和各种种植技术，为农民致富提供了新思路，对促进自治县农村经济生产的发展意义深远。另外，为鼓励个体户发展，本溪电视台还特地开设个体户发展专题部，介绍一些个体户成功的案例，提供给广大个体户学习，从中获取经验。

2007 年 12 月，长白电视台由原来的一个频道增加到两个频道，即长白电视台汉语综合频道和朝鲜语综合频道。社教类专题栏目"今日长白"年播出上百部，发现和捕捉社会热点、百姓焦点；"信息时空"年播出时政、财经、致富、生活常识类信息 300 余条，直接服务于县域乡村的民族受众。[1]

与"两极"重振时期县域乡村的新闻传播偏向惠农政策宣讲相比，此时期县域乡村的新闻传播更重视惠农技术的指导和示范，服务性和交流性进一步增强。

2. 典型案例解析：阜蒙县电视台在县域乡村的新闻传播活动

2003 年 10 月，阜蒙县开展了实施有线电视"村村通"工程，农村有

---

[1] 长白朝鲜族自治县政府网站（http://cb.cbs.gov.cn/BsWebCms/site/cbxcms/news/n2720469429.html, 2013 - 6 - 2）。

线电视得到了快速发展。2007年全县有线电视入户达到8.3万户，其中城内有线电视入户达1.8万户，农村有线电视入户达6.5万户；2007年，全县382个村中已有254个村的699个自然屯通上了有线电视，已通有线电视村达到66.5%。有线电视用户可以看到38个频道的电视节目。阜蒙县电视台目前自办3套节目：有线频道、无线频道和蒙古语频道。每天每个频道的播出时间增加到18小时。至2010年，蒙古语电视节目分"蒙古贞新闻""蒙古贞专题""请您欣赏""电视剧"4大板块运作，每周一、三、五播出。

（1）通过立法保证电视蒙语节目的开设。从1988年3月开始实施的《喀喇沁左翼蒙古族自治县自治条例》第57条规定："……自治县广播和电视要有蒙语节目"，这给予了电视台自办蒙古语节目法律支持。1994年1月20日，正式开通了蒙古语电视新闻节目。为支持蒙古语新闻节目的创办，县民委、县蒙语委投入资金帮助购买设备，以用于蒙古语新闻摄像。2003年年初，市县领导和民族部门又为电视台争取到民族经费19万元。2006年，在县蒙语委的支持下，县广播电视局播音员赴内蒙古电视台参加"元上都"杯全国8省区蒙古语电视播音员、主持人大赛，获得了优异成绩。

（2）成立独立的蒙古语频道，引进和培养民族新闻人才，夯实民族新闻传播的基础。1996年，县有线电视台设立了独立的蒙古语频道，节目内容由过去的每二、四播出，改为每周一、三、五播出。1997年1月，县有线电视台调入1名蒙古语电视播音员，进一步加强了蒙古语编播力量。2003年2月，从辽宁蒙师招聘1名男播音员，主播蒙古语电视新闻节目，同时专门为男、女播音员定制了蒙古袍。县广播电视局又安排1名制作人员，专门制作蒙古语新闻节目。同年成立了蒙古语新闻组，由新闻部、汉编部、蒙编部抽调3人组成。

（3）通过录制本地的民族文化艺术，挖掘、保护蒙古族文化，增强文艺节目的亲切性和感染性；同时，展开多方合作，扩大、丰富节目来源。在电视台自己摄制民间艺人杨铁龙的蒙古语说书《白帝王》后，2004年，县电视台录制了由阜新市民委和文化局举办的"首届蒙古剧调演"节目。为配合蒙古贞文化月活动，县电视台还摄制了《如歌的蒙古贞》《这山、这石、这泓水》两部各20分钟的表现地域风格和民族艺术的专题片。2005年，县电视台摄制了由阜新市民委和文化局举办的"少儿民族舞蹈大赛",在"六一"儿童节前后多次播放,收到了良好效果。2006年,县电视台又摄制并陆续播放"第二届蒙古剧调演",弥补了蒙古语电视文艺节目的不足,同时也满足了蒙古族观众更希望看到本地文艺节目的要求。

为了促进全县蒙古族干部群众更好地学习母语,根据蒙汉杂居、蒙古族语言环境较差的实际,县电视台专门从内蒙古电视台译制中心引进带有汉语字幕的连续剧,以便于对照学习。《成吉思汗》《嘎达梅林》《静静的艾敏河》《一代女皇》等电视连续剧的播放,深受广大蒙古族观众的欢迎。

(4)电视台新闻、专题类的节目始终把为"三农"服务作为传播的重点,始终把动员、引导、发动农民转变传统的耕作方式,把向高效经济型农业项目转化作为传播的主题。

2000年以来,电视台先后自办了蒙、汉两种语言的"蒙古贞新闻""新闻与通讯""致富经验园地""道德与法制""健康之友""农业科技""学习论坛"等栏目。2002年,县电视台开办了"每周要闻回顾""乡村风景线""经纪人系列报道"等栏目。为促进劳务输出工作,阜蒙县电视台多次派记者到北京、沈阳、大连等地区采访打工者,为此录制了专题片《你在他乡还好吗》。这是阜新地区第一部反映在外地打工人员生活状况的专题片,节目播出后,在全县上下引起了强烈的反响。从片中人们第一次看到打工者的真实生活经历,化解了一部分人的种种顾虑,开始对外出打工有了新的认识,使得当年在北京友仁居餐饮集团首次来县招工时,出现了报名者蜂拥而至,3000多人争300个名额的招聘奇观。

2003年,阜新市委领导在视察富荣镇冷棚生产时,发表了把"从广种薄收向发展精品农业转化"的讲话,并把它作为全市以调整促抗旱,发展避灾农业的指导性意见。县电视台也紧扣中心,服务大局,立即组织精干记者,深入农村采访有关农业产业化调整的先进典型,连续播出9期。其中,反映富荣镇六家子村农民白凤明发明农机具、种地夺高产的专题片"庄稼院里的发明家",在辽宁省电视台和阜新市电视台播出后,社会反响很大,先后有大连、沈阳、营口、河南省等30多位观众来电或来人咨询购买。

2004年,围绕中共阜新蒙古族自治县委、县人民政府"开放兴县、生态立县、工业富县、人才强县"的四大战略,开辟了"实施四大战略"

和"走出家门奔小康""走近劳模""民族工业巡礼"等栏目。拍摄的反映经济转型的专题片《吐呼噜村里的"圈"里人》，通过描述"圈里"的农业产业结构调整和较好地解决下岗职工再就业问题等内容，展示了党的十六届三中全会提出的"振兴东北老工业基地"和中央两会提出的"解决三农问题"等精神在阜新蒙古族自治县的落实情况。在构建社会主义和谐社会中，推出了尊老明星肖艳梅、高淑琴、捐肾救子的"巾帼母亲"廖秀春的事迹等，教育和引导人们对亲人、他人和社会多一份义务，多一份责任，多一份爱心，共创美好和谐的社会。务欢池敬老院王革非21年如一日善待老人的事迹播出之后，在社会上引起强烈反响，在全县营造了浓厚的关心老人，尊敬老人的氛围。此片播出后被阜新市电视台特约播出。

2005年，县电视台播出保持共产党员先进性教育、农业产业结构调整和招商引资等专题节目49期，还配合阜新市传播媒体，协作拍摄了反映农村青年走出大山的5集电视连续剧《路》，再次关注打工者，反映了农村剩余劳动力的问题。以构建和谐社会为背景，县电视台拍摄了专题片《诗人、慈善人、希望老人》，反映了一名普通的中国农民致富后在创建和谐社会中所展示出的时代风貌。

2006年，推出关注民生热点的两个栏目"新视野"和"记者采风"。"新视野"紧扣社会热点、难点问题，"记者采风"则以关注社会民生热点问题为目标，两个专题栏目共播出40期。为配合"行风热线"设置了"热线追踪"栏目，每月播出1期，根据电台热线反映的情况采取跟踪采访报道的形式，推动了各行各业的行风建设。

对关注民生、扶危济困的宣传也收到了明显的效果。县电视台以口播字幕的形式播出的"莫让奉献者流泪"，以感人的语言报道了全国优秀少先大队辅导员连庆功遭遇车祸的不幸，并通过阜新市电视台播出了连庆功的事迹和遭遇，引起了强烈的反响。县五大机关、县教育局、阜新市电视台、阜新市工商联、阜新市妇联等多家单位和社会各界，纷纷解囊救助，总计捐款达30多万元。富荣镇四楞屯小学学生白永超不幸得了骨癌，需要做截肢手术，家里十分困难。电视台进行报道后，县民政局捐助2000元，四楞屯小学也发动师生捐款，使白永超同学顺利地做完了截肢手术，重新回到课堂。

二 "两极格局"的新媒体特征

2000年至2010年,信息技术飞速发展,东北地区少数民族新闻传播"两极格局"的新媒体时代特征明显,数字技术、卫星技术、网络技术得到应用和发展,媒体融合开始得到探索。依托新媒体的互动性及参与性,传媒对民生问题表现了极大的关注,受众意识和服务意识有了较大幅度的提升。

(一)数字技术、网络技术和卫星技术的运用

数字技术、网络技术、卫星技术是信息时代三大最为重要的技术。这三项信息技术在东北地区少数民族传播中已显身手,尤其在朝鲜族语文媒体中得到了较充分的展示。

东北少数民族地区在2010年年末就完成了50户以上村屯有线电视的入户工作,完成了本期广播电视"村村通"工程,现在正在进行20户以上村屯有线电视的入户工作,有线电视覆盖了90%以上的村屯,终端用户收看有线电视节目40套以上。城镇有线电视的数字化改造工作基本也在2010年前后启动。

阜新电台、黑龙江朝鲜语电台、延边电台的朝鲜语广播和汉语广播等通过数字技术"上星"播出,扩大了少数民族语文传播的影响。2000年,延边电台实现了制作、播出数字化。2003年9月,长白县电视台实现了采、编、播的初级数字化;2006年8月,延边卫视正式开播,延边朝鲜语和汉语广播也借助卫星传输,建立了卫星数字音频广播;2010年2月,运用创办的数字图文电视媒体,延边人民广播电台的汉语频道在省内率先开展了广播节目的数字电视直播。数字技术、网络技术、卫星技术都在朝鲜语文新闻传播的国际影响力中得到了运用和发挥。

自2000年起,清原县广播设备全部更换成数字化音频工作站。各满族和蒙古族民族自治县在广播电视实现编导、制作、播出硬盘系统自动化的基础上,先后进行了广播电视尤其是有线电视数字化、网络化的改造。

(二)媒体融合开始探索

21世纪是网络信息时代,网站建设自然受到了东北少数民族地区各级政府和新闻媒体的重视。东北少数民族地区各级政府不但开办了各级政府的信息和门户网站,宣传民族文化、语言和风土人情、旅游资源等,对新闻网站的建设也极为重视。朝鲜族语文媒体几乎都开办了新闻网站和门

户网站，有效延伸了报刊、广播、电视等传统媒体，扩展了传播空间。

2004年1月，延边电台汉语广播的"百姓热线"在延边信息港网站开辟专栏，利用互联网接收群众投诉和反馈信息。同年3月3日，与延边电视台影视频道合作，开设电视版"百姓热线"。2010年2月5日，"百姓热线"节目通过延边州及延吉市数字电视网络的延边电台图文广播频道实现电视直播。同时，"百姓热线"栏目还和《延边广播电视报》实现联动，每周定期刊发部分反馈信息。2007年3月，延边电台汉语频率节目实现网上实时收听。

2009年，延边网络新闻中心与中国移动延边分公司合作开展数字城市项目，承办其中"数字地图"并取得初步成果。同年，延边网络新闻中心成立中广传媒有限公司延边分公司。2010年5月，敦化电视台所有自办节目全部上敦化新闻网，网民可以直接选择，随时观看。同时，敦化人民广播电台节目开通网络直播，网民可实时收听。

网络的建设和发展实现了传统媒体与网络资源共享和向新媒体的延伸。跨媒体、跨区域和跨级别的媒体融合正在深入发展。2006年3月20日，延边电台汉语频率节目通过延边有线电视网络输出信号正式开播。4月28日，音乐生活台广播进入图文广播YBDT，实现在电视上收听广播。图文广播设"延边新闻"图片版、文字版、"百姓热线""上周反馈"文字版等栏目。节目全天24小时滚动播出，另有电视字幕24小时不间断地传递即时信息。通过延边广播电视网络和已改造过的延吉市广播电视网络传输的有线电视用户，都可以收听、收看到延边电台图文广播。

自2006年起，阜蒙县的蒙古语广播与全国8省区蒙古语广播电台之间的交流越来越频繁。县广播电视局每年派人参加全国8省区蒙古语广播新闻社教、播音主持、文艺作品评价暨文艺节目交换会。同时，通过引进外地文艺节目，丰富了节目内容。为了解决蒙古语电视节目源匮乏的问题，阜蒙县广播电视局又同蒙古电视台译制中心建立长期协作关系，引进带有汉语字幕的蒙古语电视连续剧十余部，使蒙古语电视走上了正规化发展的轨道。《蒙古贞日报》蒙文版和人民网少数民族编辑部蒙古文网络联网，全国少数民族读者特别是蒙古族读者能够了解自治县发展改革的最新动态。

2009年，延边卫视为拓宽"延边卫视新闻"节目来源，更好地反映国内朝鲜族同胞的最新情况，与北京、上海、哈尔滨、沈阳、丹东、青岛、吉林、长白县等地的相关媒体和公司合作，组建通联队伍，形成供稿网络。从2009年5月1日起，来自全国各地的通讯员稿件正式与受众见面，新闻节目以丰富的信息量、浓郁的民族特色，受到了观众的好评。2010年4月23日，延吉人民广播电台"阿里郎之声"落地播出国际台朝鲜语节目，节目内容涵盖新闻类、专题类等多种类型，覆盖了延吉市及其周边地区。

2010年5月，黑龙江新闻网（http://www.chinanavor.com/）与人民网签署了合作协议书。目前，黑龙江新闻社在平面报纸的基础上开辟网络报纸（http://hljfb.dbw.cn/index.html），正在形成"三报一网"（"日刊""周刊""韩国版"、网站）的新媒体结构。①

（三）受众意识和服务意识的提升

新媒体功能的开发与利用极大地促进了媒体观念的更新，受众意识和服务意识得到充分加强。

2000年后，前郭县电视台对整体节目进行改版，增加了社会类节目。改版后的"周末聚焦"，将镜头面向基层、面对百姓；"百姓生活"和"休闲时光"则继续保持和群众的密切联系。阜蒙县电台的"中介热线""空中情缘""就业航标""一路平安""垂直娱乐"等栏目集服务性、实效性、娱乐性于一体，从中介、征婚、就业、交通等多方面服务百姓听众。2005年1月，县电台和县纪律检查委员会、县纠风办联合举办了"行风热线"专题节目，邀请有关单位主要领导做客直播间，接听热线电话，解答听众关心的难点、热点、疑点问题。

2003年1月，《岫岩县报》创办的大周末版，每周1期，介绍岫岩百姓生活中的喜人事、感人事、要紧事等，成为县报版面的拳头品牌。2003年2月17日，延边电台汉语广播"百姓热线"开播。同年，"百姓热线"开设"州长访谈录"，播出各位副州长和州直各职能部门对所分管工作做出的公开承诺。网站"百姓热线"栏目与全州795个部门（单位）建立对话平台，日均点击量突破两万次；2009年，网站的"百姓热线"开创在线直播访谈，点击量均突破10万人次以上。继2009年，"百姓热线"栏目策划的"放心农资下乡进村宣传周及阳光工程惠农宣传"活动之后，

---

① 参见朴白林《民族媒体分众化传播的新尝试——以韩文〈黑龙江新闻〉从传统"日刊"发展到"三报一网"为例》，《活力》2011年第7期。

从 2010 年 3 月起，"百姓热线"栏目组对房地产市场乱象、行业不正之风、水表产权归属争议、价格虚高、保险补贴发放、房屋产权证照、供暖等百姓关注的热点和难点问题，邀请有关负责人走进直播间，现场解答有关问题，群众关注率和满意率较高。

2003 年 8 月，延边电视台的名牌节目"伸出友爱之手"举办"崔京浩捐资助学义演"活动。募集善款 60 万元，资助上百名大学生。北京、上海、青岛和韩国、美国、日本、荷兰的慈善人士还通过《伸出友爱之手》栏目，定期为延边州的贫困学生捐款。

2009 年，延边电台朝鲜语频道把"新闻话题"播报形式从原来由一名主持人播报改变为主持人和记者的谈话形式，并开设"民生 365""体验新闻"专栏，加强民生报道和社会报道。"金大用热线"栏目突出服务性、时效性、监督性，全年共接受处理各类咨询 2500 多件。延广交通文艺台还打造了一个群体形象叫"马路曹操"，力求在第一时间帮助群众解决问题。

2009 年 10 月，敦化新闻网开办"民生热线"投诉与督办平台，其中正觉寺等旅游题材的新闻被新华网等引入论坛，加之广大市民积极参与，因而论坛在国内引起一定反响，得到了市委高度关注。"民生热线"平台已成为市民关注的焦点，日接待市民网上投诉咨询等约 50 条。

传媒受众意识和服务意识的提升，体现了从政治到生活、从有意义到有用处的服务意识的转变。

三 "两极格局"传播的民族特色

此时期，对新闻传播民族特色表现方式的探索实现了新的突破，由重视民族风土人情、民族艺术的推广提升到了对共通的民族精神的追求。

（一）地方民族特色的表现

重视本地民族风土人情、民族艺术的推广，依然是当地新闻传播表达民族特色的重要举措。2000 年 8 月 26 日，《清原县报》出版"森林游"特刊 1 期 6 版，以 4 个版面发表了县领导的文章及介绍清原山水名胜、自然资源的文章，提高了清原的知名度。2003 年，桓仁县文化馆创办文艺期刊《五女山》，重点挖掘本地区的满族风情、风俗。

从 1999 年起，岫岩电视台开始涉足电视专题片摄制，到 2010 年已拍摄 2000 多部。《中国瑰宝岫岩玉》以纪实的手法，从历史、现实及未来的角度记录了岫岩玉的起源及发展,该片在国家、省、市电视台多次播出,不仅弘扬了岫岩玉文化,也为岫岩玉当选国石"第一候选石"起到重要作用。2003年4月,电视台在原有"岫岩新闻""玉都纵横"等品牌栏目的基础上,又增加了"电视散文"和"玉乡晨曲"等栏目。2004年8月,借助滑翔机首次实现了航拍,把家乡的山川、河流、沃野、街道、楼宇等完美地展示给广大电视观众。本溪县电视台开办了"小城故事"专栏,介绍本溪的人文精神和秀美风景,如关门山的美丽风景、本溪水洞的奇观等。

2000年以来,阜蒙电视台先后自办了蒙、汉两种语言的"蒙古贞风光""文化与生活"等栏目;2003年年初,又推出了"请您欣赏"文艺节目,播放草原歌曲和一些自行录制的当地节目,推广民族文化艺术。

《蒙古贞日报》蒙汉文均开设了"民族·好来宝""敖包文化"等具有自治县特色的专栏。近年来,"蒙古族民歌·好来宝"先后刊登了120多首民歌、好来宝、祝颂等歌词,约10万字,其中《桃儿》《龙梅》《乌云珊丹》《婚礼颂》《民族大团结》《腾飞吧!蒙古贞》《敖包颂》《美好生活》等[1],向广大少数民族受众尤其是蒙古族读者展示了蒙古族优秀、丰富的传统民间艺术的历史和现状。

蒙古族语文的新闻传播有了民族语文专用的广播和电视频道,蒙古族语文"上星"广播的影响进一步扩大,而且具有民族风格的多样化表现,如民族专业人员主持、民族服装、民族特色栏目等。

(二)共通的民族精神追求

此时期东北地区少数民族新闻传播努力在少数民族群众多样的社会生活中挖掘、表现深层次的民族精神,并通过这种精神的提升和推展,来增强新闻传播的接受共识和感情共鸣,进一步塑造新闻传播的跨文化和跨民族品质。这一点与延边卫视对民族精神的开掘与表现有着共同的指向。

岫岩县的新闻传播注重在经济领域挖掘其民族共通的精神品质。岫玉的开采具有悠久的历史和深厚的文化底蕴。进入21世纪,随着人们对玉石文化认识的提高和开采技术的优化,岫岩的玉石经济得到了迅速的发展。仅在岫岩县域内,尤其是在中国玉雕会展中心、东北玉器交易中心等

---

[1] 参见吴清海《突出蒙古族特色办好〈蒙古贞日报〉》(http://zgbx.people.com.cn/n/2013/0402/c360336-20998710.html,2011-4-2)。

八大玉器交易市场内，零售商户近 1100 户，从事开采、加工和雕刻的人员更是多达 10 余万人，每年仅玉石和相关产业创下的产值就可达 10 亿多元。经过产品和艺术的创意、创新，岫岩的玉石工艺品如今已形成人物、动物、花鸟等 7 大产品系列，几乎囊括我国雕刻艺术所涉及的所有百余个品种。岫玉的精品不仅为广大国内玉石爱好者购买、收藏，还积极走向国外市场，为国外买家和鉴赏者所钟爱和珍藏。

在岫玉产品的行销过程中，岫岩县意识到提高岫岩玉的知名度，不仅要丰富、提升其美誉度，更为重要的是挖掘岫玉深厚的文化底蕴，弘扬岫玉产业发展中所体现的民族文化、民族精神的实质。为此，岫岩的传播媒体在全方位展开宣传的同时，开始转向内涵式传播。全国宝石协会在 2000 年、2003 年曾两次组织国石评选，岫岩的传媒抓住契机，不仅从工艺上，更重要的是从精神内涵上传播岫玉巨大的文化价值，结果使"中国国石第一候选石"的美誉两次花落岫岩。岫岩的大众传播还编辑出版了《国石精品画册》的大型画册、拍摄了《国石之光》等 10 集电视系列片、创建了中国岫岩玉网站等，高调把岫玉文化同传统文化、宗教文化和民族文化相结合，全方位反映新的时代中岫玉文化的特质和内涵。岫岩的传播媒体不仅把岫玉当成经济实力的基础、艺术品去宣传，更将其当成一种文化产业和文化精神去经营、弘扬。岫岩大众媒体通过对这种文化产业实力的广泛传播，充分弘扬了当地人民大胆创业、敢为人先、勇毅豪放的民族精神，其立意的深刻和远大，深受当地满族群众的认同和赞许，而这也正是岫岩大众传媒精心打造出来的岫岩独有的地方民族特色。

岫岩满族自治县的岫玉以粗犷豪放的艺术特质区别于南方玉雕温厚精巧、工于细节的艺术风格。如果我们的大众传播把玉雕的风格仅仅归纳为艺术气质，显然就没有深刻地体察出当地满族人豪放大气的民族性格。因此，大众传播不仅要宣传这种民族性格贯穿的艺术活动，而且要弘扬贯穿经济、科技、政治领域的满族人的民族性格和思维模式，这才真正体现了民族特色，而不是其浅显的艺术特色。

2008 年 6 月，清原县报社、清原满族自治县文体局、清原满族联谊会等六家单位在全县发起了"满族历史文化，满风满俗有奖征文"活动，至同年 12 月结束，《清原县报》发表了一大批表现清原满族历史文化和满风满俗的优秀征文。这次征文活动的意义不仅是挖掘和宣传清原满族历史文化，还是一次弘扬中华文化精神的活动。正如本次征文活动的结束语所说，满族历史文化、满风满俗是中华传统文化的重要组成部分。这些民风民俗在长期发展演进中，成为传承中华文化、和谐人际关系，点缀和丰富生活内涵不可或缺的生存手段和表达方式，逐步形成了相对持久而稳定的历史意识和民族认同。"当前，我们正处在一个经济全球化，各民族文化不断交流激荡的时代。这样的时代，需要的是能够将优秀传统文化与现代中国实际相结合的精神，有助于打造我们中华民族的时代新文化"。①

把表现民族的民风民俗提升到"打造我们中华民族的时代新文化"，我们不仅看到了新媒体时代一个县域乡村新闻传媒的思想高度和开阔的眼界，也看到了其不断进步的理论和实践自觉，这也恰恰成为此时期东北地区少数民族新闻传播对民族特色追求的新转向和新趋势。

辽宁宽甸满族自治县是省内最大的民族县和边境县。据报载，2011年全县广泛开展了扩大开放、发展项目、精细规划、改善城建、保护生态、保障民生等多方面的工作。对此，大众传播提出了全力建设大气、开放、精致、和谐之地的传播理念②，这一理念不仅统领全自治县各项工作，也与满族的民族精神一脉相承，其立意的精心和深远，深受当地满族群众的认可和赞同。

阜新东蒙短调民歌体现了蒙古族强烈的草原风俗，这种风俗具备着豪放、粗犷和高阔民族性格。它虽然是蒙古族民族经典的艺术形式之一，但同时又鲜明表现着质朴、醇厚、节奏明快的农耕文明色彩，更蕴含着东北多数少数民族信奉的原始宗教——萨满教的庄重和自然的意韵。因而东蒙短调民歌不仅得到蒙古族人民喜爱，也深受当地各民族的欢迎，从而得到迅速的传播和发展，并很快流传到外地。由于阜新东蒙短调民歌凝聚着广泛的艺术性和社会性，在2005年被确定为辽宁省第一批非物质文化遗产保护项目时，不仅蒙古族民众欢欣鼓舞，其他少数民族群众同样心花怒放。对粗犷、豪放和质朴的民族精神的开掘，不能不归功于阜蒙新闻传播的高瞻远瞩、劳苦功高。

2002年，杜蒙电视台的专题片《天南地北家乡人》、阜蒙电视台的《你在他乡还好吗》以及2005年5集电视连续剧《路》都以走出家乡、

---

① 井元宽、王太仁：《挖掘满族文化、增强民族意识、凝聚民族力量、加强民族团结》，《清原县报》2008年12月5日第4版。

② 参见《辽宁宽甸满族自治县全力建设大气开放精致和谐之地》，《中国民族报》2012年5月1日第1版。

走出大山的蒙古族青年的开拓、奋斗为主题,深刻表现了当今蒙古族青年高远的志向、豪放的性格和朴实的言行,这与蒙古族的民族精神息息相通。

可见,蒙古族和满族地区新闻传播的民族特色表现有了进一步的提高,对共通的民族精神的开掘,使其与延边卫视的民族特色表现有了共同的指向和追求。

四 对"两极格局"及其传播特色的评价

目前,东北少数民族新闻传播确立了东北地区少数民族新闻传播的基本架构,明确了少数民族新闻活动中县域传播和跨境传播的"两极"方向,建构了县域传播和跨境传播的总体运作格局,为东北地区少数民族新闻传播的进步和提升奠定了立足现实、面向未来的厚重的发展平台。从使用少数民族语言的角度看,东北少数民族的新闻传播还有下述特点。

第一,基本形成了从省级到自治州(市)级、再到自治县级的三级传播平台。东北共有使用少数民族语言或双语的电视台15座、广播电台13座、报纸10家、杂志20家。这些媒体的级别从省级到自治州(市)级,再到自治县级应有尽有。省级的媒体有黑龙江省的《黑龙江新闻》、吉林省的《吉林报》、辽宁省的《辽宁朝鲜文报》以及三省的广播电台。自治州(市)级的媒体有《延边日报》、延边人民广播电台、延边电视台以及阜新人民广播电台等,各民族自治县基本也都有自己的广播、电视和县报等媒体。

第二,各民族自治县拥有较完备的使用民族语言的媒介体系,少数民族受众能够及时接触身边和家乡发生的新闻信息。从少数民族地区上看,东北16个少数民族地区就有电台20座、电视台24座、县报16种,这对1个自治州、14个自治县(市)和1个民族区的366.56万少数民族民众来讲,已具备了一个较好的传播环境。

近年来,东北三省广播电视村村通工程建设取得了很大进展。到2008年年底,已经完成"十一五"时期规划的20户以上自然村"盲村"的广播电视"村村通"的建设任务,现在"村村通"工作在逐步推进到20户以下的自然村。到了2010年,东北少数民族农村地区中央第1套广播节目、电视节目和中央第7套农业、军事电视节目的无线覆盖率均已达到96%以上,居于农村中央广播电视节目无线覆盖工程达标位置的前列,而此时期全国农村中央第 1 套广播电视节目和中央第 7 套节目的无线覆盖率才各达 85% 和 69%。[1]

第三，近年来，东北少数民族传统媒体相继发展少数民族语言互联网和手持终端媒体业务。除了已开通网络版的少数民族语言传媒以外，一些汉语门户网站也相继开通了少数民族语言版，如中国延边网、中国吉林网等。而一些少数民族类网站及民族自治县网站，也如雨后春笋般出现了，且多语种表现，种类丰富。这些网站所涉及的内容包括民族、宗教、文化、科技、经济、新闻、政务、企业、求职、旅游等，可谓包罗万象。

第四，东北地区少数民族新闻传播教育和研究不仅层次较全，而且质量较高。从专门培养民族新闻人才的角度看，东北既有省属民族中等专业学校，还有国家民委所属本科民族院校，更有国家重点民族大学，民族新闻教育梯度合理；少数民族新闻传播研究机构和学术团体基本都属于省级和大学层次，学术平台较高。

在此，我们用"两极格局"演进模式（图 5-3）表示东北地区少数民族新闻传播"两极格局"的时代特色和民族特色。

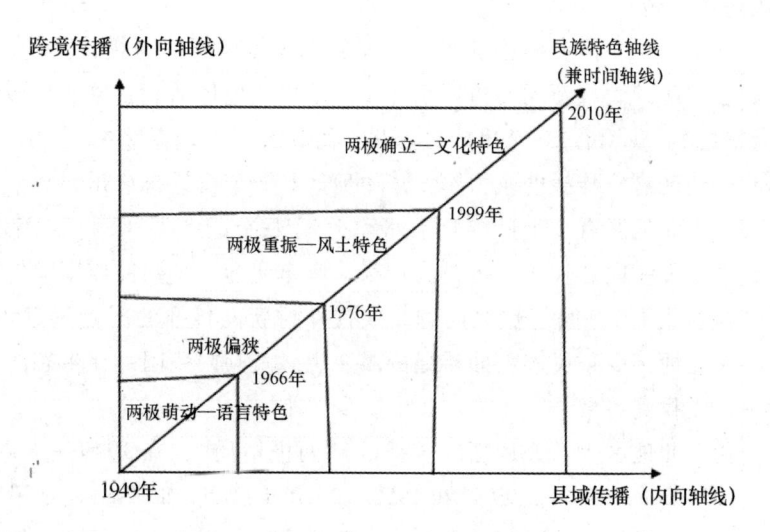

图 5-3 "两极格局"演进模式

---

[1] 参见程天赐《广播电视覆盖从"村村通"迈向"户户通"》（http://www.people.com.cn/hl/2011/0921/c25408-4134051246.html，2011-09-21）。

第三节 "两极格局"形成的原因

对东北地区少数民族新闻传播"两极格局"形成原因的分析，不仅涉及我国的媒介生态对新闻传播的影响，更关联着东北地区少数民族特有的媒介生态，是东北地区少数民族新闻传播的媒介生态同我国媒介生态合力影响的结果。当然，新闻传播格局的形成与新闻传播事业的发展和布局息息相关，与新闻传播的内容诉求、栏目设置、受众指向和影响范围有着更紧密的联系。因此，必须明晰东北地区少数民族特有的媒介生态，找出影响媒介生态的要素，才能对东北地区少数民族新闻传播的"两极格局"作出准确的研判。对东北地区少数民族新闻传播在时代发展中的态势予以分析，阐述"两极格局"在每个时代发展中不同的表现和特色，更能厘清东北地区少数民族新闻传播"两极格局"从孕育到确立的演进规律。

从新中国成立初到 2010 年，东北地区少数民族新闻传播经过 60 年的发展形成了富有特色的由跨境传播和县域乡村传播共同构成的外向和内向"两极格局"传播。

综观全国，我国有民族五省区，其省级媒体也担当跨境传播的职责。但民族五省区的民族新闻传播体系并没显示出跨境传播和县域乡村传播的"两极格局"。我国有 30 个民族自治州，为什么只有地级的延边电视台成为东北地区跨境传播的主力军？华中地区有 2 个民族自治州和 9 个民族自治县，东北地区有 1 个民族自治州和 15 个民族自治县，两个大区域的民族地方设置相同点较多，可是为什么只有东北地区少数民族新闻传播形成了"两极格局"？回答这些问题，仅仅探讨新闻传播的问题远远不够，只有在东北地区少数民族新闻传播的媒介生态及其同我国媒介生态的合力影响中才能找到答案。

当代东北地区少数民族新闻传播的"两极格局"，在 1949—1966 年、1966—1976 年、1976—1999 年和 1999—2010 年这四个时期里显现了两极萌动、偏狭、重振、确立四种态势，正反映了由于媒介生态的变化给少数民族新闻传播带来的影响而形成的时代特色。东北地区少数民族新闻传播的"两极格局"，其实就是东北地区尤其是少数民族地区的媒介生态与我国媒介生态的互动与演化。考察东北地区少数民族新闻传播"两极格局"，就是要把其置于整个东北地区的媒介生态中，置于我国政治、经济、文化和教育等整体的媒介生态中，寻找影响东北少数民族新闻传播活动的综合因素，这样才能看清东北少数民族新闻传播的发展历史、现状和趋势。

一　东北地区少数民族新闻传播的基本生态要素

东北地区少数民族新闻传播的"两极格局"从根本上讲，是东北少数民族媒介生态的反映。只有考察影响东北少数民族新闻传播的媒介生态要素，才能突出新闻传播与社会诸系统之间的整体关系，进而对东北地区少数民族新闻传播的属性和特征作出完整的评估和把握。

县域乡村、跨界民族和语言特色是东北地区少数民族新闻传播的基本生态要素，也是决定东北地区少数民族新闻传播两极态势和民族特色的根本因素。

（一）县域乡村要素

县域是"农村地区基本行政单元和经济实体，它具有三个层级：县城（区域性中心城市）—乡镇（小城镇）—农村"。[①] 县域乡村是东北地区少数民族受众最重要也是最主要的活动区域。

截至目前，东北地区有1个朝鲜族自治州、1个达斡尔民族区和14个蒙古族、满族自治县（市），还有181个民族乡镇；延边朝鲜族自治州也下辖了8个县（市）。截至2010年，东北少数民族总人口为1020万人，农村人口为539.9万人，农村人口占少数民族总人口的52.9%。[②]

近代"闯关东"的移民大潮后，随着大批山东、河北的农民进入东北，农耕技术迅速在东北传播扎根，东北的经济类型逐渐由以畜牧和渔猎为主演变成以农耕经济为主、以畜牧和渔猎为辅。由于20世纪三四十年代朝鲜族大量涌入东北，其擅长的水田农耕类型经济又成为农耕经济另一个重要的支柱。而在20世纪80年代末，由于生态的变化和禁猎政策实施，再加上生态保护意识的提升，鄂伦春族、赫哲族等彻底放弃了渔猎经

[①] 程淑红：《县域城乡一体化规划研究——以皋兰县为例》，硕士学位论文，兰州大学，2010年，第11—12页。

[②] 本书除另有标注外，有关人口的数据来源于：国务院人口普查办公室、国家统计局人口和就业统计司编著的《中国2010年人口普查资料》，中国统计出版社2012年版；黑龙江省、吉林省和辽宁省人口和统计部门编写的各省《2010年人口普查资料》。本书的一些数据也据此通过综合、运算而得出，以下不再一一注明。

济方式,转为农业经济方式。如今,科技的进步和生产力的改善,广大少数民族地区矿业、林业和养殖业也逐渐繁荣起来。辽宁省的6个满族自治县和2个蒙古族自治县不仅是辽宁省重要的农牧业区,也是重要的矿产资源区、林业区和养殖区。所以,现在东北少数民族经济以农耕为主,以畜牧和矿业、林业为辅。满族、朝鲜族、锡伯族、鄂伦春族、赫哲族、鄂温克族基本以农耕为主,以矿业、林业和养殖业为辅;蒙古族、达斡尔族基本以畜牧业为主、以矿业为辅。

据统计,在东北少数民族劳动力总人口中,第一产业人口比重为64.42%;第二、第三产业劳动力人口比重为35.58%。① 从东北少数民族人口自身劳动职业构成来看,第一产业人口的比例还是过重,农、林、牧、渔、水利业生产人员占绝大多数,职业水平有待提高。蒙古族、满族劳动力人口中从事第一产业者居多。而朝鲜族城市化程度较高,相比较从事第三产业者人数较多。仅从时间角度考虑,从事劳动产业的差别必然造成工作和闲暇时间的长短差别,从而给其接触传媒类别及时间的长短带来不同的差异,进而影响传播的历史与发展。

体力劳动者的闲暇时间与其他劳动者有明显的不同,因此其接触新闻传播媒介的时间和机会都有差异。体力劳动者所从事的劳动,季节性和受自然条件限制性很强,平时闲暇时间较短,但比较集中、固定,比如从事第一产业的劳动者,闲暇时间多为冬季和夏季,平时闲暇时间多集中在晚间六点至九点。而其他产业劳动者因为不受季节性和自然条件限制,劳动强度不大,因此他们的闲暇时间全年较分散、平均,早间、午间不但有接触媒介的时间和机会,晚间接触媒介的时间也相对较长。

在具有我国鲜明特色的城乡二元格局中,从经济区划来讲,县域经济的基础是自然资源,城市经济的基础是商业发展,这就从经济基础方面决定了在县域范围内主要从事农业的经济特性;从行政区划来讲,县域的称谓正是乡村、农村的代名词。因为,"县域以广大农村为腹地,农村绝大部分处于县域单元之内,农民绝大多数居住在县以下的区域中"。②

新闻传播以受众为本,受众是传播活动的出发点和落脚点;县域乡村

---

① 参见南文渊、陆守亭等《东北少数民族城市化研究》,民族出版社2011年版,第81页。
② 程淑红:《县域城乡一体化规划研究——以皋兰县为例》,硕士学位论文,兰州大学,2010年,第11—12页。

是东北少数民族地区民众主要的居住地，必然是少数民族新闻传播最主要的活动场所。既然少数民族新闻传播的主要受众处于广大的县域乡村，这就从根本上决定了东北少数民族新闻传播面向乡村受众的内向一极倾向。而民族地区的农村受众其劳动就业、职业水平状况、经济收入水平和受教育程度等，直接决定其对新闻传播信息接收的方式、数量、质量和效果，这毫无疑问会给新闻传播带来重大影响。

（二）跨境民族要素

东北地区跨境民族主要指黑龙江北部、吉林和辽宁东部、北部地区的跨境民族。这些地区主要与俄罗斯、朝鲜接壤，并与蒙古国、韩国和日本毗邻，跨境居住着蒙古族、俄罗斯族、朝鲜族、鄂伦春族、鄂温克族及达斡尔族等少数民族。

东北的跨境民族有以下几个特征。

第一，东北的跨境民族多为原住民族，如赫哲族、鄂温克族、鄂伦春族、达斡尔族，而其在境外的人数往往比境内多。我国的赫哲族在俄罗斯称为那乃族，我国东北有4182人，俄罗斯有1.2万人；鄂温克族在俄罗斯称埃文克族，我国东北有3002人，俄国有7万人；鄂伦春族在俄罗斯称奥罗奇族，我国东北有4157人，俄罗斯有3万人。[①]跨境民族与邻国的同一民族语言相通，风俗习惯相似，并有着亲属关系和长期的社会经济交往历史。境外人数的优势往往给境外向境内的新闻传播带来数量、渠道等多方面的便利。

第二，东北的跨境民族大多沿江居住，交通便利，信息渠道多样，信息集散快捷，境内外信息交流方便。鄂温克族、鄂伦春族基本是在黑龙江省北部沿黑龙江流域居住；赫哲族是在黑龙江、松花江和乌苏里江的三江平原上，与俄罗斯接壤；达斡尔族生活在嫩江流域。朝鲜族更是沿图们江而居，与朝鲜毗邻。

第三，与我国其他跨境民族地区不同，东北跨境民族受发达国家影响较大。我国有近30个少数民族跨境居住，少数民族地区与10多个国家接壤。我国绝大多数的跨境民族与发展中或欠发达国家相邻，而东北的跨境民族虽也受欠发达国家蒙古国和朝鲜的影响，但它们与发达国家如俄罗

[①] 参见张兴堂《跨界民族与我国周边外交》，中央民族大学出版社2009年版，第89、92页。

斯、韩国、日本相邻相望，受其文化和信息传播影响较大。比如延边地区的新闻传播受韩国的影响非常大。

第四，东北跨境民族多在境外有主权国家，如蒙古族、俄罗斯族、朝鲜族等。共同的民族渊源、语言和密切的社会交往使他们具有共同的价值观念和民族意识。因此，处理跨境民族问题必然与国家关系和利益联系在一起，新闻传播的动态就更加复杂，也更加重要。

由上可见，在复杂的国际环境中，东北地区及其边疆跨境民族已成为一个十分重要和敏感的地带和传播受众。东北地区作为跨境民族最多的区域，少数民族新闻传播必须重视并开展跨境传播，积极参与信息传播的全球化流动，坚定而有效地进行主流意识和国家认同意识的传播。

在东北的跨境民族中，以朝鲜族尤为令人关注①。我国的朝鲜族、朝鲜的朝鲜人和韩国的韩国人是东北亚地区最大的跨界民族。目前全世界的朝鲜民族人口有7300多万人，其中96.48%分布在东北亚地区，其中韩国有4672万人，朝鲜有2295万人，中国有192.38万人（2000年）。② 中国朝鲜族先民是从朝鲜半岛迁入东北三省的朝鲜人，其境外同民族的人数远远多于境内的人数。

中国是朝鲜民族在朝鲜半岛以外的主要分布区，中国的朝鲜族主要聚居地就在延边朝鲜族自治州。朝鲜族不仅人口众多，聚居地集中，而且是境外主权国家最多的跨界民族。可以说，东北亚朝鲜民族的动态直接关系到本地区乃至世界的整体局势，也因此更凸显了延边朝鲜族语文媒体在跨境传播中对外传播的重要性。

（三）语言特色要素

东北地区少数民族的语言特色对新闻传播"两极格局"的态势和发展起到了助推作用。民族语文的发展尤其是民族交际语言的优势，不仅直接影响县域传播和跨境传播的表达方式、接受的效果，也关联着新闻传播活动民族特色的表现，进而对"两极格局"的形成起到了加强的作用。满族、朝鲜族和蒙古族是东北地区人口数量占前三位的少数民族，其民族

---

① 参见张兴堂《跨界民族与我国周边外交》，中央民族大学出版社2009年版，第89、92页。

② 同上。另外，此处中国朝鲜族人口数为2000年中国第五次人口普查数据。2010年中国第六次人口普查显示，中国朝鲜族人口为183.09万人。除另有标注外，本书所提人口数皆来源于2010年中国第六次人口普查数据。

语文的运用直接影响着新闻传播的展开和"两极格局"的形成。

东北地区的各民族语言在历史演进中的消长形成了东北地区独特的语言环境。满族、蒙古族、朝鲜族、锡伯族、俄罗斯族有自己的民族语言和文字；达斡尔族、鄂伦春族、鄂温克族、柯尔克孜族、赫哲族有民族语言却没有文字；回族没有民族语言却有文字。上述民族语言和文字的运用，在现实生活中有着不同的境遇，东北的原住民族大都使用满—通古斯语族的满语、锡伯语、赫哲语、鄂伦春语、鄂温克语等，但这些语言流失较大，目前会使用者寥寥无几。满族、回族普遍使用汉语文。满族语言的使用经历了满语——满汉语同用——使用汉语的过程。满族虽然原有自己民族的语言和文字，但已在数百年的民族融合过程中偏狭和退化，满族已通用汉语和汉字。满族现有人口已超过 1000 万人，但目前会使用满语满文者屈指可数。当然在东北的满族聚居地区，满语词汇和口语还普遍存在于人们的日常生活中，并且沿为方言，有的如啰唆、搪塞、哆嗦、邋遢等满语已成为普通话的基本语汇。① 东北地区其他少数民族的语言如锡伯语、蒙古语、达斡尔语等的语言也常出现在东北的方言中。②

朝鲜族、蒙古族使用本民族语言、文字，大多数人通用汉语文。现在辽宁省近 67 万蒙古族人口，基本使用自己民族语言的占 50.6%，其中使用蒙、汉两种语言的人逐渐增多，其余 40%—50% 已经不使用民族语言，主要使用汉语。在辽宁的蒙古族自治县，使用民族语言的也不足总人数的一半，且有逐年下降的趋势。朝鲜族是一个非常重视朝鲜语和汉语教育的民族，他们从小学、初中到高中的教学用语基本都使用本民族的语言，但都要辅加汉语文的教习，因此朝鲜族高中毕业生基本做到了朝、汉双语兼通。朝鲜语在朝鲜族地区尤其是延边自治州以优势见长。达斡尔族、鄂伦春族、鄂温克族、赫哲族有本民族语言，但没有文字，普遍使用汉语文。

由此可见，满族、朝鲜族和蒙古族的民族语文尤其是民族交际语言的运用各有不同。民族交际语言的运用，直接决定了少数民族新闻传播的方式和效果，也是少数民族新闻传播体现民族特色的重要标志。在少数民族新闻传播发展的初期，民族语言运用的强势是民族新闻传播的重要推

---

① 参见孙华《遗留在辽宁岫岩满族自治县的满语言与文化》，《乌鲁木齐成人教育学院学报》2009 年第 1 期。

② 参见盛丽春、韩梅《东北方言与地域文化的关系》，《长春师范学院学报》（人文社会科学学报）2006 年第 6 期。

动力。

二 20世纪下半叶全国与东北少数民族媒介生态的相互影响

东北地区少数民族新闻传播的基本生态要素，是影响东北少数民族新闻传播形成"两极格局"的最主要原因，当然，在新中国成立之初到现在的60多年里，这些基本生态要素也在随着我国经济、政治、文化、社会和新闻传播的影响不断地演变，并显示出东北少数民族新闻传播"两极格局"演进的时代特色。因此，考察东北少数民族新闻传播"两极格局"的成因，必须把全国和东北的媒介生态统一起来分析，才能真正厘清东北少数民族新闻传播发展的内在规律和趋势。

（一）"文化大革命"前17年的媒介生态

1. 全国党报体系的确立和广播事业的发展

1949年10月至1956年5月，这是我国巩固政权、基本完成三大改造、在中国确立社会主义基本制度的七年。在新闻传播方面，我国建立了以新华通讯社、中央人民广播电台、人民日报为首的全国新闻传播事业网，这个网络从中央到省、市形成了三级传播网络。各级党报取得了在新闻传播界的垄断地位。1954年7月，中央通过《中共中央关于改进报纸工作的决议》，鼓励凡是有条件的各少数民族地区创办民族文字报纸。这一决议促进了少数民族地区报业的发展，东北少数民族地区和聚集区的县级报纸正是顺应这一形势，纷纷在1955年和1956年前后创立了。

面对我国广大的县域农村和县域农村中众多的少数民族，当时的中央政府更多强调电台、有线广播特别是农村有线广播的建设。1950年3月，中央人民政府新闻总署召开新闻工作会议，决定中央电台开办蒙古语、藏语、朝鲜语节目。随后的几年里，中央多次发出指示，强调建立广播站和收音站的重要性。1956年1月，中共中央颁发的《全国农业发展纲要》第32条，进一步明确了农村有线广播的建设目标、措施和步骤，农村有线广播得到大力发展。东北少数民族地区正处于广大的农村，因此这一时期农村有线广播的发展成为东北地区少数民族新闻传播的主流。

随着我国全面建设社会主义事业的展开和对思想宣传重要性认识的不断提高，从1957年开始，我国新闻事业建设也进入了全面发展时期。不可否认，此时期紧密跟进政治形势，新闻传播几近成了政治斗争的工具，政治宣传空前泛滥。1965年9月15日，毛主席为人民广播题词，"努力办好广播,为全中国人民和全世界人民服务"。这一题词凸显了当时人们对广播宣传地域广、受众多、快捷、方便等作用的高度认同,极大地促进了广播事业的发展,东北少数民族地区的农村有线广播也在此时期得到了快速普及。

总体上看,东北地区少数民族新闻传播的发展顺应我国政治、经济、文化等发展态势,契合我国新闻传播和少数民族新闻传播发展的态势。当然,东北地区少数民族新闻传播建立较早,发展较快,两极萌动态势开始出现,这一切更受到东北地区少数民族媒介生态的影响。

2. 东北少数民族媒介生态的影响

新中国成立之初短暂的安宁和随后的抗美援朝战争,加速了朝鲜族人口的大规模跨境流动。据延边民族事务处的统计,新中国成立前在中国东北的朝鲜族共有 216 万人,新中国成立后 104 万人回到了朝鲜,东北还留有 112 万人。[①] 当时的朝鲜族语文新闻传播活动已不仅是一种外宣工作,而且已经成为打击敌人、增强国际友谊的安邦定国的重要举措。

东北地区朝鲜族这一跨界民族的重要属性,也自然让国家领导人关注到朝鲜族语文媒体的传播动态。1962 年 6 月 22—23 日,国务院总理周恩来到延边视察工作,明确指示要办好《延边日报》朝鲜文版和延边人民广播电台的朝鲜语广播。7 月,全国人民代表大会常务委员会委员长朱德和中华人民共和国副主席董必武也先后视察延边,都对延边的朝鲜语文媒体作过重要批示,这一政治优势加速了朝鲜族语文媒体的发展。

中国是一个农业大国。在 20 世纪五六十年代的中国广大县域乡村,从媒体事业发展来看,最具急迫性也最受重视的莫过于农村有线广播的发展。东北的少数民族地区,除了延边州属于地(盟)一级,其他地区均属于县(旗)级别。东北的少数民族地区多处于广大的县域乡村,基本不拥有任何传播媒介,生活和传播条件十分匮乏。农村有线广播在东北少数民族县域乡村地区的建设和发展,不但正逢其时,而且深应其需,也恰好显示了东北少数民族新闻传播立足当地、深耕乡村、满足广大农村受众的内向一极的功能和特色。

东北地区是我国解放最早的地区,少数民族新闻传播的发展具备时间和物质上的优势。在东北,延边朝鲜族自治州是全国成立最早的民族自治

[①] 参见李爱淑《解放后中国朝鲜文刊物的发展历史概况》,《东疆学刊》2004 年第 4 期。

地区之一①，是当时东北地区也是目前东北地区唯一一个地市级民族地区。良好的教育体系，再加上族群庞大、地域集中的特点，使朝鲜族语文得到了完整的保存和发展，为朝鲜族语文的新闻传播奠定了重要基础。东北的蒙古族自治地区多在20世纪50年代后期成立，同东北朝鲜族民族自治地方较为集中相比，东北三省的四个蒙古族自治地区不仅区域疏离，相隔较远，而且当时民族人口占当地人口仅10%多一点，民族语言的运用自然受到了限制，蒙古语和汉语的混用状况十分普遍。而此时期，东北的满族不但没有成立自治地区，由于受"左"的民族思想影响，连自己的民族成分有时还不敢承认，遮遮掩掩，就更遑论民族文化和民族新闻的传播了。

在此时期，不论是朝鲜族地区还是蒙古族地区的新闻传播，对其民族特点的认识和表现基本都停留在媒介对民族语言的运用上，但已开始显现不同的倾向。由于《延边日报》、延边电台在创立时就是运用朝鲜语文的媒体，因此，朝鲜族地区的新闻传播，不但重视民族语言的运用，还不断致力于民族语言的纯洁化、规范化。蒙古族地区的报纸、广播则在坚持蒙、汉双语传播的同时，更重视发掘和整理民族文化遗产，表现丰富多彩的民族艺术。

东北少数民族新闻传播就是基于这种媒介生态展开的，一方面，朝鲜族语文媒体以跨境民族、国家重视和民族语言强势等优势展露对外宣传的倾向；另一方面朝鲜族及其他民族地区的传播媒介主要通过有线广播针对县域乡村开始对内传播，民族特色在民族语言运用的强弱上有了不同的表现。可以说，东北地区少数民族新闻传播一开始就打上了媒介生态影响的烙印。

（二）"文化大革命" 10 年的媒介生态

1966 年 5 月至 1976 年 10 月的"文化大革命" 10 年，我国民族工作遭到全面破坏，完全处于停滞甚至倒退的状态。我国的民族新闻传播事业也遭受毁灭性的打击和摧残，民族新闻传播失去了民族内涵和民族特色，全国上下所有的民族新闻媒体的宣传贯穿着一条所谓"无产阶级专政下

---

① 截至目前，全国共有 30 个民族自治州。延边朝鲜族自治州成立于 1952 年 9 月 3 日，比它较早成立的自治州有四川甘孜藏族自治州（成立于 1950 年 11 月 24 日）、阿坝藏族羌族自治州（成立于 1952 年 1 月 1 日）、青海玉树藏族自治州（成立于 1951 年 12 月 25 日）。

继续革命"的路线和"左"的思想,传播了大量错误的新闻、言论。①

"文化大革命"期间,与当时全国的形势同步,东北少数民族媒介生态恶化,民族新闻事业式微。

延边受所谓"朱德海叛国集团案"的连累,大批少数民族干部和群众遭到迫害。民族院校和民族中、小学也大都停办或改为普通学校,多数民族文字的报纸、刊物、图书等或停办,或转译"两报一刊"。在民族政策、民族权力受到随意破坏和践踏的形势下,满族成立自治地方的希望更无法实现了。

出于政治宣传的需要,东北少数民族地区的广播事业建设以较快的速度向前推进。一方面,适应当时延边朝鲜族的跨境民族特性和反分裂斗争的需要,延边无线电台的功率进一步增强,影响力扩大。另一方面,东北农村有线广播网络全面建成,保障了政治宣传的快捷性、广泛性和针对性。

此时期东北地区少数民族新闻传播媒介生态的恶化、媒介发展的匮乏单一(基本只剩广播媒体),尤其传播内容的空洞说教,使得少数民族新闻传播完全失去了新闻传播的特征与本质,东北地区少数民族新闻传播在新中国成立后刚刚孕育的外向和内向的"两极格局"开始萎缩、走向偏狭。

(三) 20世纪改革开放20年的媒介生态

1. 我国媒介生态的变化

1976年10月,十年动乱结束。1978年12月18日,十一届三中全会决定把全党工作的重点转移到社会主义现代化建设上来,中国进入了改革开放和社会主义现代化建设的历史新时期。我国新闻传播业有了突飞猛进的发展,由政治本位转向新闻本位。② 1987年,全国报纸掀起了扩版热潮,"厚报时代"逐渐开启。新时期的少数民族文字报刊遍布全国各个民族地区,几乎所有创制了文字的少数民族,都有了自己本民族的报刊。1983年3月,国家的"四级办广播、电视"的政策极大地促进了我国广播电视业的发展。这一措施的落实,也使少数民族地区新建了各类广播电

---

① 参见白润生《中国少数民族新闻传播史》,民族出版社2008年版,第227页。
② 参见刘家林《新中国新闻传播60年长编(1949—2009)》(下),暨南大学出版社2010年版,第106页。

视，信号覆盖率有了很大提高。东北少数民族地区的电视事业也都在此时期得以创建。

进入20世纪90年代，随着社会主义市场经济体制的初步确立和不断完善，我国工业化、城市化的步伐大大加快，我国新闻传播业也有了新的发展。1993年6月，中共中央、国务院发布的《关于加快发展第三产业的决定》明确将报刊经营管理归入第三产业的范围，从此确立了我国新闻传播业与企业化、市场化和世界新闻传播业接轨的方向。传播内容既要坚持民生性、服务性和民族性，更要反对分裂，维护社会稳定。

从20世纪90年代开始，电视的传播影响力逐渐超过报纸，成为四大媒体（报纸、杂志、广播、电视）中影响力最大的媒体，各地电视事业建设的步子迈得更快，少数民族语言电视节目的制作译制能力有了较大提高。

2. 东北少数民族媒介生态的改善

对于东北地区少数民族新闻传播来讲，此时期满族自治地方的成立和朝鲜族民众向国内、国外的流动同我国的媒介生态一起，对"两极格局"的重振起到了决定性的作用。

20世纪80年代中后期，东北地区共建立了9个满族自治县，东北满族区域自治问题最终得以解决，满族真正享有了区域自治的权利。1988年7月，梅里斯达斡尔族区也得到恢复。1994年5月19日，凤城满族自治县在全国自治县中第一个撤县设市，开了既设市又保留民族政策和优惠待遇的先河。第二年，北镇满族自治县也加入了撤县设市的行列。

20世纪80年代至90年代，由于民族政策的恢复、实施及民族自治地方的建立，满族人口急剧增长。这一时期满族人口的增长并非自然增长，主要是由于更改和恢复民族成分而引起的。1964年全国第二次人口普查时，东北地区满族人口为218.84万人，到1990年全国第四次人口普查时，东北地区满族人口上升为718.55万人。其中，尤以本溪满族自治县、桓仁满族自治县、宽甸满族自治县满族人口的增长最为突出，其少数民族人口增幅均高达6倍之多。

满族自治地区的成立，不但使少数民族人口激增，东北少数民族县域自治地方也由6个扩大到15个，县域民族地方面积也由26000平方公里，增加到61000平方公里，进一步扩大了少数民族自治的县域乡村范围，有力地增强了东北少数民族新闻传播面向县域乡村传播的"内向性"倾斜。

1983年3月，国家"四级办广电"的政策开始实施，东北少数民族县级地区的电视事业均在此时期得以创建。1999年，国家虽然停止持续了约15年的"四级办台"政策，但经过整合的东北少数民族县级电视事业依然取得了长足的发展。1998年，党中央、国务院又启动广播电视"村村通"工程，解决广播电视信号覆盖"盲区"农民群众收听广播、收看电视问题。"村村通"工程的广泛开展和深入，更为东北少数民族地区广大县域乡村的新闻传播打下了硬件基础，使县域乡村的新闻传播逐渐具备了坚实的传输与接收的物质条件。当代影响最大的电视传播媒体，通过由国家组织实施的"村村通"这一民心工程走入了东北少数民族县域乡村的千家万户，使少数民族新闻传播的对农传播地域更为广泛，内容更为丰富。

新时期，延边外向型经济的发展提高和扩大了朝鲜族跨地区、跨境流动的速度和范围，拉动了朝鲜族语文媒体外向宣传的势头。

改革开放以来，东北三省城乡朝鲜族人口大量地向沿海和大中城市流动，从事第三产业。过去只居住在东北三省和内蒙古及北京、上海、广州等地的朝鲜族民众，如今在全国所有省市区里都有其身影。朝鲜族城乡人口的流动，使全国一些城市如天津、青岛、威海、烟台等地逐步形成集朝鲜族商业、教育于一体的新的社区。改革开放初期，东北朝鲜族人口还占总人口数的97%以上，到1999年年末已降至不足90%。[1]

更为重要的是，延边对外劳务输出经过了20世纪80年代的起步期后，在90年代进入了快速发展阶段。延边的外出劳务涉及服装、林业、建筑、运输、机械和农业等多种行业，目的国从韩国拓展到美国、日本、俄罗斯、澳大利亚、利比里亚、以色列等20多个国家和地区。到21世纪初，延边对外劳务输出累计达8.1万余人次，成为全州促进就业的主要渠道和拉动经济增长的重要因素。

延边地区也是东北亚区域经济合作中的一个重要组成部分。早在1992年，在联合国开发计划署的倡导下，中、俄、朝、韩、蒙五国便共同启动了图们江区域合作开发项目，延边国际交通枢纽和商贸金融中心地位逐渐显现。延边的新闻传播作为朝鲜族语文媒体的核心，加大新闻对外

---

[1] 参见孙岿《人类学视野下的朝鲜族消费文化变迁》，辽宁民族出版社2008年版，第27—28页。

传播的力度，传播中国改革开放和民族团结的举措和形势，是适应这一媒介生态的必然要求。

朝鲜族语文媒体对外传播影响力也在不断扩大。进入20世纪90年代，鉴于电视传播影响力的扩大和提高，各地电视事业以上卫星为契机，开展了"上天、落地、入户"的建设工程。1996年，广播电影电视部为配合"上星"，先后帮助西藏电台、辽宁阜新市蒙语电台、延边朝鲜族自治州安装接收装置，改善传播设备，保证了节目既"上天"又"落地"。延边州朝鲜族语文媒体不但在广电"上星"的工程中拔得头筹，也抓住了电视这一影响最大的媒体，开展了对外传播。

自1983年8月开始到90年代末，邓小平、胡耀邦、杨尚昆、江泽民、李鹏、朱镕基等国家领导人密集访问延边。对此，国家各级媒体采取多种形式，对国内和国外进行了专题报道，扩大了延边自治州和朝鲜族语文媒体的国际影响力。

由于满族的满语已退出生活交际圈，因此满族地区新闻传播较重视对民族艺术和民族风土人情的展现。而朝鲜族和蒙古族地区的新闻传播在坚持民族语言传播和双语传播的同时，也都在利用电视这一强势媒体突出民族艺术和风土人情的特色。因此，对民族风情的展现，是此时期少数民族新闻传播共同的民族特色。

三　21世纪以来中国社会的发展与东北少数民族媒介生态的合力促进

进入21世纪，我国的社会主义经济建设、政治建设、文化建设、社会建设不断发展，新媒体传播事业蓬勃兴起，东北地区少数民族新闻传播的媒介生态也在发展变化中不断优化，这一切都合力促进了东北地区少数民族新闻传播"两极格局"的确立。

（一）我国新闻传播事业的改革深化和新媒体的突起

1. 多元观念和多元媒体的冲击与融合

随着21世纪的到来，我国提出了全面建设小康社会的奋斗目标和坚持以人为本、全面协调可持续的科学发展观，明确了完善社会主义市场经济体制的目标和任务。2005年10月，中央提出了建设社会主义新农村的战略任务。2007年10月，十七大又提出了全面建设小康社会奋斗目标的新要求，对于我国社会主义经济建设、政治建设、文化建设、社会建设作出了全面部署。我国在不断深化经济体制改革的同时，又不断深化政治体制、文化体制、社会体制以及其他各方面体制的改革。与此同时，我国的新闻传播进入全球信息化时代，多元观念和多元媒体对新闻事业冲击和融合的效应明显。

中国报业稳步增长，广播电视业仍是我国新闻传播业的主体产业，民生节目和娱乐节目受到重视。网络媒体迅速崛起，成为继报纸、广播、电视等传统媒体之后又一重要的传播形式，成为人们了解新闻、获取信息、增长知识的又一重要渠道。2000年5月9日，中宣部联合中央外宣办制定、下发了《国际互联网新闻宣传事业发展纲要（2000—2002年）》，确定以中国互联网络新闻中心等为首批国家重点新闻宣传网站，并提出了互联网新闻宣传事业建设的指导原则和奋斗目标。2010年1月，国务院又出台了多媒体改革措施，通过了跨媒体融合的总体方案，决定进一步加快推进电信网、广播电视网和互联网三网融合。随后，中国三网融合产业联盟宣布正式成立。

21世纪初，我国继续深化文化体制改革，传媒集团的组建和发展取得了成效。2001年8月24日，为实行跨地区经营、多媒体融合，国家文化、广电等有关部委提出组建一批大型文化集团，实现品牌名优、主业突出的业绩，提高综合竞争能力。在随后的几年里，国家多次发文，明确文化事业和文化产业的界限和范围，确立文化体制改革的基本框架，对文化体制改革和发展工作进行具体部署，要求积极打造跨区域、跨媒体的传媒集团。

2. 少数民族新闻传播政策进一步实施

2000年10月，我国启动了"西新工程"建设。尽管这一工程旨在进一步提高西藏、新疆等边远地区的广播电视覆盖率，但它的实施范围也涵盖了我国其他21个省、自治区近500万平方公里的国土面积。我国西部及边远地区也是我国少数民族较为集中的区域，信息传播的自然条件薄弱，"西新工程"的启动，就是要解决群众收听、收看广播电视困难的问题。到2010年，这项工程已经开展了三个阶段的建设工作，基本上解决了西部和边远地区广播电视覆盖问题，实现了少数民族地区信息传播硬件达标的目的。

2001年8月24日，中共中央办公厅、国务院办公厅颁布了《关于深化新闻出版广播影视业改革的若干意见》，指出要全力推进我国西部地区，尤其是少数民族地区新闻出版和广播影视业的改革和提升。中央宣传部、国家民委在 2008 年又制定了《党和国家民族政策宣传教育提纲》，大力开展多项少数民族文化工程，扶持传统通用的民族语文信息化和新闻出版、广播影视、翻译，保护少数民族文化遗产。

国务院也在 2009 年 7 月发布了《国务院关于进一步繁荣发展少数民族文化事业的若干意见》，其中对于支持少数民族文字网站和新兴传播载体有序发展，扶持民族类重点新闻网站建设，发展少数民族新闻出版事业和广播影视事业，加强边疆民族地区文化建设都作出了指示。

我国的少数民族新闻传播在国家民族政策和新闻政策的支持下，表现形式日趋多元化，传播内容丰富化，体现了少数民族新闻传播全新的变化发展。在推动报刊、广播、电视等传统媒体多元化拓展的同时，互联网、手机媒体、数字电视、移动电视等新媒体异军突起。2006 年，为了给少数民族新闻事业发展提供更广阔的平台，随着我国民族文字输入系统和媒体平台的开发和建设，国内首部多民族文字手机正式亮相，大部分少数民族新闻网站开始运用本民族语文和多种文字传播信息，把中国之声和民族之音传播到世界各个角落。目前，在整合地方新闻媒体、地方政府和中央媒体的人、才、物，联办网络媒体思路的指引下，民族网络媒体已经形成了中央级媒体与地方新闻传播网站合作密切、民族地方网站百花齐放的发展格局。[①]

进入 21 世纪，我国少数民族地区也迈入了新的发展时期，少数民族新闻传播在信息内容上也有了新的充实。一方面注重本地社会发展和农牧业实用信息的传递；另一方面针对少数民族独特的地域资源和文化资源，旅游信息和相关的文化信息凸显了。另外，随着我国社会主义市场经济新体制的建立，少数民族新闻传播在产业经营、引入广告理念、拓展多元盈利渠道方面也取得了可喜的成绩。

（二）东北地区少数民族媒介生态新变化的影响

2003 年 10 月，中共中央、国务院下发《关于实施东北地区等老工业基地振兴战略的若干意见》。2007 年 8 月 2 日，国务院又批复了《东北地区振兴规划》，进一步丰富了东北老工业基地振兴的内涵，指明了其发展方向。可以说，国家改造、振兴东北的计划为改善东北少数民族新闻传播

---

① 参见白润生《探索中前进：少数民族新闻事业三十年跨越》，《中国报业》2008 年第 9 期。

的软硬环境指明了道路，也对进一步确立少数民族新闻传播的"两极格局"起到了极大的促进作用。但对"两极格局"确立影响最重要的因素是新农村建设和朝鲜族民众跨境流动的新动向。

1. 新农村建设和"兴边富民行动"①"村村通"工程的影响

新农村建设是2005年10月召开的党的十六届五中全会提出的战略任务。在我党和国家的全力推进下，全国广大乡村在积极发展生产的基础上，通过整洁村容、实行民主管理、提高生活质量，新农村建设得到了全面的发展。东北地区少数民族县级新闻传播活动因为处于少数民族乡村第一线，了解广大农民、农村和农业问题，信息传播活动更有针对性和便捷性，因此，少数民族县级新闻传播不仅给广大农民带来了农牧科技、产业开发和经济转型的信息和建议，提供了学习、娱乐的新途径，也给他们带来了丰富的文化生活和精神享受，促进了民族地区的经济建设和文化发展。可以说，在新农村建设中，东北地区少数民族县域新闻媒体在广大乡村中具有不可或缺的重要性和必要性，也使少数民族县级新闻传播活动更加深入农村，为民服务的内容也更为丰富，范围也更为广泛。

另外，国家农村电影放映"2131工程"②"兴边富民行动""村村通"工程的影响进一步深化了县域乡村的新闻传播。这些工程的实施，重在加强农村基础设施建设，发展文化产业，实现民族乡（镇）广播电视全面覆盖，对东北少数民族县域乡村新闻传播的开展是极大的促进和提升。

2. 延边人口跨界流动的新趋向和国家西部大开发、"走出去"③ 工程的影响

进入21世纪特别是"十一五"期间，随着我国改革开放力度的加大和延边外向型经济蓬勃发展，朝鲜族作为跨境民族的流动性有了新的倾向。第一，延边离乡入关、进城创业的朝鲜族人数达60余万人，超过30万人次曾跨出过国门，仅在韩国、日本、俄罗斯、利比里亚、塞班岛等十

---

① 兴边富民行动是1999年由国家民委联合国家发展改革委、财政部等部门倡议发起的一项边境建设工程，实施范围是我国135个陆地边境县（旗、市、市辖区）和新疆生产建设兵团58个边境团场。兴边富民行动的宗旨就是振兴边境、富裕边民。

② 在21世纪初，在广大农村实现"一村一月放映一场电影"的目标。这一文化工程在1998年由文化部、国家广播电影电视总局组织实施，被称为"2131工程"。

③ "走出去"首先是经济领域的战略，由党的十五届五中全会于2000年10月第一次明确提出，意在利用国内外两种资源、两个市场方面有新的突破。2003年12月，"走出去"战略首次出现在文化产业领域。文化"走出去"战略的基本内涵之一就是对外文化宣传。

几个国家和地区从事劳务的朝鲜族人口就多达十几万。① 第二，延边吸引了 25 个国家和地区的 810 多家外资企业在延边置业发展。同时，全州也有几十家企业在俄罗斯和朝鲜投资建厂。第三，韩国民众大量进入中国。据 2006 年的统计，当时已经在中国开设的韩国公司就达到了 43000 余家，定居中国的韩国人已达到了 75 万余人，目前已近 100 万人，其数量已超过中国朝鲜族人口的一半。2006 年，来往于中国的韩国人就有 390 万人。中国已成为韩国最大的输出国，第二大输入国。② 朝鲜族跨境流动的多向性和高频率，使新闻传播渠道多样、信息集散快捷、新闻信息境内外交流更加方便。

在关内，韩国人发行的韩国语报纸、杂志、广告信息杂志等已达到了数十种，汉语新闻传播媒体也参与了其发行③。因地缘的关系，延边地区更是深受俄国和韩国等文化的影响。在延边的珲春市不仅能收听、收看俄国的广播、电视，而且有大量的俄罗斯人在此居住，形成了俄罗斯人较聚居的社区，俄罗斯的生活用品及报刊、书籍和各类光盘等随处可见。由于跨境民族人缘和地缘的影响，韩国传媒的影响就更大了。在延边可以收看 4 套韩国电视、广播，街头报亭里韩国的报纸《朝鲜日报》《新闻日报》等俯拾皆是，韩国的刊物、图书和各类光盘等不计其数。可以说，延边也深深受到了外来新闻传媒的影响。加强跨境新闻传播活动，把民族形象和中国形象推展到有关国家，是文化交流、发展必不可少的举措。

2006 年 8 月 10 日，延边卫视作为中国唯一一家朝鲜语卫星电视媒体正式"上星"播出。对于开播卫视频道的意义，延边广电局局长韩龙根简而言之就是两句话："向世界宣传延边、宣传中国；让世界了解延边，了解中国。"作为中国的朝鲜语电视媒体，延边卫视以"东北亚、民族、外宣"为自身主要宣传特色，确立了具有朝鲜族特色的国家级电视媒体地位。把延边卫视予以外宣的明确定位，这是"两极格局"确立的重要标志。

进入 21 世纪，国家西部大开发、"走出去"等战略工程的实施，使

---

① 参见孙岿《人类学视野下的朝鲜族消费文化变迁》，辽宁民族出版社 2008 年版，第 27—28 页。

② 参见崔相哲《关于中国朝鲜族新闻传播界使用韩国语问题的意向性思考》，载张志、王晓英《新媒体与民族文化传播研究》，中国广播电视出版社 2009 年版，第 148—149 页。

③ 同上。

朝鲜族语文新闻传播的实力和地位得到进一步加强和提升。2001年3月，经国务院西部开发办批复，延边朝鲜族自治州也享受西部大开发的若干政策，因此延边州成为我国东北享受该优惠政策的唯一地区。而作为实施西部大开发战略重要组成部分的"西新工程"（西藏、新疆等边疆少数民族地区广播电视覆盖工程）也把延边纳入其中。依托"西新工程"和"村村通"工程，国家对延边全州12部21千瓦的实验机全部进行了更新，对中波、调频、电视等发射设备进行了更新和改造，州中波台200千瓦发射机更新为全固态化，并投入使用。

2001年12月，国家广播电影电视总局颁布《关于广播影视"走出去工程"的实施细则（试行）》，制定了广播影视"走出去工程"的目标、任务，即把中国的声音传向世界各地。2005年1月国家广播电影电视总局在布置"十一五"工作时，也强调继续抓好"走出去工程"，加强吉林延边和广西、云南边境地区的广播电视基础设施建设。延边电视"上星"，就是这一工程的直接成果。

为落实《东北地区振兴规划》，进一步推进图们江区域改革开放，2009年8月30日，国务院批准《中国图们江区域合作开发规划纲要》①，这是国家第一个沿边开发开放区域规划。这一战略的实施，把中、俄、朝、韩、蒙、日东北亚六国的辽阔地理和开发开放的前景连接在一起，也把延边州从末端变成了中枢，战略地位凸显。延边作为该规划的核心区，被纳入国家发展战略，确定为"长（长春市）、吉（吉林市部分区域）、图（图们江）"开发开放先导区的"前沿"和"窗口"。这对于延边肩负起国家赋予的沿边开放"先行先试"的使命具有重大意义和深远影响。

自2006年8月延边卫视和延边朝、汉语卫星广播正式"上星"开播伊始，延边广播电视基础设施建设不断加强，广播、综合电视覆盖率进一步提高。到2011年，全州有广播电台1座，电视台1座，广播电视台8座；有公共广播节目9套，电视节目11套；广播综合覆盖率99.71%；电视综合覆盖率97.49%；全州形成以广播、电视、电影、报纸、网站、

---

① 该规划的主要范围是中国图们江区域的核心地区，即吉林省范围内的长春市、吉林市部分区域和延边州（简称长吉图），同时辐射我国其他参与图们江区域国际合作的辽宁省、黑龙江省和内蒙古自治区等地区。

剧团、音像出版、信号传输"八位一体"的延边广电格局。①

2001年至2006年，国家领导人胡锦涛、李长春、贾庆林来到延边视察，对延边民族进步事业等提出了指导和期望。延边重要的地理位置、文化底蕴、传媒实力和朝鲜族广泛的国际交往以及社会活动能力，必然使人们看重朝鲜族语文媒体的传播动态、实力和地位，也更凸显了延边朝鲜族语文媒体尤其是电视在跨境传播中对民族形象和国家形象塑造的重要性。

随着我国社会的发展和改革开放的深入，尤其是面对新媒体时代的要求，人们对少数民族新闻传播民族特色的认识越来越丰富、深刻。东北地区少数民族新闻传播已不局限于依托民族语言和民族风土人情、风光风景表现其民族特色，而是更重视少数民族在政治、经济、文化等领域勇于探索、开拓奋进的时代精神的挖掘和提炼，显示了其对民族精神和文化理念的深度认同。从此时期东北地区少数民族新闻传播的发展和对民族特色的深刻理解上看，"两极格局"更显坚实、稳固，得到了最终的确立。

---

① 参见张骁《延边建州60周年文化百花齐放　教育成就辉煌》（http://news.xwh.cn/news/system/2012/08/24/010280785.shtml，2012-8-24）。

第六章　当代东北地区少数民族新闻传播"两极格局"存在的问题及其症结

探讨东北地区少数民族新闻传播"两极格局"存在的问题及其症结，必须从传者和受众对县域传播、跨境传播的认知开始。受众是新闻传播的出发点和落脚点，也是新闻传播发展和改进的最基本的动力和依据，因此，对受众新闻传播认知的考察，可以更明确、更有针对性地看清、把握少数民族新闻传播的问题及其症结。而对传者新闻传播认知的考察，既能看出新闻传播主体在信息选择、内容诉求和表现方式等环节的弱项和优势，更可以通过将其与受众的认知比较，了解、廓清东北地区少数民族新闻传播"两极格局"存在的问题及其症结的全貌。总体来看，"两极格局"的问题，一定是"两极格局"总体和内部的问题，而问题的症结必须从媒介生态与新闻传播合力的影响中去寻找。

第一节　传者和受众对"两极格局"的认知与评价

对东北地区少数民族新闻传播"两极格局"的认识和评价，不仅涉及新闻传播自身的行为，如传播媒体的设置、沿革、种类、数量，传播内容与方式以及新闻教育和研究等，而且包括传者和受众对自身新闻素养、对新闻传播的认知与感受；而从后者不仅可以看出新闻传媒自身的传播动机、信息来源和传播目标等新闻要素的运作方式和发展动态，更能进一步看出新闻传播通过受众所产生的效果和作用。因此，考察传者和受众对新闻传播的认知，更能准确地判明新闻传播发展的现状和态势。对于东北地区少数民族新闻传播来讲，考察传者和受众对县域传播和跨境传播的认知和感受，更有利于全面衡量"两极格局"发展的现状和趋势，准确找出

"两极格局"及"两极格局"内存在的缺憾和问题,深层次探求其形成的时代和社会因素,进而寻找解决问题的现实对策,这是十分必要,也是必须的。

笔者于2008—2009年、2011年暑假和2012年、2013年寒假、暑假,主持了多次针对东北地区少数民族新闻传播的调研活动,其内容涉及东北少数民族地区和非少数民族地区,如:大连、丹东、沈阳、长春、哈尔滨、牡丹江和齐齐哈尔等地及民族自治地区新闻传播的各个环节及要素(见图6-1)。调查对象为当地媒体(主要是广播、电视和报纸)、媒体从业人员和受众。

图6-1 作者部分调查问卷

对后两者样本的选取考虑到了年龄、性别、学历、民族结构和职业身份以及语言差异、城乡差别等因素。调研采用抽样调查和入户访谈的方式、方法进行,调查问卷回收率和有效率都达到了98.3%以上。下文中的具体数字除注明外,均为调研所得。

一 传者和受众对县域传播的认知和评价
(一)传者的认知和评价
对传者的调查,作者选取了蒙古族、朝鲜族和满族地区12个县域的新闻从业人员。考虑到北镇市、凤城市和梅里斯达斡尔族区城市因素的增加,故此三个地区暂不与其他地区进行统计和分析。对上述12个县域的媒体从业人员各发放问卷100份,回收有效问卷各100份;对新闻媒介各发放问卷15份,回收有效问卷各15份。

1. 自身学历状况

表6-1　　　　民族地区广播、电视媒介从业人员①学历结构　　　（单位:人）

民族地区	地区	总人数	研究生	本科	大专	中专	本科以上所占比例
蒙古族地区	喀左县	190		9	32	28	4.7%
	阜蒙县	130		3	29	14	2.3%
	前郭县	122	1	33	15		27.9%
	杜蒙县	74	1	22	25	4	31.1%
满族地区	岫岩县	178		15	52	37	8.4%
	本溪县	130		20	33	20	15.4%
	新宾县	152		34	35	20	22.4%
	宽甸县	106		3	16	2	2.8%
	桓仁县	135		38	67	30	28.1%
	清原县	48		2	33	7	4.2%
	伊通县	73		34	23	12	46.6%
朝鲜族地区	长白县	48	1	27	15	5	58.3%

调查数据显示,在东北少数民族地区媒介从业人员(县报从业人员略)中,蒙古族地区本科以上学历平均占16.5%,满族地区占18.2%,朝鲜族地区占58.3%。蒙古族和满族地区媒介从业人员的学历明显偏低。这一民族地区差异还体现在省份地区差异中。如果按地区统计,吉林少数民族地区媒介从业人员本科以上学历平均占44.2%,黑龙江占31.1%,辽宁占11.5%。辽宁2个蒙族自治县的媒体从业人员中本科学历者可以说是稀缺的。

在信息高度发达、传播日趋国际化的今天,这种学历的民族结构和地

---

① 因民族自治县报社报纸的出版方式不同,以及从业人员专兼职和隶属关系的差异,本书未对其学历情况予以比较分析。

区结构显然是无法适应信息社会大众传播需求的。作为民族自治县的广播电视媒体,在民族地区的经济文化建设中发挥着举足轻重的作用。本地区的新闻传播要纳入全省、全国乃至全球的传播轨道,必须有一批高层次的媒体从业人员。

2. 年龄状况

表6-2　　　　民族地区广播、电视媒体从业人员年龄分布　　（单位：人）

民族地区	自治县	总人数	20—30岁	31—40岁	41—50岁	51岁以上	40岁以下所占比例
蒙古族地区	喀左县	190	35	67	68	20	54%
	阜蒙县	130	29	43	34	20	55%
	前郭县	122	28	47	28	19	61%
	杜蒙县	74	26	28	12	8	73%
满族地区	岫岩县	178	75	45	30	20	67%
	本溪县	130	20	55	40	15	58%
	新宾县	152	62	38	30	22	66%
	宽甸县	106	22	35	34	15	54%
	桓仁县	135	18	41	35	41	44%
	清原县	48	4	13	30	1	35%
	伊通县	73	17	25	22	9	58%
朝鲜族地区	长白县	48	11	23	10	4	71%

调查数据显示,少数民族地区媒介从业人员40岁以下所占比例朝鲜族地区平均为71%,蒙古族地区为61%,满族地区为55%,朝鲜族地区最高,满族地区低于蒙古族地区,基本持平。如果按地区统计,少数民族地区媒介从业人员40岁以下所占比例黑龙江平均为73%,吉林为63%,辽宁为56%。各省份和民族地区虽有差异,但媒介从业人员40岁以下所占比例均超过一半,说明民族地区的新闻传播事业近年来发展速度很快。年轻的队伍富于活力和创新,是传媒事业快速发展的前提和保证,因此这种年龄构成也预示着民族地区新闻传播事业今后的高速与高效发展。

面对当今媒体发展的强烈攻势,传播内容要求更加鲜活,当然更需要从业人员具有创造性思维。有很多年龄偏大的媒体从业人员由于本身的起点低,思维不开阔,对新事物接受起来比较慢,对媒体策划、节目(栏目)策划及制作等方面容易恪守成规。面对社会的飞速发展,受众接触新鲜事物的要求逐渐强烈,看事情的角度与观点也各不相同,因此,要求媒体从业人员要有敏锐的眼光,有丰富的创造性。通常年轻人更能适应时代的潮流,思想活跃、充满激情、富有干劲,但是他们也存在不成熟的因素,容易走极端,一味地追求突破,把握不好方向和尺度,这就需要老一辈人做好指导。由年轻人提出创造思想,由富有经验的老工作者掌舵,成了当代新闻媒体机构的最佳组合。

3. 民族语言的掌握和运用

笔者对民族地区媒体从业人员自身民族语言的掌握状况专门进行了调查。

表6-3　　民族地区广播、电视媒体从业人员自身民族语言的
掌握状况　　　　　　　　　（单位:人）

民族地区	自治县	总人数	少数民族职工人数	听说写较熟练人数	语种
蒙古族地区	喀左县	190	62	3	蒙古语
	阜蒙县	130	48	4	蒙古语
	前郭县	122	31	4	蒙古语
	杜蒙县	74	23	21	蒙古语
满族地区	岫岩县	178	134	0	
	本溪县	130	78	3	朝鲜语
	新宾县	152	106	4	朝鲜语
	宽甸县	106	47	0	
	桓仁县	135	10	1	朝鲜语
	清原县	48	28	0	
	伊通县	73	25	0	
朝鲜族地区	长白县	48	10	10	朝鲜语

从民族地区媒体从业者中少数民族人员所占比例可以看出,尽管满族县远远大于蒙古族县,但满族地区根本没有能运用满族语文的媒介人员。

有的满族自治县对本地区的朝鲜族受众较为重视，专门安排了懂得运用朝鲜语文的媒介人员。由此可见，满族地区少数民族从业人员虽已成为媒体工作人员的主流，但没有人会满语，只能用汉语传播。这就从传者角度决定了当地以汉语为主要传播语言的现状。

蒙古族地区少数民族人员并不占媒体工作人员的多数，而能熟练运用民族语言的媒体人员也是少数。在蒙古族语言文字规范运用和发展的情况下，为何在蒙古族地区会出现这种状况呢？调查原因显示，蒙古族地区还居住着满族、回族等十个少数民族，大都使用汉语文，而蒙古族民众自身使用蒙、汉双语的情况也十分普遍，因此，新闻传媒没有对从业人员民族成分提出过高的要求，只是对传媒中相关人员提出了熟练运用民族语言的标准。这就决定了当地以汉语为主要传播语言、以蒙古语为辅助传播语言的现状。当然，较理想的情况当属朝鲜族地区新闻传播中民族员工对民族语文的运用。

4. 对县域乡村传播现状的认识

在蒙古族、满族和朝鲜族地区分别抽样调查了50名媒体从业人员，分别列出了县域乡村传播的8条优势，即：（1）了解农村；（2）反应迅速、及时；（3）贴近受众；（4）节目丰富；（5）栏目设置灵活；（6）擅长采集、表现民族民间艺术；（7）双语传播；（8）民族特点突出。

调查显示，媒介从业人员认为县域乡村传播最大的优势前三项是：了解农村（95%），反应迅速、及时（91%），贴近受众（87%）。不过，这三项基本还属于新闻传播中的思想意识，就是说，媒介从业人员对县域乡村传播的优势有了充分认识和思想的准备，但后几项显示新闻传播实际操作中的优势，还没有充分发挥出来，与思想意识上的优势还有较大的差距。

同样，调查中也列出了县域乡村传播的8条缺点，即：（1）电视独大，广播萎缩；（2）惠农节目较少；（3）与农村受众沟通不够；（4）人、财、技术等匮乏；（5）转播上级内容和娱乐节目较多；（6）配合政府工作的意识较重；（7）传播形式单调；（8）商业意识淡薄。

调查显示，媒介从业人员认为县域乡村传播最大的缺点前三项是：人、财、技术等匮乏（96%），配合政府工作的意识较重（82%），转播上级内容和娱乐节目较多（78%）。由此可见，除了需要加大人力、物力和技术的投入力度，媒介从业人员还需解放思想，开拓思维，真正把农民当成受众，变为农服务为扎扎实实的惠农服务。

5. 对媒体运用民族语言、民族特色的认识

我们在蒙古族、满族和朝鲜族地区分别抽样调查了50名媒体从业人员，把他们对少数民族语言的认识制成了表6-4、表6-5、表6-6。

表6-4　蒙古族地区媒体从业人员对媒体运用民族语言的认识

（单位：人次）

态度	使用民族语言（单选）	原因（可多选）									
		听众人数			媒体中使用民族语言的人数			民族节目时间			内容表现民族特色		形式表现民族特色	
		多	少	无	多	少	无	适当	有限	没有	能够	较难	能够	较难
不重要	7		7			7			7		1	6	5	2
一般	12		11			12			12		1	11	10	2
很重要	31	31				25		21			15	16	29	3

表6-5　满族地区媒体从业人员对媒体运用民族语言的认识

（单位：人次）

态度	使用民族语言（单选）	原因（可多选）									
		听众人数			媒体中使用民族语言的人数			民族节目时间			内容表现民族特色		形式表现民族特色	
		多	少	无	多	少	无	适当	有限	没有	能够	较难	能够	较难
不重要	8		8			7			7		7	5	2
一般	35		34			33		31			10	25	28	7
很重要	7	7				7		7			5	2	7	1

表6-6　朝鲜族地区媒体从业人员对媒体运用民族语言的认识

（单位：人次）

态度	使用民族语言（单选）	原因（可多选）									
		听众人数			媒体中使用民族语言的人数			民族节目时间			内容表现民族特色		形式表现民族特色	
		多	少	无	多	少	无	适当	有限	没有	能够	较难	能够	较难
不重要			1			8			7			5	4	

续表

态度	使用民族语言（单选）	原因（可多选）									
^	^	听众人数			媒体中使用民族语言的人数			民族节目时间			内容表现民族特色		形式表现民族特色	
^	^	多	少	无	多	少	无	适当	有限	没有	能够	较难	能够	较难
一般	4	16				11		2	10		2	11	11	1
很重要	46	46				30			31		36	19	48	2

从表6-4、表6-5、表6-6中可以看出，蒙古族、满族和朝鲜族地区的媒体从业人员对媒体运用少数民族语言的认识有着较大的区别。

在蒙古族地区，有62%的从业人员认为媒体使用少数民族语言"很重要"，同时认为节目形式"能够"表现民族特色，但内容表现民族特色"较难"。

在"听众人数"一栏中认为民族语言"很重要"的从业人员与认为民族语言"一般""不重要"的从业人员之间的观念差异尤值得深思。持"很重要"观点的从业人员认为，蒙古族受众占当地少数民族人口的多数，因此，大众传播使用民族语言对他们十分重要。而持"一般""不重要"观点的从业人员认为，当地人口绝大多数不是蒙古族受众，因此大众传播不必要采用民族语言。

在满族地区，认为民族语言的重要性"一般"的从业人员，占到了70%。他们除了在"听众人数"一栏所认定的原因与上述相同外，他们还认为，在媒体中"根本没有"使用民族语言的从业人员，因此他们觉得目前民族节目时间"适当"；而蒙古族地区的从业人员认为节目时间"有限"。两地都认为节目形式"能够"表现民族特色，但民族特色在节目内容中表现较难。

在朝鲜族地区，认为民族语言的重要性"很重要"的从业人员，占到了92%。其原因认为是"听众人数多"也占到了92%，但是认为现在的新闻媒介中"使用民族语言的人数"较少，"民族节目时间"有限。即使如此，仍有72%和96%的人认为，新闻传播的内容和形式"能够"表现民族特色。由此看来，朝鲜族语文的较好保留以及对朝鲜族风土人情的弘扬的确对其民族特色的发挥产生了巨大的作用。

(二) 受众的认知和评价

新闻传播是以受众为本的，受众是传播活动的出发点和落脚点，最能体现新闻传播的重要影响和发展态势。当然，受众对传播过程的参与、对传播内容的选择等，都对新闻传播产生了重要的反馈作用。因此，对受众进行详尽的调查就能够了解新闻传媒的基本影响和受众的要求。针对受众的调查结果也将是对民族地区大众传播最直接、最简单、最真实的反映，也能确切地暴露并发现问题。

作者在蒙古族4县、满族7县和朝鲜地区的长白县与和龙市①各选择了200名受众就当地县域新闻传播进行了调查，结果如下。

1. 蒙古族地区受众调查内容综述

家庭的大众传播设备拥有率达100%。每家基本拥有两种以上的传播设备。其中电视拥有率最高达到98%；收音机等传统设备占到了60%，不过在逐渐减少；电脑作为新型的传播设备在城镇至今已达到了30%。大众传媒的普及程度和质量，是受众视听保障的前提。由于"村村通"政策的实施，蒙古族地区受众的传媒硬件拥有率比较高。

受众对网络媒体重要性的认识在逐渐提高。从网络的接触情况看，网络这种新兴媒体已逐渐引起了受众的兴趣和使用意愿。由于网络媒体的硬件要求高，因此在民族地区的普及率较低，基本上只有城镇受众才能接触到。从年龄上看，以城镇里的青少年为主。因为上网查询信息相对比较广泛、快捷，所以在被调查的人群中，能够有条件上网的人每天上网时间在2小时以上的达到了100%，当然，其主要目的还是娱乐。

受众100%能收看、收听到普通电视节目和广播节目。最经常接触的媒体是电视，占到了98%。收听广播的受众占45%，选择蒙语广播的占56%。可见，蒙古族地区广播受众中，选择收听蒙语广播的占绝大多数，表明蒙古族受众对民族语言文化的传承与热爱。

每天看电视的时间在1—3小时的受众占68%，3小时以上的占7%。从接受意愿强弱上看，收看中央电视台的受众占76%，可以接收省电视台的占64%，接收到市电视台的占64%，接受自治县电视台的占40%，大多数可将这几个台同时接收。选择收看"本地新闻"的占52%，选择

---

① 和龙市是延边朝鲜族自治州所辖的县级市。截至2010年，全市总人口20.1万人，朝鲜族人口占总人口的51.5%，是延边朝鲜族人口较为聚居的地区。

调台时随意在"本地新闻"停留的占 60%，有的则二者兼选。虽然本地新闻制作质量明显赶不上省台、中央电视台，但本地新闻更贴近自己的生活，更容易了解自己的生活状况，再加上本地新闻时间并不与中央电视台、省级等新闻时间冲突，所以本地新闻也有较高的受众支持率。

经常收看新闻节目的受众占 45%，经常收看娱乐节目的占 34%，经常收看经济节目的占 10%，经常收看科教节目的占 9%。这表明，该地区受众的社会参与意识、社会责任意识较强，已经意识到大众传播与个人生活的密切关系。

空闲时间选择在家里看电视的占到了 88%，位居首位；选择看报纸和杂志的占 76%；选择看电影的占 48%；选择上网的占 38%；选择走亲友的占 20%。

约 81% 的受众平时接触报纸，约 54% 的人坚持阅读，2% 的人长期订阅。县报订阅率达到 80%，多为单位订购。长期订阅杂志的个人占 9%。经常购买、阅读的达到 30%，偶尔购买的占 44%。受众看报者多但主动订阅的极少。城镇读报人数多于农村读报人数。

2. 满族地区受众调查内容综述

家庭的传播设备拥有率达 100%。每家都拥有两种以上的传播设备。其中电视机拥有率最高，达到 98.5%；收音机等传统媒体逐渐减少，占到了 30%；电脑作为新型的传播设备在城镇至今已达到 40%。传媒硬件比较完备，电脑拥有量较高。城镇里年轻人选择网络的意愿较浓。被调查的人群中，能够有条件上网的人每天上网时间在 2 小时以上的达到 96%。

受众 100% 能收看、收听到普通电视节目和广播节目。最经常接触的媒体是电视，占到了 98.5%。收听广播的不足 30%，其中以收听汉语广播为主的占 97%；在新宾县收听民族语广播的占 12.5%，并表示收听的是朝鲜语广播。这表明新宾县不仅以汉语言为主进行大众传播，还以其他民族语言节目进行补充。

每天看电视的时间在 1—3 小时的占 78%，3 小时以上的占 10%。从接受意愿强弱上看，收看中央电视台的占 71%，收看省电视台的占 83.3%，收看市电视台的占 30%，收看自治县电视台的占 13%。选择收看本地新闻的占 54%，选择调台时随意停留的占 63%，有的二者兼选。经常收看的节目中娱乐占 70.8%、新闻占 54%、经济占 50%、科教占

4.2%。看来，娱乐休闲的需求在满族地区还是较大的。

空闲时间选择在家里看电视的占到了90%，居首位；选择看报纸和杂志的占70%、选择上网的占40%、选择看电影的占40%、选择走亲友的占13%。受众约88%的人平时接触报纸，约56%的人坚持阅读，有9%的人长期订阅。县报的订阅岫岩达到98%，新宾达到96%，多为单位订购。杂志长期订阅的个人占13%。经常购买、阅读的达到40%，偶尔购买的占51%。

3. 朝鲜族地区受众调查内容综述

每家都拥有两种以上的传播设备，其中电视机拥有率99%，收音机等传统媒介虽逐渐减少，但也占到了39%。电脑在城镇达到了48%的拥有率。被调查的人群中，能够有条件上网的人每天上网时间在2小时以上的达到了100%。

受众100%能收看、收听到普通电视节目和广播节目。最经常接触的媒体是电视，占到了100%。两县收听广播的达到了48%，其中收听朝鲜语广播的占95%，这说明民族语言广播在民族地区深受听众欢迎。

每天看电视的时间在1—3小时的占84%，3小时以上的占11%。从接受意愿强弱上看，收看中央电视台的占82%，收看省电视台的占34%，收看市电视台的占85.3%，收看自治县电视台的占42%。选择收看本地新闻的占64%，选择调台时随意停留的占63%，有的二者兼选。经常收看的节目中娱乐占60.8%，新闻占59%，经济占50%，科教占4.2%。

空闲时间选择在家里看电视的占到了70%，也位居首位；选择看报纸和杂志的占66%；选择上网的占52%；选择看电影的占43%；选择走亲友的占34%。

受众约92%的人平时接触报纸，约61%的人坚持阅读，有15%的人长期订阅。县报的订阅达到98%，也多为单位订购，杂志长期订阅的个人21%。经常购买、阅读的达到49%，偶尔购买的占58%。

4. 受众认知对比

总体上看，蒙古族、满族和朝鲜族对传播设备的拥有率较高，情况基本接近，对当地新闻传播的认识也较为一致，尤其对"电视独大"的局面的认知相同，但其媒介接触存在明显差异。

（1）媒介偏重不同

蒙古族地区收听广播的人数占45%以上，朝鲜族地区占39%，但满族地区不足30%。从地理环境上看，蒙古族地区多处在低山丘陵地区，其无线信号覆盖面比地处东部山区的满族地区信号覆盖面广，信号质量高，因此广播就占有一定的优势。当然，这与广播媒介的推展力度也有关系。

（2）媒体接触率不同

由于朝鲜族、满族地区的经济状况略好于蒙古族地区，受众收入水平高于蒙古族地区，因此，朝鲜族、满族地区受众的大众媒介的接触率就比蒙古族地区的高。作为新型传播设备电脑的家庭拥有率在蒙古族地区的城镇达到了30%，但在满族地区的城镇都超过了40%，在朝鲜族地区的城镇已达到近一半。

受众受教育程度和文化水平直接影响新闻传播的质量和效果，尤其对平面媒体和纸质媒体影响巨大。蒙古族地区有2%的人长期订阅报纸，满族地区有9%，朝鲜族地区有15%。蒙古族地区长期订阅杂志的个人有9%，满族地区有13%，朝鲜族地区有21%。

（3）媒体接触时间不同

由于满族地区的受众多从事农业、林业，闲暇时间多于从事农牧和矿业的蒙古族受众，因此他们在接触媒体的时间上也有所不同。蒙古族地区受众每天看电视的时间为1—3小时的占68%，而满族地区受众每天看电视1—3小时的占78%以上，从事农田作业的朝鲜族受众也达到了84%。

（4）对民族语言的倾向不同

由于语言环境的差异，朝鲜族和蒙古族受众对运用民族语言的新闻传播节目更乐意接受。

从接受意愿强弱上看，蒙古族地区收看本市电视的占64%，收看本地县（市）电视台的占40%；而满族地区分别为30%和13.3%；朝鲜族地区分别为85.3%和42%。朝鲜族地区受众收看市电视台的比例超过了收看中央电视台82%的比例。广播听众虽有趋少的势头，但在广播听众中，收听朝鲜语广播仍占95%，蒙语广播占56%，从中可以看出民族语言等特色的亲和力和吸引力。

（5）媒体接触意愿不同

民族地区受众对本地新闻都有极大的兴趣，这也是他们接触新闻传播的重要原因，但是休闲娱乐的因素不可忽视。蒙古族地区经常收看新闻节目的受众占45%，经常收看娱乐节目的占34%；满族地区是54%和

70.8%；朝鲜族地区是59%和60.8%。由此看来，在满足受众文化娱乐需求的同时，如何扭转娱乐化的倾向，这是一个两难的问题。

（6）对民族特色认识的差异

表6－7　　　　受众认可的大众传播民族特色的表现方式　　　　（单位:%）

表现方式	蒙古族地区	满族地区	朝鲜族地区
民族语言	40	2	48
民族风格主持	21	5	1
民族文艺活动	18	43	3
民族风土人情	12	40	32
民族地区新闻	9	10	16

通过比较分析，可以看到，在朝鲜族地区有近一半的受众青睐民族语言表现民族特色，在蒙古族地区也有40%。而在不使用本民族语言的满族地区，80%的受众认为民族文艺活动、民族风土人情能够体现民族特色。可见，民族语言对民族特色表现的影响十分重大。

表6－8　　　　受众对大众传播表现民族特色情况的认知　　　　（单位:%）

特色认定	蒙古族地区	满族地区	朝鲜族地区
几乎没有	11	23	2
偶尔提及	27	70	18
经常具有	62	7	80

蒙古族地区的受众对节目"经常具有"民族特色的认定，达到了60%以上，但受众也表示，这是受到了民族语言和民族风格主持的影响，对传播内容的民族特色认可度不高。满族地区的受众尽管对民族文艺活动、民族风土人情所体现的民族特色认可度较高，但对新闻传播的表现和反映的程度并不认可，认为在大众传播中民族特色"偶尔提及"的占到了70%。只有朝鲜族地区的受众对媒介表达民族特色较满意，但主要是沾了民族语言的"光"。

二 中国朝鲜族受众和韩国人、朝鲜人对跨境传播的认知和评价

延边卫视在朝鲜族语文新闻媒介的跨境传播中具有代表性和典型性，因此，本书对朝鲜族语文新闻媒介跨境传播的调研主要针对延边卫视展开。

（一）延边卫视境外收视人口

2006年，延边卫视开通当年就在朝鲜罗先市和羊角岛饭店落地。2007年，在俄罗斯的双城子和海参崴收视人口241万人[①]，2009年由延边卫视译制的中央电视台"新闻联播"朝鲜语版在韩国中华TV完整播出，收视终端900万户，收视人口3100万人。2010年，延边卫视在日本东京通过交互式电视（IPTV）实现全境落地，收视人口达300万人左右。[②] 截至目前，延边卫视境外的收视人口为3641万人左右。

据延边大学教授李逢雨先生的调查，在延边地区延边卫视的地位和传播效果远远不如延边地面电视台。其调查显示，当地朝鲜族最喜欢收看的是延边电视台（28.9%）和韩国卫星电视（23.0%），而延边卫视则排在末尾，不到3%。因此，作为跨境传播的延边卫视其作用还在跨境外宣上，境外观众的意见和建议当然十分重要。但是在中国内地不仅有60多万中国朝鲜族人，还有100多万的韩国人和朝鲜人，跨境传播的"跨"不仅是对外宣传，还包括对上述国内的朝鲜族受众、朝鲜人和韩国人的新闻传播。因此，对这部分受众的调查就显得十分重要了。

2012年寒假，我们主持了沈阳市和平区西塔街道办事处和丹东市[③]针对延边卫视的调查，每个地区选取了中国朝鲜族观众和朝鲜、韩国观众各100人（年龄段基本在25—55岁），每人发放1份调查问卷，这一问卷由受众对延边卫视节目问卷和总体评价问卷构成。

[①] 参见延边朝鲜族自治州广播电视局《延边广播电视年鉴（2008年版）》（吉林省内部资料性出版物，第200704015号），2008年，第65—166页。

[②] 参见《延边卫视成为边境地区外宣重要窗口》（http：//www.jl.gov.cn/shfz/gbys/xmtcy/201112/t20111201_1112633.html，2011-12-1）。

[③] 沈阳市西塔办事处总人口39749人，其中朝鲜族常住人口8338人，另有近3000人韩国人在此长期居住。西塔商业街是集餐饮业、文化娱乐和朝鲜族特色商业于一体的民族风情区，外资和合资企业中以韩国居多。丹东是中国最大的边境城市，现有总人口242.9万人，朝鲜族常住、暂住和流动人口约3万人，是国内朝鲜族居住人数较多的地区之一。

（二）受众对收看延边卫视节目问卷详述

表6－9　　　　中国朝鲜族受众的调查结果（可以多选）　　　　（单位：人）

节目类别	栏目名称	栏目内容	喜欢 中国	喜欢 韩朝	喜欢但冲突会换台 中国	喜欢但冲突会换台 韩朝	随意看看 中国	随意看看 韩朝	不看 中国	不看 韩朝
新闻节目	延边卫视新闻（朝）		86	46	13	11	6	2		
	延边卫视新闻（汉）		34	8	36	41	13	33		
	新闻联播	译制中央电视台"新闻联播"	56	89	45	21	7	3		
社教节目	故乡之晨	反映中国朝鲜族风土人情	61	46	24	45	12	15		
	体育与健康	报道竞技体育和关注全民健身	42	52	34	41	16	18		
	法眼看天下	普及法律知识、传播法制观念	21	43	56	48	23	12		
	我们的花园	展示多姿多彩的青少年生活	13	21	75	64	34	41		
	伸出友爱之手	资助贫困学生	36	31	61	45	32	39		
	钓鱼系列专题	原版从韩国引进，讲授钓鱼技法	61	28	12	15	13	12		
	汉字宫	益智故事中学习汉字	24	43	36	38	45	35		
	财富故事会	与商界精英们细谈财富故事	32	26	45	54	42	46		
专题节目	看神州	以中国朝鲜族电视人的视角审视中国传统文化	33	39	21	21	33	32		
	天南地北延边人	采访走出和走进延边的成功人士	64	47	11	32	14	34		

续表

节目类别	栏目名称	栏目内容	喜欢 中国	喜欢 韩朝	喜欢但冲突会换台 中国	喜欢但冲突会换台 韩朝	随意看看 中国	随意看看 韩朝	不看 中国	不看 韩朝
专题节目	图们江（包括"今日延边""文化网络""文化漫步""文化人物""文化遗产"）	对散居在全中国乃至世界各地朝鲜族相关人员进行采访，讲述图们江区域发展变化	46	42	25	26	26	21		
文艺节目	阿里郎剧场	展现中国朝鲜族文艺作品	32	35	34	31	12	25		
文艺节目	文化广场	中国朝鲜族文艺工作者访谈	13	26	54	43	42	47		
文艺节目	延边歌曲大热唱	弘扬中国朝鲜族原创歌曲	47	21	46	29	32	42		
文艺节目	观众点播		45	51	44	52	21	18		
文艺节目	译制国产电视剧		37	42	38	40	31	13		
文艺节目	原版汉语国产电视剧		23	39	21	42	34	11		
文艺节目	原版韩国电视剧		54	41	13	36	12	13		

由表6-9可见：

（1）中国的朝鲜族人对"延边卫视新闻"（朝）、译制中央电视台"新闻联播"有极大的兴趣，但是朝鲜和韩国受众的兴趣多在后者。中国的朝鲜族人多关注反映中国朝鲜族风土人情的"故乡之晨"和"钓鱼系列专题"，朝鲜和韩国受众多关注"体育与健康""法眼看天下""汉字宫"。采访走出和走进延边的成功人士的"天南地北延边人"双方收视率都较高，就是因为其体现了朝鲜族四海为家、达观豁然、大胆创业、敢为人先的民族精神，国人和外国人都可以受到启发。"原版韩国电视剧"受到双方的欢迎，因为其不仅满足了中国朝鲜族的好奇心，也平复了韩国人的思乡情。

（2）"喜欢但冲突会换台"的选项里，对"译制中央电视台'新闻联播'"，中国朝鲜族为45人，因为其懂得双语的人数较多，收看的机会也多，所以"喜欢但冲突会换台"的比例较高，朝鲜和韩国受众会双语的较少，大多不会换台；"故乡之晨"中国朝鲜族人较少会换台，但是朝鲜和韩国受众有近半数会换台；"伸出友爱之手"的较高换台率应引起延边卫视的注意。"看神州""天南地北延边人""图们江"受到普遍欢迎，换台率较低。"原版韩国电视剧"换台的比率显然低于"原版汉语国产电视剧"和"译制国产电视剧"，从反面印证了"原版韩国电视剧"受到双方欢迎的现实。

（3）"财富故事会""文化广场""我们的花园"等栏目"随意看看"的比率虽未超过一半，但都接近或超过40%，值得延边卫视重视。

（三）受众对延边卫视总体评价问卷详述

1. 延边卫视与其他卫视不同的是：（可多选）

□民族语言播报　□汉语播报　□延边特色　□朝鲜族特色　□亲切贴近　□了解中国　□了解朝鲜或韩国　□栏目丰富　□信息及时　□节目新颖　□信息适用　□主持人知名　□栏目知名　□信息开放　□沟通便捷

对这一问题的调查，中国朝鲜族观众认可度较高的三项是：民族语言播报96%、亲切贴近81%、延边特色51%。认可度较低的三项是：了解朝鲜或韩国6%、沟通便捷10%、信息开放12%。韩国和朝鲜观众认可度较高的三项是：民族语言播报97%、了解中国51%、栏目丰富48%。认可度较低的三项是：信息及时9%、沟通便捷10%、了解朝鲜或韩国11%。

可以看到，"民族语言播报"和"了解中国""延边特色"都为观众认可，"沟通便捷"方面人们都不认可。最意味深长的是中国的朝鲜族和朝鲜人、韩国人都需要"了解朝鲜或韩国"，可能人们不仅好奇异国他乡，更想了解异国他乡对自己的国家、家乡的感受和印象。这的确需要延边卫视反思。

2. 延边卫视具有（单选）：

□国际特色　□民族特色　□地方特色　□特色不足

对此选项，中国朝鲜族观众认可的排序是：民族特色 51%，地方特色 32%，特色不足 12%，国际特色 5%。韩国和朝鲜观众认可的排序是：地方特色 42%，民族特色 31%，特色不足 20%，国际特色 7%。韩国、朝鲜观众与中国朝鲜族观众意见不同的是延边卫视多具备"地方特色"，而不是"民族特色"，这一点值得我们深思。在延边卫视基本不具备"国际特色"方面几方的观点倒是一致。

3. 延边卫视的类型是（单选）：

□交流服务型　□政治宣导型　□休闲娱乐性　□综合新闻型 □说不清

中国朝鲜族观众认可度较高的三项是：综合新闻型 62%，休闲娱乐型 29%，说不清 9%。韩国和朝鲜观众认可度较高的三项是：综合新闻型 51%，说不清 46%，休闲娱乐型 3%。看来，双方对延边卫视为"综合新闻型"比较认可，对"休闲娱乐型"分歧较大，而"政治宣导型"则没有人选。

第二节 "两极格局"存在的问题

迈入 21 世纪后，东北地区少数民族新闻传播取得了长足进步，但是，如果从全国和东北范围来看，东北少数民族新闻传播仍然存在不可忽视的问题，问题同进步一样明显和突出。分析东北地区少数民族新闻传播存在的缺憾，其目的就是要看清现实问题，找出问题的成因，进而提出解决问题的对策。

截至 2010 年 7 月，全国共计播出机构 2638 座，其中有 2120 座广播电视台，247 座电视台，227 座广播电台和教育系统所属的 44 座教育电视台。[1] 全国百万人均播出机构 1.97 座，少数民族百万人均播出机构 23.2 座；东北有新闻传播播出机构总数为 226 座，其中广播电台 39 座，电视台 40 座，广播电视台 139 座，教育电视台 8 座[2]；东北三省百万人均播出机构 2.06 座，少数民族百万人均播出机构 20.1 座，但是民族地区少数民

---

[1] 参见国家统计局《2010 年国民经济和社会发展统计公报》（http://www.stats.gov.cn/tjgb/ndtjgb/qgndtjgb/t20110228_402705692.htm.，2011-2-28）。

[2] 参见国家广电总局（http://www.sarft.gov.cn）有关统计信息。

族百万人均播出机构仅为 12 家。单就传播的硬件拥有率上看，很明显东北高于全国的水平，但少数民族传播的硬件拥有率明显低于全国的水平，民族地区少数民族传播的硬件拥有率就更低。

相比较同一时期，全国广播节目和电视节目综合人口覆盖率分别为 96.8% 和 97.6%[①]，东北三省广播和电视节目综合人口覆盖率为 98.5% 和 98.6%。东北少数民族地区广播节目和电视节目综合人口覆盖率为 96.5% 和 97.4%，与东北广播电视的覆盖率相比有一个多百分点的距离。可见，东北少数民族地区的广播电视覆盖率虽基本与全国的水平相当，但与东北地区相比有差距。

东北地区少数民族新闻传播现已形成了"两极格局"，那么，东北地区少数民族新闻传播的问题和不足也在这"两极格局"中显现得更为鲜明和具体，换句话说，东北地区少数民族新闻传播存在的问题，也正是"两极格局"和"两极格局"内存在的问题。

一 "两极格局"总体失衡

（一）朝鲜族语文媒体发展快速，跨境传播势头较强

1. 品类齐全，层次多样

东北朝鲜族新闻传播不仅拥有较早历史传统和技术积淀，而且品类齐全，层次多样。朝鲜语文新闻传播所使用的媒介从传统媒介的报纸、杂志、广播、电视、电影到音像发行及互联网、手机、手持智能终端等新兴媒介，几乎涵盖了当代新闻传播运用的所有媒介品类，而且报纸、广播和电视等传播媒介已形成了省、市、县三级传播体系。

截至 2011 年，东北地区朝鲜文报纸有 23 种，期刊有 17 种，广播、电视等播出机构共 17 座，朝鲜文出版机构接近 10 家。这些传播媒介的数量占到了东北使用少数民族语言或双语媒介数量的大半。上文提到的少数民族媒体的传播级别，从省级到自治州（市）级，再到自治县级一应俱全，其实就是朝鲜族语文新闻传播现状的体现。

2. 标准较高，影响较大

在 2011 年 1 月 1 日前，黑龙江朝鲜语广播是中国朝鲜语广播当中唯

---

① 参见国家统计局《2010 年国民经济和社会发展统计公报》（http：//www.stats.gov.cn/tjgb/ndtjgb/qgndtjgb/t20110228_402705692.htm.，2011-2-28）。

一只用朝鲜语播音的广播电台,每天播音660分钟,而延边人民广播电台已成为目前全国地区级广播电台中输出功率最大、可收听区域最广、播音时间最长的广播电台。全国唯一地区级"上星"媒体——延边卫视正式开播,它通过鑫诺四号卫星,不仅覆盖中国全境,而且在亚洲、欧洲、大洋洲的50多个国家和地区都可以收看到延边卫视的节目。

目前东北朝鲜文的报纸中,历史最久、影响最大的是延吉的《延边日报》。《延边日报》发行范围已扩大到国内26个省、市、自治区以及朝鲜、韩国和日本等国家。《黑龙江新闻》(哈尔滨)是三个省级报纸中影响力最大的报刊,发行覆盖黑龙江、吉林、辽宁等、东南沿海地区以及朝鲜、韩国、日本等,发行量达6万多份①,是目前全国最具实力和发展规模的朝文报刊之一。

延边大学不仅位列国家"211、985工程",其朝鲜语文系新闻专业也是全国唯一用朝鲜语授课的新闻学专业。延边的新闻出版业担负着为全国朝鲜族读者提供精神食粮,特别是担负着全国朝鲜族中、小学教材和未成年人读物的出版发行重任。

3. 媒介发展不均衡

仅就朝鲜语文传播媒介的发展来看,地域多集中在延边,媒介的发展也不均衡。从地域上看,仅延边就有11种报纸(朝鲜文6种)、21种期刊(朝鲜文12种)、7套广播节目、11套电视节目、2种语言电视报。延边拥有融广播、电视、报纸、音像出版、网站五种媒介于一体的完整新闻传播系统。延边所属8个县市虽均设电视台,其中延吉、图们、敦化、珲春等4个县级市也设立了电台,但高品质的媒体发行和播出优势都集中在延边的首府延吉市,延边其他的7个县市的传播媒介较为单调。

(二)县域传播媒体运行平缓

1. 发展层次基本停留在传统媒介

同朝鲜语文新闻传播及跨境传播所使用的媒介几乎涵盖了当代新闻传播运用的所有媒介品类相比,民族县域媒体的发展层次基本还是传统媒介的报纸、杂志、广播、电视,虽对新闻传播的网站有所建设,但内容单调,更新缓慢,维护不力,访问量极少。东北满族和蒙古族地区共14个,每个地区都设立了电台和电视台,13个县(市)出版了本县(市)报

---

① 参见齐辉《黑龙江少数民族新闻事业的发展现状》,《新闻论坛》2013年第2期。

纸，但运用民族语言的媒体还是少数。现实中满语不再应用，蒙古语基本都是同汉语一起进行双语传播。

2. 市场竞争力较弱

囿于县域媒体的发展，东北满族和蒙古族的新闻媒体同朝鲜语文媒体的传播媒介相比，虽在尝试市场化运作，但还没有真正进入市场，竞争力较差，基本还是靠财政和行政的力量来运作和维持。14个满族和蒙古族县（市）虽有13个县（市）出版了本县（市）报纸，但只有辽宁省的《蒙古贞日报》和《喀左县报》拥有正式刊号，其余都是临时刊号，只能靠单位订阅、赠阅的方式进行夹报发行，发行的覆盖面和自主性受到了极大的限制，也阻碍了本地新闻媒介作用的广泛发挥。

3. 缺乏支持，势单力薄

同朝鲜语文的传播媒介在报纸、广播和电视等已形成了省、市、县三级传播体系相比，满族和蒙古族地区的新闻媒体还仅限于县（市）一级，基本上自己在"单打独斗"，支持体系较少，势单力薄。在东北尚没有省级蒙古语媒体，只有一个市级蒙古语广播电台——阜新市蒙古语广播电台。阜新市蒙古语广播电台是全国唯一一座集采、编、播于一体的、独立建制的上星蒙古语广播电台（其他皆为蒙汉合一）。县域蒙古语媒体如何通过完善协作工作机制，共享蒙古语广播资源，提高蒙古语广播节目的能力，这对县域蒙古语媒体是一个不小的挑战。

二 "两极格局"总体发展缓慢乏力

通过对"两极格局"的总体观照，我们还可以看到东北少数民族新闻传播"两极格局"发展缓慢、乏力，其表现在于新媒体开发和媒体融合滞后、对民族特色认识模糊。

（一）新媒体开发及媒体融合滞后

媒体融合是信息传输通道多元化的新作业模式，它利用互联网技术和数字技术把报纸、电视、广播等传统媒体，与互联网、手机、手持智能终端等新兴媒体有效结合起来，资源共享，渠道共通，信息共用，进而衍生出不同形式的信息产品，再通过不同的平台传播给受众。媒体融合具有跨地区、跨媒介、整合传播渠道和要素的性质和超时空、分众化、互动式的功能，因此，民族地区正好可以利用媒体融合的优势，在有机整合传统媒体的基础上，进一步通过互联网、手机报、手机增值业务等信息平台来完善和提升民族地区的新闻传播。

东北地区少数民族居住的地域大多地处边疆地带,自然生态条件较差,经济、文化发展比较落后,民族语言背景复杂。经济文化的局限导致民族地区的媒介功能结构性失调、信息交流不畅、传播内容重复、语言阻隔、传播人才匮乏等问题依然严重。民族地区的新闻传播普遍依赖传统媒体,基本上是电视、广播和报纸三分天下。而且在一些偏僻地区或山区,电视、广播和报纸并非都能触及,或虽能触及却因不同的语言环境而难以传播。

调查显示,东北少数民族地区新闻传播对民族语言的使用是至关重要的。在蒙古族地区,有近一半的少数民族受众希望在新闻传媒中使用蒙古族语言,有平均30%的少数民族受众希望使用双语,两者相加达70%的少数民族受众认同和接受民族语言传播。尽管东北蒙古族自治县的电视、广播和县报分别开辟了蒙古语时段和版面,但是自办节目少,信息转播多,民族语言时段短,民族语言运用单调。另外,东北少数民族自治县媒体从业人员中,本科学历者所占比例偏低。蒙古族自治县的媒体从业人员中本科学历者占总人数不足5%,满族自治县媒体从业人员中本科学历占总人数不足20%。蒙古族自治县从业人员的年龄偏高,40岁以上的从业人员占60%左右,采、播、录一线的从业人员中能熟练地运用民族语言的寥寥无几。这种学历、年龄和语言水平结构显然是无法适应信息社会大众传播需求的。

少数民族地区特殊的地理环境、复杂的语言和文化环境对大众传播制约较大,加上少数民族地区大众传播硬件设施不足,导致传播渠道不畅、信息内容不均等诸多问题。虽然对媒体融合可以克服上述新闻传播中的诸多困难有了进一步的了解,但并没有完全认识到媒体融合已成为新兴的大众传播业态,更没有对本地区的媒体融合进行系统和完整的规划,而是出于零打碎敲和应急式的"交流"和"合作"。

1. 对网络媒体重视不够

东北地区少数民族新闻传播大都是县域媒体,出于自身业务水平和对农村受众接收水平的考虑,一般还认为新闻网络媒体的建设远没有传统媒体重要。因此,一些新闻媒体只在网络上建立了"新闻网页",根本没有实际内容;即使填充了某些内容,也是把传统媒体的内容平移到网络之中,根本没有网络媒体的特点。有的甚至用行政管理部门的网站来替代新闻网站。如岫岩广电局的网站（http：//gdj.xiuyan.com.cn/index.asp），虽建立于2009年，但至今（2013年6月）内容空空如也；即使在网站的首页，也不过有"首页、单位概况、机构设置、规章制度、党团园地"5个二级栏目，在首页的"工作动态栏目"中，也只有"岫岩县有线电视台各项收费标准""广电局2010年第一次全局职工大会""广播电视安全优质播出""我县整治非法销售安装使用卫星地面接收设施""服务承诺"5条过时的管理信息，动态的新闻消息根本不见踪影。

2. 媒体融合意识滞后

有些人片面地把传播机构的合并、调整视为媒体融合，甚至认为电台与电视台合并为"广播电视台"就是一次媒体融合。把两台名称的归并、管理部门的精简乃至所谓的两台稿件通用等都看成媒体融合，其实是对媒体融合的最大误解。没有内在管理机制重置和运行机制调整的保证，没有对媒体融合下新闻传播特性的认识和把握，所谓的媒体融合就是一场"换汤不换药"的"组织游戏"和"名称游戏"。目前，仅对广播、电视的管理上，还是条块分割严重，协调、融合意识不足，更遑论传统媒体向新媒体的延伸和发展了。在笔者对少数民族传播媒介的调查中，大多数媒体人员对媒体融合不仅懵懵懂懂，对时下媒体的管理和运行也无所适从。

（二）机制保障无力

目前的媒体融合还大都停留在人员互访、节目交流的低级层次上，对机制保障、组织协作、媒体拓展方面探讨和实际努力不够。其实，就是在人员进修、互访和节目合作、交流方面，一些传媒单位做得也还远远不够。在调查中我们了解到，一些传媒单位还把进修、学习等当成一种"奖励"性质的待遇，而不是业务开展和提升的必需手段，最需要与时俱进、掌握媒体融合信息与技术的新闻传播一线人员的进修、学习、访问的机会常常少之又少，适应媒体融合下的传播活动的人才储备和使用严重不足。

三　"两极格局"中新闻传播的民族特色表现不足

新闻传播的信息要使少数民族受众能够接受、愿意接受，才能更好地发挥作用。要做到这一点，就必须使传播内容和形式具有民族特点。尽管东北少数民族地区的电视、广播和县报分别开辟了少数民族语言的时段和版面，但新闻传播中对民族特色的表现依然不足。

(一) 民族语言传播内容的重复和特色淡化

1. 不同语言传播内容重复

东北少数民族地区尤其是蒙古族和朝鲜族地区的新闻传播基本都坚持了民族语言和汉语的双语传播，有的还开设了独立的民族语言频道和报纸。但不同语言传播内容重复的问题还依然严重。

以辽宁蒙古族地区的新闻传播为例。应该说，辽宁蒙古族地区的新闻传播由于其拥有蒙古语市级和县级电台，运用民族语言进行信息传播的时间还是较为充裕的，过去是5分钟、15分钟、半小时，现在是蒙、汉双语对半，基本达到了5小时以上。电视台民族语言的节目时间较短、本县县报民族语言栏目相对较少，然而这些民族地区的新闻传播都有一个共同点，就是不同语言传播的信息内容重复性高，有的民族语言节目和栏目甚至就是汉语语言信息栏目和节目的翻译。

综观辽宁两个蒙古族自治县蒙古语广播电台的自办蒙语节目"蒙古贞新闻""喀左风光""新闻与通讯""乡镇联播""文化与生活""农业科技""致富经验园地""道德与法制""健康之友""学习论坛"和阜蒙县有线电视台开设的蒙语节目"点击蒙古贞""记者采风"，以及《蒙古贞日报》蒙文版的"时政要闻""综合报道""民族教育""政治文化"等栏目和《喀左县报》蒙文版的"致富信息""民族团结进步""民族风情录""民族文化""医疗保健""科技传播""它山之石""名人秩事"等栏目，与汉语内容重复的概率是相当大的。

笔者任意抽取了2008年的几期《喀左县报》，比较了第4版蒙文内容和第1、2、3版汉语的内容。结果显示，蒙文版内容与汉语版的时政要闻和综合新闻内容不但大都相同，而且在信息量上要远远少于汉文版的内容。具体来看，有两种表现。

其一，同一消息不在同期发表。一期之内蒙文版的内容虽不同于汉文版，但大都是前一期或几期汉文版的内容。如2008年9月25日第3369期蒙文版有较详尽的文字介绍喀左"城市建设交通工程竣工仪式"，但这一"工程竣工仪式"在本报的前一期即2008年9月23日第3368期的汉文版中已有了详尽的报道。

其二，同一消息如果同期发表，蒙文版的信息量远小于汉文版的信息量。在上文提到的第3368期《喀左县报》中，汉语版的头版全版和二版半版都是"我县隆重举行城建交通工程竣工庆典"这一信息，不仅配发了社论，还选编了四张照片，照片内容分别是"县委书记讲话""市民的盼望""秧歌队庆祝"和"宽阔的大路"。但在第4版的蒙文版中，这一重要的消息只有简单的文字介绍和一张"宽阔的大路"的照片。

有论者指出，民族地区的大众媒体使用多种语言文字传播是完全必要的，但传播的内容，有着严重的隔离性和较高比例的重复性。因为不同语种传播的内容来自同一信息，内容的重复性不可避免。即使有些许的不重合信息，但由于少数民族受众基本只熟悉本民族语言传播的信息内容，因此，那些不重合的信息受众也难以理解和消化。面对这种在少数民族地区常见的传播形势和受众状况，尽管各媒体运用了不同的民族语言进行传播，传播的信息总量也可以说丰富充实，但这些信息对少数民族受众个人的通达率和接受率其实并不见得有多大的提高①。

2. 语言的民族特色淡化，失去了民族本来的风采和韵味

少数民族的文体特色和语言个性本来较为突出，少数民族丰富多彩的生活信息"有着显著的有别于一般信息的情节、场面和心态，然而在某些报道的文字里却变得平淡单调、枯燥无味，甚至成了数字的堆砌，套话的串连，失去了民族本来的风采和韵味"。②

不可否认，东北少数民族地区新闻传播的民族语言节目或栏目还是较丰富的，但缺少民族语言的特色，鲜活生动的文体特色和语言风格难以寻觅。蒙古语广播电台的自办蒙语节目"喀左风光""蒙古贞新闻"，阜蒙县有线电视台开设的蒙语节目"点击蒙古贞""民族教育"等栏目和"喀左县报"蒙文版的"民族风情录""民族文化"等多个栏目，都是应该具有民族特色的栏目，都应体现民族语言风格特色。对于少数民族丰富多彩的信息资源，大众媒体在运用民族语言进行传播时，却抛弃了民族语言的个性表达方式，几乎就是汉语信息的翻译，甚至混同于非民族地区的信息。

民族的内容必须具有民族的形式。少数民族地区的新闻传播不但语言、文字大众化，缺乏民族特色，一些富有民族传统形式的节目设计如背景、服装、形体动作等，报纸版面上反映民族特点的图片、插图、速写以及剪纸、木刻等形式要素也没有得到相应的或重点的运用，模式化、表面

---

① 参见蒋一峰《民族地区新闻传播若干问题探析》，《当代传播》1999年第4期。
② 同上。

化比较严重。尤其是报纸，与一般地区的报纸如同一个脸谱，没有自己的风格。

（二）传播内容缺乏吸引力

正是由于当地传播对民族特色的把握不够，造成了少数民族地区受众对本地区大众媒体的信息关注程度虽然较高，但关注时间不长的现实。我们以电视为例，选择几个民族地区的受众统计一下有关情况。

由表6-10、表6-11可见，本地的新闻节目关注率最高，但最长时间也就10—20分钟，有近15%的受众是没有目的地随意观看。从受众观看本地节目时长的调查表来看，收看本地节目的时长在1—3小时的受众达到了60%以上，但这部分受众绝大多数是在收看与本地区无关的电视剧和文体娱乐节目。这一状况，不能不令我们关注和深思。

表6-10　　　　受众观看本地节目时间的比率（单选）　　　　（单位:%）

	喀左	阜蒙	岫岩	本溪	新宾	长白
本地新闻时间	62	65	65	68	64	66
播出电视剧时	21	23	18	20	19	22
打开电视就看	7	10	3	2	3	7
调台时稍有停留	5	2	4	6	10	5
一点不看	5		10		4	

表6-11　　　　受众观看本地节目时长的比率（单选）　　　　（单位:%）

	喀左	阜蒙	岫岩	本溪	新宾	长白
一点不看	5		10	7	4	
几分钟	27	27	30	8	10	11
1—3小时	62	65	46.7	68	62	78
3小时以上	6	8	13.3	17	24	11

四　跨境传播的表面化与单向性

仅就朝鲜族语文的新闻传播来讲，跨境传播的问题涉及东北地区各级别的广播、电视、报纸、刊物、图书出版、发行和网络发展诸多方面。但延边卫视的地位和作用举足轻重。因此，本书聚焦延边卫视的新闻传播问题，更能起到窥斑见豹的效应。

延边卫视尽管从硬件上完成了由地方媒体向国家级媒体的转身，也自觉承担了向中国朝鲜族、向东北亚及跨界民族乃至向全世界传播民族形象和国家形象的重要任务；从其栏目设置看，也基本完成了从重视民族语言到关注风俗、风景再到重视民生行为的传播升级，但依然存在跨境传播的表面化与单向性等问题，主要表现有二。

（一）缺少对民族形象完整性的推展和提升

延边卫视目前的传播内容还属多以风土人情为主，民族形象塑造不够，缺少对民族形象完整性的推展和提升。

从延边卫视栏目设置和内容的变化动态上，虽可以看出其从民族语言到关注风俗、风景再到从多领域民众社会行为挖掘民族精神的传播追求，但民族风情和民族风俗的报道依然是其传播的重点，民族风格主持、民族文艺活动、民族风土人情等一直是延边卫视追求的民族特色，长白山、金达莱、民俗、边境、冰雪等特色资源，当然就成为树立民族形象的要素。

2010年8月延边卫视开播的"图们江"品牌栏目，下设了"今日延边""文化网络""文化漫步""文化人物""文化遗产"五大板块，依然把介绍延边旅游资源、民族传统和朝鲜族百年文化史作为重点。目前，延边卫视除新闻类节目，还开播了有反映中国朝鲜族风土人情和生存状态的"故乡之晨"，反映延边经济生活、分析经济现象的"经济与生活"，以报道竞技体育和关注全民健身为主旨的"体育与健康"，普及法律知识、传播法制观念的"法眼看天下"，展示多姿多彩的青少年生活的"我们的花园"，以资助贫困学生为主要内容的公益类直播节目"伸出友爱之手"。专题节目有以中国朝鲜族电视人的视角审视中国传统文化的专题节目"看神州"和访谈类节目"天南地北延边人"。文艺节目有以展现中国朝鲜族文艺作品为主的"阿里郎剧场"、介绍优秀中国朝鲜族文艺工作者的访谈类节目"文化广场"，以弘扬中国朝鲜族原创歌曲为主旨的观众参与性文艺节目"延边歌曲大热唱"等。

通过上述节目的开设，的确能看出延边卫视希望在政治、经济、科技、文化等领域发现和挖掘多彩的民族特色的追求。不过，这些节目如果单独提列出来，如访谈类节目"天南地北延边人"等，确能看出凸显和表现朝鲜族全新民族精神内涵的努力，但整体串联起来看，栏目意义定位上还游移不定，栏目内容上还有些零散虚浮，品牌栏目和精品栏目远远不足。如果传播活动对民族地区的经济、教育、科技和政治等具有民族特色内涵等方面的反映显得色调平淡，表现不出它应有的个性，那么民族形象的塑造就会缺少灵魂性和时代性。所以说，延边卫视跨境传播中，对民族形象的塑造和国家形象的宣传还存在极大的改善和提升空间。

（二）双向互动不足

延边卫视较为重视信号的落地工作。作为跨境传播的国家队，外宣工作当然是延边卫视的首选，外宣工作的基础就是信号落地。延边卫视自成立起就以新闻节目输出为重点，大力推进卫星信号的境外落地工作。目前，延边卫视国外的收视圈已扩大到韩国、日本、新加坡、英国、德国、美国、加拿大、澳大利亚等国家。但是落地后传播的效果如何，国外观众对传播内容和形式的反映，对民族形象和国家形象的认同和建议——这一切，延边卫视了解较少，可见其单向传播意识较浓，双向互动意识不足。

国际交流的沟通、参与意识和行为的不足，不仅会使节目内容干瘪、枯燥、缺乏鲜活、生动和及时的力量，更主要的是会使跨境传播缺乏国际视野和国际交流平台，失去国际传播的话语机会和交流规范，进而失去国际受众。在前文的调查中，不管是中国朝鲜族观众还是朝鲜、韩国观众对延边卫视"信息及时、沟通便捷、了解朝鲜或韩国"三个选项认可度均最低，更没有观众认同延边卫视的"国际特色"，这是对延边卫视交流互动方面的真实评价。因此，暂且不论延边卫视如何成为国际性的传播机构，仅就加强国内与国外、国内与国内、传者与传者、传者与受众的沟通互动的工作，延边卫视还有很长远的路要走。

五　县域乡村传播的尴尬处境

（一）转播内容和娱乐内容的大量投放

县域传播处于四级传播的末端。在卫星技术、网络媒体大行其道和广播电视"村村通"的助推下，新闻传播尤其是广播、电视已进入千家万户。县级媒体自办节目较少，民族语言节目时间较短，民族语言运用单调，远远不能满足受众的需求。同许多县域媒体一样，东北少数民族地区的县域广播、电视均大量播放电视剧、插播广告、转播娱乐节目，当地的新闻节目和专题节目相对而言时间较短，内容较少。对这一点，前文中民族地区新闻传播媒介从业人员也是认可的。

在 2009 年 2 月 5 日执行的清原电视台综合频道节目表中，我们可以清晰地看到，该频道每天从早晨 6 点到午夜 12 点播出 18 小时整，虽然自办的栏目较多，但属于本地新闻性、经济性和法律性专题节目时间仅仅 2.5 小时，其余的都是转播上三级节目和电视剧、综艺节目、广告。2012 年 2 月 20 日，前郭尔罗斯人民广播电台全天播出 16 小时，栏目设置近 15 个，可是本地新闻、经济新闻等专题节目时间刚刚接近 1 小时，其余都是转播时间和娱乐节目的时间。

（二）少数民族城市化进程中新闻传播的功能缺失

改革开放以来，随着社会主义市场经济的发展和完善，我国工业化、城镇化快速推进，城市化和城市多民族化的进程明显加快，近几年平均每年提高 1 个百分点，发展速度是世界同期城市化平均发展水平的两倍多。2011 年中国城镇人口为 6.9079 亿人，首次超过农村人口（6.5656 亿人），达到 51.3%。[1]

据有关资料显示，20 世纪 90 年代以后，随着我国城市化进程的不断加快和深入，我国城市少数民族的人口数量发生了较大变化，呈现出不断增长的态势。从第四、第五和第六次全国人口普查统计结果看，1990 年城市少数民族人口为 1494 万人，城市化率约为 16%，2000 年为 2449 万人，城市化率约为 23%。10 年间城市少数民族人口净增 955 万人，城市人口比重上升了 7 个百分点。到了 2010 年，城市少数民族人口为 3677 万人，城市化率约为 33%。近 10 年间城市少数民族人口净增 1228 万人，城市人口比重又上升了 10 个百分点。[2]

东北少数民族在现代化、城市化和城乡一体化的过程中走在全国各民族的前列。20 世纪 80 年代以后，东北少数民族人口城市化的速度加快。到 2008 年年底，东北少数民族城市人口 513 万人，城市化率提高到 46%，较 2000 年上升了 10 个百分点，比全国少数民族城市化率高出 10 个百分

---

[1] 参见国家统计局《2011 年国民经济和社会发展统计公报》（http：//www.stats.gov.cn/tjgb/ndtjgb/qgndtjgb/t20120222_ 402786440.htm., 2012 - 2 - 22）。其他数字见其往年《国民经济和社会发展统计公报》。

[2] 本书除另有标注外，有关人口的数据来源于：国务院人口普查办公室、国家统计局人口和就业统计司《中国 2010 年人口普查资料》，中国统计出版社，2012 年 4 月；黑龙江省、吉林省和辽宁省人口和统计部门编写的各省《2010 年人口普查资料》。本书的一些数据也据此通过综合、运算而得出，以下不再一一注明。

点。① 截至2010年，东北少数民族城市化率已提高到47.1%，在现代化进程中已走在了全国的前列。据有关部门统计，到2020年，我国的城市化率将达到60%以上。东北少数民族有可能率先实现少数民族地区的全面城市化。②

同汉族地区相比，东北少数民族地区多位于国、省边界，地理状貌复杂，路途偏远，交通不便，进而导致沟通不利，信息不畅。因此，面对我国城镇化快速发展的浪潮和不可回避的态势，如何推进乡村少数民族参与城镇化的进程，促进其在新的媒体时代的跨越式发展，是一个重要的课题。有论者坚信，随着少数民族乡村生活水平的提高和物质条件的改善，大众传播已逐渐在少数民族乡村社会渗透和普及，信息数量的骤增和交流的通畅、便捷，必然带来开阔的眼界和变革的思想。因此，大众传播的普及化是乡村都市化跨越式发展的重要途径，是乡村社会变迁的动力之一。③ 由此可见新闻传播对乡村城市化的重要作用。保护民族权益、沟通民族关系都要通过合理、顺畅的民意表达方式。如今，"信息已超越信息的内容或一定的比特量而成为一种文化形式"。④ 少数民族拥有的信息量已成为其提升自身素质、参与社会程度的重要标准。由此，新闻传播应该是少数民族城市化软环境建设中最前沿、最重要的要素之一。

随着东北少数民族城市化率的提高，城市少数民族的政治、经济、教育、宗教、文化艺术等工作越来越被人重视，可城市少数民族工作中的新闻传播问题却少有人关注，此方面的理论探讨更是稀少。新闻传播还是愿意把少数民族城市化进程中的问题看成农民进城务工问题、看成流动人口问题，新闻传播中还是"好人好事"和"问题事态"性质的宣传，根本没有意识到新闻传播对少数民族城市化、对少数民族乡村城市化的重要作用，更没有运筹其中传播的不同内容、方式和运行的机制问题。

综上所述，如果同中央、省、市三级媒体拼资金、技术、人才和市场的实力，少数民族自治地区县域新闻媒体当然不是对手。但是，在中央、省、市三级媒体的终端客户和市场已经完全进入了少数民族县域乡村，在

---

① 参见南文渊、陆守亭《东北少数民族城市化研究》，民族出版社2011年版，第4、6页。
② 同上书，第20页。
③ 参见周大鸣、郭正林《论中国乡村都市化》，《社会科学战线》1996年第5期。
④ [美]大卫·阿什德：《传播生态学——控制的文化范式》，邵志择译，华夏出版社2003年版，第60页。

上级媒体和乡村终端的两头"挤压下",少数民族的新闻传播显然还没有找准自己的传播定位,基本还在为上级媒体"做嫁衣"和大量播放娱乐信息。在传播媒介的一只脚早已进入文化产业领域的今天,"铁饭碗"的破碎是迟早的事情。县域新闻传播必须找准定位,打造和拓展自己的生存空间。这一步,对于少数民族县域传播来讲,已是迫在眉睫。

第三节 "两极格局"存在问题的症结

一 城乡"二元结构"与传统"外宣"思维的不利影响

东北少数民族新闻传播"两极格局"中,朝鲜语文媒体和跨境传播的发展较为强势,而民族县域地区的媒体发展平缓,这其实深受东北特有的媒介生态因素的影响,也与我国传统的"外宣"工作思路有极大的关系。

(一)东北地区少数民族城乡"二元结构"的不均衡发展

东北地区朝鲜族与蒙古族、满族等聚居的程度、语言运用、受教育和生活水准皆有不同,媒体的培育和发展的水平自然也有不同。在我国鲜明的城乡二元格局中,国家虽然长期采取农业支持工业、农村支持城市的经济政策,但在人、财、物等投入方面县域乡村得到的要远远少于城市。东北地区朝鲜族语文媒体多处于大城市之中,属于省、市级别的媒介较多,蒙古族语文和主推满族传播的媒介属于省、市级别的较少,而满族和蒙古族地区的媒体都是县域媒体,处于传播的最末端。在我国,目前还无法改变的城乡二元格局中,国家对城乡媒体各方面投入的差异,是造成"两极格局"不均衡发展的城乡结构性因素。这一因素虽不是东北少数民族地区所独有,但对于东北少数民族新闻传播"县域独大"的局面来讲,影响却是深刻的。

(二)传统"外宣"工作思路的困扰

造成"两极格局"不均衡发展的原因,还有重要的一方面,就是东北朝鲜族作为跨境民族的地位和我国传统"外宣"工作思路的影响。东北地区的朝鲜族、满族、蒙古族等十几个民族都是跨境民族,但跨境居住的朝鲜族的人数最多,涉及的主权国家最多,对东北亚乃至亚洲的影响也更为重大,因此,朝鲜语文跨境传播自然受到更进一步的重视。在我国的跨境传播中,新闻宣传不仅是"排头兵",责任也最重大。如果把对内宣传和对外宣传作一比较，新中国成立后我国把"外宣"工作基本上提到了与对内宣传一样的重要地位，出于国家的国际发展和国际环境的特殊性，有时"外宣"工作更受人瞩目和重视，"外宣"工作甚至形成了一整套具有中国特色的工作机制和运行特点。而这一机制和运行的核心就是在宣传内容上具有主流意识形态的强力主导，充满浓厚的政治色彩。运行机构则由我国的专门部门（外宣处、外宣办公室等）实施有力的领导和严格的运行制度。改革开放后，尽管我国的外宣工作有意识地开始淡化政治色彩，但国家对外宣工作和部门的重视依然没有改变，运行机制更没有调整，对此大力气的投入和重视的惯性依然在起作用。因此，东北地区少数民族新闻传播的"外强内缓"的宣传态势在这种生态环境中想要有彻底的改观，不仅需要较长时间的等待和耐力，更需要富有智慧和勇气的努力与实践。

二　新媒体开发及媒体融合滞后

（一）对新媒体时代的传播特性认识不够

1988年5月，联合国新闻委员会年会确立国际互联网为"第四媒体"，于是网络"正式"成为继报纸、广播、电视三大传播媒体后并与之并列的重要传媒，且有了一个理论排名"辈分"，其新闻报道也随之被称为网络媒体新闻。随着网络技术、数字技术和电子技术的发展，传统媒体时代进入了以数字技术为基础，以网络为载体进行信息传播的新媒体时代。

新的媒介环境肯定会引起新闻传播从内容到形式的变化。美国著名新闻人菲利普·迈耶在《正在消失的报纸》一书中不仅预言报纸即将消亡，而且细致地描绘了报纸消亡的程序。[①] 而美国著名学者沃纳·赛佛林和小詹姆斯·坦卡德则认为，新媒介的出现和发展，并不都以旧媒介的消亡为代价，只是与旧媒介一样有着自己的重要位置。有时，在新旧传媒技术并存的情况下，反而会逼迫旧的传播技术的改革创新，进而承担起新的角色。比如：电视没有使广播消失，但导致了新类型的广播节目：包括谈话

---

① Philip Meyer, *The Vanishing Newspaper*, University of Missouri Press, 2004: 2-3.

节目（脱口秀）和专门音乐节目等形式。① 不管怎样，对新媒体时代的新闻传播特性必须予以重视。但是，在东北地区少数民族新闻传播的调查中，我们深深地了解到，尽管人们身处新媒体时代，接触更多的是新媒体时代的硬件，如电脑、手机短信、手机电视和其他移动可听、可视终端等，然而其传播意识还是传统时代的媒体意识，没有提升到新媒体时代的多元化、交互性、快捷性、影响广和大众性传播意识。

经常有这样的现象：当一个人在叙谈一条新闻时，旁听者为了证实其真实性和可信度，经常会对叙谈者提出这样的问题：这条新闻出自何处？现在，人们常有这样的"共识"：一条新闻若出自传统媒体则信以为真，认以为实；一条新闻若出自网络媒体，则半信半疑，未置可否。更有甚者，一些人竟用传统媒体的新闻来核实网络媒体新闻的虚实与真假，或者把网络媒体新闻当成传统媒体的参考资料和花边注释。我们在进行少数民族新闻调查时，对这一点颇有感触。多数媒体单位表示，自己做好传统媒体的运行和发展的工作已属不易，没有时间和精力开发网络媒体。最主要的是，受众对网络媒体的新闻信任度不高，把精力投入网络中，有些浪费。有的媒体就直言不讳，自己对网络媒体的开发不甚了解，对网络新闻的公信力信心不足，因此，网络媒体的开发和信息发布根本就没有主观动力。认为媒体单位对新媒体时代的传播特性认识一无所知，这的确不是实际情况。但多数媒体还是愿意继续乘借传统媒体时代的传播意识惯性，继续驾轻就熟的传播行为，似乎这远比新媒体时代传播意识的剧烈碰撞、决裂，传播行为的转变、割舍来得容易的多。

东北少数民族地区的传播媒体其实是一个半行政、半传播或者还没有脱胎于行政部门的宣传部门，电台、电视台与广电局、广播电视台的合二为一就是例证。不说宣传部门的运行方式与传播部门不相协调，仅就宣传部门在传统媒体时代所形成的权威意识、管理意识和灌输意识，就与新媒体时代的多元化、交互性、大众性的传播意识格格不入。两个媒体时代中，说话者身份、地位、媒介、行为及其结果的不同，都可以造成传统媒体和网络媒体新闻话语机会的多与少，社会音量的大与小。因此，新闻传播媒介确实要对传者和受众的思维模式、行为方式和话语效果、心理预期

---

① Werner Severin, James W., Tankard, Jr., *Communication Theories: Origins, Methods and Uses in the Mass Media*, Addison Wesley Longman, Inc.; edition 5, 2000: 1.

等作一个深刻的反思了。

（二）网络开发缺乏力度

2012年7月，中国互联网络信息中心（CNNIC）在京发布的《第30次中国互联网络发展状况统计报告》（以下简称《报告》）称，截至2012年6月底，中国网民数量达到5.38亿人，城市网民3.92亿人，互联网普及率为39.9%。《报告》进一步指出，互联网在发达地区居民中的普及率已经达到较高水平，下一阶段将转向发展相对落后地区的居民。可见，网络在大中城市里普及率较高，但在广大的小城镇还大有拓展的余地。

网络在少数民族地区农村家庭并不普及，电脑也不是其家庭的必备传播设备，但电脑在东北少数民族地区的城镇家庭中有30%以上的普及率，相比其他少数民族地区城镇而言，这已是一个较高的水平。无论是城镇还是农村地区，少数民族年轻人尤其是14—25岁的青年人都有上网的经历。网络不能不说又是一个极其重要的传播场所。但他们对网络的使用大部分限于游戏、聊天和交友，对东北地区的民族网站也了解甚少。

东北地区建立了大量的民族类网站，民族自治地区都开通了自己的政府网站和相关网站，但缺少强有力的总体规划，部分网站同质化现象严重。前面提到的本溪满族自治县、桓仁满族自治县和宽甸满族自治县专业资讯门户网，且不论网站信息建设如何，就其界面设计、内容结构、栏目设置等方面几乎完全相同，显然不符合网站建设规律。而相对建设较好的新宾在线、喀左在线、桓仁在线也存在类似的问题。另外，东北地区少数民族新闻传播的网络开发缺乏优秀的专业化团队。从整体上看，东北民族类网站的人力、物力资源有限是一个较为主要的问题。民族类网站的建立和发展依靠的是政府机构和个人的大力支持，但一味地输血而不造血，民族类网站是没有生命力的，民族类网站必须自己寻找出路，不断扩大自身影响力。

（三）对手机媒体认识不足

手机媒体是以手机为视听终端、以手机上网为平台的个性化信息传播载体。作为网络媒体的延伸，除了具有网络传播的各种优势外，手机媒体还打破了时间、空间和信息接收终端的局限，可以随时随地接收文字、图片、声音等各类信息，实现了用户与信息的同步。随着第三代手机技术（即3G技术）在中国的应用和逐渐普及，手机将成为随身携带的、个性化、交互式、多媒体的大众媒体。手机正在从人际传播走向大众传播，成为一种重要的新兴媒体。

信息产业部统计显示，截至 2012 年年底，全国手机用户数达到 11.12 亿户，其中使用移动电话上网人数 4.2 亿人。可以预见，随着网络手机的应用和普及，我国将会拥有全球最大的手机消费群体。从长远来看，手机必将发展成一种新型的可随身携带的媒体中心，成为获取信息和娱乐的最便利终端，从而引发令人瞠目的媒体应用的革命。

调查显示，东北少数民族地区 14—55 岁的受众一半以上拥有了手机，手机上网人数也占到了其中的 20%。在东北少数民族地区手机上网还未普及的情况下，强大的手机短信业务和功能也不能被漠视。

2012 年，据工信部的统计，我国移动终端短信发送量达到了 8973.1 亿条。[①] 在 2013 年的春节，除夕当天的手机短信发送量比平时增长近 4 倍，达到 120.1 亿条。在春节的七天假期里，全国移动短信发送量同比增长 8.3%，累计达到 311.7 亿条，相当于全国手机用户人均短信发送量约 28 条。[②] 在手机业务展示出广阔的发展空间的同时，其巨大的传播功能也随之显现了出来。有论者认为，手机的信息传播体系早已突破了单发短信——点对点传播和群发短信——点对面传播，还可以通过互联网进行大众传播，因此，手机已不是个人与个人简单地进行对话、短信交流的工具，随着信息硬件和软件技术的提高和突破，手机已是整合了大众传播、组织传播和人际传播功能的全新传播媒体。[③]

虽然手持电视已于 2010 年 5 月在延边州起步，《黑龙江新闻手机报》也正在紧张测试中，但总体来说东北少数民族地区的新闻传播对手机媒体作为网络媒体的全新发展和重要的信息传播手段的社会作用认识不足，甚至有些偏颇。当然目前手机的传媒功能大多还体现在点对点或点对多的短信收发形式上，而短信收发的信息内容也大都摘抄、转载以往传统媒体的传播内容。因此，对于东北少数民族地区新闻传播来讲，手机还不能称为一个完整意义上的全新媒体，手机媒体的新闻传播开发行为严重滞后。

---

① 参见《手机短信发送量增幅骤减 短信步入历史拐点》（http://gd.qq.com/a/20130129/000156.htm，2013 - 1 - 29）。

② 参见《春节短信人均发送量下降 手机流量比平常高三成》（http://www.022net.com/2013/2 - 20/426327302360420.html，2013 - 2 - 20）。

③ 参见王娟《手机媒体发展预期——未来最便利的信息获取终端》（http://academic.mediachina.net/article.php? id = 4769，2006 - 1 - 16）。

第一，在突发性公共事件的信息传播中，手机媒体作为信息的传播渠道最先为受众所选择。几乎在民间手机媒体的短信沸反盈天时，政府和新闻单位才最终选择这一重要媒体。而选择媒体的顺序依然是传统媒体、网络媒体，最后才是手机媒体。这一先一后反映了传播者落后于时代的媒体意识和思维定式。

第二，新闻媒介选择手机媒体发布信息，几乎都是在一些大规模的群体事件以及区域性的公众危急时刻。这一方面说明政府组织对手机媒体的覆盖性、及时性和强迫性有了一定的了解，另一方面也说明新闻媒介尤其是政府组织依然把手机媒体作为处理突发公共事件的应急手段，而没有把手机媒体作为正常的信息传播渠道进行常态管理。

由上可见，我们的各级各类新闻媒介也并非对手机媒体采取抵触和排斥的态度，在政府组织处理的一系列突发公共事件中，手机媒体发挥了重要的信息传播作用。但从总体来看，各级新闻媒介对手机媒体传播功能的认识水平及对手机媒体的应用水平仍需提升。

三 对民族特色、民族精神和民族身份的认识偏颇

（一）对民族特色的认识模糊

新闻传播的民族特色是拉近新闻传播活动与受众距离的最佳利器，也是民族地区新闻传播最主要的表现内容和方式。那么，什么是新闻传播的民族特色？不仅学界有所争论，在业界的实践之中，人们的认识也一直模糊不清。

有人把民族语言的运用作为民族特色，有人把民族风土人情的表达作为民族特色，而上述也是东北少数民族新闻传播民族特色追求上的重点。但是，仅仅是民族语言、民族风土人情是否就能概括民族特色？民族语言和民族特色在与时俱进的发展中，在经济、政治、文化、科技等领域的表达方面有什么新的趋势和特征？对此，新闻传播媒体中一直没有深入的研究和表现，人们对新闻传播的民族特色认识不仅有限、肤浅、模糊，而且有些落后。

东北少数民族地区既有大部分使用民族语言的地区，如延边朝鲜族自治州，也有使用双语的蒙古族自治地区。那么对于民族语言已经退出交流交际的满族自治地区来说，如何突出新闻传播的民族特色？对此有人认为满族地区新闻传播的民族特色可以不用民族语言表达，只要表现满族地区

的民族风土人情即可。实际上，尽管东北是满族的发源地，但满族先民生产生活的遗迹早已融合在东北多民族的一体性发展之中，满族的民俗民情、生活习惯等基本也与汉族无异，而清王朝早期的皇家遗存也并非在东北满族自治地区随处可见。因此，即使是表现满族的风土人情也不见得就能够突出满族的民族特色。由此可见，尽管东北满族自治地区较多，但新闻传播的民族特色表现较为浅显和淡薄，基本上等同于非民族地区一般性的新闻传播。

（二）对民族精神的提炼不够

的确，风俗习惯、风土特色是各个民族经济、政治、文化生活的一种反映，在不同程度上反映和表现了民族的生活方式、历史传统和心理感情，是体现民族特点的一个重要方面。各新闻媒介除了重视民族语言外，设置最多的栏目就是关于少数民族风土人情的栏目。随着经济的发展和市场竞争的需要，如今民族地区的风光、风景更为新闻传播所钟爱，一大批介绍家乡美景和旅游资源的栏目应运而生。

但风俗习惯、风土特色毕竟在某种程度上更多体现的是地域特色和传统特色，是民族特色在形式上的一种表现，没能表现出民族文化传统、文化心理和文化特色的深层内涵。如果少数民族地区的新闻传播专注于这类内容，就会使传播内容的民族特色流于表面和形式。

因此，挖掘和提炼少数民族文化的精神实质，使之在新的时代和新的社会条件下焕发积极力量、鼓舞人心的作用，不仅在宗教活动、节日庆典、家乡风光、风俗人情等内容里体现民族特色，更要在广泛的经济、政治、科技、教育等领域凸显更鲜明的民族精神及其时代特色，对此东北少数民族地区的新闻传播还需进一步提升。

（三）对民族身份的认同较淡漠

在少数民族地区调查中，我们得知，就民族自治地区来讲，民族身份的优势一般体现在机关民族干部配备、财政补贴、民族文化保护、民族语言运用等方面，而对于少数民族受众个人来讲，在谈到自己的民族身份表现时，多在生活补贴、升学加分、生育二胎等方面有所感受，没有失去民族语言的蒙古族、朝鲜族等民族，多在运用民族语言上认同较多，而对于满族等失去民族交流语言的少数民族来讲，在民族传统、生活习性、文化特色等方面根本没有体察，几乎同汉族没有区别。因此，民族受众缺乏对自己民族身份的认同感和自豪感，其民族特色尤其是新闻传播的民族特色就更难以提炼和表达了。

在满族三百多年的历史演进中，有辉煌、壮大的过去，也有失落、萎缩甚至是受打压排挤的历史，因此东北的满族人口不仅流动性大，民族意识和民族特性的"隐藏性"也较深。即使恢复了满族的自治地区和满族的民族身份，但是对自己民族身份的认同和民族意识的提升在现实生活中还是距离很大。新宾满族自治县是清王朝的发祥地，从历史遗存角度对当地满族历史文化和风土人情的表现也一直是当地新闻传播的追求。那么，对于吉林伊通等满族自治县来讲，尽管满族人口较多，但民族生活、生产方式遗存较少，清王朝皇家的遗址和活动痕迹几乎没有，那么，在此表现民族特色又该是怎样的侧重？是伊通的特征还是伊通满族的特征，抑或是东北满族的特征？对这一切当地新闻传播当然没有答案，也更没有足够的其他方面的民族特征表达来让受众认定与自己的认同性和亲近性。

对这一点，研究者其实已给予了关注。伊通满族自治县的"满族角色"的确定，基本还体现在地方政府因满族的存在，可以从上级政府获得更多的政治、经济、文化等方面的资源和政策上，体现在政府体制内的管理运作和实际利益上。而在伊通满族自治县不论是汉族、满族还是其他少数民族的"草根"平民的眼里和心中，民族特性的分界线实际上已不复存在。[①] 对这一结论，东北各个满族县和传播媒体都应该好好反思。

四 跨境传播的规划和执行力薄弱

（一）跨境传播规划的缺失

1. 缺乏与国际受众互动的规划

跨界传播当然要坚持"以我为主"的原则，但互动意识也必须加强。时任延边广播电视局局长的韩龙根在延边卫视开播时就曾撰文指出，延边卫视要按照开放性原则，多渠道调动受众的参与积极性，双向互动取代单向说教。[②] 在国际性的跨境传播中延边卫视扮演好自己的角色，双向互动的意义不仅体现在节目内容设置要强化互动意识上，更要在国际交流上体

[①] 参见关凯《乡村人类学与乡村政治：乡村视野中的民族区域自治——伊通满族自治县调查》，罗布江村、徐杰舜《人类学的中国话语：人类学高级论坛 2007 卷》，黑龙江人民出版社 2008 年版，第 401、400 页。

[②] 参见韩龙根《办好民族语广播电视　提升对外传播影响力》，《中国记者》2006 年第 12 期。

现沟通、参与的意识。在这一点上，我们仅在2009年8月延边卫视从韩国专业钓鱼频道引进的休闲娱乐电视节目《快乐地钓鱼》开播中，看到了些许的意识。但是，在媒体发展、信息定位、传播形式和后期服务等方面，较详尽、完善的与国际受众互动的规划至今还没有制定出来。

2. 缺乏媒体协调的规划

在东北地区，跨境传播的任务多为朝鲜族语文媒体所担当。不可否认，朝鲜族语文媒体在广播、电视、报纸、刊物、图书及音像出版、网络建设等方面发挥了重大作用，取得了较好的成效。但是给人一种印象就是单打独斗性较强，协调、协作的行为较少。不同的媒体单位有不同的行政主管以及跨境传播在媒介种类、内容、方式和受众等方面不同的地位、倾向，缺乏统一协调和规划。其实东北地区少数民族新闻的跨境传播地区多以韩、日等国家为重点，跨境传播的地区重叠和受众相同，所以完全可以对东北三省不同的朝鲜语文媒体进行传播规划，这种传播规划不仅要跨媒体、跨级别、跨区域，更主要的是统一传播思想、表达相同的传播理念、塑造共同的民族精神和中国形象。这对跨界传播来讲是至关重要的。而在东北，还没有这样的规划与协调机构，这反映了跨界传播中，高层次协调机制和共同民族理念、中国形象塑造总体规划的缺失。

（二）塑造国家形象的执行力不足

延边卫视"上星"至今已有7个年头，2006年"上星"第一年信号覆盖人口仅延边和牡丹江的人口共486万[①]，第二年，延边卫视就在东北三省和山东、江西等17个地区和31个县实现落地，朝鲜、韩国、俄罗斯、日本等国家和地区的许多散户也可收看延边卫视，其理论覆盖人口达5200万人[②]。截至目前，延边卫视已在全国26个地区、131多个县（市）级的电视网络实现了全面落地播出，并借助中国网络电视台朝鲜语频道在央视网成功上线，实现节目24小时落地播出。与此同时，延边卫视在俄罗斯的远东地区和韩国C&N以及日本东京的IPTV、朝鲜的羊角岛国际饭店也成功实现了落地播出，收视覆盖人口突破了1亿人。延边卫视的进步

[①] 参见延边朝鲜族自治州广播电视局《延边广播电视年鉴》（2008年版）（吉林省内部资料性出版物，第200704015号），2008年，第38页。

[②] 同上书，第165页。

有目共睹。

但同"上星"时间大致相同的深圳卫视相比，延边卫视的步伐显然有些缓慢。2005年，在深圳卫视"上星"之初，仅有5200多万的全国覆盖人口，但在随后的3年里，深圳卫视深化管理体制，拓展运作思路，精办名牌节目，深圳卫视全国覆盖人口的人数迅速得到回升和提高，每年都净增1亿多人。到了2009年，深圳卫视跻身省级卫视全国覆盖人口排名前15的行列，全国覆盖人口突破了6.5亿人。[①] 2011年，全国45家省级卫视国内累计覆盖人口达到259.3亿人次[②]，平均每家卫视覆盖人口5.76亿人次，而延边卫视远远低于这个数字。

很显然，靠市场落地、竞争落地，延边卫视远没有深圳卫视的实力，靠政策落地、无偿落地，延边卫视远没有达到西藏卫视、新疆卫视那样受人瞩目的程度。"立足延边，面向全国，走向世界"的发展思路没有错，但把"坚持感情落地、关系落地、政策落地、无偿落地的原则，努力扩大落地覆盖面"作为"工作的方向"[③]，的确让人对这一工作产生担忧。

就延边卫视的跨界传播的内容来讲，也基本上是平移了综合频道的电视节目，换句话说，卫星电视的跨境传播内容基本与境内传播内容一致，只不过是通过"上星"开拓了国外的客户。那么，这样做对跨境传播中的受众针对性如何？国外的客户反应如何？朝鲜、韩国、日本和俄罗斯等国家的受众对延边卫视的传播内容有怎样的不同认识和感受？延边卫视从这种认识和感受之中得到哪些启示和改进？对此，延边卫视了解较少。

作为地区性的卫星电视台和少数民族电视台，其实要担当的是国家级媒体跨境传播的"外宣"任务，塑造和推展的是中华民族的形象和中国形象。那么，怎样通过具体的传播实践，通过对延边朝鲜族民族形象的大力宣传推及对中国朝鲜族乃至中华民族的宣传？也就是说，如何通过朝鲜民族形象的塑造及其时代发展特色的表现，来突出当代中国的民族形象和国家形象？很显然，延边卫视对此虽有了解和认识，但执行力和表现力远

[①] 参见王丽霞《2009年省级卫视覆盖形势盘点》，《北方传媒研究》2010年第1期。
[②] 参见王丽霞《2011年省级卫视覆盖形势盘点》（http://www.cnad.com/html/Article/2012/0312/20120312113758936.shtml.，2012－3－12）。
[③] 参见《延边卫视落地丹东》，延边声频（http://tv.yb983.com/gddj/2013－01－16/311.html, 2013－1－16）。

远不够。我们的确还没有看到一个全新的跨界传播的卫星电视传播平台。从 2006 年 8 月延边卫视成为上星电视后到目前不过区区 7 年，延边卫视要达到上述地位和水平可能确有些困难，不过在一日千里式发展的新媒体时代，这种要求已不过分，相反已是迫在眉睫。

五 县域乡村传播的认识误区

（一）传播者的盲从

1. 对受众的盲从

我们进行的几次少数民族新闻传播调查数据证明，电视的娱乐功能是少数民族受众较为看重的，因此，东北少数民族地区县级电视台除去文娱频道，综合频道的文娱节目基本占整个节目时间的 70%—80%。由于少数民族地区受众的电视机拥有量又远远高于报纸和广播的拥有量，极度膨胀的电视娱乐功能几乎已经掩盖了其他媒介的功能。在广大的少数民族农村地区，"电视独大"的传播现实和充斥荧屏的大量文娱节目，就给人这样一种认知：电视媒介首先是作为一种娱乐媒介存在的，电视对于少数民族农村地区的受众来说最大的用处就是提供娱乐。

再者，当地媒体大量播出广告，使得一些本来完整的节目碎片化。在一些热播的电视剧中间插入滚动字幕广告来达到宣传效应，让受众产生排斥感，仿佛地方电视台就是用来播放广告的。这些都使少数民族农村地区的整个传播环境中表现出的是媒介功能的单一化和娱乐化倾向。

2. "紧跟与配合"的传播意识

当地电视媒体的新闻和专题等自办节目中的"配合"和"紧跟"问题，也把观众推向娱乐"频道"。毋庸讳言，少数民族报纸的自办节目一定程度上还不为观众所喜闻乐见，也没有"拳头产品"奉献给观众，其根本原因在于配合领导意识较强，服务受众意识较弱。

目前，少数民族地区电视台的自办节目，主要内容多是结合市县委、县政府中心工作，搞典型报道、介绍工农业生产情况，不但内容呆板，形式单调，且临时节目较多，配合领导、紧跟形势的被动意识较强，服务受众意识较弱，不少县级电视台成了"会议台"。喀左电视台在 2000 年，就先后开设了经济导航、劳模风采、辉煌 50 年、自治县英雄谱、百日攻坚战、深入揭批"法轮功"、私企展示、喜迎澳门回归等近 20 个临时性专题节目①，虽然时效性较强，但品牌意识的长久性不足，也不利于培养受众对电视节目的忠诚度。

(二) 少数民族城市化进程中的新闻传播定位模糊

东北地区城市少数民族工作中的新闻传播问题历来少有人关注，新闻传播功能缺失，其原因主要有以下三个方面。

1. 受众定位不准

少数民族城市化进程总体看无非是两个方面，一方面是农村人口进入城市，另一方面农村发展为城市。那么，农村人口进入城市后，其身份是农民还是市民？农村发展为城市后，其在生态环境、市政设施、文化教育和娱乐活动等方面的内在质量和水平发展如何？如何定位在城市化进程中少数民族农民向市民转换的身份意识？城市中的少数民族与农村中的少数民族接受和传播信息的特征是什么？对此，新闻媒体还不甚清楚。新闻传播不对受众做到合理、清晰的定位，新闻传播就从根本上失去了目标和作用。

2. 存在组织传播替代新闻传播的倾向

我国第一次将城市民族工作视为民族工作的一种类型单独提出，是在1987年4月中共中央、国务院批准的《关于民族工作几个重要问题的报告》。这一报告对城市民族工作的地位、内容、特点等作了初步阐述和概括。正式对城市民族工作进行重点宣讲和重大推进的是1993年我国颁布的《城市民族工作条例》。截至1999年12月，第一次全国城市民族工作座谈会则充分对即将进入21世纪的城市民族工作新特征和新作用进行了重点讨论。2012年9月，首次全国性的社区民族工作交流会在南京召开，会议在我国工业化、城市化快速推进、少数民族人口分布格局和民族交往格局发生深刻变化的新形势下，对城市社区民族工作做了进一步具体分析和部署。

其实，政策法规宣传、畅通诉求渠道、开展信息网络建设等，也一直是城市民族工作的重点之一。1999年12月，在全国城市民族工作座谈会上，城市民族工作的规范化和制度化作为大会的重点论题受到了各地代表

---

① 参见喀左县广播电视局编《喀喇沁左翼蒙古族自治县广播电视志（1952—2006）》（内部资料），2007年，第57页。

的关注,他们认为"四七二"工作模式①,就是一个开展城市民族工作的较好规范,而"四七二"工作模式中信息通报制度等7项制度,就作为对城市民族工作的量化和具体化的重要指标。

可以说,现在我们对城镇少数民族的组织传播体制颇为健全,也颇有成效,而对大众传播的理路却不甚清楚。东北地区的城市在省、市、区(县、市)、街道办(乡、镇)、社区建立了五级组织网络和较完善的信息网络,在把握流动人口状况方面做了很多工作。这个网络平台的内部信息可以做到沟通严密、传递准确。但对于少数民族受众来讲,信息交流的广泛、快捷、畅达、互动程度等就要大打折扣。目前,对城市化进程中的少数民族由党政部门和教育部门主导的教育、引导和沟通的职能还没能够借助新闻传播的平台得到最大化的实现,新闻传播在对城市化进程中少数民族的信息沟通上,还没有真正发挥广泛、快捷、畅达、互动的信息传播功效。

3. 对传播内容把握不当

新闻传播对城市化进程中少数民族受众的定位不准,再加上较狭窄的组织传播渠道,让作为大众传播的新闻媒体迅速找到合适的传播内容,确实有一定难度。城市化进程中的少数民族受众一方面脱离了农民的身份,另一方面融进城市还需一定的时间和过程,市民的角色扮演还十分牵强。这一过渡、转化中的特殊身份的确给组织传播,也给新闻传播带来难题。因此,一些新闻媒体或注重少数民族受众向市民身份转换中对其法律意识、组织意识的灌输,或不自觉地强调其农民的身份——如"农民工"的称谓意识等,其实都体现了新闻媒体由受众定位不准导致的对传播内容把握不到位的问题。

---

① 即理论体系、政策体系、管理体系和法规体系4个体系,民委委员制度、少数民族联系制度、法律援助制度、对口支援制度、信息通报制度、表彰制度和接待制度7项制度,少数民族活动基地和少数民族人才培训基地2个基地。

第七章 当代东北地区少数民族新闻传播"两极格局"的优化对策

探明了"两极格局"总体和内部的问题及症结,也就把握了解决问题、推动新闻传播事业发展的必需条件和因素。东北地区少数民族新闻传播事业的发展,不仅要有相应的总体对策,还要有具体的措施。既然问题的根源在于东北地区少数民族新闻传播媒介生态对新闻传播的影响上,那么在寻求对策的过程中,就必须抓住这种影响,把握这种合力的态势,引导其走向符合现实、集聚能量的可持续发展轨道。

第一节 媒介生态的优化

东北地区少数民族媒介生态是少数民族新闻传播生存和发展的基础,因此,注重媒介生态的综合培养与质量提升,进一步确立全球化的传播观念,是优化媒介生态的最主要举措。

一 生态要素的调整和重构

东北地区少数民族新闻传播的"两极格局",深受东北地区少数民族新闻传播媒介生态的影响。因此,促进少数民族新闻传播事业的发展和"两极格局"的优化,就要注重东北地区少数民族媒介生态要素的调整和重构,使媒介生态的各要素协调发展。

(一)发挥区位优势

1. 发挥跨境民族的地缘优势

我国有近30个少数民族跨境居住,少数民族地区与10多个国家接壤。我国绝大多数的跨境民族与发展中或欠发达国家相邻,但东北的跨境民族虽也受欠发达国家如蒙古国和朝鲜的影响，但它们与发达国家如俄罗斯、韩国、日本相邻相望，受其文化和信息传播影响较大。东北的跨境民族在境外的人数往往比境内多。跨境民族与邻国的同一民族语言相通，风俗习惯相似，并有着亲属关系和长期的社会经济交往历史。人数的优势往往给新闻传播带来数量、渠道等多方面的便利，充分利用这一条件会使我们的跨境传播锦上添花。

东北地区地处东北亚的中心，是连接欧亚大陆的重要枢纽。北面、东面、南面与俄罗斯、蒙古、朝鲜、韩国和日本相邻相望，水、陆、空交通方便。这种交通条件和地缘影响也是提升东北少数民族新闻传播发展的利好基础。

2. 发挥经济环境的优势

从经济环境上看，东北的少数民族尽管以农耕经济为主，但与其他地处农牧业和林业地区的民族地区不同，东北少数民族地处东北老工业基地这一大环境中，有极为厚重的发展后劲和动力。东北的工业有近百年的发展历史。新中国刚成立时，国家把东北作为重工业基地来建设，"全国156个工业建设项目有56项安排在东北，使东北地区从一个农耕社会飞跃到了工业化社会"。[1] 至改革开放前，东北已真正成为共和国规模最大的工业基地，重化工业和加工业门类齐全，基础雄厚。改革开放前后，虽然东北出现了两次"东北现象"[2]，但它依然是我国重要的粮食、煤炭、木材、石油、化工、冶金、机械、装备制造和港口、航运基地。由于"十一五"期间东北经济区普遍处于工业化中期阶段，进入"十二五"以来，东北地区又一次进入了全面的工业化加速时期。处于工业化环境中的农村生活水平普遍较高。据统计，2005年东北三省少数民族农村居民的年均可支配收入为2597.53元，高于全国和8省区平均水平[3]，这给少数民族农村传播条件的改善、传播媒介的购买和普及打下了经济基础。

现代化工业基础是新闻传播生存和发展的基本条件，不仅可以为新闻

---

[1] 参见邴正《白山黑土造就特有东北文化，东北三省文化具有一定的统一性》（http://www.chinajilin.com.cn/content/2012-03/03/content_2480698.htm，2012-3-3）。

[2] 20世纪90年代初，因不适应计划经济向市场经济的转轨，东北三省出现了工业经济效益下滑的现象，在当时称为"东北现象"。而在我国加入世贸组织前后，东北三省又出现了传统优势农业受到冲击等问题。这种现象被称为"新东北现象"。

[3] 参见南文渊、陆守亭等《东北少数民族城市化研究》，民族出版社2011年版，第95页。

传播提供良好的信息环境，更可以为新闻传播的可持续发展快速拓展全新的空间。另外，尽管东北少数民族大多数仍然分布在农村，但其城市化率（即城市人口占其总人口比重）远高于全国少数民族的平均比例。从第六次全国人口普查统计结果看，截至2010年，我国少数民族城市人口为3676.88万人，城市化率约为33%，而东北少数民族城市化率已提高到了47.1%，其中赫哲族、鄂伦春族、鄂温克族和俄罗斯族等4个民族的城市化率平均达到了59.02%，在现代化进程中已走在了全国的前列。在少数民族城市化进程中，少数民族将由地域分散性走向城市集中性，信息交流将由人际传播走向大众传播，因此，少数民族新闻传播不仅具有广阔的发展空间，更面临着重大的提升机遇。

（二）彰显东北地区文化特色

在地域辽阔的东北，移民文化、外来文化、萨满文化等都与少数民族文化相互影响与交融，对新闻传播具有举足轻重的影响。民族文化是少数民族新闻传播的精髓，也是少数民族新闻传播实现顺利推展、跨域传播的最重要因素。

1. 少数民族文化与移民文化的交融

近代以前，东北地区人口的主体是满族等原住民族。从近代的"闯关东"移民热潮到1910年前后，东北人口由清初的不到100万人增加到2150多万人①。汉民族历史上从未有过的大规模的人口迁徙彻底改变了东北满汉人口的比例，使汉族成为东北人口的主体，满族等原住民族彻底变成了少数民族。1949年新中国成立时，东北三省的人口增加到3854万人。新中国成立以后又一直有组织地向东北移民1500万人建设东北工业基地，使东北人口在改革开放以前迅速达到了1亿多人。②

近代"闯关东"的热潮和现代汉族人口的大量涌入，使东北少数民族原有的游牧文化、渔猎文化渐次向农耕文化融合，形成了一个以移民迁入为主的农业化社会。在这个社会转型中，不仅存在原住少数民族的文化交汇，也存在原住少数民族文化与中原、齐鲁农耕文化的融合，更有近现代工业文明对少数民族文化和农耕文化的影响。因此东北少数民族的文化

---

① 参见赵继伦《东北历史文化演变与东北文化个性》（http://www.chinajilin.com.cn/lilun/content/2010-07/20/content_ 2023840. htm，2010-7-20）。

② 同上。

精神其实已完全融合在东北文化之中。比如被人津津乐道的"闯关东"精神其实是当今全体东北人的精神财富。闯关东所体现的开拓、包容、豪爽、仗义、勤劳等品质，其实正是原住少数民族和广大移民及其共同繁衍的后代共通的精神核心。东北少数民族新闻传播就是要依托并凸显这种共同的精神核心。

2. 外来文化尤其是俄罗斯、日本、韩国、朝鲜文化对东北文化的影响

异国文化对东北的北、中、南地区影响深刻，并通过这些地区的大中城市向周围进行辐射和推展。俄罗斯文化对哈尔滨、韩国文化对延边和大连、日本文化对沈阳和大连的影响尤为深远。

俄国文化对哈尔滨的影响是随 20 世纪初中东铁路的建设和营运开始的。俄罗斯文化"对东北文化的影响主要体现在生计方式、语言、服饰、饮食和城市建筑等"与人民生活息息相关的方方面面。[①] 哈尔滨、沈阳、大连等地俄罗斯文化的影响大量存在。在日本对中国东北的 14 年殖民占领和文化奴役中，东北文化也受到了日本文化不同程度的熏染。改革开放后，随着大量日资企业进入东北，尤其是进入东北亚的交通枢纽城市大连，日本文化再一次深刻影响着东北文化。有论者对日资企业文化和东北文化进行了比较，认为日资企业强调"家内和合"弱化雇佣意识、强调集团功利偏狭个人意识、强调勤俭意识弱化享乐意识以及强调管理者尊严的企业文化[②]，无不契合和影响着东北文化中抱团、勤劳和自尊的文化精神。

中韩文化的交流历来密切，韩国文化以出色的商业运作能力，通过商业企业和文化消费深深影响着中国。相对于国内其他民族，中国的朝鲜族尤其是延边朝鲜族在地缘上和文化上有零距离接触韩国文化的条件，因此韩国文化对延边的影响就"顺理成章"，再加上韩国文化通过沈阳、大连、丹东等地的韩资企业向其他人中小型城市辐射，"韩流"就更显得"势不可当"。20 世纪 90 年代，韩国的大众文化发展成为追求闲适生活为

[①] 参见逯忠华《俄罗斯文化对中国文化的影响》，《前沿》2010 年第 4 期。
[②] 参见陈丽华、张海波《透视日本企业文化及其对我国的启示》，《东北大学学报》（社会科学版）2003 年第 3 期。

特征的时尚文化。① 这种休闲时尚文化主要集中在韩式料理、服装、美容美发、电子游戏、影视文学等消费领域。在"韩流"的影响下，现在不仅延边地区消费生活和消费文化特点突出，我国其他地区的消费文化也受到了其强烈的冲击。

民族新闻传播必须充分认清外来文化的影响及其正副效应，明确民族受众的消费文化需求，并在民族新闻传播中扬其所长，抑其所短，保障民族文化乃至东北文化的健康、繁荣。

3. 萨满文化对东北文化的影响

同我国其他少数民族大多信奉佛教、伊斯兰教和基督教不同，东北少数民族大都信仰土生土长的萨满教。我国在12世纪的南宋时期就有对萨满教的记载。萨满教曾经长期盛行于我国北方各民族，满、锡伯、赫哲、鄂伦春、鄂温克、蒙古、达斡尔以及朝鲜等民族都在不同程度上存在萨满教信仰活动。萨满教信仰是一种原始的多神信仰，自然界的天地日月、风雨雷电、动物植物等一切事物和现象，都可以成为萨满教的多神来源。正如有的专家指出的那样，萨满文化是北方民族民间文化的载体，萨满崇拜观念与北方民族精神的形成有关，萨满教作为北方民族固有的原始宗教，在民众心灵深处的影响根深蒂固，已成为民族共同的文化心理。②

萨满教与初民时期少数民族的生产生活密切相关。萨满教传承下来的有关生产经验、技术、天文、地理、医药等方面的知识、经验以及萨满的一些唱词、神话记载了大量的民族起源、风土人情、文化交流的信息，不仅至今仍具有一定的实用价值，对北方少数民族也是一种心理慰藉和精神寄托。同时，萨满教认为自然万物皆有灵魂，注重自然与人类的和谐相处；萨满教强调集体精神和顽强的生存意识，对少数民族的心理起着巨大的认同和凝聚作用，这对当今社会的保护生态环境，促进生态平衡与社会和谐发展无疑发挥着重大作用。

萨满文化是研究东北少数民族新闻传播绕不过去的"门槛"。研究萨满文化对少数民族新闻传播的方式、内容、特色及属性等的影响有着重要的历史价值和现实意义。

---

① 参见孙岿《人类学视野下的朝鲜族消费文化变迁》，辽宁民族出版社2008年版，第228页。

② 参见郭淑云《解读萨满文化》（http://www.chinajilin.com.cn/lilun/content/2010-07/08/content_2008017.htm，2010-7-8）。

费孝通先生指出，一个国家、一个民族要做到文化自觉非得经历一个艰巨的过程。首先要认识、理解和保护自己的文化，了解自己文化的特质和发展历史；然后在自己文化自主适应、自我发展的基础上，同世界各个国家、各个民族的文化一起取长补短、联手发展，共同建立一套得到多元文化认同的、基本的规则和秩序。[①] 由此可见，要在少数民族新闻传播中实现文化自觉，首先要突破对民族语言狭隘的理解，增强对融合了多元文化精神的东北文化的认知和自信，培育东北文化品牌，在丰富多彩的社会发展中提炼和凸显各民族都能体认、共同接受的文化价值观。

二 挖掘各种政策、政治效应的关联度

充分重视全国和东北地区、东北少数民族地区社会发展的各类政策和政治效应，分析和挖掘其同新闻传播的关联度和周边性，采用协同借力和提升放大等方式方法，为民族新闻传播营造良好的环境及条件。

（一）借力政策导向

检视一下影响东北少数民族新闻传播媒介生态的大政方针，有以下几类：一是全国性的政策，如"村村通""2131""走出去""富边兴民"等工程。二是区域性政策，如西部大开发、"西新工程"等。三是本地性政策，如东北振兴规划、振兴东北老工业基地、图们江区域合作开发规划等。如果仅从新闻传播的角度来看，这些政策或与东北没有关系，如西部大开发和"西新工程"等；或与东北地区有关系又与新闻传播关系不大，与少数民族关联更是不紧密，如东北的一些区域性政策等。

对此，要有三个清醒的认识与行动：其一，树立系统的生态观念。作为媒介生态的因素，它们与新闻传播都有密不可分的关系；其二，通过这些政策厘清国家区域性开发政策的导向，进一步寻找这些政策与东北地区、东北少数民族地区和少数民族新闻传播的关联性和交互性；其三，发挥借力、使力的政策效应，助推本地区新闻事业的进一步发展。尽管延边地处东北，但依托西部大开发政策和"西新工程"，以延边为代表的朝鲜族新闻传播得到了大幅度改善和提升，否则跨境传播的效应会受到极大的限制和阻碍。

[①] 参见费孝通《对文化的历史性和社会性的思考》，《思想战线》2004年第2期。

（二）升华政治效应

我国国家领导人历来重视民族地区的发展，对民族地区的文化进步事业更是倾注了心血。尤其对东北少数民族地区，三代国家领导人都予以了高度的重视和精心的指导。国家领导人对某一地区的视察访问一定带有全局性、综合性、倾向性和指导性，是新闻传播的焦点；若只把这种访问视察作为政治信息来传播，实际上就限制和简化了信息传播的多方指向和效应，因此必须把政治效应升华为传播效应。

其一，借助国家领导人综合性和全局性的指导，进行本地区政治、经济、文化教育等多层次的传播，提升本地区的知名度和美誉度。其二，借助国家领导人对民族地区的关注，大力开展少数民族新闻传播，促进本地区民族团结和进步。其三，借助国家领导人视察访问的新闻焦点性，大力进行跨境传播，把国家和地区有关经济发展、社会和谐、文化进步等多方信息传达给全世界。

第二节　外向一极：跨境传播的特色定位和多渠道开拓

目前，美、英、德、法等西方国家在中国周边的10个国家部署了26个广播发射基地，近百套境外卫视节目覆盖了中国的版图。[①] 境外新闻传播对我国已形成了无孔不入的渗透态势。俄罗斯、韩国、日本等发达国家对我国东北少数民族新闻传播具有一定的影响，韩国的刊物、卫星电视等在延边等地区更是影响甚剧。在复杂的国际环境中，东北地区及其边疆跨境民族已成为一个十分重要和敏感的地带和传播受众，而东北朝鲜族语文的跨境传播不仅处于新闻传播的最前沿，且已成为我国东北区域跨境传播最重要的国家力量。

一　统筹规划，形成合力

目前，东北地区朝鲜族语文的跨境传播条块分割严重，力量分散。朝鲜族语文的跨境传播不仅分省份地域、分行政管辖，而且分级别、分行业、分媒体，甚至分传播地域。东北地区少数民族新闻传播受政治宣传和

[①] 参见程雪峰、张素梅、周宏宇《浅析我国传媒如何应对西方的跨境传播》，《新闻传播》2005年第4期。

行政管理的影响较深刻，尤其是在较多的县域新闻传媒中，行政运作式的管理还依然存在。打破壁垒、整合媒体进而做到优势互补、资源共享，对东北地区少数民族新闻传播尤其对朝鲜族语文的跨境传播更为重要。

自1977年5月东北三省朝鲜族语文工作领导小组在长春成立以来，东北地区还成立了东北三省中小学朝文教材编译出版协作小组、东北三省朝文图书出版协作会等区域协调组织，对朝鲜族语文和朝鲜族语文出版事业的发展起到了协调和推动作用。2009年6月，中国朝鲜文出版基地又在延边首府延吉市进行了筹备，这个基地在2010年启动后，面向全国的朝鲜文出版单位，以北京、辽宁、黑龙江等省市的23家和吉林省的313家朝鲜文出版发行印刷机构为主体，科学谋划中国朝鲜文出版基地机制与建构的方式方法，以期有效利用朝鲜文出版资源，打造朝鲜文品牌，切实维护少数民族地区尤其是朝鲜民族地区的文化安全和社会的稳定和谐，抵御不良外来思想、文化的渗透和影响。① 跨地区、跨级别的传播规划当然不易，跨媒体的传播整合就是难上加难。东北地区少数民族新闻传播不妨从上述出版规划中学得精髓，先进行同媒体间的联合规划，再求得跨地区、跨级别甚至是跨媒体的联合，循序渐进，点滴积累，抱团滚动，方能壮大跨境传播的竞争实力。

2011年，国家广电总局发文将延边卫视正式调整为省级卫视频道，为延边卫视的跨境传播搭建了更高的平台，赋予了更多的责任，更显示其在跨境传播中的特殊位置。为了扩大新闻传播的范围和效应，延边卫视必须在塑造民族形象和互动交流上下足功夫。

二 以特色立台，以个性感人

如前文所述，作为年轻的"上星"电视台，延边卫视的经济实力、竞争实力和政策实力还显薄弱，卫星信号仅靠关系落地、感情落地其效力也十分有限。作为跨境传播的主力军，延边卫视的传播信号最重要的是在国外落地，这种靠关系落地、感情落地的设想和做法更是不现实。延边卫视在初创阶段，上述的"实力和关系"发挥了重要作用。然而发展到今天的延边卫视如果还是依靠上述"实力和关系"，未免眼光过于狭窄。其

---

① 参见杨守玉《中国朝鲜文出版基地筹备会议在延召开》，《延边日报》2009年6月30日A01版。

实,在传播通道竞争激烈的今天,任何一个卫视的实力只有一个,这就是"特色"。延边卫视也不例外,只有以特色立台,以个性感人,才能增强延边卫视的竞争实力。

如今,诸多卫星电视纷纷采用传播的差异化策略,突出自己传播内容的特色定位。湖南卫视的"快乐中国"、安徽卫视的"剧行天下"、江苏卫视的"情感世界、幸福中国"、浙江卫视的"中国蓝"等,无不卖力地在同质化的传播市场中突出自己传播内容的个性,以期吸引观众的眼球。在具体的操作层面上,贵州卫视展示"多彩贵州",充分利用本土资源;云南卫视突出"绿色人文、经典云集"的特色,挖掘本省"旅游、民族文化、东盟、绿色生态"四大资源优势;还有的卫视不走区域区位营销路线,而是打造人文、文化的特色。重庆卫视的"故事中国,人文天下"、陕西卫视的"人文天下"、山西卫视的"中国风"等,都在人文理念上突出自己的办台特征。[①]

由此可以考虑,延边卫视的特色定位是什么?延边卫视给自己的定位是"立足延边,面向东北亚",其推广主题语是"风情延边、魅力中国",可见延边卫视对传播定位是重视的,也是有策划的。问题是这一定位是否准确?是否为观众认可?在第六章对中国朝鲜族受众和韩国人、朝鲜人的调查中得知,中国朝鲜族受众和韩国、朝鲜受众对延边卫视的特色认识有所不同,中国朝鲜族观众认可的排序是:民族特色51%,地方特色32%;韩国和朝鲜观众认可的排序是:地方特色42%,民族特色31%。不过,中国朝鲜族观众和韩国、朝鲜观众对延边卫视的"民族语言播报"认可度较高,分别达到了96%和97%。可见,中国朝鲜族观众认可其"民族特色"的程度高是因为延边卫视运用了朝鲜族语文传播;韩国和朝鲜观众对这一点却不感兴趣。由于延边卫视的民族特色和地方特色不足,中国朝鲜族受众和韩国、朝鲜受众大多认可延边卫视属于"综合新闻型"。看来,受众尤其是国外受众对延边卫视的民族特色、地方特色的表现并不认同,这需要延边卫视认真反思。

明确延边卫视的定位并不难,关键在于受众定位的准确。延边卫视的受众主要是中国的受众,还是中国的朝鲜族受众?是国外的朝鲜人、韩国人和其他人,还是身在中国的朝鲜人、韩国人?若一个频道希望满足所有

---

① 参见王丽霞《2009年省级卫视覆盖形势盘点》,《北方传媒研究》2010年第1期。

受众，不但会模糊频道的定位，让整个卫视的发展无所适从，也不能讨好所有的受众；相反，观众还会有所埋怨和放弃。这个定位，需要延边卫视通过详尽的调查、仔细的摸索和断然的抉择才能最终确立。

三 打造民族品牌栏目

优秀的卫星电视需要优秀的节目开发、策划支撑，同样，卫星电视的频道定位也要靠品牌栏目去体现。因此，延边卫视要在确立频道定位的基础上，加大节目的开发、策划力度，打造民族品牌栏目。这一点，延边卫视的探索是有成绩的。

2007年，面对延边朝鲜族民众走向天南海北、大胆创业的新形势，延边卫视策划了大型谈话类节目"天南地北延边人"。这个节目把新闻触角转向远走他乡、勇于开拓的平民百姓，实现了报道主角由政治人物、成功人士向寻常百姓的延伸。从重走长征路的普通打工者李完斌，到从开豪车的富翁变成一天只有一元生活费的穷人，再成为崛起的市场冲浪者金哲[1]，通过这些走出和走进延边的个人经历的讲述，在反映延边的社会变迁和延边人的心路历程的同时，更重要的是体现了朝鲜族四海为家、达观豁然、大胆创业、敢为人先的民族精神，这是实实在在的又是最打动人心的民族特色。这不仅是当代朝鲜民族的精神和灵魂，更是改革开放以来朝鲜民族在政治、经济、文化等领域勇于探索、开拓奋进的时代精神。因此，通过"天南地北延边人"的个人奋斗，我们不仅警醒了自己，认识了他人，还认同了一个民族，感触了一个时代，了解了一个国家。因此，"天南地北延边人"在跨界传播中一直受到国内外朝鲜族和其他民族受众的追捧，就不足为奇了。可见，跨境传播中对民族精神的提炼、表现和推展举足轻重。2010年8月推出的"图们江"栏目以5个子栏目的形式介绍图们江区域的发展变化和朝鲜族的历史文化，也较受观众瞩目。

相比较而言，延边卫视由于人力和财力的限制，节目开发较少、策划力度不够，对品牌栏目培育力较分散。当然，以延边卫视的实力，从创作策略入手，自制精品节目，培育品牌栏目确属不易。但能放宽眼界，借助外力，展开联合，也许能突出重围，获得新生。从2007年9月，甘肃卫

---

[1] 参见延边州广播电影电视剧局《延边州广播电影电视年鉴（2011年版）》（内部出版物，第200704015号），2011年，第146页。

视与贵州卫视合作开始，青海卫视与湖南卫视、宁夏卫视与上海文广等都进行了不同层次上的合作。尽管延边卫视也与中央电视台、上海文广等进行合作，且在 2010 年 5 月与牡丹江新闻传媒集团、2011 年 12 月与吉林朝鲜文报社及其所属网站"中国吉林网朝鲜文版"结成战略合作关系，但这些行为多为节目的交流和播出方面的合作，并没有进行节目创意、策划、开发方面的合作。对此，延边卫视需要加大审视自己的优势和劣势，进一步寻找合作开发的机会。

四 提升朝鲜民族文化的精神内涵

（一）提升和吸收朝鲜族文化的精髓，把握朝鲜族民族形象的实质

东北的边境地区是多民族共存的地区，决定了民族新闻传播的跨文化特征。仅延边一州就有 25 个民族，汉、朝、满、回、蒙古等民族融洽相处，各自文化取长补短，已经成为延边州最大的文化特色。新闻传播在大力弘扬和突出各个民族的独有特色之外，更要重视各个民族都能够共同接受的文化理念和文化精神。民族语言、民族风土人情、风光风景和民众的行为活动其实都是传播的文化符号和文化形象，而文化符号和文化形象的实质与灵魂是蕴含其中的民族精神，是各个民族都能够共同接受的文化理念。没有对文化核心精神的认同，恐怕在本州内的传播都不能见效，更遑论跨地区、跨国界的信息传播了。因此，提升和吸收朝鲜族文化的精髓，把握朝鲜族民族形象的实质，这对延边卫视乃至朝鲜族语文媒体传播国家形象及自身的发展壮大都极为重要。

延边作为中国朝鲜族聚居之地，有着悠久丰富的历史文化遗产。象帽舞、长鼓舞、圆鼓舞、小鼓舞等都是最具朝鲜民族特色的舞蹈艺术形式，充分反映了朝鲜族人民生活、劳动和社会交往中的热情、欢快和活泼的民族情感和民族气质。延边州所属的乡镇更是体现民族艺术的集中地。图们市"圆鼓舞之乡、长鼓舞之乡"、汪清县百草沟的"象帽舞之乡"、珲春密江的"洞箫之乡"、安图长兴的"民俗活动乡"以及敦化市的"中国民间文化艺术之乡"等民族特色艺术乡镇，既有朝鲜族历史的厚重风情，又有 21 世纪的新潮精神。2009 年，作为我国唯一入选的舞蹈类项目，代表经典朝鲜舞蹈的中国朝鲜族农乐舞入选联合国人类非物质文化遗产代表名录。

改革开放尤其是进入 21 世纪以来，延边州在全面深化内部经济体制

改革、推动外向型经济发展的同时，实现了社会和经济发展重大进步，充分显示了延边民族文化积极入世、昂扬向上、达观豁然的人生态度。延边人愿意通过尝试创新和风险来取得财富，也因此追求时尚，讲究享受，消费倾向比较突出。延边人重文崇教，兼容开放，全民素质较高，因此虽然身处边疆，也能表现出开阔的视野和开放的胸襟，体现出同时代发展的和谐与进步。

从2012年5月开始，延边州在全州范围内展开"延边精神"大讨论活动。不管人们怎样认定延边精神，其实人们一致认同多元共生、开放包容、眼界开阔、敢闯天下不仅是延边朝鲜族人民的精神核心，也是在长期共同生活的过程中，延边各族人民鲜明的精神特质和共同品格。19世纪法国著名作家、宗教史家和思想家厄内斯特·勒南认为，超越不同民族和语言的是人们对过往的体味，对现在经历的分享，对美好未来的展望。这是一个民族的灵魂和精神准则。[①] 这个灵魂和准则实际上就是共同的文化价值观。这个共同的文化价值是信息传播活动满足多元化社会需要的必备素质，是传播功能得以发挥的基础，也是各族人民对跨文化传播的共同要求。

延边卫视的传播活动就是要围绕和提升这一精神核心，因为这一核心不仅体现了朝鲜族的民族性格，也为汉族、满族、回族等民族和跨界民族一致认同，是凝聚各民族团结奋斗的精神力量，是社会主义核心价值体系与各民族传统文化的有机结合的精神纽带。没有这一种精神和品格，延边卫视的一切传播活动就会没有主线，民族形象就会没有灵魂，国家形象就会没有血液。

（二）开展对东北文化、中国精神的推展，促进各民族心灵深处的高度认同

延边朝鲜族文化既继承了中国朝鲜族和半岛朝鲜族的历史传统，也吸收了韩国同民族的现代精神因素，更融合和体现了中国文化尤其是东北文化的精神核心。延边卫视要抓住朝鲜族文化同东北文化和中国文化相连相同的实质，进一步在跨境传播中展开对民族形象的塑造，对中国精神的推展。

[①] 参见［法］厄内斯特·勒南《民族是什么》，袁剑译，《中国民族报》2012年8月17日第6版。

朝鲜族在改革开放后所体现的四海为家、勇于开拓的品质正是东北文化——"闯关东"的精神核心：开拓、仗义、勤劳。东北的朝鲜族民众生活在资源丰富、风光秀丽的长白山北麓，长白山原始生态基本保存较好，并代表着悠久的朝鲜族历史和文化传统。当然，朝鲜民族对长白山的崇拜、对江海的爱惜、对山林的守卫进而体现的尊崇自然、民风淳朴的文化特征其实也受到了东北原始宗教——萨满教的影响。中国的朝鲜族尤其是延边朝鲜族在地缘上和文化上有零距离接触韩国文化的条件，也深受"韩流"的影响。由此可见，延边朝鲜族文化的内涵和发展体现着对多种文化兼收并蓄、推陈出新的进步过程，而这正是跨界传播所依据的本质条件。

可以说，中国的朝鲜族民族精神不但契合东北文化的理念，也显现改革开放、和平发展的中国精神。因此在跨境传播中，延边卫视传播的朝鲜族形象完全可以共通、弘扬国家形象的理念，这也是朝鲜族的民族形象不但为朝鲜族接受、为东北人接受，也可以担当国家形象进行跨境传播的至关重要的原因。换句话说，东北亚的跨界民族和受众完全可以通过中国的朝鲜族民族形象感知中国的国家形象和国家理念。

民族精神不同于地方特色和民族特色，它体现在民族、民众的奋发有为的开拓中和丰富多彩的生活中，是延边卫视频道定位、栏目设置、节目内容的主线和灵魂。因此，延边卫视要不拘泥于地方特色和民族特色，国内外广泛收集、挖掘蕴含民族精神内涵的民众言行作为跨境传播的素材，经过融汇、提炼、升华后，再进行传播，必能博得国内外观众的瞩目和欢迎。

五 建立沟通渠道，增强互动机会

延边卫视作为一家尚欠实力的电视台，在跨境传播中要直接在国外派驻记者或者建立通联网络，的确是件十分不易之事。关于境内境外的节目交流交换问题，当然也受到资金投入和政策的限制，但如果广开思路，放宽眼光，还是有开拓、发展的空间的。

（一）国内挖潜，多方合作

与国内知名的、有实力的电视台和网站寻找合作的机会，可以达到少投入、获得丰富节目资源的可能。目前，延边卫视已同中央台和北京台、上海台等进行合作获得节目资源，其实还可以更加放宽眼光，比如，辽宁大连电视台的"直播东北亚"和"中韩之桥"节目就很适合在延边卫视播出。"直播东北亚"是一档汇集、评说近期东北亚地区热点及焦点问题的时事评论节目,它不仅能让受众了解东北亚的地区形势,更可以此为基点,把握世界的发展动态。"直播东北亚"视野多聚焦俄国、日本、韩国、朝鲜、蒙古国乃至美国等国家,而这一范围恰恰是延边卫视的传播范围,因此"直播东北亚"是一档很好的节目源地。"中韩之桥"节目是一档用朝鲜语播出的介绍韩国人在东北,尤其是在大连的工作学习生活状态。同时也把东北的民俗、风土人情以及社会生活的各方面传播给中国东北的朝鲜族受众和在东北的朝鲜、韩国民众,因此,对于延边卫视来讲也是极具平民视角和亲和力的生活栏目。

2010年10月,延边广播电影电视局与大连广播电视局签署友好合作协议,双方将在节目播出、人员交流、产业经营以及延边卫视在大连落地等方面开展全面合作。据了解,目前的合作进展有些缓慢。

除了大连电视台,延边卫视还可以同丹东电视台、齐齐哈尔电视台、黑龙江电视台、辽宁电视台、吉林电视台和网站等不同级别、不同媒介的新闻单位联络,获取节目资料,丰富节目资源。

(二)构筑交流平台,寻求境外合作

寻求境外合作,必须先进行内部挖潜,构筑交流平台或借用己方内部成熟的传播平台,获得与境外合作的机会。延边广播电台的"寻找失散家族"栏目已同韩国和俄罗斯进行三方合作,效果很好,值得延边卫视借鉴;延边卫视完全可以探讨广播与电视联动的可能,通过电视转播、移植这一节目,达到与俄罗斯和朝鲜、韩国等有关方面的合作,进而获得广泛的国际交流机会和国际话语权力。

就延边电视台本身的节目如"天南地北延边人"来讲,既然延边人在境外打工已达到十几万人,而且不乏典型意义的代表者,延边卫视可以委托当地电视台进行拍摄和制作,这样就给节目在当地播出和回国内播出创造了条件。作为传播和利益方面的回报,延边卫视当然也可以拍摄和播出境外国家的人员在延边乃至国内创业的动态,这样也为本地和境外播出开拓出一条新路。

(三)引进品类丰富多彩的节目

对引进的节目,在政策的允许下也可以做到品类丰富多彩。延边卫视对韩国钓鱼节目的引进就是一个很好的尝试。当然,引进节目涉及国际版权、发行、资金投入与回报等诸多问题。但能否在初期多引进一些集锦式、综合类的体育、文艺、经济、教育、法律等众多节目，达到让受众较为了解全貌又开拓思路的效应。另外，在延边地区通过各种渠道落地了很多韩国和日本的广播电视节目，延边电视台在作为管理者的同时也要抽出专门人员进行观摩、学习、总结，找出受众喜闻乐见的传播内容、形式以及规律，再通过借鉴综合运用到延边卫视的传播之中，这样做可能事半功倍。这些思路和方法都值得探讨和试用。

第三节　内向一极：县域乡村传播的准确定位

一　县域乡村的惠农传播

（一）变对农传播为惠农传播

由于东北民族地区的受众还是以农民为主，因此新闻传播就要将农民置于对农村传播的中心；新闻传媒尤其是本地电视台、电台应加强对农民受众信息需求的调查研究，做到为农传播、为农服务。

1. 突出特色意识

地域特色是东北地区少数民族新闻传播最重要的个性，也是在强大的传播竞争中，县域少数民族传媒同其他级别传媒"抗争"的唯一优势。因此，突出本地特色，服务本地受众是县域少数民族传媒生存的不二法门。县域少数民族传媒在传递"上三级"和邻近省区新闻信息的基础上，还必须把迅速传播本地区的少数民族社会生活的动态、反映本土色彩的信息作为首要和重要的工作。

2003年，国家和新闻出版署发文治理报刊摊派等问题，约300家党报退出历史舞台；这300家报纸大多数是县级党报，中国长期维持的四级办党报的基本格局宣告终结。东北少数民族地区有2家县级党报却在这次整顿中存活下来。这说明国家对少数民族地区新闻传播的重视，同时也说明这些报纸存活的优势。县级报纸是我国最基层、最前沿的传播单位，处于四级报纸传播的最末端，最有基础也最有条件深入生活，贴近群众。实际上，在人力资源、硬件资源同市（州）、省新闻传媒无法比拼的条件下，深入基层，传播快捷、反馈及时，极力突出地方特色等传播行为，就成为县域新闻传媒与市（州）、省级新闻传媒竞争的唯一优势。因此，东北少数民族地区的新闻传媒作为最基层传媒处于广大农牧区之中，不仅要做到对农传播，还要做到为农传播，惠农传播。

东北少数民族地区的新闻传媒要进一步增强对"三农"问题的关注，为农服务要做到更有针对性。要积极利用县级媒体扎根本地的特长，发挥其了解本地经济、文化等方面的态势和受众生产、生活现实的优势，精确对当地少数民族受众在农业、牧业、矿业、商业、卫生和文化娱乐等方面需求进行细分和定位，向少数民族民众传授草原、山林、丘陵的农牧养殖、病虫害防治等方面的知识。

比如，黑龙江穆棱市（县级）电视台请农业科技专家深入田间地头，当面解答农民在生产中出现的各类难题，如选种育苗、病害防治疑难杂症等，并同时传授最新的农田科技知识和技术。电视台据此专门办起了"专家支招"专栏，用现场唠家常的语调、语气和语速为栏目的解说配音，针对性强又朴实生动，深得民众欢迎，宣传效果明显[①]，值得东北民族地区的县域新闻传播好好学习。只有惠农节目办出本地特色，关注农事农家，成为连接政府与农民、城市与农村、农村与农民的桥梁，县域少数民族新闻传播才能真正如鱼得水。

2. 强化品牌意识

毋庸讳言，东北少数民族县域新闻传播的自办节目在一定程度上还不为观众喜闻乐见，也没有"拳头产品"奉献给观众，其根本原因在于县域新闻传播没有强化新闻栏目的品牌意识。

在市场经济条件下，东北少数民族县域新闻传播只有树立品牌意识，创造出富有个性的品牌栏目，才能在竞争激烈的传播市场中得以长久发展。新闻栏目要固定化，要变临时性为长久性。观众对节目的忠诚是需要时间培养的。这就要求少数民族县域新闻传播对新闻栏目的设置要有前瞻性和长久性，不要奢求新闻栏目一夜爆红。延边电视台大型公益性直播栏目《伸出友爱之手》之所以深受观众欢迎，是因为迄今已开播了整整12个年头。《伸出友爱之手》是一档帮助贫困学生完成学业，并在全社会宣传和弘扬慈善文化的公益性节目。栏目于2000年7月1日开播以来，得到了广大观众的热烈响应和支持，受到捐助的贫困生达600多人次，所捐助的捐款额达500多万元。本栏目两次获得全国少数民族题材电视节目《骏马奖》一等奖，成了延边电视台的精品、名牌

---

① 参见王晓荣《浅谈县级广播电视如何贴近三农办节目》，《新闻传播》2011年第6期。

栏目。

因此，东北少数民族地区的新闻传媒在立足当地，寻找自身优势，根据本土特色制作百姓喜闻乐见的节目同时，必须定位准确、精选栏目，做到精品精办，做好长期培养、重点投入的准备。而不是到处开花、忙于"配合"。只有这样，少数民族新闻传媒才能打造本土品牌，才能牢牢把握对当地受众的影响力，在竞争激烈的传播市场中立于不败之地。

3. 本地民族艺术的推展

改变民族地区新闻传播的娱乐化倾向问题，不是不要娱乐化，而是要改变电视剧连轴转，晚会节目、娱乐选秀满荧屏的现象等。其实，少数民族地区的受众对民族艺术最为热衷，家乡的艺术最近，本土的娱乐最亲；少数民族新闻传媒就是要立足当地，挖掘和表现少数民族受众家门口的民族传统和艺术，这样才能为广大少数民族受众喜闻乐见。

东北少数民族地区有丰富的至今仍长盛不衰的文化艺术，如已列入第一批国家级非物质文化遗产名录的阜蒙的东蒙短调民歌、喀左的东蒙民间故事，列入联合国人类非物质文化遗产代表名录的延边朝鲜族农乐舞、梅里斯达斡尔族的民间舞蹈"鲁日格勒"、民间说唱"乌钦"，还有岫岩的玉石文化、新宾的根雕艺术和满族传统文化艺术等。这些艺术的挖掘和表现，不能仅靠录音、摄制再播放了事。

第一，要时常更新节目。文化艺术的挖掘和收集，当然是一件费时、费力、费钱的事情。因此，一些传媒经常播放五六年前的老段子，节目更新速度较慢。还有人认为只有传统才是正统、只有古老才有韵味。其实，任何一种艺术都是随时代的发展而不断演化的，受众的欣赏口味也在与时俱进。文化艺术的挖掘和搜集当然要尊重传统，但只有注重时代的变化，开掘传统艺术的时代特色，不断进行节目内容的更新和进步，才能更好地发挥传统艺术，使传统艺术更接近广大少数民族受众。

第二，要注重群众参与。少数民族地区的新闻传媒一般注重专业团队和专家的艺术表现，当然，这样做可能操作简便，又可保证艺术水准。不过，当地的专业团队和专家毕竟是少数，采制的节目也十分有限，这就必须发动群众，调动群众参与的积极性，通过各类竞赛、调演、会演等方式，或进行厅台展演，或深入田间地头，或进入千家万户，进行民族文化艺术的挖掘和搜集。当前景、身边人、贴心情最能打动人心，也最能保证民族文化艺术的长久传承。

(二) 对媒介的选择与布局要由普遍性转向针对性

一提到新闻传媒人们自然就想到了广播、电视、报纸、杂志和网络等媒体；一提到促进和提升新闻传播的水平，习惯性的思维就是要把广播、电视、报纸、杂志和网络等媒体进行一个全面的普及和发展。其实就少数民族地区而言，由于传播环境的不同，受众的需求重点也不同，进而对大众传播媒介需求也有不同。我们就是要根据这种特殊性去发现受众对媒介需求的特殊性，进而有针对性地满足受众的特殊需求。

1. 因地制宜，发展优势媒体

由于"村村通"工程的开展，广播、电视已在辽宁的少数民族地区有了极高的普及率。但是蒙古族地区和满族地区对广播和电视的需求与依赖程度存有极大的不同。电视虽是满、蒙地区受众接触率最高的媒体，但是在阜蒙、喀左地区广播也有近50%的接触率——这一接触率在进行蒙语广播时达到了65%；少数民族地区对报纸和杂志的需求尽管数量有限，但需求的范围很广——近至本县的县报，远至广州、上海的晚报和期刊，受众都有购买和订阅。辽宁的蒙古族地区和满族地区的受众尽管还处于省界边远地带，但是由于改革开放以来大众传播的快速发展，尤其是东北老工业基地的开发和振兴，辽宁省少数民族地区的受众也并非消息闭塞、眼界狭窄。可以说他们产生了从未有过的与时代、与社会、与外界、与本地的交流信息、沟通感情的需求。在东北满族地区，受众的报纸和杂志的接触率达40%。对广播和印刷媒体，蒙族与满族地区的受众已表现出明显的不同的重视倾向。

对于地处边远、交通不便的地区来说，在宣传党的方针、政策，传播信息、普及科学技术、文化知识以及丰富群众精神生活等方面，广播、电视的传播迅速及时，较之报纸更有优势；而报纸和刊物的传播具有持久性和反复性，较之广播、电视也有优势。因此，少数民族新闻传播应该因势利导，激活潜力，进一步发展优势媒体。绝不可以只重视电视媒体，忽视广播和平面媒体。

2. 加强信息传播网络建设

"村村通"工程的开展，使广播电视传播网络的建设得到了快速发展。广播、电视要扩大对边远地区的覆盖，消灭死角，同时大力进行发送与接收设施的建设，提高收听、收视率。各县报纸应规划并实施在重点地区或边远地区设立代销、代送点，以缩短邮路，增强新闻传播的时效性。

3. 渐次走向市场、参与竞争

少数民族县域新闻传媒的市场竞争力较弱这是不争的事实。其根本原因不仅在于缺乏人力和财力的投入，更主要的是缺乏对优势媒体的培育和传播网络的开发。"村村通"工程的开展，使电视进入了千家万户，成为当今世界首选的"第一媒体"。因此，电视的市场竞争力也得到了极大的增强。少数民族县级广播、报纸没有一定的传播渠道和广泛的接受人群，就很难参与竞争，就更难走向市场。因此少数民族地区的新闻传媒参与市场竞争的过程必定是一个长时间的、逐渐发展的过程。在初始阶段，不妨从广告经营、市场投放、设备租赁等方面试水，在取得经营经验之后再逐步扩大。

二 培养少数民族的市民意识

（一）把握城市化进程中少数民族受众的特点

受众既是大众传播的出发点，也是大众传播的落脚点。因此，必须对城市中的少数民族受众特点做到合理、明确的定位，才有可能对城市大众传播提出有针对性和操作性的对策。

1. 城市少数民族流动人口占多数，且多以散杂居为主

城市少数民族户籍人口一般分为两类，一类是新中国成立以前就已在城市居住的少数民族称为世居少数民族；另一类就是新中国成立以后迁入城市并拥有城市户籍的少数民族。城市里的非城市户籍少数民族人口，我们一般称为城市少数民族流动人口。随着我国经济建设的进一步深入和改革开放力度的加大，一些民族自治地区和乡村的少数民族人口纷纷进入城市，参与城市的建设和发展之中，进而骤然增加了城市少数民族成分和流动人口的数量。

在东北的多数城市中，虽然少数民族流动人口未占大多数，但近年来也呈不断上升的态势。截至 2010 年，哈尔滨市少数民族城市户籍人口 21 万人，外来流动人口 4000 余人，民族成分以维吾尔族和藏族居多。长春少数民族城市户籍人口 13.8 万人，外来流动人口约 14406 人；辽宁省城市少数民族人口 340 多万人，城市少数民族流动人口接近 18 万人[①]，都

[①] 参见包玉梅《创建民族团结进步模范社区 打牢城市民族工作基础》，《中国民族报》2010 年 12 月 17 日（6B）。

比上一年上升了 6 个百分点以上。

城市少数民族流动人口的急剧增加，使城市少数民族的居住方式从聚居型转向散居化。我国 31 个省（市）区中，55 个民族成分齐全的省（市）区，在 1990 年只有北京 1 市，到 2000 年已多达 11 个省（市）区，发展速度惊人。现在有 50 个以上少数民族成分的省、市、自治区已上升为 28 个，且大中城市的少数民族人口迅速增加。① 沈阳市共有城市社区和村改社区 1094 个，每个社区均有少数民族居民。据统计，当前沈阳少数民族社区（少数民族人口占社区总人口 10% 以上）共有 190 个，占全市社区总数的 17.4%，少数民族相对聚居的社区（少数民族人口占社区总人口 25% 以上）17 个。② 城市中的少数民族的居住形态由"成片型"转向"散点型"，基本呈现了大杂居、小聚居、分布广的格局。

城市少数民族人口迅速增加的态势，使少数民族人口城市化进程加快，少数民族人口城乡分布重心开始出现向城市转移的趋势，这给大众传播提供了进一步改革、发展和开拓的历史机遇，是其展示信息传播、文化传承、社会协调等社会功能的巨大动力。正像有的专家指出的那样，"城市化程度是影响大众传播媒介生存的重要因素。城市化使人口相对集中，破坏了传统的人际传播方式，为大众传播提供了广阔的空间。"③

2. 少数民族受众信息沟通的水平不同

不容回避的是，我们上述所说的城市既包括大中小城市，也包括小城镇，如辽宁沈阳市所辖的县级市——新民市。新民市所辖的公主屯镇，虽城市规模和质量不同，但在统计城市化水平时，它们都叫城市。很明显，小城镇的生活质量和水平如环境、道路、电力、水力、通信、建筑、文化教育、娱乐等方面可能优于一般农村，但肯定同城市还有一定差距。因此，少数民族人口城市化质量内部还是有差异的。少数民族人口城市化质量的高低基本在少数民族城市人口的市镇构成方面得到了体现。

据统计，2000 年，我国少数民族城市人口共 2457.56 万人，其中镇人口为 1215.53 万人，占城市总人口的 49.45%。到了 2010 年，我国少数

---

① 参见陈乐齐《我国城市民族关系问题及其对策研究》，《中南民族大学学报》（人文社科版）2006 年第 5 期。

② 参见任桂芳《整合资源，形成合力，不断加强社区民族工作》，《中国民族报》2012 年 9 月 7 日第 5 期。

③ 周建明：《东北地区与新疆新闻媒介生态环境比较》，《新闻传播》2004 年第 9 期。

民族城市人口共3676.88万人，其中镇人口为1903.59万人，占城市总人口的51.77%。也就是说，由于我国少数民族城市人口在不断增加，少数民族城市化过程中的"半城市化"成分还有加重的倾向。就东北地区来说，东北少数民族城市人口共480.1万人，其中镇人口为168.88万人，占城市总人口的35.2%。由此可见，我国少数民族城市化率的质量水平还要略逊于东北地区少数民族城市化率的质量水平。

由于我国城市水平和规模不同，自然而然就有了中心城市、大都市、大城市、中小城市、中小城镇等称谓。我国少数民族城市化过程中的"半城市化"成分较重这一现象告诉我们，城市中的少数民族不但有来源、居住时间和生活状态的不同，更有收入水准、生活质量、文化熏陶、教育水平和传播条件的不同。这种多元性、多层次的受众群体必然对大众传播提出分众化、多样性的要求。

我国的少数民族城市化水平不同，质量不齐，当然细究起来，各民族城市化水平也不均衡。2010年，吉林、黑龙江、辽宁少数民族人口的城市化率分别为58.5%、43.8%、44.0%，吉林省水平最高。从民族城市化水平看：东北最主要的少数民族的城市化率回族为87.58%、朝鲜族为66.14%、满族为40.25%、蒙古族为43.08%。城市化率最高的两个民族是回族和朝鲜族，最低的两个民族是满族和蒙古族。由此看来，对城市少数民族的大众传播做到多层次、分众化的工作还很丰富，也很艰巨。

3. 民族受众更具敏感性和辐射性

城市中的少数民族流动人口，他们远离故土和亲人，在辗转奔波中来到一个陌生的城市环境之中。他们在全新的生存条件、生活环境和人际关系之中肯定有严重的不适应感和排斥感，因而对自己的宗教信仰、风俗习惯和生活习惯是否能得到接受和尊重就十分敏感，往往一个微小的不适应的刺激都会带来心理上巨大的波动和反应。另外，少数民族流动人口在城市流动中也积累了一定的生活经验，开阔了眼界，对新鲜事物也具有好奇心和挑战意识；而这种好奇心和挑战意识由于其在从农村到城市的迁移过程中，或者说从农民身份向市民身份转化过程中存在的一些不适应，也容易造成盲从、盲动的不理智行为，从而引发不良的后果。

城市不但吸纳、消化本城常住少数民族文化，还吸纳、消化外来流动人口的少数民族文化；也把最新的科学技术、思想观念与流行文化等进行融合、优化以后，再以适当方式辐射出去。这种辐射已不是收束后的原装放大，而是经过了城市的吸纳、优化和聚合式后通过对外开放的各种渠道尤其是大众媒介等载体向各地乃至世界拓展与发散。因此，城市可以创造出具有示范意义和辐射性质的文化，也正是城市的这种示范和辐射功能，使城市中少数民族的一举一动也具有带动和辐射作用。在当今信息化的社会里，信息传播渠道多样，信息传播速度加快，极大地增强和密切了城市少数民族成员之间的联系。这一方面能使城市少数民族的正面言行，发挥"月晕效应"，引起共鸣，起到榜样示范作用；另一方面，城市中发生民族问题也能在时间和空间上迅速扩散和放大，引起共振性质的连锁反应。

正是由于城市少数民族的敏感性和辐射性，有论者认为，其"决定了城市民族关系在我国民族关系中的晴雨表和测量表地位，同时也决定了城市民族问题主要不以本地民族关系为主，而是以整个本民族的问题为主"。[1] 和谐的城市民族关系的重要性可见一斑。

（二）传播网络的建立和市民意识的培育

少数民族文化多诞生于农耕文明，而城市文化多产生于商业经济。城市化中，少数民族身份的渐变、转化与适应都对大众传播的内容、特色及表现形式、布局等方面提出了新的挑战和要求。因此，大众传播必须从组织保障、传播内容和媒体应用等多方面寻找对策，满足不同受众多样化和层次化的需求。

1. 建立新闻传播网络

把城市在省、市、区（县、市）、街道办（乡、镇）、社区（村）建立的五级组织网络和较完善的信息网络，转换成兼具新闻传播能力的组织网络。据报道，进入21世纪，山东省各级民委在少数民族人口较多的企业、学校、社区以及与少数民族生产生活密切相关的基层单位、服务部门、清真网点、清真寺等窗口单位设立民族工作协理员、联络员，建立了一个畅达准确、反应快捷又覆盖广泛的城市民族工作信息网络。[2] 其实，东北少数民族地区的各级民委也同样重视信息网络平台的建设，如果把民委信息网络中的专职人员通过制度约定，兼做新闻传播通讯员，那么这信息网络平台不但能发挥更大、更广泛的作用，城市民族工作的宣传教育机

---

[1] 郭武学：《试论我国城市化与城市民族关系》（http://zgao.gansudaily.com.cn/system/2011/06/21/012039779.shtml，2011-06-21）。

[2] 参见王珍《4个平台8项机制，为城市民族工作破题》（http://www.mzb.com.cn/html/Home/report/153582-1.htm，2010-11-12）。

制也更能得到进一步的巩固和提升。

2. 培育市民意识

在城市中,一方面民族关系多转化为公民的社会关系;另一方面个人身份的单一化也逐渐转化为对多元化、现代化和城市化的认同。① 因此,大众传播既要强化市民意识,也要重视弘扬民族文化。

(1) 培育市民意识要有针对性和实效性。新闻媒体在自觉地坚持国家意识、公民意识、法律意识成为主流媒体核心话语的同时,强调市民意识可能对少数民族受众更有针对性和实效性。

国家意识、公民意识、法律意识是每个公民必须具备的普遍的主体意识,是我国主流媒体对我国任何一位公民都应时刻灌输、传播的社会公共理念。我们提出的市民意识更适合把农牧民身份转化成为城市一分子即市民这部分受众的需求。对于城市化中的少数民族流动人口而言,这种市民意识既要体现其向城市市民传化的要求,又要兼顾其少数民族的民族特性。

市民意识是由农牧渔民、猎户身份转化成市民后对自己身份的最初的认定意识,是对城市内涵与发展的认同和贯彻意识。换言之,市民意识是城市建设与发展的内在要求的体现。那么这个内在要求是什么呢?有论者认为,现代城市都是现代经济和社会发展的产物,体现了以"同一化""标准化"为特征的现代性。尽管我们的城市为适合少数民族特点的城市化建设进行了多方的努力,但中国的城市和世界大多数国家的城市一样,不可能改变现在城市的一些既有规律,即很难完全摆脱现代性所赋予的"同一化""标准化"模式②。在这里,论者对"同一化""标准化"虽未具体加以解释,但我们可以从城市对少数民族流动人口由农牧民等转化为市民过程的要求,探讨出其实质的内涵。

其一,由族群居住到社区居住的转换。在广大农村,少数民族大都依照同一族群的背景相对聚居;而到了城市,城市的社区基本上都是依据地域的划分而形成居民聚居地。社区是各民族交流交往的重要平台,也是组建城市的基本单元。在社区中,民族成分、职业等多元而复杂,这就需要

---

① 参见南文渊、陆守亭等《东北少数民族城市化研究》,民族出版社 2011 年版,第 20 页。
② 参见王希恩《推进少数民族城市化进程刍议》,《广西民族大学学报》(哲学社会科学版) 2007 年第 3 期。

城市少数民族流动人口拥有一个共居意识。共居意识其实质是强调不同成分、不同族群的人必须平等、和谐相处的理念。

其二，由人际传播到大众传播的转换。在少数民族居住的农村，受地域偏远和传播条件所限，人们的信息沟通基本依靠人际传播；而在城市中，扑面而来的是多种媒体和海量信息。人们的沟通由以人际传播为主要渠道转向以大众传播为主要渠道。这就需要城市少数民族拥有一个媒体意识，即运用城市丰富的媒体进行多方面的信息表达与沟通。

其三，由突出个体向群体协作转换。与农村自然经济中主要靠个体发挥突出作用不同，城市里人们必须融合在群体中，或在一个群体标准的协作中才能生存。这就必须强调一个集体意识，而这个集体意识的实质就是强调协作精神。

其四，由排斥心态到包容心态的转换。城市以开放和包容的本质功能吸纳了各种民族、信仰、宗教、职业、阶层等身份的人群。对此，人们必须摒弃由优越感或自卑感、强势感或劣势感所带来的排斥他人和自我封闭的心理，要树立一个全新的包容意识和开放心态。各民族要尊重差异、包容多样、和睦相处，增强对城市的归属感、对普世文化的认同感。

其五，由习惯到规则的转换。各民族都有自己的宗教信仰、风俗习惯。在广大农村，由于生存、生活的内容和形式较为单一，人们的言行或纠纷常常依据自己的宗教信仰和风俗习惯形成的条律就可能得到约束和解决。但在人口密度较大、民族成分复杂、生存生活内容和形式纷繁复杂的城市中，人们的言行举止或纠纷就必须依据公认的准则和普世价值才可以得到协调和解决。这就需要拥有一个规则意识，而这个规则意识再提升一步，就是我们所说的法律意识。

上述五种意识是城市化进程中少数民族流动人口在融进城市时所应培养、拥有的市民意识的重要内涵。我们的主流媒体必须依据这五种内涵设置议程，这样对城市少数民族受众才有可能进行有针对性和实效性的传播，在此基础上的国家意识、公民意识和法律意识的宣传与传播才有可能开展得扎实、顺畅。

少数民族城市化无非涉及两个方面，一方面是少数民族如何适应城市，另一方面是城市如何适应、接纳少数民族。这是一个问题的两个方面。中国的城市化发展不否定也不湮灭民族的多元文化，相反，我们的城市建设出台了多种政策与措施，对民族的多元文化作出了保护和提升。那么，对大众传播而言，怎样在对民族文化的尊重和保护中宣导市民意识、提升城市共同的文化价值呢？下述观点能给我们带来启发。

（2）挖掘多民族共同的文化心理。在弘扬民族文化的基础上，深入挖掘多民族共同的文化心理，进而提升受众的市民意识和城市文化的共同价值。城市的开放与包容功能决定了其多种民族、多种成分共生共存、共同发展、共同繁荣的特性，而城市这一民族共存的特性决定了新闻传播的跨文化特征。当然，由于少数民族的族群意识、宗教意识等还根深蒂固，其与城市文化的融合过程还会很长。因此，新闻传播要在尊重各少数民族文化、关注与民族生活、生产、文化、政治相契合的题材同时，注重和挖掘、提升民族文化的精神内涵，凸显各个民族都能够共同接受的文化理念。

（3）重视媒介布局从城市到城镇的梯度层次。在媒体应用上，媒介布局要重视从城市到城镇的梯度层次，增强城镇的信息传播力。

城市化的水平和质量、层次不同，受众接受、反馈信息的水平也不同，这就必然带来传播环境的差异。为此，新闻传播在媒体应用上要体现层次化、多样化，满足受众不同的需求。

不可否认，现在的东北地区少数民族新闻传播已体现了从中央、省级到市（自治州）级，再到县级的四级传播层次，但小城市和小县城的大众传播媒介单调，传播力有限。一般来说，大都市传媒齐全，自主制作节目能力强，传播范围广。有的电视节目虽可上星，传播力强，但少数民族节目种类单调。市级媒体和传播内容较丰富，民族节目时长有所提高，但传播能力不强。黑龙江省齐齐哈尔的朝鲜语广播和辽宁省阜新市的蒙古语广播每天都有10多个小时的节目时间，但传播地域多限于当地和周边城市。县级城镇当地的媒体一般只有县电台、电视台和县报，虽然对当地的新闻事件多有播报，但基本以转播上级传媒的节目为主。民族自治县的媒体虽然民族语言节目时间较长，但节目类型较少，信息转播多，远不能满足少数民族受众的需求。县级报的发行也基本没有进入市场，靠行政推销的较多。辽宁省阜蒙县的《蒙古贞日报》、喀左县的《喀左县报》虽开办了蒙文版和汉文版，年发行量各有近50万份，但机关、企事业的订阅量就达到了80%多，离进入千家万户还有不小的距离。

从东北城市的媒介整体布局来看，新闻媒介大多集中在大中城市，小城市和边远城镇相对稀少。大中城市信息相对充足，小城市和边远城镇信息较为稀疏，新闻传播的信息分布极不平衡。因此调整传播媒体的整体布局，开展跨省（区）、市（州、盟）、县进行媒体资源整合取长补短，资源共享，形成合力，加大广大城镇的信息量，已成为当前城市化进程中对少数民族传播的重要课题。

第四节　民族特色的把握和开掘

一　民族语言要由实用性的记录转向文化性的表达

任何一种民族的语言文字首先具有交流和沟通的实际作用，它是在人们的生产、生活过程中沟通信息，促进思想交流的工具。正因为语言文字具有思想交流、表情达意的作用，它还具有感情和文化的象征价值。在语言长期的使用过程中，人们对民族语言文字赋予了社会和文化的诸多信息和功能，因此，民族语言的象征价值有时往往大于实用价值。民族语言的继承和运用、发展和兴盛，实际上也是民族文化兴盛的一种表现。必须承认，现代社会的发展，尤其是进入现代电子传媒世界，民族语言运用的机会越来越少，空间越来越小。因此，在现代电子传媒世界中，如何运用民族语言进行传播，尤其是把民族语言的实用功能多转向象征功能的挖掘，注重民族语言由实用性的表达向文化性表达的转变，这对于现代传媒来讲是个重要课题。

东北地区少数民族新闻传播有着自身特殊的语言环境。满族语文和蒙古族语文由于历史、散居等多方面原因，多已失落或改为双语。我们曾在前文已述，朝鲜族是一个非常重视朝鲜语和汉语教育的民族，他们从小学、初中到高中的教学用语基本都进行本民族语文和汉语文教习，朝鲜族大学生甚至做到了朝鲜语、汉语、外语"三通"。综上所述，东北地区主要少数民族使用语言的情况各有特点。面对这种特殊语文情况，在少数民族地区，新闻传播如何使用少数民族语言，或者说该如何突出民族语言的感情特色和文化特色，是摆在我们面前的亟待研究的课题。

（一）做好语言环境的调查工作

运用民族语文的前提是了解、掌握民族语文现行的状态。对此，一方面要做好从业人员的民族语言水平的调查工作；另一方面也是更重要的，即要对广大受众展开民族语言水平的摸底调查工作，只有这样，大众传播中民族语言的使用、层次和范围等才能具有针对性和现实性。

由于少数民族的不断地迁徙、联盟,并与其他多民族进行融合和交往,我国大多数少数民族地区已不是单纯的单一民族聚集地。既有同一少数民族在不同地区散居,又有多个少数民族在同一少数民族的聚集区内杂居,还有多个少数民族在同一区域内的散杂居现象。由于区域居住的混杂性,多民族语言常常在同一地区内同时存在,同时进行交流和沟通。东北少数民族地区目前就体现以一种为主或多种语言文字传播的现状。

一种语言文字传播是指新闻传媒在民族地区使用单一的汉语言文字向民族地区的受众进行传播。例如吉林伊通、辽宁岫岩、本溪、桓仁等六个满族自治县的满族已经不使用本民族语言文字,这些地区因而也没有满族语文报刊或广播电视节目,大众传播以汉语言文字为主。交叉传播主要指新闻媒介使用多种文字、多种语言进行传播,例如东北的蒙古族地区、朝鲜族地区的新闻媒介都使用民族语文和汉语文进行传播,延边的珲春市还开办朝鲜语、俄语和汉语三种语言节目。中央、省(区)、市以及境外等国内外多家媒体的多种语言文字传播,出现在同一个区域或民族地区内,这就形成了本地区的混合传播,例如辽宁省的少数民族地区尤其是两个蒙古族自治县不但有本地新闻传媒的双语传播,还有阜新市和内蒙古自治区的双语传播,延边地区甚至有韩语、俄语和日语传播的渗透。

尤值一提的是,新宾满族自治县广播、电视中的民族性节目使用的是朝鲜语,各占全天节目的16%,并且收听、收视率较高。虽然新宾是满族的发源地,满族人占大多数,但很多满族人,尤其是年轻人对满语、满文几乎一无所知,现在满族语言和满族文字已经退化了。新宾县有朝鲜族人口1.1万人,占总人口的3.6%。朝鲜族有相对集中的朝鲜族聚居区,还用朝鲜语交流。新宾广播电台、电视台在以汉民族语言为主的同时,开设朝鲜语节目,为朝鲜族人民更好地接受信息提供了信息交流的平台,最大限度地满足了多民族受众的信息需要。延边珲春市虽说是朝鲜族的聚集地,但改革开放以来特别是长吉图地区的大开发,也吸引了大批俄罗斯人。延边电视台及时设置了俄罗斯语新闻节目,对推动珲春的经济、文化发展,让外国人进一步了解国内改革开放的进程起到了不可小觑的作用。

语言在沟通信息时,更多地显示着本民族的文化背景、价值观念以及道德标准等,人们据此对信息进行消化和理解。面对大众传播信息的海量,这种沟通信息的特质,表现得更加明显。民族语言之所以能够成为民族文化的遗产,被各民族民众所尊重、传承和发展,就是因为使用共同或相近民族语言的人,信息沟通更通畅、思想交流更密切、文化感情更深厚。而这一切又反过来增进了少数民族民众对本民族语言和文字的依恋和倚重的深厚情感。对于少数民族民众尤其是年纪较大的民众来讲,民族语言和文字的使用,更是对民族文化传统和感情的尊重。

在辽宁省的喀左、阜蒙地区和新宾县,大众传播对蒙古族语言和朝鲜族语言的使用极大地促进了少数民族受众对信息的接受和理解。尤其年纪较大的只能使用自己民族语言的少数民族受众,他们只能运用民族语言交流信息、沟通思想、密切关系、加深感情,他们对民族语言的信息传播更有依赖性。

对东北地区蒙古族受众的调查显示,有90%以上的受众能够收看蒙、汉语文的广播电视节目,70%受众选择汉语节目,有60%的受众选择收看、收听本民族语言文字的节目,而一些年纪较大的民族受众也能接受蒙、汉语文的传播信息。可见,信息传播所在的文化现场,其实大多是一种交叉文化场。这种交叉文化场一方面凸显了民族语言对现代传播方式的重要影响和作用;另一方面,也给多民族文化的相互借鉴、学习和交往带来了契机、提供了便利,更有利于多元文化的共同存在与和谐发展。

鉴于此,东北地区少数民族的双语新闻传播重在因地制宜。东北民族地区都不是单一民族的地区,而是多民族聚居区。因此,大众传播既要重视对占相对多数的民族传播,也不能忽视对其他少数民族的传播工作。蒙古族自治县要加强蒙古语和汉语的双语传播,但在满族、朝鲜族自治县也要顾及其他少数民族的需求。只有认清当地少数民族新闻传播的语言环境,才能扎实和有效地开展新闻传播活动。

(二)凸显和提升语言的感情特色和文化特色

解决民族语言在新闻传播中的直白、转译等问题,就要在民族语言的运用中突出感情特色和文化特色。

从第三章我们谈到《喀左县报》关于"城建交通工程竣工"汉、蒙两则新闻报道来看,蒙文的报道只是对汉文报道内容的量上进行了缩减,语言方式完全是汉语的翻译。我们看到,蒙语的报道就是在完整地记录一则事实。蒙族民众只不过是通过民族语言更加快速、便捷地了解事实,而没有通过语言体会出更多的文化信息。我们认为民族语言由实用性的记录转向文化性的表达,可采用下列对策。

其一,新闻用要语密切与本民族的自然生态环境、生产方式、日常生活、风俗习惯、宗教信仰、文化背景、独特审美意象等相关联，进而体现出民族独特的语言特色。如，"在以动物为喻体的谚语中，满族谚语通常以马、牛、羊、狗、兔、狍子、獾子等与渔猎生活有关的动物为喻体；蒙古族谚语则以草原上经常见到的动物如马、狗、牛、羊、乌鸦、骆驼、蛇等为喻体，这分别体现了不同的民族特色"。① 其二，体现民族语言特殊的语音表达方式，包括语调、重音。其三，体现民族语言特殊的用词方式，包括方言、俗语、谚语。其四，体现民族语言特殊的书面表达方式，如比兴描写、特殊句式、书写习惯等。

如有的论者指出，在满族和蒙古族的谚语中，前后两个分句字数不对等形式的谚语非常多。这样的谚语由于字句不相对应，读起来别有韵味。如满族的"勇可学，富不可学"，蒙古族的"疲累时，鞭杆都显得重"和"任凭狗儿汪汪咬，不误骆驼走大道"等，后一句谚语字数相等，语义不对应，体现出了不同的民族心理特色。②

喀左蒙古族自治县电视台的乌建清作为一位基层媒体工作人员就曾撰文指出，由于对蒙古族语言鲜活的、具有浓郁地方民族特色特征掌握不够，再加上"蒙语编辑记者每天接触的大多是蒙语报刊，所以在编写稿件时自觉不自觉地就以书面语为基准了。如不该用的长句子用了，不该简化的简化了，可以不用的关联词用了"。③ 如果简单地把这些民族语言特殊的表达方式去掉，那就变成了单纯的民族语言对译，抹杀了生动和丰富的语言文化性。

因此，上述语言的一些民族语言文化性的处理和表达不仅让少数民族受众了解了新闻报道的事实，同时还从新闻事实的民族语言中真正地感受到民族感情，体会到文化的共通性，真正做到信息的真实性和亲和力，提升民族情感和民族文化的深层内涵。

二 依托风土人情的表现，多领域打造民族特色

新闻传播要传播具有民族特色的内容，必须在依托风俗、风土特色的基础上，在政治、经济等多领域打造民族特色。

---

① 胡艳霞：《满族、蒙古族谚语思想内容和语言特色探索》，载南文渊主编《东北民族研究，第壹辑》，辽宁民族出版社2007年版，第125页。
② 同上书，第126页。
③ 乌建清：《如何办好蒙语电视节目》，《记者摇篮》2009年第11期。

(一) 依托风俗、风土特色

多年来大众传播民族节目内容偏重于民族风情和民族风俗的报道，认为依托反映民族风情方面的内容，可以突出民族特色。从第六章的表6-7"受众认可的大众传播民族特色的表现方式"中可见，大众传播把民族文艺活动、民族风土人情作为民族节目的特色来加以突出，这并不是无的放矢。但不论是使用民族语言地区还是不使用民族语言地区，只有10%的受众认为当地媒介的民族新闻体现了民族特色——换一个角度讲，绝大部分受众认为当地民族新闻没有体现民族特色，这可能是我们的媒体所意料不到的。

那么，当地的大众媒介在民族节目或栏目中体现民族特色的程度如何呢？我们还需进一步分析。从第六章的表6-8"受众对大众传播表现民族特色情况的认知"中，我们可以得出结论，少数民族地区的大众传播在体现民族特色方面是不尽如人意的。即使是风俗、风土这种对民族特色流于表面和形式的表现，也不过仅有28%的受众认可，还有待加强。因此，东北地区少数民族新闻传播在依托民族风土特色进而突出节目（栏目）的民族特色这一努力中，依然大有潜力可挖。

(二) 打造地方民族特色

改革开放以来，我国的少数民族地区发生了巨大变化。无论是其文化艺术、宗教生活，还是经济、政治、科技等领域都有了极大的改观。然而大众传播的内容还大都停留在对民族节目、宗教活动、节日庆典、家乡风光、风俗人情等内容的传播上，对民族地区具有民族特色的政治、经济、科技、文化生活内涵等方面的反映却显得色调暗淡，表现不出它应有的个性，似乎给人一种唯风情才有民族特色的感觉。民族风情确是多姿多彩，光彩夺目，但问题是民族特色绝非风情一色。因此，我们在传播民族内容时，必须打破认识局限，全面开拓思维，在民族政治、经济、科技、文化等领域发现和挖掘多彩的民族特色，从而打造出独有的地方民族特色。

必须承认，少数民族的风俗、风土是民族特色最鲜明、最生动的特征之一。当然，也应看到，少数民族多样的生产、生活方式是形成风俗、风土特色的原因，也是促成少数民族丰富的文化、经济等特色的根源；而对后者的挖掘和凸显，不仅更能体现少数民族地域性特色，深层次触及少数民族的文化心理和文化传统，也使少数民族新闻传播能够不拘一格，开阔眼界。因此，面对丰富多彩的少数民族特色，少数民族新闻传播既要传递少数民族的风俗、风土、史地、文物等"常见"的信息，还要转变传播的方式和传播内容的侧重点①，大力关注与其民族生活、生产、文化、政治相契合的题材，这才是少数民族受众所最关心、最欢迎的民族特色内容。

提起辽宁新宾满族自治县的根雕艺术，知晓的人们大都赞不绝口。新宾的根雕艺术历史可追溯到元朝，那时的女真人就慧眼独具，开始对奇形怪状的树根产生兴趣，在充分尊重、运用树根自然随型的特性基础上，对树根略微雕刻、加工，做成台架和摆件，逐渐成为一种根雕艺术。与南方根艺的精雕细刻的风格有所不同，新宾的根雕不重精巧细致，而是尽少改动树根的自然气息和造型，更显其大气粗放、不拘小节的风格。

新宾的根雕艺术产品不仅远销国内上海、广州、北京等各大城市，也深受日本、韩国的欢迎。为此，在 2000 年，新宾建成了近 5000 平方米的根艺市场，在兼营当地满族其他工艺品的同时，专营根雕艺术品。"辽宁根艺学会"也在新宾成立，着重进行根雕艺术的品评和研究。但与岫岩县通过打造岫玉文化、提炼满族民族精神相比，新宾的新闻传媒对当地的根雕市场及民族特色的传播亟待加强，而要打造新宾满族自治县新闻传播的地方民族特色，新宾的新闻传媒还要认真地探索。

三 提炼多民族共通的文化精神
（一）认清跨文化传播的现实

完全有理由这样说，我国任何一个地区都不是单一民族居处的地区，只是民族成分人口多与少的区别。在东北少数民族地区或散居区，民族成分更为复杂和众多。以辽宁省为例，喀左、阜蒙两个蒙古族自治县除了蒙古族，还有汉、满、回、朝鲜等 24 个民族成分；而在 6 个满族自治县也有汉、蒙古、满、回、朝鲜、苗、壮、锡伯等十几个少数民族，本溪满族自治县少数民族成分高达 19 个。这些民族地区实际是一个多文化的共融和共通的场所，体现了文化的多元色彩。既然受众的民族构成和文化背景不同，就决定了少数民族地区新闻传播的跨文化的传播特性②，就要求新

---

① 参见蒋一峰《民族地区新闻传播若干问题探析》，《当代传播》1999 年第 4 期。
② 参见张菊兰《对新疆民族地区大众传播主要特征的探讨》，《新疆财经大学学报》2007年第 2 期。

闻传播做到混合覆盖、交叉传播、多方式运用少数民族语文和汉语文。

目前在东北的少数民族地区，除了本土的新闻传媒之外，既有"上三级"即中央、省（区）和市的新闻传媒，也有外省（区）、市（州）、县新闻传播的影响，还有来自不同级别、地域和媒体的民族语言传播和汉语言传播混合传播。在辽宁省的蒙古族地区，受众既可收到本县大众媒体的双语信息，还可收到来自阜新市大众媒体的双语信息，甚至邻近区、市、县的传媒信息也能接收到。吉林延边州也可以收听、收看到国内、国外的多种传播信息。来自不同区域、运用多种民族语文和汉语文的多种新闻传媒，传递了丰富多彩的文化信息，适应了同一地区的受众不同的民族文化心理和要求，受到了受众的欢迎。

（二）提炼共通的民族精神

美国传播学者詹姆斯·凯里（Carey）认为，"传播最原初、最高级的表现不在于传送睿智的信息，而在于建构和维系一个有序、有意义的，作为人类行为控制器和容器的文化世界"。[1] 詹姆斯·凯里（Carey）所提及的"文化世界"，当然有其"传播仪式"的含义，但其同詹姆斯·凯里对民族精神重视的理念是一致的。

东北的少数民族地区实际上是以一个民族占相对多数，多民族共存的地区。新闻传播的环境中，多民族共存的地域特色决定了传播的跨文化特征。如果大众传播仅从"社会"角度而不是从"文化"角度抽取传播内容的价值标准，就不能完全适应"跨文化"的现实。[2] 因此，在大力传播和突出各个民族的独有特色之外，更要重视各个民族都能够共同接受的文化理念和文化精神，这不仅是尊重和保持了各个民族的民族特色，更重要的是这种文化特色还贯通了各个民族在时代和社会之中共同发展的文化需求和精神需求。所以，提升民族文化的精神内涵是大众传播在少数民族地区发展、提升和凸显民族特色、促进各民族共同繁荣的必由之路和最终目标。

在这里我们认为有的学者所提出的文化增殖性更有参考价值。[3] 文化增殖性是指某一文化原有的价值或意义在文化交流中繁衍出新的文化意

---

[1] James W. Carey, *Communication as Culture: Essays on Media and Society*, Boston: Unwin Hyman, 1989: pp. 18–19.

[2] 参见韩强《试论跨文化传播的新闻价值观》，《当代传播》1996年第1期。

[3] 同上。

和价值。这是信息传播活动满足社会需要的必备素质,是传播功能得以发挥的基础,也是各族人民对跨文化传播的共同要求。我们在上文提到的满族文化中,大胆创业、敢为人先、粗犷大气、勇毅豪放的民族精神,既为满族人推崇,也为其他民族所认可、接受。

这里,我们必须要提到喀左的东蒙民间文学。东蒙民间文学是指流传在喀左的一种口头讲述、演唱,它包括民间故事、传说、神话、民歌等。这种民间的口头艺术,一方面丰富地表现了具有蒙古民族特色的草原畜牧、狩猎、挤奶等生产、生活方式,多侧面地反映了蒙古民族对自然万物的崇拜观念和人生观念。另一方面,更为重要的是,它还描绘了蒙古族和汉族民众联合起来进行农业垦殖的生活、生产特色,体现了浓重的蒙古民族同汉民族和满族在经济、文化以及通婚等交流、交往的历史痕迹,极大地显示了蒙古族、满族等少数民族同汉族的多民族的融合色彩。

喀左的东蒙民间文学充分发挥民间口头艺术活泼生动、绘声绘色、现场即兴发挥等说唱特征,以丰富的想象力和创造力把蒙古族人民克服大自然带来的艰难困苦、喀喇沁蒙古族民众的思想情感和社会生活生动地再现出来,也把喀喇沁蒙古族民众同其他民族的民众一起社会交流、交往的历史刻画出来,与此同时,喀左的东蒙民间口头艺术的世代传承性,也保留了鲜明的本民族特色。

在目前所采录到的东蒙民间故事中,民间故事家王天斌讲述的《月亮公主》、金荣讲述的《森林里的塔姑娘》、周显廷讲述的《金膀雄鹰》以及《四十八旗王爷的来历》《格格陵》《牛娃》《老柏树的故事》等,不仅体现着草原文化的特色和传统,又显现着在汲取了中原文化营养后,农垦文化与草原文化相互影响、相互相融的地域特色。这些作品表现了草原文化以粗犷、豪迈和博大的胸怀对其他民族文化的接纳和包容的气度,也恰恰是这种文化的气度,才使草原文化以及表现这种文化的民间口头艺术得以传承。

这些口头叙事都十分鲜明地描绘了狩猎文化、宗教文化、游牧文化与农耕文化交汇相融的特色,不仅对考察、研究中国蒙古族尤其是喀喇沁、土默特等部蒙古族历史、文化的变迁、发展有着重要的科学价值,而且对于研究中国民族史、民族学、民族文化,乃至研究世界马背民族的发展,都具有重要的历史、文化和科学价值。① 因此，喀左的东蒙民间文学于 2006 年 5 月 20 日成为国家级非物质文化遗产，入选国家第一批非物质文化遗产名录。

喀左东蒙民间故事承载着喀左人民几千年的历史文化，它是喀左蒙古族及各民族人民劳动智慧的结晶。喀左东蒙民间故事同阜新东蒙短调民歌一样，体现了蒙古族强烈的草原风俗和豪放、粗犷和爽快的民族性格，体现了对草原文化和民族文化的继承和发展，同时它又鲜明表现了质朴、醇厚、节奏明快的农耕文明色彩和东北多数少数民族原始宗教的自然意韵。因而东蒙短调民歌不仅受到蒙族人喜爱，也深受当地各民族的欢迎，从而得到迅速发展、传播和扩散。

少数民族新闻传播对喀左东蒙民间文学的抢救、挖掘、整理和传播，就是要提升其民族文化的精神内涵，从这种民间文化中萃取其辽远粗犷、豪放不羁的民土民风和自然、朴实、爽直的民族性格，因为这一民风和民族性格所体现的精神内涵同样也为其他民族所认同。

（三）注重民族文化融合的生态

挖掘民族文化的精神内涵，还要注重、尊重东北少数民族文化融合的生态。因为在东北地区，移民文化、外来文化、萨满文化等都与民族文化相互影响与交融，对新闻传播的顺利展开起着至关重要的作用。对此我们在前文已有较为详尽的论述。

在此，有必要探讨一下东北文化的有关问题。如今，"东北"一词不仅是一个地域性的名词，也是黑、吉、辽三省人籍贯的代名词。没有人把云南人叫"西南人"、把河北人叫"华北人"、把上海人叫"华东人"，而对于出身于黑、吉、辽三省的人，人们则称其为东北人。东北人的称谓俨然已被国人包括黑、吉、辽三省的人士普遍地接受了。

正像人们对东北的民族地区与民族八省区②的认识不同一样，在新闻研究领域也的确少有人提到东北地区的移民文化、外来文化、萨满文化、民族文化对本地区新闻传播的影响，业界和非业界倒是对东北文化津津乐道。实际上，东北文化恰恰是上述多种文化的融会，进而形成了东北地区

---

① 参见佟涛、张辉《敖木伦河的珍珠：喀左东蒙民间文学》，《辽宁日报》2005 年 11 月 16 日。

② 民族八省区指内蒙古自治区、宁夏回族自治区、新疆维吾尔自治区、西藏自治区和广西壮族自治区以及少数民族分布较集中的贵州、云南和青海三省。

特有的区域性文化。现在，多为国人所熟知的东北"二人转"，人们都认为是东北文化特有的艺术形式，其实这种艺术形式不仅融汇了满族"说部"的艺术特色，而且"二人转"中的"神调"就直接来源于萨满文化的祭祀仪式。因此，展开对东北文化的深刻研究，不仅有利于对东北地区的移民文化、外来文化、萨满文化、民族文化的挖掘和认识，也可以说是尊重和优化东北地区少数民族新闻传播生态的必经之道。

第五节 新媒体的开发及媒体融合的拓展

一 建立网络战略联盟

（一）打造专业化团队

从整体上看，东北民族类网站的人力、物力资源有限是一个较为主要的问题。民族类网站的建立和发展依靠的是政府机构和个人的大力支持，但一味地输血而不造血，民族类网站是没有生命力的，民族类网站必须自己寻找出路，不断扩大自身影响力。前面提到喀佐在线在内容上要优于新宾和桓仁在线，就是因为喀佐在线吸纳了本地的专业化团队。所以，培养和吸纳本土的专业化人才，来建设管理地方民族网站是一个切实可行的方法。

（二）进行系统的网络传播总体规划

当今是一个全球化、复合化、集成化的时代。任何一个独立的个人或集体想要在现代信息的海洋中崭露头角都不是一件容易的事，打造一艘信息航母势必成为方向之一，"全国民族自治区重点新闻网站联盟网"的出现就是基于这个原因。那么，在相对比较落后的东北少数民族网络传播环境中更应该互通有无，资源共享，避免不必要的重复建设和资源浪费。而这些工作必须有一个强有力的规划部门，组织、协调、建设、发展。

（三）建立统一的网络门户体系

通过建立一个统一的门户体系，将分布在省内的各个民族类网站联合起来，整合各县市资源，形成战略联盟。战略联盟实际上是一种资源的共享机制，它通过资源利用率的提高，使联盟双方均获得收益。东北朝鲜族语文新闻传播的一些网站，不但有了小规模的门户网站，还与中国网络电视台、人民网等形成了战略同盟，优质、快捷地提升了自己网络传播的能力，扩大了传统媒介的传播领地。在这个战略基础上，还应更进一步，建立一个智囊团或者研究中心，就如何加强网站的自身建设、发掘网站特色，如何寻找稳定的盈利方式，如何为地方的经济发展、文化建设服务，成为政府的便民工具、群众的得力帮手等问题，在联盟的高度上进行寻找、分析、解决。让人民群众体会到当地网络媒体的存在，感受网络媒体的作用，让外界了解到这样一个网络媒体群，通过网站了解群众、了解地区、了解民族。

二 开发手机等新媒体

2012年7月，中国互联网络信息中心（CNNIC）在京发布的《第30次中国互联网络发展状况统计报告》（以下简称《报告》）指出，截至2012年6月底，我国手机网民人数达到3.88亿，较2011年年底增加了约3270万人。手机首次超越台式电脑成为第一大上网终端。当前，智能手机功能越来越强大，价格不断走低，对于庞大的少数民族流动人口来说，移动上网就可能成为更廉价和便捷的获取信息的方式。因此，必须提高对手机作为新兴的大众媒体的认识，高度重视和运用手机媒体这种全新的信息传播渠道。鉴于东北少数民族地区受众对短信服务的熟悉性和普遍性，新闻媒介不妨联合政府有关部门，从手机短信服务开始，进行新闻传播的渗透。

（一）建立手机信息常态发布机制

建立手机信息的常态发布机制，实现手机媒体信息的实效性。新闻媒介和政府组织必须掌握受众所关心的问题，注重信息内容的时新性，秉承服务和交流的理念，及时传递有关信息。政府应尽快建立公共信息手机媒体发布机制，将充分利用手机媒体发布信息作为公共管理系统的有效工具。政府的管理部门和公共服务部门如公安、工商、教育、电力、交通、金融等行业和部门要大力开展和推广各种移动信息化解决方案的应用，使手机媒体的运用得到日益广泛的普及。全国各地的手机银行、天气预报、手机地图、智能公交、分类查询等正在深入人们生产生活的各个方面。手机不仅作为一个可以传递和获取高质量多媒体信息的平台而存在，它还将是人们生产、生活所必需的工具。

新闻媒介在这些移动信息化解决方案中，通过电子政务系统就可以随时了解全局，掌握动态，通过新闻传播褒奖先进，督促落后，鞭挞丑恶，成为促进社会和谐的有效因子，进而潜移默化地对手机用户进行思想引导和文化熏染，达到新闻传播的目的。

（二）注重信息的分众化传播

在注重信息多样化的基础上，实现手机媒体信息的分众化。据调查统计，东北少数民族地区的14—55岁年龄段的受众已有50%拥有了手机，手机上网人数也超过了1/5。手机媒体的受众是社会上知识水平高、经济基础好、年龄层次在25—45岁、对信息敏感的特定人群，而不是原来传统媒体面对的普通大众。不同性别、年龄、职业经历、文化程度、兴趣爱好的人对信息的需求是不一样的，手机媒体信息的受众也会自然形成各种各样、需求相同或相近的受众群体。这就要求信息在做到来源多、信息量大、种类丰富多彩的同时，还要具有针对性和特色化，以满足不同群体和个人的需要。

互联网专家、时任《通信世界》社长项立刚先生认为，手机媒体提供的信息应该是细分的、有准确定位的个性化信息。同报纸、电视等传播媒体不同，手机屏幕较狭小，供人们阅读的区域就更狭窄，不可能快速显示所传输的海量信息。只有进行分众化处理的信息，才能引起受众主动阅读和接受的兴趣。而没有分众化处理的信息，只能引起受众的厌烦和无奈。[①] 从信息服务的趋势上看，它的发展方向就是分众化和个性化。试图用一条或一种信息满足所有受众的需求的愿望，已完全不符合现实。而手机就是个人的专属私人信息媒体，人们主动、愿意阅读的肯定是符合自己兴趣、了解私人需求的信息。因此，传播分众化和定制性的信息是手机等传播媒体的发展趋势。

（三）强化信息传播的交互性

在强化服务的基础上，实现手机媒体信息的交互性。为满足人们对信息的个性化需求，不仅要求信息具有多样性，而且要求信息具有交互性，使受众拥有方便快捷的双向选择手段，实现传播者和受众的互动。可以肯定的是，随着手机媒体技术平台的越来越成熟和完备，其完全能够根据受众的定制进行信息的自动分类和发送。"定制性"毫无疑问将成为手机媒体信息处理的重要特色之一，从而也可在一定程度上消解人们在当今信息重荷下的焦虑和无奈。

[①] 参见马惠芬《第五媒体——手机媒体的未来》（2006年3月14日）（http：//blog. sina. com. cn/s/blog_ 5854ac9601000289. html, 2012 - 10 - 12）。

另外，在业已形成的"媒体暴力""渠道霸权"的今天，我们必须对受众接触媒介的民主参与模式予以重视。有论者认为，手机媒体的高普及率、操作的简易性、成本的低廉以及高度的参与性将使其成为继网络博客、微博之后又一种信息性民主实践模式。手机用户可以随时随地对信息进行抓取、编辑和评论，也可以对其他信息进行编辑、删改和多次转发。随着手机拍照、摄像、扫描上网功能的开发和提升，手机用户可以图、声、文全方位即时展示新闻人物和新闻事件，这种直接从事信息采编的行为方式提高了受众对媒体的参与程度。如今手机从3G时代已进入4G时代，其信息采集和发布的功能与互联网技术的结合更为完善，由手机媒体发展而来的移动型媒体将大行其道。[1]

总之，手机发布信息是21世纪最人性化的电信服务，拥有传统媒体不具备的优势，是极具发展前途的媒体市场。通过转变观念、技术革新、实用内容扩充、政策法规的规范以及服务商和网络供应商对服务程序的开发，东北地区少数民族新闻传播的话语机会将得到飞速的扩大和提升。

三 开展多层次的媒体融合活动

少数民族地区特殊的地理环境、复杂的语言和文化环境对大众传播制约较大，导致少数民族地区大众传播硬件设施不足、传播渠道不畅、信息内容不均等诸多问题。媒体融合具有跨地区、跨媒介、整合传播渠道和要素的性质和超时空、分众化、互动式的功能，恰恰可以弥补传统媒体的不足。因此，电视、广播和报纸这三大传统媒体必须进军新媒体领域，主动进行媒体融合，进而统合媒体资源，整合传播优势，发挥新闻人才特长，改善当地的媒介生态环境，这样就可以克服新闻传播中的诸多困难，完善民族地区的新闻传播活动。

这里必须消除一个误区，认为媒体融合就是大批量地增加媒体硬件设施，快马加鞭地普及新兴媒体。这与媒体融合的实质不但相反，也不符合东北少数民族地区新闻传播的实际情况。相反，现阶段媒体融合最亟须的是开展跨媒介、跨级别和跨地区的媒体融合活动，拓展少数民族受众参与新闻传播的通道。

---

[1] 参见王娟《手机媒体发展预期——未来最便利的信息获取终端》，2006年1月16日（http://academic.mediachina.net/article.php?id=4769，2012-8-10）。

(一) 开展媒体融合活动，解决新闻传播中软、硬件不足的问题

1. 跨媒介融合

必须看到，东北少数民族地区由于"村村通"工程的开展，传统媒体中电视、广播较为普及，但订阅报纸较少。报纸等平面印刷媒体在民族地区农村生存艰难、"存活率"不高，一方面是因为农村随着现代化水平的提高，生活节奏有所提高，快餐式的电视传播成为农民首选的媒体，这严重挤压了报纸等印刷媒介的生存空间；另一方面是因为订阅或购买书籍、报纸、杂志不方便。

面对现实状况，现阶段的新闻传播只有整合媒体，取长补短，资源共享，形成合力，才能发挥各类媒体的特长和共有的优势，才能弥补单一媒体自身存在的缺陷。电视既然是满、蒙地区受众接触率最高的媒体，那么完全可以在电视中开办图文电视，融进报纸的文字信息优势；而在电视中增加广播频道，则不仅可以发挥广播的音响优势，更能消除信息覆盖的死角，增加受众收听的概率。当然，在蒙古族地区广播还可以借助民族语言的优势和较高的收听率，同步或差时转播电视台的新闻和咨询节目，广泛凝聚广播和电视的受众群体。通过降低费用、提高发布频次，手机报也有可能实现普及化。

跨媒介融合方面的工作，东北地区少数民族新闻传播已开始起步。2010年12月6日，由中国网络电视台与延边广播电视总台共同组建的中国网络电视台朝鲜语频道已正式开播。实现全球范围内通过网络收听、收看东北少数民族语文的新闻传播，了解中国朝鲜族尤其是东北朝鲜族的发展动态。手持电视也开始走进东北少数民族地区。2010年5月18日，吉林省中广传播有限公司延边分公司成立。该公司采用移动多媒体广播电视系统，支持6套电视节目，满足移动中的人群随时随地收听、收看广播电视的需求。

对民族传播人才的培养和招聘工作，也可以开展传播媒体、民族院校之间横向的联合。一方面采用定点、定向的培养模式，培育民族地区本土的传播人才。所谓定点，就是与大专院校尤其是民族院校的对口单位进行对接，确定和落实培育人才的途径；所谓定向，就是按实际需求，从民族语言、新闻采访、编辑、播录和市场调查等专业确定培育人才的方向。另一方面，应加强与上级媒体和兄弟媒体的合作，积极进行在职从业人员的交流、培训和学习，进而快速提升在职人员的业务能力和水平。

2. 跨级别融合

不可否认的是现在少数民族地区大众传播信息传播渠道不畅，一个重要的原因就是语言的障碍。多民族语言和多民族杂居的现状一定程度上影响了信息的发布、沟通、接受和反馈。而媒体融合更易于运用民族语言，展示和凸显民族文化，提升民族特色，进而增强大众传播的亲和力，满足少数民族受众的文化、宗教、审美心理需求。东北少数民族地区都不是单一民族居处的地区，而是多民族聚居区，或一种民族占相对多数的聚居区。为适应民族受众接收信息的需要，维护和发展民族文化的多样性，新闻传播在民族地区形成了以一种语言文字或多种语言文字交叉、混合传播的格局。①

必须指出，一些民族地区的交叉传播和混合传播尽管使用了多种民族语言和文字，但主要是针对占少数民族多数的受众进行传播，没能涵盖其他少数民族受众。如在阜蒙、喀左两个蒙古族自治县，蒙古族人口占满、回、朝鲜族等 24 个民族成分人口总数的大多数，大众传播才设置了蒙古语的传播时段和版面。这一现状不但造成了传播的死角和漏洞，更重要的是，一些人数较少的少数民族受众不能积极参与到信息传播中去，更没有享受到和谐社会所带来的更丰富、更愉悦的感受。因此，正像前文有的论者指出的那样，由于少数民族受众基本只熟悉本民族语文传播的信息内容，因此，那些新颖的信息受众也难以理解和消化。尽管各媒体运用了不同的民族语文进行传播，传播的信息总量也可谓丰富充实，但这些信息对少数民族受众个人的通达率和接受作用其实并不见得有多大的提高。②

就少数民族地区的省（区）、市（州、盟）、县三级传媒来讲，县级传媒最贴近基层、了解现实最为具体。但现在的情况是，县级传媒自办节目少，信息转播多。若能进行媒体融合，跨省（区）、市（州、盟）、县进行媒体资源整合，丰富并扩大民族语言栏目，再通过各类传媒进行分众式的传播，则完全有可能实现大众传播中民族语言的"无缝覆盖"，让所有的少数民族受众都接触和参与到大众传播中去。

在调查中我们得知，除了在阜新蒙族自治县、喀左蒙族自治县的电视、广播和县报分别开辟了蒙古语时段和版面外，辽西还有一个影响巨大

---

① 参见李勤《大众传播对少数民族文化的影响》，《当代传播》2005 年第 5 期。
② 参见蒋一峰《民族地区新闻传播若干问题探析》，《当代传播》1999 年第 4 期。

的阜新市蒙古语广播电台，它全天播出节目时间达 9 小时 35 分钟。听众除阜新地区蒙古族以外，还包括附近的锦州、朝阳（主要是喀左）、内蒙古自治区的奈曼旗、库仑旗等地区的蒙古族受众，听众总数达百万人。阜新市蒙古语广播电台的兴盛，对阜蒙县、喀左县广播、电视传播的发展产生了极大地影响，内容上直接惠及阜蒙、喀左两县的蒙古族受众，同时又带动和促进了两县蒙语节目的发展与完善。毋庸置疑，阜新市蒙古语广播电台若能同阜新蒙族自治县和喀左蒙族自治县的各类媒体联合起来，则其影响会更为巨大和深远。在跨级别融合方面，喀左县电视台现落地转播内蒙古和西藏两个少数民族语言卫星电视等，都收到了事半功倍的效果。延吉市除了拥有省市少数民族语言的节目外，还和中央人民广播电台的朝鲜语台合作，设立了朝鲜语分台，极大地丰富了当地的朝鲜语新闻传播的内容。

民族地区受众的民族成分复杂，受众的文化水平不高，需求信息的广度、深度不同，渴求农、林、牧、渔等科技信息的侧重点也不同。媒体融合可充分扩大、优化传播内容，解决传播内容因机械式的转播和地域上的限制所产生的重复性和不可互享性，使传播的内容更丰富、更有实用性。实际上，东北蒙古族地区的新闻媒介也经常参与东北或全国蒙古语文新闻或文艺交流协作会议。从 2006 年开始，阜蒙县的蒙古语广播与全国八省区蒙古语广播电台之间的交流越来越频繁，又同内蒙古电视台译制中心建立了长期协作关系；《蒙古贞日报》蒙文版和人民网少数民族编辑部蒙古文网实现了联网。媒体融合不但丰富了节目内容，解决了民族语言节目源匮乏的问题，而且随着传播终端实现听、读、说、写等形式的自由选择和组合，分众化、多元化和个性化传播成为可能。

3. 跨地区融合

东北少数民族地区内不仅有本地传播，还有其他传播媒体在民族地区内的传播，如中央、省市及外省电视台在本地的传播，外埠报纸、杂志媒体在本地的传播等。就中央媒体和地方媒体、省区内和省区外媒体来讲，由于创建时间不同，发展条件不同，必然带来硬件条件、频率信道、信息资源等巨大的不同，通过相互整合资源，取长补短、发挥特色，不但能克服硬件上的不足，弥补资源上的弱点，更能改善传播条件，发挥受众参与的积极性。2010 年年初，延边电视台新闻综合频道新闻中心与长春、吉林两地电视台联手，打造长吉图新闻联盟，共同采写长吉图三地贯彻实施

《长吉图规划纲要》等 20 多条新闻。中央人民广播电台的朝鲜语广播在延吉电台合作，顺利在延边落地，也很好地体现了跨地区、跨级别的媒体融合特征，极大地丰富了当地的朝鲜语新闻传播的内容。

因此，少数民族地区的媒体融合必须依托少数民族地区经济状况和大众传播的现实条件，不能脱离现实，好高骛远。

从市场化运作的角度看，媒体融合也能做到真正的节约成本。美国学者布雷德利曾就同一个新闻选题，电视、广播和报纸的采访成本进行过测算，其结果是上述三种大众传媒的前期采访成本比例大约是3.5∶1.8∶1，电视采访成本最高，是报纸的 3 倍还要多。[①] 但是，如果不同种类的传媒能够相互融合和取长补短，发挥协同效应，实现媒体资源和产品共享，则可以相对节省成本，获得较大的经济和社会效益。

调查显示，民族地区经济文化虽然与发达地区相比处于较滞后状态，但在党的民族政策的支持下，近年来部分民族地区经济发展速度很快，新闻传播事业发展也在逐渐完善。在东北的民族地区，如辽宁的岫岩、本溪、新宾等满族自治县有的乡镇家用电脑的拥有率已达到 40%，部分地区手机的拥有率更远远高于家用电脑。一些发展良好的民族地区媒体正在积极探寻媒体融合之路，而大规模的"家电下乡"更为民族地区的媒体融合提供了有利的条件。

（二）促进少数民族受众对新闻传播的参与

东北民族地区的生态环境对传统媒体的制约及传统媒体自身的传播特点，使民族地区的受众或因无法接触媒体而游离于大众传播之外，或只能被动地接受传播却无法参与。在传统大众传播垄断信息发布的时代，受众基本上只有被动地接受。尽管也有"热线电话""读者来信""观众点播"等受众参与渠道，但信息发布的渠道狭窄，接受信息的通路单一，参与信息活动的能力较弱。媒体融合突破了民族地区的生态环境对传统媒体的制约，其传播方式的分享式与互动式打破了传统媒体的传播格局，使民族地区受众获得了从未有过的参与大众传播的机会。可见，媒体融合更易于促进民族地区受众对大众传播的参与性和互动性，进而使其达到对全国乃至全球大众传播的参与和分享，增强其共同参与社会发展、共同享有发展成果的意识。

---

① 参见张成良《"多媒体融合"：泛媒体时代的生存法则》，《传媒》2006 年第 7 期。

东北地区少数民族新闻传播要顺应传播形势的变化和发展，不仅要在传播媒介中给少数民族受众留有空间和时间，而且要为其提供参与新闻传播的机会和通道。这样民族地区受众就不再只是被动的接受者，而是在接受的同时也可以充分利用手机短信、网络各类留言、日志等，参与到信息发布传播中，表达自身的观点或情感。民族地区受众完全可以把信息接受者与信息发布者融为一体，以一个传播主体的身份畅游于媒体融合的信息传播通道中，尽情地分享和参与。"因此，从整个社会范围来看，大众传播方式从传统媒介主导的单向式变为专业媒介组织与普通公民共同参与的分享式、互动式，大众传播与人际传播更加紧密地结合与汇流"。①

---

① 蔡雯：《媒介大汇流下的"融合新闻"》，《传媒观察》2006年第10期。

第三编

当代东北地区少数民族新闻
　　　传播人事评记

第八章　当代东北地区少数民族新闻传播研究人物志

一　白润生（汉族，1939—　）教授

白润生又名白凯文，祖籍河北雄县，1939年6月出生于北平（今北京）。1962年毕业于北京师范学院（现名首都师范大学），曾任《工人日报》记者、编辑。1979年10月到现中央民族大学文学与新闻传播学院从教，主要从事中国少数民族新闻传播史研究。

白润生教授曾任教育部新闻学学科第二届教学指导委员会委员，国家民委少数民族语言文字出版、翻译专业高级职称评定委员会委员，中国高等教育学会新闻学与传播学专业委员会第五届理事会理事，中国新闻史学会理事，中央民族大学专业技术职称评定委员会委员等。现任中国新闻史学会特邀理事、少数民族新闻传播史研究委员会名誉会长、中国报协民族地区报业分会顾问。天津师范大学、河北经贸大学兼职教授，南京师范大学民国新闻史研究所特约研究员、《新闻论坛》学术顾问等。

白润生教授是我国当代著名的少数民族新闻学研究专家，发表论文百余篇，出版各类专著15余部。代表性著述有：

《中国少数民族文字报刊史纲》，中央民族大学出版社1994年版。

《民族报刊研究文集》，中国物价出版社1996年版。
《中国新闻通史纲要》，新华出版社1998年版。
《中国新闻通史纲要》（修订版本），中央民族大学出版社2004年版。
《白润生新闻研究文集》，中国文史出版社2004年版。
《中国少数民族新闻工作者生平检索》，贵州民族出版社2007年版。
《中国少数民族新闻传播通史》，中央民族大学出版社2008年版。
《中国少数民族新闻传播史》，民族出版社2008年版。
《中国新闻传播史新编》，郑州大学出版社2008年版。
《当代中国新闻事业调查报告》，中央民族大学出版社2010年版。
《守护好我们的精神家园》，人民出版社出版2014年版。

白润生教授的"中国少数民族新闻传播通史""当代中国少数民族新闻事业调查报告"曾获批国家"十五"社科基金项目（2001—2005），"中国少数民族新闻传播史"获批北京市高等教育精品教材立项项目（2001—2005）。有关著述先后五次获得省部级优秀成果奖，获得了国家民委、教育部、北京市教委的重点奖励，在学界和业界受到了广泛的赞誉。

自20世纪90年代以来，白润生教授研究少数民族新闻传播一系列著述的问世，不仅填补了中国少数民族新闻传播研究领域的空白，初步建立了比较完整的少数民族新闻历史传播学学科体系，也把少数民族新闻史的研究推进到了一个新的发展阶段。因此，白润生教授是我国当之无愧的中国少数民族新闻史研究的奠基者和开拓者，其生平事迹被《中国新闻年鉴》（1997）、《中国新闻界人物》等20多种辞书收录。

白润生教授是以全国视野和国际视野开启东北少数民族新闻传播研究最早的学者之一。东北地区是我国少数民族新闻媒体最早兴起的地区之一。研究中国少数民族新闻传播史，这一地区的任何一个民族、任何一种媒体，比如朝鲜族报刊、朝鲜文报刊，无论如何都是不可逾越的，并且必须从宏观与微观相结合、纵向与横向相结合的视角深入研究，方可得出科学的结论——也就是要把东北地区的新闻传播研究放在全国的视野，甚至要有国际视野，这当然是与这些媒体的兴起发展历史轨迹密切相关的。比如说，朝鲜族经历了300多年时间，从鸭绿江、图们江以南的朝鲜半岛迁徙到我国的东北地区，逐渐形成一个新的民族共同体。其在我国是55个少数民族之一，而对位于朝鲜半岛的国家来说却是那个国家的主体民族。

研究我国朝鲜族报刊、朝鲜文报刊，没有全国视野与国际视野是难以想象的，对其研究成果的科学性肯定会有人提出质疑。白润生教授从研究中国少数民族新闻史的那一天起，就逐步确立了全球视野。

白润生教授在东北少数民族新闻传播研究中的一个重要特点，就是贯穿始终的文化观。也就是以东北少数民族新闻传播为对象和重心，将其放入使之孕生、发展的社会文化旳母系统中，考察其社会的、时代的、文化的发展依据和规定性，进而分析东北少数民族新闻传播在这些规定性中得以产生、运作、展开的状况，以及在其合力作用下，自成系统的深层动因和规律。为读者提供了一个更全面地思考，更系统地梳理、更动态而且深刻地把握其属性、特征和社会关联性的知识体系。比如对朝鲜族、朝鲜语文媒体的研究，既对其有文化生态的考量，又坚持、挖掘朝鲜语文的文化特色；既坚持对其民族特色的文化共同价值的提炼又坚持对其传播媒介的文化符号意义的阐释。这一研究特点，在学界独树一帜，为不少学者所肯定。

白润生先生对东北地区少数民族新闻传播的描述，在构筑社会和文化大视野的宏观框架下，更坚持了以丰富的史料支持细节、支持结论、支持历史的写史态度。比如：他对县级报纸如《喀左报》的发展、语言的使用、栏目的设置都有翔实的记录，甚至对当地人民代表大会建立规章制度、要求把蒙古语运用到本地的新闻传媒这一细节，都进行了充分记录和肯定。他认为，"把办好民族文字报纸，办好民族新闻事业用法律的形式固定下来，这不仅是党的民族政策的新胜利、新发展，而且在中国少数民族新闻史上也是少有的"。[①] 另外，其著述对延边州党建刊物《支部生活》的内容和演进也给了充分的描述，让其在延边众多的报刊之中显示出了本来的特色。白润生甚至还对20世纪50年代延边当地的儿童报刊《延边少年》其中的一个漫画专栏名称"三娃"进行了记述，其生动、具体的细节，显示了对历史的尊重和对新闻传播发展史本真的记录。

二　林青（汉族，1921—　）高级编辑

林青，山西省临汾人。1938年1月进入山西民大学习。从1947年冬起任齐齐哈尔新华广播电台副台长、台长。1949年，调任哈尔滨新华广

[①] 白润生：《中国少数民族新闻传播史》，民族出版社2008年版，第166页。

播电台、松江人民广播电台台长。1951年，在东北人民广播电台研究室任职期间，主持、总结并积极推广了我国第一个面向农村的吉林省九台县有线广播站的经验。1953年，调任中央广播事业局地方广播部工作。1957年8月，调任黑龙江省广播局党组书记、局长兼黑龙江人民广播电台、哈尔滨人民广播电台及哈尔滨电视台（即今黑龙江电视台）台长。1958年，曾主持创建哈尔滨电视台，使该台成为我国电视事业同年开创的第三座电视台。

1980年1月，林青调任北京广播电视局党组书记、局长。从1983年起，任北京市新闻工作者协会第一、第二届主席、中国广播电视学会史学研究委员会第一、第二、第三届常务副会长。因贡献突出，林青多次受到北京市委、市政府和中国记者协会的表彰。林青发表过数十篇广播电视论文，并主编《中国广播电视企业史》（1994）等。[①]

林青主要的著述是其主编的《中国少数民族广播电视发展史》（北京广播学院出版社2000年版）。该书由中国广播电视学会史学研究会和内蒙古自治区广电厅共同发起，自1990年到2000年历时9年才得以付梓面世。该书分上、中、下三篇，分别叙述了从20世纪30年代到90年代60余年间，尤其是新中国成立后少数民族广播电视的成长轨迹、基本经验及对未来的展望；对中国少数民族广播的诞生与发展，中国少数民族电视的诞生与发展，中国少数民族电视队伍建设、技术管理、音像事业报刊出版、文艺表演团体及基本经验等都有详细的记述。

该书是我国第一部从宏观上全面记述少数民族广播电视诞生、发展历程的史学专著。在我国少数民族新闻传播史的科研成果多集中在少数民族文字报刊史方面、关于少数民族广播电视史的研究尚无鸿篇巨制的形势下，《中国少数民族广播电视发展史》的出版不仅改变了这一局面，而且

[①] 参见白润生《中国少数民族新闻工作者生平检索》，贵州民族出版社2007年版，第282—283页。

具有重要的意义。这部著作不仅是中国少数民族广播电视的奠基之作，而且为中国少数民族广播电视学的创立奠定了理论和实践基础。①

林青早年就在东北地区的广播电视系统工作，且有着30多年在东北尤其是在黑龙江广播电视系统的丰富实践经验，因而在众多的新闻事件里，他本人不但是事件的亲历者，甚至是筹划者，故此他对东北地区少数民族新闻传播的记述不仅翔实全面，而且生动有趣。

《中国少数民族广播电视发展史》对东北地区少数民族广播电视发展史的记述有如下特点。

其一，在宏观、全面地把握东北地区少数民族广播电视发展脉络基础上，体现了对具体事件、具体细节的坚持。该书在记述延边电视台于20世纪80年代初举办教育专题时，不仅提到了电视台播放的珲春县三家子乡各族小朋友亲如兄弟姐妹的事迹，而且同时提到了三个人演唱的《吹草哨》被罗马尼亚等四十多个国家播放的细节。此外，该书对20世纪50年代延边广播电台、电视事业建设和沿革、对辽宁阜新市蒙古语电台栏目的设置，甚至对黑龙江电台朝鲜语广播首播的节目单都有翔实的记述。

其二，以身讲史，生动翔实。1963年2月，黑龙江电台的朝鲜语广播正式开播，这是东北地区少数民族新闻传播史的一件大事，而这件大事就是时任黑龙江电台台长林青倡导、筹划并促成的。《中国少数民族广播电视发展史》不仅详细记录了当时黑龙江电台的朝鲜语广播开办的形势、筹备的过程、开播当天第一次节目的内容详单，更为重要的是，还提供了电台开播时东北各地群众的强烈反响和反馈。该书不仅记录了黑龙江省木兰县、宁安县、密山县等听众对朝鲜语广播开播时的反映和来信，也记述了朝鲜语广播在吉林省、辽宁省和内蒙古的朝鲜族聚居地引起的强烈反响。吉林省九台县城郊公社新立大队崔秉成来信说："贵台办的朝鲜语广播，我们非常喜欢听，我们给180户社员转播，让广大社员收听。"吉林省榆树县延和公社决定早晚转播黑龙江电台朝鲜语广播，并派人来要求报道他们的事迹，要求提供录音带歌曲集。② 这些丰富的细节和生动的语言，没有亲历者的参与和体会是记录不了的，也是体察不到的。这些生动

---

① 参见白润生《我国少数民族广播电视史学研究的奠基之作——简评〈中国少数民族广播电视发展史〉》，《中国广播电视学刊》2001年第11期。
② 参见林青《中国少数民族广播电视史》，北京广播学院出版社2000年版，第130—131页。

的事例在书中随处可见，比如，本书在记述20世纪80年代黑龙江电台朝鲜语广播的发展时，就一连用了五个生动的事例。这些事例涉及农民、工人、教师、军人甚至是海内外的听众。这些丰富的事例不仅为东北地区新闻传播发展史的记载提供了翔实的资料和依据，也为读者带来了真实可靠的感觉和体验。①

其三，记录东北有线广播的发展历程，为东北有线广播立此存照。

我国是一个农业大国，农民和众多的少数民族人口还主要分布在广大的县镇和偏僻的农村。新中国成立初期，受教育水平和报纸发行渠道和数量的限制，绝大多数农民基本接触不到报纸；另外，农民也没有昂贵的收音设备，收听不到无线广播。当时中央政府大力推展、普及的农村有线广播恰恰解决了新闻传播由四级传播走向乡镇、进入农村千家万户的问题。建立农村有线广播网，可使中央对基层农村第一次实现思想政治宣传上的直接引导和动员。基于这样一种认识和行为，农村有线广播就成为当时广大农村受众能够接触的几乎唯一的大众媒体信息源，是聆听中央声音的最主要也是最重要的渠道，这也使我国的农村有线广播在20世纪五六十年代迅速发展成为一种重要的独立传播系统。

东北的少数民族地区处于县域下的广大乡村之中，考察当时的少数民族新闻传播的发展态势，对农村有线广播发展态势的分析与探讨其实已成为其最重要也是不可缺少的环节。我们研读各类的研讨少数民族新闻传播的论著，几乎都没有提及这一长达30多年的新闻传播现象，绝大多数论著都把探讨的眼光放在了无线广播之上。这不仅是研究方向的偏差，也实在是一个对当时广大农村新闻传播形势和现状的遗漏和误判。只有林青先生的《中国少数民族广播电视史》、刘家林先生的《新中国新闻传播60年长编（1949—2009）》（上）②对农村有线广播有所提及，而其中以林青先生《中国少数民族广播电视史》最为丰富和翔实。

该书专门列出一节，讲述东北地区少数民族有线广播事业的历史变迁和发展状况。从东北少数民族有线广播的创立、发展、渐入高峰及至衰落，既有翔实的介绍又有清晰的脉络把握，不仅填补了东北少数民族新闻

---

① 参见林青《中国少数民族广播电视史》，北京广播学院出版社2000年版，第520页。
② 参见刘家林《新中国新闻传播60年长编（1949—2009）》（上），暨南大学出版社2010年版。

传播对有线广播史的空白，也为中国广播事业的发展添上了浓墨重彩的一笔。有线广播的发展，重在广大的农村地区，因此，该书立足于东北当时的七个少数民族自治县，记录了县域广大农村有线广播的发展概况，资料充实，条理明朗，尽管时间跨度大，线索头绪多，但是读来整体感、全局感较强，使读者对东北地区少数民族有线广播事业的发展脉络有了清醒的认识和准确的把握。

三　崔相哲（朝鲜族，1939— ）教授

崔相哲教授1939年8月生于吉林省磐石县，1964年7月从延边大学语文系毕业后留校任教，从事韩国语言文学、新闻写作的教学工作。曾担任延边大学朝文系主任，兼任中国写作学会、中国新闻史学会和国际高丽学会的会员。1997年获国家教育部授予的曾宪梓教育基金会优秀教师奖，后受聘于吉林华侨外国语学院。

崔相哲教授共出版研究中国朝鲜族新闻传播的著作20余部，论文100余篇，主要著述有：

《新闻执笔学》，延边大学出版社1994年版。

《新闻学理论基础》，延边大学出版社1995年版。

《中国朝鲜族言论（报纸、广播、杂志）史》，韩国庆南大学出版社1995年版。

合著《迈向21世纪的中国朝鲜族发展方略》，辽宁民族出版社1997年版。

合著《新闻出版史》，民族出版社1997年版。

合著《简明韩国百科全书》，黑龙江朝鲜民族出版社1999年版。

《韩国言论概况》，延边日报出版社1997年版。

《朝鲜言论史》，延边大学出版社2003年版。

《新闻春秋》，延边人民出版社2006年版。

《言论春秋》，延边人民出版社2006年版。

《中国朝鲜族新闻出版研究》，香港亚洲出版社2008年版。

崔相哲的论著除《简明韩国百科全书》是以汉文发表的外，其余主要都以朝鲜文写作，其中《中国朝鲜族言论（报纸、广播、杂志）史》曾于 1998 年荣获教育部普通高等学校第二届人文社会科学研究成果三等奖。此外，他还从事文学著作的写作，发表文学著作 10 余部，文学论文 30 余篇。

《中国朝鲜族言论（报纸、广播、杂志）史》厘清了 20 世纪初至新中国成立后中国朝鲜语报纸、广播和杂志的发展历史，对这些新闻传播媒体的起源、发展以及读者群的形成进行了追根溯源。论著的着墨点重在抗日战争胜利前后延边地区各类报纸、刊物、电台的变革和演进，不仅对这些新闻媒体进行了政治性质的分类如民族独立运动的报刊、共产主义者创办的报刊、亲日报刊、电台等，更重要的是对后来延边的主流报纸、刊物、电台如《延边日报》《农民的喜悦》，延边电台等重要传播媒体的源头、发展、变革等进行了追述和探究，进一步廓清了东北地区尤其是延边地区重要的新闻媒体发展的历史脉络。因此，该书也成为研究东北朝鲜语新闻传播发展史，乃至中国少数民族新闻发展史不可或缺的重要著作。

四　波·少布（蒙古族，1934—　）高级研究员

波·少布 1934 年 11 月出生于黑龙江省杜尔伯特旗（今杜尔伯特蒙古族自治县），1950 年参加工作。1956 年至 1958 年就读于齐齐哈尔蒙古师范学校。1950—1984 年，波·少布历任杜尔伯特蒙古族自治县新屯区教员、中心校长、县教育局视察员、副局长、县民委主任、统战部副部长等职。现任黑龙江省非物质文化遗产保护工作专家委员会副主任。

1985—1994 年，波·少布在哈尔滨工作期间，主要从事蒙古学、民俗学、宗教学、黑龙江少数民族领域的研究工作，曾任黑龙江省民族志办公室主任、黑龙江省民族研究所研究员、《黑龙江民族丛刊》常务副主编兼编辑部主任、《蒙古学通讯》主编、《赫哲族通讯》主编。兼任中国少数民族文学研究所研究员，黑龙江大学满族语言文化研究中心特邀研究

员，中国蒙古语文学会、中国蒙古文学学会理事，黑龙江省民族研究学会副理事长，黑龙江省蒙古语文学会理事长等职。他以蒙古学研究为中心，以黑龙江地方蒙古史研究为重点，共出版专著20多部，论文200余篇。

20世纪50年代，波·少布曾任杜尔伯特旗新屯区教员、东吐莫蒙古族自治区中心校长。期间，他与包结守、陶占英等同志共同创办了蒙汉合璧的《东风教育报》，共出刊50期。该刊侧重宣传党的"教育为无产阶级政治服务，教育与生产劳动相结合"的教育方针。《东风教育报》是黑龙江地区有确切记载的最早的蒙文报纸，他也成为牧区草原学校办报的第一人。

波·少布在杜尔伯特蒙古族自治县工作30多年，不仅对黑龙江地区早期蒙古语出版物的创办、传播有着突出的业绩，而且对杜尔伯特蒙古族的研究有着重要的贡献。

波·少布在杜尔伯特蒙古族自治县民族部门工作期间，经他的多方努力和协调，县政府于1980年设立了县蒙古语文工作办公室、县蒙文翻译室。他在省城科研部门工作期间，先后到吉林省、新疆等省和自治区的31个蒙古族地区，对蒙古族的诸多方面进行了实地考察，并且重点对黑龙江省杜尔伯特蒙古族政治、经济、历史、文化、地理、人口、语言、教育、风俗、宗教等诸方面的情况作了全面的比较研究。

波·少布撰写的与杜尔伯特蒙古族相关的专著主要有：

《杜尔伯特传说》，内部出版，1987年。

《杜尔伯特神话》，蒙文，内部出版，1990年。

《黑龙江蒙古部落史》，哈尔滨出版社2001年版。

《黑龙江蒙古民间故事》，哈尔滨出版社2005年版。

《杜尔伯特蒙古族辞典》，民族出版社2006年版。

《黑龙江蒙古族文化》，黑龙江教育出版社2007年版。

其著作《黑龙江蒙古部落史》，由费孝通先生作序，该书论述了黑龙江地区8个蒙古部落从辽金以来的古代和近代的历史，填补了黑龙江省蒙古史的空白，同时也为中国蒙古史学界修订蒙古通史提供了重要资料。杜尔伯特电视台也在"天南地北家乡人"节目中，重点介绍了《黑龙江蒙古部落史》的新观点。

波·少布还参与了《中华风俗大观》《中国民俗文化大观》《蒙古族大辞典》《东北人物大辞典》《黑龙江百科全书》《黑龙江风情》《黑龙

少数民族简史》《黑龙江少数民族风俗》的编写工作。

波·少布的生平事迹被收入《中国少数民族专家辞典》《中国蒙古族大辞典》等 20 多部典籍之中。① 2005 年，全国地方志指导小组授予其"全国方志先进工作者称号"。

五　吴泰镐（朝鲜族，1928—2014）高级编辑

吴泰镐，1928 年出生于吉林龙井。1950 年毕业于延边大学，同年到延边日报社，历任延边日报社记者、组长、主任、副总编辑、总编辑，吉林朝文报总编辑，延边人民广播电台副台长兼总编办公室主任，曾兼任吉林省新闻学会常务理事、延边新闻学会会长。1984 年被评为全国优秀新闻工作者。

吴泰镐凭借丰富的新闻从业经验和历练，不断写就有特色的作品。仅在 20 世纪 80 年代初，他就有近 25 篇新闻作品入选《朝鲜族记者文选》（延边大学出版社 1981 年版）、《挥笔 30 年》（延边人民出版社 1982 年版）。② 1990 年，延边人民出版社出版了《吴泰镐作品集》，1998 年 8 月，延边人民出版社出版了其代表性的著作《延边日报 50 年史（汉文版）》。

吴泰镐先生在延边日报社任职达 35 年之久，作为历史的亲历者，对报社和报纸的发展、演进情况非常熟悉。因此，《延边日报 50 年史》（汉文版）囊括了大量非常宝贵的资料，史料详尽，对延边日报的重大变革都有详尽的记录，变革中的有代表性的具体细节也被纳入其中。《延边日报 50 年史（汉文版）》不仅是研究延边日报、延边朝鲜族新闻传播的不可或缺的珍贵史料，也是探析东北地区少数民族新闻史乃至中国少数民族新闻史的必读书。

---

① 参见《校友风采人物之波·少布》（http://www.qqhrmzzx.com/Xiaoqing80nian/xiaoyou8.htm，2008 - 4 - 16）。

② 参见白润生《中国少数民族新闻工作者生平检索》，贵州民族出版社 2007 年版，第 159 页。

《延边日报50年史》呈现了《延边日报》从1948年创刊到1998年12月50年的发展史。该书以时间为顺序，记录了《延边日报》（朝鲜文）、《东北朝鲜人民报》的创刊期、中兴期，《延边日报》（汉文）40年发展期，《吉林朝文报》的重大历史事件，同时还录入了《延边日报》各个时期副刊和子报刊，如《工农版》《朝鲜族中学生报》《综合新闻》等创建过程的典型事件。该书还对《延边日报》的通讯发行工作、海内外友好往来与协作关系进行了钩沉。

《延边日报50年史》（汉文版）不仅仅是一部报刊发展史，更是一部社会发展史。该书论及了《延边日报》在中国人民解放战争期间的创刊背景，叙述了其在解放战争、土地改革、共和国创建、朝鲜战争、"三反""五反"运动、"大跃进"、"文化大革命"时期及改革开放时期的政治、文化和新闻的社会发展背景。这些社会背景和内容的加入，不仅使该书的叙述丰富而立体，更增加了其史料的鲜活性、生动性，具有强烈的历史感和真实感。

值得一提的是，该论著对朝鲜民族言论史进行了研究，对朝鲜民族报纸读者群的形成，中国朝鲜民族言论的起源进行了论证。

六　李逢雨（朝鲜族，1967—　）博士、教授

李逢雨教授，1967年3月出生，吉林省安图县人，文学（新闻传播学）博士，教授，硕士研究生导师。1993年毕业于延边大学朝鲜—韩国学学院，获文学硕士学位后留本校新闻学教研室任教。2000年赴韩国汉阳大学新闻广播系留学，攻读新闻传播学。2004年获文学（新闻学）博士学位，现任延边大学朝鲜—韩国学学院党委书记、新闻系主任。研究方向为新闻传播理论与新闻出版文化、朝鲜（韩国）新闻传播文化及大众文化研究等。李逢雨教授还被聘为《黑龙江新闻》《支部生活》特约评论员，吉林省朝文报刊审读员等。

李逢雨教授近年来出版专著6部，发表重要学术论文10余篇，并获

得多项国家、省级科研项目及相关奖励，在新闻传播理论与新闻出版文化领域，尤其是对朝鲜（韩国）新闻传播文化及大众文化研究业绩突出。

李逢雨教授主持的主要科研项目有国家社科基金项目"中国朝鲜族新闻出版文化与构建社会主义和谐社会研究"（2007）、省教育厅项目"新时期朝文报发展对策研究"（2006）、韩国学中央研究院项目"民生报研究"（2009）。

李逢雨教授的代表性著述有：

《中国朝鲜族出版历史与发展》，《书与人生（韩国）》2003年第7期。

《中韩报业集团经营比较》，《朝鲜—韩国语言文学丛书2》2004年第1期。

《韩流后延边TV韩剧播放特征》，《文学与艺术》2005年第6期。

《朴殷植生涯与活动》，《朝鲜—韩国学丛书6》2006年第12期。

《传播环境变化与朝鲜族文化》，《朝民族研究5》2008年第6期。

《中国朝鲜族杂志现状与展望》，《韩国出版学研究36》2009年第6期。

《中国新闻现实》，韩国言论财团支助项目，传播书籍出版社2001年版。

《中国朝鲜族传媒与和谐社会建设》，人民出版社2012年版。

《中国朝鲜文新闻出版研究》，黑龙江朝鲜民族出版社2012年版。

《中国朝文报优秀新闻评析》，黑龙江朝鲜民族出版社2012年版。

李逢雨教授的代表性著述是《中国朝鲜族传媒与和谐社会建设》（人民出版社2012年版）。该书是在充分调研的基础上，采用定性和定量研究方法，对中国朝鲜族新闻事业的历史变迁和发展状况进行了考察，论证了中国朝鲜族新闻出版文化在构建社会主义和谐社会中的重要作用。

该书重点选取了目前朝鲜族报刊中影响力最大的两家报纸《延边日报》和《黑龙江新闻》2007年全年第一版的内容以及延边电视台"伸出友爱之手"和"法眼看天下"等专题节目为样本，对延边朝鲜族新闻传播事业及其为构建和谐社会与建设和谐新延边开展的报道进行了全面调查和分析。同时，该书还对居住在延边朝鲜族自治州8个县市20岁以上80岁以下的400名朝鲜族男女受众进行了问卷调查，并按其性别、年龄、学历、职业、收入、居住地特性等人口、社会学因素，对其朝鲜族新闻传播的接触进行了频率分析和交叉分析，进一步阐释了在新的社会环境和媒体环境中，朝鲜族新闻传播所面临的危机与机遇并存的状况，并对危机产生的原因进行分析，提出了具体的解决方案。

该书认为朝鲜族新闻传播事业的繁荣发展，与地区经济和文化发展有着密切关系，对建设和谐朝鲜族社会具有很大的积极影响。在社会主义市场经济体制和新的媒体环境中，朝鲜族新闻传播事业面临着外部与内部问题带来的危机，因此，朝鲜族新闻传播事业必须在市场化经营理念的基础上，切实植入社会效益概念，在得到政府支持保障的同时，通过结构调整和资源重组的规模化经营、各种读者市场的开发与培育以及差别化经营管理来充分发挥自己的特色。

李逢雨教授对朝鲜族新闻传播事业与和谐社会关系的研究，不仅具有创新性，还对其他民族地区的新闻传播事业和社会主义文化建设、社会发展具有一定的理论参考价值和实践借鉴意义。

七　于凤静（汉族，1963—　）博士、教授

于凤静教授，祖籍辽宁台安，出生于1963年，毕业于武汉大学。传播学博士、长江师范学院传媒发展与影响研究中心常务主任，传媒学院教授。受聘为中央民族大学、中南民族大学、北方民族大学硕士研究生导师，中国新闻史学会理事、中国新闻史学会少数民族新闻传播史研究委员会副会长、中国高校影视学会民族影视专业委员会理事，中国高等教育学会广告教育专业委员会理事、全国大学生广告艺术大赛专家委会委员，主要研究领域为民族新闻传播、民族文化传播、媒介发展研究、广告文化传播。

于凤静教授先后主持国家社科基金项目、国家民委、国家语委、辽宁省社科基金、辽宁省教育厅及中央高校科研基金等十几项科研课题，并在《现代传播》《新闻大学》等核心期刊上发表40多篇有影响的论文，撰写研究报告50多万字，相关论文及研究报告先后获得多项省部级政府奖，

多篇论文被中国社会科学网、国务院社会发展研究中心网、中国民族宗教网及一些地方网站全文转载,产生较好的反响。

于凤静教授主持的主要科研项目有:

国家社科基金项目:国家认同语境中提升东北地区朝鲜语文媒体跨境传播力研究。

国家社科基金项目:当代东北地区少数民族新闻传播史研究(1949—2010)。

国家民委项目:少数民族地区大众传播的作用与影响研究。

国家民委项目:广告传播与少数民族文化。

中央高校科研基金:东北地区少数民族新闻传播的媒介生态及其优化研究。

中央高校科研基金:媒介融合趋势下少数民族地区新闻传播发展对策研究。

辽宁省社科基金项目:辽宁省少数民族地区大众传播现状与发展研究。

辽宁省经济社会发展立项:我国跨境民族语境中的跨境传播策略研究。

辽宁省经济社会发展立项:辽宁省城市化进程中的少数民族与大众传播研究。

辽宁省教育厅科研立项:辽宁省少数民族地区大众传播的现状、特征与发展趋势研究。

于凤静教授主要著述有:

《少数民族城市化进程中大众传播的功能与对策研究》,《当代传播》2015年第2期。

《我国跨境民族语境中的跨境传播策略研究》,《甘肃社会科学》2014年第3期。

《东北民族地区农村有线广播(1949—1976)的历史担当及启示》,《兰台世界》2013年第10期。

《论东北地区少数民族新闻传播的两极格局》,《当代传播》2013年第11期。

《大卫·阿什德传播生态理论的当下解读》,《河北大学学报》2013年第9期。

《少数民族新闻传播的文化气度》,《新闻论坛》2013年第8期。

《城镇化下少数民族如何融入城市》,《贵州民族报》2013年2月8日第A02版。

《媒介应重视培养少数民族的市民意识》,《中国民族报》2013年2月1日06版。

《东北地区少数民族新闻传播的媒介生态》,《当代传播》2012年第6期。

《东北地区少数民族新闻传播研究的文化观照》,《当代传播》2012年第5期。

《论白润生少数民族新闻研究的文化观》,《当代传播》2011年第6期。

《辽宁省少数民族地区大众传播的发展对策探析》,《新闻爱好者》2010年第8期。

《少数民族地区新闻传播民族特色的调查》,《当代传播》2010年第4期。

《民族地区实现传播参与和信息共享探讨》,《当代传播》2009年第3期。

《泛传播时代的文化》(专著),辽海出版社2007年版。

《公益广告文化论》(专著),辽海出版社2007年版。

《当代东北地区少数民族新闻传播"两极格局"研究》(博士学位论文)等

于凤静教授对民族新闻传播尤其是东北地区少数民族新闻传播的研究成果更具开拓性和创新性。《论白润生少数民族新闻研究的文化观》(《当代传播》2011年第6期)第一次从文化学的角度来解析我国民族新闻传播研究的集大成者白润生先生的民族新闻史观,填补了民族新闻传播研究领域中民族新闻传播学者研究的空白,同时对民族新闻传播研究的方法论进行了深入系统的探讨。该论文获得国家民委第二届民族问题研究优秀成果奖三等奖,这是本届获奖成果中唯一一个新闻传播类奖项。其主持的国家社科基金项目"当代东北地区少数民族新闻传播史研究(1949—2010)"在民族新闻传播研究领域更是填补空白之举。在目前国内对东北少数民族地区新闻传播的研究尚不多见的情况下,这一系列研究项目及研究成果受到业内专家的首肯,是国内新闻传播研究领域的一个新的探索和突破,其关于民族地区新闻传播的对策和建议具有较强的现实性和借鉴意义。

于凤静教授对东北地区民族新闻传播的总体观照和系列研究，有其鲜明的生态特色和系统特色。为改进、提升民族新闻传播内卷化的史料叙述，她不仅关注新闻传播事业在传媒环境、社会生态中的演进和变化，而且更重视新闻传播事业、新闻传播活动因特定的媒介生态及多样的发展倾向而形成的态势和布局。因此，她对民族新闻传播及其历史演进的把握，是将其纳入新闻传播和社会发展的总体格局中，总结其普遍的价值和意义，探析生成和进步的深层动因。

在一般的新闻史尤其是地方新闻史、专业新闻史研究中，研究者多是从时间上梳理不同新闻要素的发展脉络，从而探讨其发展规律和价值。于凤静教授对少数民族新闻传播，尤其是东北地区少数民族新闻传播的研究在梳理其发展脉络的同时，重点探寻东北少数民族新闻传播因各民族新闻传播内在发展动因不同而形成的整体传播格局，显示了一定的学术创新性。

东北地区是我国最大的少数民族散居区。东北少数民族地区多处于边疆地带，民族成分复杂，是我国跨境民族人数最多的地区。与我国其他地区的跨境民族不同，东北跨境民族受发达国家影响较大，多种舆论交汇，其新闻传播尤其是跨境传播所处的严峻形势不容忽视。

目前学界和业界对东北地区少数民族新闻传播的研究空白较多，对新中国成立以来东北少数民族新闻传播活动没有进行系统的论述，对东北少数民族新闻传播发展的对策性研究更是鲜见。于凤静教授运用传播学、民族学、文化学、历史学、社会学等多学科理论与方法，首次对东北地区少数民族新闻传播展开全面、系统的梳理和评估，在一定程度上具有对历史研究空白的填补性和衔接性。不仅如此，她还对东北地区少数民族新闻传播呈现的发展态势、格局及其在不同时期的发展状貌和历史功能进行了全方位的研究，这在学界尚未有先见。于凤静教授的研究揭示了东北地区少数民族新闻传播发展的总体框架与特色，不仅厘清了东北地区少数民族新闻传播与中国社会和东北地区、东北少数民族地区社会发展诸系统之间的整体关系，对其属性和特征作出了完整的评估和把握，而且对新形势下的新闻传播活动具有重要的实践指导意义。在全球化的传播语境中，其为学界和业界提供了新的理论和实践上的启发，且其结论具有较高的学术价值和现实意义。

第九章　当代东北地区少数民族新闻传播大事记

一　朝鲜族语文新闻传播

1946年7月1日，延吉新华广播电台开播，并进行朝鲜语广播。它不仅是我国第一座用朝鲜语广播的电台，也是全国第一座用少数民族语言播音的电台。1951年4月，延吉新华广播电台正式改称为延边人民广播电台。

1947年3月24日，延边教育出版社成立。延边教育出版社是我国第一家民族出版社，也是第一家教育出版社。

1948年4月1日，延边地委主办的《延边日报》朝鲜文版于延边创刊。这家报纸是当时国内唯一的朝鲜文报纸。

1949年3月，延边大学举行开学典礼。

1949年4月1日起，《延边日报》与通化的朝鲜文日报《团结日报》以及哈尔滨的朝鲜文日报《人民新报》（后改名为《民主日报》）合并后，在延吉市创办朝鲜文日报《东北朝鲜人民报》。

1950年5月，《东北朝鲜人民报》创办《少年儿童》（朝鲜文版）刊物。

1951年8月19日，延边人民出版社宣告成立。

1954年3月，由《新农村》改版定名的《支部生活》（朝鲜文版）创刊，由中共延边地委（后为州委）主办。《支部生活》杂志是全国地方党刊中历史最悠久的刊物之一，也是全国唯一的朝鲜族语言党建刊物。

1952年10月，延边人民广播电台创作和播送了新中国成立后第一个朝鲜语广播剧《赵玉姬》，拉开了朝鲜语广播剧制作的序幕。

自1955年1月1日起，《东北朝鲜人民报》改名为《延边日报》。

1957年3月1日，中共牡丹江地委机关报《牡丹江日报》（朝鲜文版）创刊。

1957年7月，朝鲜文版《少年儿童报》创刊。

1958年1月1日，《延边日报》（汉文版）创刊。

1958年10月1日，《辽宁农民报》（朝鲜文农村版）创刊。

1959年1月，《松花江》（朝鲜文版）双月刊创刊。该刊是由哈尔滨市文化局、哈尔滨市朝鲜族文化馆主办的综合性文学期刊。

1961年4月30日，《牡丹江日报》（朝鲜文版）改为省级《黑龙江日报》（朝文周报），报社由牡丹江迁入哈尔滨。自1963年元旦起，改名为《黑龙江日报》（朝鲜文版）。

1962年6月，周恩来总理视察延边，就办好朝鲜语广播作了重要指示。

1963年2月20日，黑龙江朝鲜语广播开播。黑龙江朝鲜语广播是黑龙江人民广播电台系列台之一，也是全国唯一的省级朝鲜语广播。

1963年6月，周总理指示延边电台的朝鲜语应该以平壤语为标准。

1964年7月，全国人民代表大会常务委员会委员长朱德和中华人民共和国副主席董必武到延边视察工作。

1965年8月1日，吉林人民电台开办《朝鲜语节目》。

1968年，《辽宁朝鲜文报》在沈阳创办。

1974年10月1日，延边人民广播电台组建了电视台并正式开始向观众转播节目。

1976年3月1日，黑龙江朝鲜民族出版社在牡丹江创建。

1977年12月，吉林市朝鲜族文化馆主办的文学刊物《道拉吉》创刊。

1977年12月31日，延吉电视台正式成立，成为我国电视史上的第一家少数民族语言电视台。延吉电视台创办的第一个电视节目是《延边新闻》。1980年7月19日晚，我国第一位朝鲜族电视播音员朴贞义首次与延边朝鲜族观众见面，全国第一个朝鲜语电视新闻节目问世。

1979年9月，黑龙江人民广播电台朝鲜语组升格为朝鲜语部，1993年，升格为黑龙江朝鲜语广播电台。截至2010年年底，黑龙江朝鲜语广播电台是全国唯一一家只用朝鲜语播音的广播电台。

1980年5月,吉林通化地区文联主办的朝鲜文大型文学双月刊《长白山》创刊,1990年刊社由通化迁至长春。

1981年12月26日,延吉电视台改名为延边电视台。

1982年4月,黑龙江朝鲜民族出版社在原黑龙江人民出版社朝鲜文编译室基础上成立。

1983年,黑龙江《朝鲜文报》编辑部从黑龙江日报社分出,单独成立黑龙江朝鲜文报社。

1983年8月,邓小平到延边视察工作并亲笔题词:"把延边朝鲜族自治州建设得更快些,更好些。"

1984年5月,中共中央总书记胡耀邦从朝鲜访问回国后到延吉,为延边大学题词:"努力培养民族人才。"

1984年7月,国家民委"民族问题五种丛书"之一、中国少数民族自治地方概况丛书《延边朝鲜族自治州概况》出版。

1984年8月,吉林民族音像出版社成立,其隶属吉林省民族事务委员会,是全国唯一出版朝鲜族文化、艺术、社会教育方面音像制品的单位。

1985年2月,《吉林日报》朝鲜文版试刊号出刊。

1985年4月1日,由中共吉林省委主办、《延边日报》朝文版编辑部负责承办的《吉林朝鲜文报》于延边创刊。1987年3月5日,吉林朝鲜文报社从延边日报社分离,成立独立的报社,社址迁至长春。

1986年,《黑龙江朝鲜文报》更名为《黑龙江新闻》(朝鲜义版),成为黑龙江省唯一的少数民族文字报纸。

1986年11月17日,延边大学出版社成立。

1988年5月,国家主席杨尚昆在北京为祝贺延边日报社、延边人民广播电台和延边歌舞团成立40周年题词:"发展民族义化,繁荣延边经济。"

1988年7月,经国家新闻出版署批准,延边教育出版社更名为东北朝鲜民族教育出版社。

1992年1月1日,《延边日报》由4开4版改为对开4版,揭开了《延边日报》发展新的一页。

1991年1月,中共中央总书记江泽民视察延边,写下"把延边朝鲜族自治州建设成全国的模范自治州"的题词。

1994年1月18日，延边人民广播电台汉语节目在全州率先实现直播。

1994年9月，延边大学朝文系为满足新闻媒体对朝鲜族新闻人才的需求，开办了新闻学本科专业，该专业是我国唯一用韩语授课的专业。

1996年4月，延边五大高校合并为新的综合性大学——延边大学。

1997年3月，延边大学民族研究院成立，这是全国唯一专门研究中国朝鲜族历史与文化的研究机构。

1998年，《延边日报》又创办了《星期刊》，这是当时延边地区唯一的地区级具有晚报性质的报纸。

1999年7月22日，延边电台交通文艺台开播。9月15日，经济部与韩国、俄罗斯联合直播节目《寻找离散家族》。

2000年2月，黑龙江新闻社在朝鲜族媒体中率先开通《黑龙江新闻》日刊网站。

2001年根据省委文件精神，黑龙江朝文日报社又重新更名为黑龙江新闻社。2009年4月，黑龙江新闻社编辑出版的《黑龙江新闻·韩国版》在韩国发行。

2004年9月，大连民族学院开设新闻系。

2004年1月1日，延边人民广播电台汉语编辑部主办的媒体门户网站——延边信息港（www.yb983.com）正式开通。

2004年12月，国家广电总局将延边电视台外宣工作纳入国家"西新"工程，并最终确定了以"地方、民族、外宣"为频道定位的卫星传输方案。

2005年6月，延边大学成立朝鲜—韩国学学院。

2005年11月，《辽宁日报》海外专页（韩国版）在韩国和沈阳同时发行。

2006年1月6日，《图们江报》正式创刊。《图们江报》是中国第一家口岸外宣类报纸，也是全国唯一一家同时拥有中、俄、朝3种文字，3个独立刊号，面向国内外公开发行的报纸。

2006年8月10日，全国唯一地区级"上星"媒体——延边卫视正式开播。

2006年8月11日，中国唯一的朝鲜语卫星广播频道——中国延边卫星广播开播。

2007年7月2日,延边晨报主办的综合性新闻网站——延边新闻网(http://www.ybnews.cn)正式开通。延边新闻网是目前延边州每日新闻发布量最大的新闻类综合网站。

2007年12月25日,珲春电视台《珲春俄语要闻》开播。

2008年6月,在保留期刊刊号的基础上,延边州把《延边文学》《文学与艺术》《艺术殿堂》《天池小小说》《延边医学》《大众科学》《延边妇女》7家民族语文期刊整体划归延边人民出版社统一管理。

2008年9月,黑龙江新闻社与东北网络台进行合作,利用"北方网发布系统"构建韩文频道,全面改版《黑龙江新闻网》,网站新名"邻邦网"(www.chinanavor.com),从此替代"黑龙江新闻网"。

2008年10月31日,黑龙江朝鲜民族出版社搬迁至哈尔滨。黑龙江朝鲜民族出版社是目前黑龙江省唯一一家编辑出版朝鲜文图书的出版社。

2009年4月26日,图们人民广播电台改变播出内容,以汉语评书为主,成为全州首家播放评书的专业频率。

2009年4月27日,延边州举行电影行政管理职能划转、交接暨延边州广播电影电视局揭牌仪式。

2009年9月,"中国朝鲜族农乐舞"成功入选联合国《人类非物质文化遗产代表作名录》。

2010年4月23日,中国国际广播电台朝鲜语节目在延吉市落地播出。

2010年5月18日,吉林省中广传播有限公司延边分公司成立,开始在延边地区开展手持电视(CMMB)业务。

2010年9月,延边广播电影电视局组建吉林延边朝鲜语电影译制中心。

2010年12月6日,由中国网络电视台与延边广播电视总台共同组建的中国网络电视台朝鲜语频道(http://korean.cntv.cn/)正式开播。

2010年,延边人民出版社在韩国设立首尔办事处,成为中国出版界首个在韩国设立办事处的出版机构。

二 蒙古族语文新闻传播

1953年,阜蒙县文化馆广播站成立。1955年12月,在13个农业合作社建立了收音站。

1956年5月21日,阜蒙县建立县人民广播站。1957年3月开始举办蒙古语广播节目《蒙古语广播》。

1956年11月30日,由中共阜新县委主办的《阜新县报》创刊发行。这是新中国成立后创办的第一张县级蒙古文报纸。

1958年9月1日,杜尔伯特东吐莫乡中心小学的《东风教育报》创刊,创办人为蒙古族的波·少布。《东风教育报》是黑龙江地区有确切记载的最早的蒙文报纸。

1963年,由阜蒙县县政府编译室主办的《阜新民族生活》创刊。

1963年6月,阜蒙广播站蒙文编辑部成立了蒙语文艺组,开办"蒙古语说书"节目。

1978年,喀左县广播站恢复并创办蒙语会话专题节目,播送蒙语会话、蒙语修辞、蒙语语法等蒙语讲座。

1980年,喀喇沁左翼蒙古族自治县县委主办的《喀左报》复刊,更名为《喀左县报》,用蒙、汉两种文字出版发行。

1984年,辽宁民族出版社成立,成为东北地区唯一一家出版朝鲜文、蒙古文和满文图书的综合性出版社。

1984年1月,阜新人民广播电台设蒙语部。

1984年10月16日,前郭尔罗斯人民广播电台在有线广播站的基础上成立,播放蒙、汉两种语言的县自办节目。

1985年1月,《阜新蒙古族自治县报》公开订阅发行,10月《阜新蒙古族自治县报》将蒙、汉文合刊改为蒙文、汉文分别刊出。

1985年,杜尔伯特建立了调频广播电台,自办节目和蒙古语节目时间都有所增加。

1986年12月15日,阜蒙广播站改为"阜新蒙古族自治县人民广播电台",无线广播开始运营。

1990年7月,喀左人民广播站撤站成立"喀左人民广播电台"。

1994年,喀左县组建有线电视台。

1994年4月,杜尔伯特电视台建成开播,其开设有蒙古语电视节目,这是黑龙江省唯一的少数民族语言电视台。

1995年1月1日,阜新蒙古语广播电台正式成立。这是全国唯一一座集采、编、播于一体的,独立建制的蒙古语广播电台(其他皆为蒙、汉合一）。

1996 年，阜新蒙古语广播电台上星播出。

1996 年，阜蒙县有线电视台设立了独立的蒙古语频道。

1998 年 1 月，阜蒙县人民广播电台、电视转播台、有线电视台合并，成立县广播电视台。

1998 年 11 月 25 日，喀左县撤销电视转播台，成立喀左电视台。

2001 年，阜新蒙古语广播电台开设了"阜新新闻"等 14 个栏目，进一步满足了东北三省、内蒙古以及境外广大听众的不同需求。

2002 年起，阜蒙县的《民族生活》更名为《蒙古贞语文》由蒙语委主持出版。《蒙古贞语文》是不定期的蒙古语文杂志。

2002 年 7 月，阜蒙县蒙古贞语文文化网站（http://mgz.fuxin.gov.cn）成立，成为全国第一个县级蒙古语文工作网站。

2003 年 1 月 1 日，《阜新蒙古族自治县报》改名为《蒙古贞日报》。

2003 年 9 月 1 日，阜蒙县电台"生活娱乐"频道广播正式开通。

2005 年，杜尔伯特电视台开通蒙古语电视频道。

2005 年，阜蒙县开设 3 个电视频道：有线频道、无线频道和蒙古语频道。

2005 年 12 月 10 日，辽宁蒙古族经济文化促进会网站（http://www.lnmch.com）正式运行，成为宣传、介绍、弘扬辽宁蒙古族经济、文化的又一个窗口。

2007 年 9 月 6 日，由东北新闻网主办，阜新蒙古语广播电台承办的东北新闻网蒙古语频道——东北蒙古语网（http://dbmg.fxrbs.com）正式开通。

2008 年 5 月，东北三省、内蒙古东部五盟市（兴安盟、呼伦贝尔市、通辽市、赤峰市、锡林郭勒盟）蒙语广播电视协作体成立。

三　满族地区的新闻传播

1956 年 3 月，新宾县委机关报——《新宾农民报》创办。5 月改名为《新宾县报》，同时创刊《新宾县报》（朝文版），向全县朝鲜族干部群众免费赠阅。

1956 年 6 月，桓仁县委主办的《桓仁农民报》创办，这是该县内最早也是唯一的报纸。

1958年3月，伊通县委机关报——《跃进报》（由原《伊通简报》更名）创办。

1958年5月，新宾有线广播为了加强少数民族教育工作，开办了朝鲜语节目。

1958年8月1日，《宽甸县报》改为《宽甸日报》，发行量6000份。"大跃进"时期，最高期发行量达一两万份，影响较大。

1959年5月1日，新宾县委决定将《新宾县报》改为《新宾日报》。

1964年，伊通县科学技术协会主办的综合性科学技术报纸《伊通科技报》创办。

1965年，桓仁全县架设广播专用线248千米，成为全省第一个实现广播专线化的县份。

1969年5月，辽宁北镇县革命委员会的机关报《北镇县报》重新创刊。

1972年，伊通县电视差转台建成，开始转播中央台和省台的电视节目。

1980年，由辽宁省作家协会与丹东市文联主办的文学双月刊《杜鹃》创刊。1986年改为《满族文学》。这是全国唯一的满族文学刊物。

1982年，辽宁省民族研究所成立，1985年5月编辑出版了我国专门研究满族的第一份杂志《满族研究》（季刊）。

1983年3月，全国专门研究满——通古斯语言文化的中心机构——黑龙江省满语研究所成立。1983年4月，黑龙江省民族研究所成立。

1985年，黑龙江省满语研究所主办的《满语研究》创刊，成为目前世界上唯一的专门研究满—通古斯语言文化的学术期刊。

1985年5月，黑龙江省民族研究所主办的黑龙江省唯一的民族学类专业学术期刊《黑龙江民族丛刊》（季刊）创刊。

1985年7月，黑龙江省民族事务委员会主办的《民族生活》（季刊）创刊。

1988年，吉林省民族研究所成立，其主办刊物为《北方民族》（季刊）。

1993年9月，凤城恢复县报《凤城报》。1994年5月8日，《凤城报》改名为《凤城市报》。

1993年，岫岩开始自办电视新闻节目。

1995年，岫岩有线电视台开始自办节目。

1999年，《桓仁县报》改为每周2刊，每期发行6万份，其中5.8万份系免费提供给全县农民读者，当时的发行量居全国县级报之首。

1999年，《大连民族学院学报》创刊。

1999年12月，黑龙江省满语研究所在黑龙江大学创立了黑龙江大学满族语言文化研究中心。

1999年起，岫岩电视台开始涉足电视专题片摄制，到2005年已拍摄1200多部。

2001年，《本溪满族自治县县报》由每周2刊改为日报。

2002年，岫岩电台开办了大型交通节目《平安快乐行》，在广大听众特别是司机中引起强烈反响。

2002年6月，《岫岩县报》由每周2期增为每周5期，连续多年成为岫岩发行量最大的报纸。

2004年8月，岫岩电视台借助滑翔机首次实现了航拍。

2005年，《桓仁县报》由县财政共投资1000多万元，每期发行6万份，免费发放给全县农民，发行量仍居全国同级报纸首位。

2005年，岫岩电视台举办"金穗杯"电视歌手大奖赛并获得成功，实现了岫岩电视历史上的首次现场直播。

2007年6月19日，桓仁人民广播电台采用了直播节目为主的播出形式，每天播出时间为14小时，创造了桓仁广播电台有史以来的时间之最。

2010年11月11日，东北新闻网满韵清风频道（http：//manzu.nen.com.cn）开通。满韵清风频道由东北新闻网、沈阳市满族联谊会共同主办。

四　达斡尔族地区的新闻传播

1959年，黑龙江省齐齐哈尔市梅里斯达斡尔族区组建华丰人民公社广播站。

1961年，华丰人民公社广播站更名为齐齐哈尔市郊区人民广播站。

1965年，郊区广播站纳入行政机构，郊区办事处设广播事业科，实行科站合一，合署办公。

1972年，齐齐哈尔郊区广播站在转播上三级人民广播电台节目的基础上，开始自办新闻节目。

1975年，边电、水师、大民公社划归昂昂溪区管辖，这3个公社的广播放大站也随之划归昂昂溪区。当时，区广播事业科下属8个乡、镇广播放大站。

1983年4月29日，齐齐哈尔市地区遭受了历史罕见的大风雪袭击，致使有线广播处于半瘫痪状态。

1988年，区内开通了调频广播，广播站改为梅里斯人民广播电台。

1992年，齐齐哈尔市达斡尔族学会成立。

2001年，梅里斯区有线电视台成立，开设新闻和综合两个频道。

2009年，梅里斯区文联推出了《映山花红》文学艺术集锦丛书，诗词楹联协会创办了期刊《达乡文苑》。

五　少数民族新闻传播教育及研究

1995年6月，齐齐哈尔大学的外国语学院设立朝鲜语本科专业，培养新闻出版、教育、文化等朝鲜语高级专门人才。

2000年，黑龙江大学满族语言文化研究中心获批"中国少数民族语言文学（满语文化学）"硕士学位点。2005年招收首届历史学（满文与历史文化）专业本科生，2009年又开始增设博士生培养方向（汉族与北方民族语言文化关系、汉语言与相关民族语言比较），培养博士研究生，从而形成了目前全国最为完善的本科、硕士、博士满学人才培养体系。

2001年，黑龙江民族职业学院开始筹建，这是黑龙江省唯一的全日制少数民族高等院校。

2003年，《黑龙江民族丛刊》改为双月刊。

2004年9月，大连民族学院开设新闻系。

2005年3月，大连民族学院的东北少数民族研究院成立。

2007年7月1日，国家民族事务委员会在沈阳师范大学的中国北方民族文化研究基地成立。

2007年10月26日，北华大学（校址在吉林省吉林市）非物质文化遗产（满语言文化）研究所成立。

2008年10月，东北师范大学的满族历史语言文化研究中心成立。

大事记主要参考文献：

1. 白润生：《中国少数民族新闻传播史》，中央民族大学出版社2010

年版。

2. 白润生主编：《当代中国少数民族新闻事业调查报告》，中央民族大学出版社 2010 年版。

3. 崔相哲：《中国朝鲜族言论（报纸、广播、杂志）史》（朝鲜文版），韩国庆南大学出版社 1995 年版。

4. 崔相哲：《朝鲜言论史》（朝鲜文版），延边大学出版社 2003 年版。

5. 林青主编：《中国少数民族广播电视发展史》，北京广播学院出版社 2000 年版。

6. 李逢雨：《新时期朝鲜文报刊发展对策研究》，"首届中国少数民族地区信息传播与社会发展论坛"发言稿，2009 年 2 月。

7. 徐玉兰：《黑龙江朝文报网络版研究》，《朝鲜—韩国语言文学研究》2007 年第 4 期。

8. 《中国朝鲜族大事记》，《中国民族报》2012 年 8 月 31 日第 6 版。

附 录

一 相关调查问卷

(一) 媒体调查问卷

A 民族自治县媒体调查问卷

调查时间： 年 月 日 地点： 调查人：

媒体单位名称：＿＿＿＿＿＿＿＿＿＿＿＿＿＿＿＿＿＿＿＿

1. 媒体何时建立： 年 月 日
2. 单位职工总数（ ），其中少数民族职工数（ ）

●单位职工各年龄段人数：20—30 岁（ ） 31—40 岁（ ） 41—50 岁（ ） 51 岁以上（ ）

●单位职工学历构成：研究生（ ）人 本科（ ）人 大专（ ）人 中专（ ）人 高中（ ）人 其他（ ）人

●能较熟练听、说、读、写（蒙、朝）语的人数（ ）

●单位职工中新闻传播专业毕业的人数（ ）

3. 采、编、录、播职工总数（ ），其中少数民族职工数（ ）

●少数民族职工各年龄段人数：20—30 岁（ ） 31—40 岁（ ） 41—50 岁（ ） 51 岁以上（ ）

●少数民族职工学历构成：研究生（ ）人 本科（ ）人 大专（ ）人 中专（ ）人 高中（ ）人 其他（ ）人

●能较熟练听、说、读、写（蒙、朝）语的人数（ ）

4. 广播电台共有独立频道（ ）个：综合（ ）经济（ ）文艺（ ）交通（ ）少数民族语言（ ）其他（ ）

●独立的少数民族语言频道每天节目总时长：（ ）小时；收听

（视）率：（　）

　　●民族语言节目数量及名称：数量____名称_____

5. 若电台有双语节目：

　　●每天节目总时长：（　）小时；收听率：（　）

　　民族语言节目语种（　）；时长：（　）小时；收听率：（　）

　　民族语言节目的数量（　）

　　名称_____播送时间（　）起（　）止

　　名称_____播送时间（　）起（　）止

　　名称_____播送时间（　）起（　）止

6. 电视共有独立频道（　）个：综合（　）新闻（　）经济（　）文艺（　）交通（　）少数民族语言（　）其他（　）

　　●独立的少数民族语言频道每天节目总时长：（　）小时；收视率：（　）

　　●民族语言节目数量及名称：数量____名称_____

7. 若电视有双语节目：

　　●每天节目总时长：（　）小时；收听（视）率：（　）

　　民族语言节目语种（　）；时长：（　）小时；收听（视）率：（　）

　　民族语言节目的数量（　）

　　名称_____播送时间（　）起（　）止

　　名称_____播送时间（　）起（　）止

　　名称_____播送时间（　）起（　）止

8. 县报名称：

　　●一周（　）期；（　）开（　）版；每期发行量（　）份；全年发行量（　）份。

　　●临时刊号（　）正式刊号（　）

　　●报纸民族语言版面占有（　）版或单独一期（　）

　　●民族语言栏目数量及名称：数量（　）名称_____

　　●发行方式：赠阅（　）免费订阅（　）有偿订阅（　）免费与有偿订阅结合（　）独立发行（　）邮局发行（　）夹报发行（　）

　　●县报主要受众：县直机关（　）乡镇机关（　）企业（　）学校（　）工商个体户（　）离退休干部（　）城镇个人（　）

村委会（ ）   农村个人（ ）

9. 广告在每期版面中所占的比例是（ ）%

●占据比例最大的广告是：服装类（ ）   药品类（ ）   房产类（ ）   服务类（ ）   公益类（ ）   其他（ ）   约占广告总时长或版面（ ）%

●广告年收入约（ ）万元，约占全年收入的（ ）%，其他收入（ ）万元

B 媒体栏目调查问卷

调查时间：2013年   月   日

地点：   调查人：

所属媒体名称及频道类别：

栏目名称：

1. 栏目何时建立：   年   月   日

2. 栏目从业人员总数（   ）   其中少数民族职工数（   ）

●从业人员各年龄段人数：20—30岁（ ）   31—40岁（ ）   41—50岁（ ）   51岁以上（ ）

●从业人员学历构成：研究生（ ）人   本科（ ）人   大专（ ）人   中专（ ）人   高中（ ）人   其他（ ）人

●能较熟练听、说、读、写（蒙、朝）语的人数（   ）

●职工中新闻传播专业毕业的人数（   ）

3. 主持人：学历_____   专业背景_____

4. 每天播出时间：_____

●每天栏目总时长：（   ）小时；收听（视）率：（   ）

早：播送时间（ ）起（ ）止

午：播送时间（ ）起（ ）止

晚：播送时间（ ）起（ ）止

●栏目为双语（汉、朝、蒙）

●栏目只运用民族语言

5. 栏目特色：

主要受众：_____

受众地域：_____

6. 对外合作情况：（合资、联办、工作访问交流、出国参展、销售情况等）

C 民族地区网络媒体调查问卷

网站名称：_____

1. 何时建立：_____ 主办单位：_____
2. 员工人数：男（ ） 女（ ）
3. 员工中少数民族人数：（ ）人；男（ ）人；女（ ）人
4. 各年龄段人数：20—30岁（ ） 30—40岁（ ） 40—50岁（ ） 50岁以上（ ）
5. 员工学历构成：研究生（ ）人 本科（ ）人 专科（ ）人 高中（ ）人 其他（ ）人
6. 网站主要部门及各部门人数：_____（ ）人 _____（ ）人 _____（ ）人 _____（ ）人
7. 网站编辑各年龄段人数：20—30岁（ ） 30—40岁（ ） 40—50岁（ ） 50岁以上（ ）
8. 编辑人员学历：研究生（ ）人 本科（ ）人 专科（ ）人 高中（ ）人 其他（ ）人
9. 编辑能运用（蒙、朝）语进行编辑工作的人数（ ）
10. 本网站所设置的民族性栏目数量及名称：
    数量_____ 名称_____；_____；_____；_____
11. 网站的信息来源：传统媒体（ ）% 其他网站（ ）% 自己采集（ ）% 网友投稿（ ）% 公司企业提供（ ）% 其他（ ）%
12. 网站平均每天的页面访问量（ ）
13. 网站的主要受众（可多选）：乡镇（ ） 村委会（ ） 县直机关（ ） 学校（ ） 企业（ ） 工商个体户（ ） 离退休干部（ ） 个人（ ）
14. 民族性栏目占网站栏目的比例（ ）% 民族性内容占网站内容的比例（ ）%
15. 网站运营费用的主要来源（ ）
    A. 广告 B. 会员费 C. 无线业务 D. 无 E. 政府拨款 F. 其他

_____。

16. 网站去年全年的营业收入（   ）

17. 预计网站今年的营业收入（   ）

18. 网站广告年收入约（   ）万元，约占全年收入的（   ）%，其他收入（   ）万元。

19. 占据比例最大的广告是：服装类（ ） 药品类（ ） 房产类（ ） 服务类（ ） 公益类（ ） 其他（ ） 约占（ ）%

20. 采取过哪些网站推广策略：
_____

21. 网站发展所面临的困境是（_____）［按困境大小从大到小填写］

A. 缺乏有力的技术支撑 B. 缺乏个性化业务、内容 C. 市场运营经验不足 D. 创收盈利难 E. 市场推广难 F. 缺乏合适的人才 G. 网络宽带资源成本太高 H. 其他_____

22. 网站已经联合（□报纸 □广播 □电视） 网站考虑联合（□报纸 □广播 □电视） 不想联合（ ）

23. 联合的模式：人员联合（ ） 设备联合（ ） 信息联合（ ） 资金联合（ ） 其他_____

24. 是否考虑与其他网站联合？ 是（ ） 否（ ）

25. 联合的模式：人员联合（ ） 设备联合（ ） 信息联合（ ） 资金联合（ ） 其他_____

D 出版社调查问卷

调查时间：   年   月   日

调查人：   地点：

1. 名称_____主管部门_____社址_____社长_____
成立时间_____总人数_____
主要科室_____

2. 获得的荣誉和地位

3. 发展历程：［时限 1949—2012 年（最好 2000—2010 年）迁址、分立、合并、发展扩大等］

4. 主要事件：（改革重组、选题策划、分支设立、产业发展等）

5. 主要特色：

出版物类别侧重：

内容侧重：

使用语言：汉（ ）蒙（ ） 朝鲜语（ ） 其他（ ）

主要读者定位：

6. 出版物类别及各类别数量（年）：

期刊类别：

教育出版物：

学术著作：

电子出版物类别：

其他：

出版社网站建设情况：

7. 每年出版物总数量：

8. 年销售额：

9. 发行、销售地区：

10. 主要成绩：（出版物增长、销售额提高、销售区域扩大等）

11. 对外合作情况：（合资、版权贸易及合作、工作访问交流、出国参展、销售情况等）

12. 其他情况：

E 期刊调查问卷

调查时间： 年 月 日 调查人： 地点：

1. 名称_____主管部门_____主办单位_____地址_____

主编_____成立时间_____总人数_____

其中少数民族人数_____主要科室_____

2. 刊号：临时□ 正式□

3. 刊期：月刊□ 双月刊□ 季刊□

4. 获得的荣誉和地位：_____

5. 发展历程：[时限 1949—2012 年（最好 2000—2010 年）迁址、分立、合并、发展扩大等]

6. 主要事件：（改革重组、选题策划、分支设立、产业发展等）

7. 主要特色：

内容侧重：

主要栏目：

使用语言：汉（ ）   蒙（ ）   朝鲜语（ ）   其他（ ）

主要读者定位：

8. 每年出版物总数量：

9. 年销售额：

10. 发行、销售地区：

11. 主要成绩：（出版物增长、销售额提高、销售区域扩大等）

（二）东北地区大专院校新闻传播专业调查问卷

调查时间： 年 月 日

地　点：　　　调查人：

大学名称_____成立时间_____地址_____

新闻相关院系名称_____成立时间_____地址_____

新闻院系相关信息：

1. 院系名称_____教职工数量_____其中教授数量_____

专业名称_____主要授课课程_____民族语言授课课程_____

每年招生人数_____新闻在校学生总人数_____

其中少数民族学生数量_____

2. 专业成立以来获得的荣誉及其社会地位：

3. 专业发展历程：［时限 1949—2012 年（最好 2000—2010 年）迁址、分立、合并、发展扩大等］

4. 专业取得的成绩：（各级课题获得、改革重组、产业发展等）

5. 专业主要特色：（专业、研究、教学教研、学生活动等）

6. 学生就业方向、领域、就业率等：_____

7 专业对外合作情况：（教师出国访问交流、出国参展、学生交流等）

8. 其他情况：_____

（三）媒体从业人员对媒体民族特色的认识调查问卷

调查时间： 年 月 日

地　点：　　　调查人：

工作单位：　　　　　　　民族：

1. 您认为大众传播使用少数民族语言：不重要□　　一般□　很重要□

2. 原因是：（可多选）

（1）听众人数：多□　　少□　　没有□

（2）媒体中的民族节目时间：适当□　　多□　　少□　没有□

（3）媒体中使用民族语言的人数：适当□　　多□　　少□　没有□

（4）大众传播的内容表现民族特色：能够□　　较难□　　说不好□

（5）大众传播的形式表现民族特色：能够□　　较难□　　说不好□

3. 您认为本单位媒体所使用的语言：

最好使用民族语言□　　最好使用汉语□　　最好使用双语□　无所谓□

4. 您认为本单位媒体所使用民族语言的时间或版面：

适宜□　　太长□　　太短□　　无所谓□

5. 您认为节目或栏目能够体现民族特色的方式是：

民族语言□　　民族风格主持□　　民族文艺活动□　民族风土人情□　　民族地区新闻□　　栏目内容体现民族精神□

6. 您认为朝鲜族的民族精神是什么？（简单概括可以）

您认为蒙古族的民族精神是什么？（简单概括可以）

您认为满族的民族精神是什么？（简单概括可以）

您认为东北文化的精神实质是什么？（简单概括可以）

您认为东北人的性格是什么？（简单概括可以）

7. 您认为本单位媒体是否体现民族特色？

几乎没有□　偶尔提及□　经常具有□

8. 您对您所在的媒体使用民族语言或表现民族特色有什么意见或建议？

（四）受众调查问卷
A 民族地区新闻传播受众调查

调查时间：　　年　　月　　日

地　　点：　　　　　　调查人：

1. 您的年龄：　　　　性别：　　　　民族：　　　　职业：

平日使用语种：＿＿＿＿还会运用的语种是：＿＿＿＿其程度为：能说□　能读□　能说、读、写□　熟练运用□

2. 您的文化程度：研究生□　本科□　大专□　中专□　高中□　初中□　小学□　文盲□

3. 年均家庭收入：10000元以上□　　10000—6000元□　5000—3000元□　　2000—1000元□　　900—600元□　500元以下□

4. 您的月收入：200元以下□　　200—500元□　　500—800元□　800—1500元□　　1500—3000元□　　3000元以上□

5. 空闲时间你做什么：（可多选，请依次排序）

看书、杂志□　看报纸□　看电视□　听广播□　看电影□　上网□　走访亲友□

6. 家里有哪些传播设备（可多选）：

电视□　收音机□　报纸□　杂志□　可上网的电脑□　其他□

7. 家里能否收到有线广播信号？

能□　　不能□　　已不使用□

能否收到无线广播信号？

能□　　不能□　　已不使用□

能否收到有线电视信号？

能□　　不能□　　已不使用□

能否收到无线电视信号？

能□　　不能□　　已不使用□

8. 您认为广播、电视、报纸等对自己工作、生活的帮助哪个重要？请依次排序。

了解国内外大事□　了解经济、市场信息□　学习科技致富知识□　文体娱乐□

关于电视：

1. 你通常都看哪些电视频道？（按兴趣排序）

中央台电视□　　各省电视台□　　本市电视台□　　本县电视台□

2. 您经常收看什么类电视节目？（最多可选三项，请依次排序）

新闻□　电视剧、电影□　娱乐节目□　经济、致富信息□　教育、科学□　儿童节目□　体育类□　广告□

3. 您每天用多少时间看本县电视台的节目？

一点也不看□　　几分钟而已□　　半小时左右□　　1—3小时□　　3小时以上□

4. 您通常是在什么时间能看本地电视台节目？

本地新闻时间□　　播出电视剧时间□　　一点也不看□　打开电视就看□　　调台的时候会稍有停留□

5. 您最想看的本县电视台节目是：（最多可选三项，请依次排序）

新闻□　电视剧电影□　娱乐、文艺表演□　经济、致富信息□　教育、科学□　儿童节目□　体育类□　广告□

6. 您最想看的本县电视台节目的语言，是否为民族语言？

是□　不是□　最好是□　无所谓□

关于广播：

1. 您收听广播吗？

收听□　　不收听□

2. 您选择收听的少数民族语言广播是：

蒙语□　　朝鲜语□　　什么语也不听□

3. 您通常收听的电台是：（多选）

中央台□　　省台□　　本市台□　　本县台□

4. 您每天用多少时间收听本县电台的节目？

一点也不听□　　几分钟而已□　　0.5小时左右□　　1—3小时□　　3小时以上□

5. 您经常收听本县电台哪一类节目？（最多可选三项，请依次排序）

新闻□　　娱乐节目□　　经济、致富信息□　　教育、科

学□　　　儿童节目□　　　体育类□　　　广告□

6. 您喜欢收听的电台节目的具体名称：_____　_____

7. 您最想收听本县电台节目的语言，是否为民族语言？
是□　不是□　最好是□　无所谓□

关于报纸、杂志：

1. 对报纸您：从不购买□　偶尔购买□　经常购买□
因为条件提供所以不需购买却经常阅读□

2. 对杂志您：从不购买□　偶尔购买□　经常购买□　因为条件提供所以不需购买却经常阅读□

3. 家里是否订阅本县以外报纸、杂志：是□　　否□
如果是，报纸名称_____杂志名称_____

4. 家里是否订阅本县报纸：是□　否□

5. 您订阅或阅读本县报纸的原因是：（可多选）
本地信息多□　　信息实用□　　投递及时□　　使用民族语言□
娱乐性强□　　费用低□　　不花钱□　　其他□

6. 您不订阅本县报纸的原因是：（可多选）
同其他报信息雷同□　　信息不实用□　　投递不及时□　　费用高□
无民族语言看不懂□　　没有娱乐性□　　接触不到□　　没听说□

关于媒体的民族特色：

1. 您认为本县广播、电视、报纸所使用的语言：
最好使用民族语言□　　最好使用汉语□　　最好使用双语□

2. 您认为本县广播、电视、报纸所使用民族语言的时间或版面：
适宜□　太长□　太短□　无所谓□

3. 您认为节目或栏目能够体现民族特色的方式是：
民族语言□　　民族风格主持□　　民族文艺活动□
民族风土人情□　　民族地区新闻□

4. 您认为本县广播、电视、报纸是否体现民族特色？
几乎没有□　　偶尔提及□　　经常具有□

关于网络：

1. 您上网的地点是：家里□　学校□　网吧□　单位□

2. 您上网的经常行为是：看新闻□　查资料□　收发邮件□　听音乐□　看电影、电视剧□　玩游戏□　聊天□　寻求致富信息□

3. 您经常使用的上网设备：台式机□　笔记本□　手机□

4. 您目前平均每周大约上网多少小时？（　　）平均每月大约的上网费用：（　　）元。

5. 您认为网络上的新闻可信吗？非常相信□　相信□　一般□　不相信□　非常不相信□

6. 请列举您最近半年经常访问的五个网站：_____

7. 请列举您所知道的本县网站：_____

8. 请问本县网站对您的日常生活有帮助吗？有□　没有□　如何体现的？

9. 您是否访问过本县的政府网站：经常□　一般□　偶尔□　没有□

10. 请问本地政府网站对您的日常生活有帮助吗？有□　没有□　如何体现的？

11. 是否喜欢双语（汉语、民族语言）网站？　喜欢□　不喜欢□　无所谓□

原因：
信息丰富□　信息更新快□　语言亲和力强□　信息实用贴近实际□　信息单调□　信息更新慢□　语言枯燥乏味□　信息不实用□　不访问双语网站□

12. 您或您身边的朋友有通过互联网致富的吗？有□　没有□　不知道□

13. 请问您不上网的原因：上网速度太慢□　上网费用高□　家长/老师不允许□　不感兴趣□　年龄太小□　没时间上网□　当地无法接入互联网□　无上网设备□　不懂电脑/上网□

14. 请问您对未来上网的预期：肯定上□　可能上□　说不好□　可能不上□　肯定不上□

B 关于延边卫视的调查问卷：

1.   中国朝鲜族和韩国、朝鲜观众收看延边卫视节目问卷 （单位：人）

节目类别	栏目名称	栏目内容	喜欢 中国	喜欢 韩朝	喜欢但冲突会换台 中国	喜欢但冲突会换台 韩朝	随意看看 中国	随意看看 韩朝	不看 中国	不看 韩朝
新闻节目	延边卫视新闻（朝）									
	延边卫视新闻（汉）									
	新闻联播	译制中央电视台"新闻联播"								
社教节目	故乡之晨	反映中国朝鲜族风土人情								
	体育与健康	报道竞技体育和关注全民健身								
	法眼看天下	普及法律知识、传播法制观念								
	我们的花园	展示多姿多彩的青少年生活								
	伸出友爱之手	资助贫困学生								
	钓鱼系列专题	原版从韩国引进，讲授钓鱼技法								
	汉字宫	益智故事中学习汉字								
	财富故事会	与商界精英们细谈财富故事								
专题节目	看神州	以中国朝鲜族电视人的视角审视中国传统文化								

续表

节目类别	栏目名称	栏目内容	喜欢 中国	喜欢 韩朝	喜欢但冲突会换台 中国	喜欢但冲突会换台 韩朝	随意看看 中国	随意看看 韩朝	不看 中国	不看 韩朝
专题节目	天南地北延边人	采访走出和走进延边的成功人士								
	图们江（包括"今日延边""文化网络""文化漫步""文化人物""文化遗产"栏目）	对散居在全中国乃至世界各地朝鲜族进行采访，讲述图们江区域发展变化								
文艺节目	阿里郎剧场	展现中国朝鲜族文艺作品								
	文化广场	中国朝鲜族文艺工作者访谈								
	延边歌曲大热唱	弘扬中国朝鲜族原创歌曲								
	观众点播									
	译制国产电视剧									
	原版汉语国产电视剧									
	原版韩国电视剧									

2. 受众对延边卫视总体评价问卷详述：

（1）延边卫视与其他卫视不同的是：（可多选）

□民族语言播报 □汉语播报 □延边特色 □朝鲜族特色 □亲切贴近 □了解中国 □了解朝鲜或韩国 □栏目丰富 □信息及时 □节目新颖 □信息适用 □信息开放 □沟通便捷 □主持人知名 □栏目知名

（2）延边卫视具有（单选）：
□国际特色　□民族特色　□地方特色　□特色不足
（3）延边卫视的类型是（单选）：
□交流服务型　□政治宣导型　□休闲娱乐型　□综合新闻型　□说不清

二　课题阶段性成果

（一）论文：

1.《大众传播在少数民族城市化进程中的功能》，《当代传播》2015年第2期。中文核心、CSSCI。

2.《我国跨境民族语境中的跨境传播策略研究》，《甘肃社会科学》2014年第2期。中文核心、CSSCI。

3.《论当代东北地区少数民族新闻传播的"两极格局"》，《当代传播》2013年第6期。中文核心、CSSCI。

4.《大卫·阿什德传播生态理论的当下解读》，《河北大学学报》2013年第5期。中文核心、CSSCI。

5.《东北地区少数民族新闻传播研究的文化观照》，《新闻大学》2012年第3期。中文核心、CSSCI。

6.《东北地区少数民族新闻传播的媒介生态研究》，《当代传播》2012年第6期。中文核心、CSSCI。

7.《论白润生少数民族新闻研究的文化观》，《当代传播》2011年第6期。中文核心、CSSCI。

8.《大众传播在少数民族城市化进程中的功能》，《当代传播》2015年第2期。中文核心、CSSCI。

9.《东北民族地区农村有线广播（1949—1976）的历史担当及启示》，《兰台世界》2013年第10期。中文核心。

10.《当代东北地区少数民族新闻传播"两极格局"成因探析》，《新闻论坛》2015年第3期。

11.《媒体应重视培养少数民族的市民意识》，《中国民族报》2013年2月1日第6版。

12.《新媒体时代少数民族新闻传播的文化气度》，《新闻论坛》2013

年第 4 期。

13.《城镇化下少数民族如何融入城市》,《贵州民族报》2013 年 2 月 8 日 A02 版。

14.《延边卫视跨境传播的历史担当》,《大连民族学院学报》2014 年第 4 期。

15.《东北少数民族地区县级电视传播现状及发展对策研究》,《新闻论坛》2014 年第 4 期。

(二) 获奖或转载：

16.《论白润生少数民族新闻研究的文化观》(《当代传播》2011 年第 6 期)

获国家民委第二届民族问题研究优秀成果三等奖（省部级政府奖），2012.9。

获辽宁省哲学社会科学成果奖三等奖（省部级政府奖），2015.8。

被中国社科网、国务院发展研究中心网站全文转载。

17.《媒体应重视培养少数民族的市民意识》（《中国民族报》2013.2.1）

被中国民族宗教网全文转载、滕州民族宗教网全文转载。

18.《东北地区少数民族新闻传播研究的文化观照》。

获辽宁省写作学会第十六届学术年会优秀成果一等奖，2012.10。

19.《论东北地区少数民族新闻传播的"两极格局"》（《当代传播》2013 年第 6 期）

获辽宁省写作学会第十七次学术研讨会优秀论文 一等奖，2014.10。

参考文献

（一）中文著作：

1. 罗以澄、吕尚彬：《中国社会转型下的传媒环境与传媒发展》，武汉大学出版社 2010 年版。
2. 罗以澄等：《新闻传媒发展与构建和谐社会关系研究》，经济科学出版社 2011 年版。
3. 吕尚彬：《中国大陆报纸转型》，上海交通大学出版社 2009 年版。
4. 罗以澄等：《中国媒体发展研究报告》，武汉大学出版社 2005、2006—2007、2008 年版。
5. 罗以澄、廖声武：《我国新闻学 10 年发展的哲学思考》，《武汉大学学报》（人文科学版）2004 年第 1 期。
6. 吕尚彬：《中国报业的比较发展优势》，《中国报业》2011 年第 7 期。
7. 吕尚彬、傅海：《中国农民媒介认知研究的主要发现与结果分析》，《武汉大学学报》（人文科学版）2008 年第 3 期。
8. 吕尚彬、张萱：《中国传媒人媒介认知研究的主要发现与结果分析》，《武汉大学学报》（人文科学版）2009 年第 6 期。
9. 马戎：《民族社会学》，北京大学出版社 2004 年版。
10. 德芳：《社会现代化与民族地区的变迁》，贵州民族出版社 1993 年版。
11. 马戎：《民族发展与社会变迁》，民族出版社 2001 年版。
12. 宋蜀华、满都尔图：《中国民族学五十年》，人民出版社 2004 年版。
13. 宋蜀华：《民族学与现代化》，中央民族大学出版社 1995 年版。
14. 柏贵喜：《转型与发展——当代土家族社会文化变迁研究》，民族出版社 2001 年版。
15. 陈家骥：《中国农民的分化与流动》，农村读物出版社 1990 年版。

16. 陈奎德：《中国大陆当代文化变迁研究》，桂冠图书公司1991年版。
17. 方向新：《农村变迁论——当代中国农村变革与发震研究》，湖南出版社1998年版。
18. 冯刚：《文化轨迹与社会变迁》，浙江大学出版社1999年版。
19. 费孝通：《社会变迁与现代化》，上海大学出版社2002年版。
20. 费孝通：《中华民族多元一体格局》（修订本），中央民族大学出版社1998年版。
21. 哈维：《后现代的状况——对文化变迁之缘起的探究》，商务印书馆2003年版。
22. 郭于华：《仪式与社会变迁》，社会科学文献出版社2000年版。
23. 纳日碧力戈：《现代背景下的族群建构》，云南民族出版社2000年版。
24. 呼伦贝尔盟地方志办公室：《呼伦贝尔盟情》，内蒙古人民出版社1986年版。
25. 斯蒂文·郝瑞著，巴莫阿依、曲木铁西译：《田野中的族群关系与民族认同》，广西人民出版社2000年版。
26. 焦润明等：《当代中国社会文化变迁录》，沈阳出版社2001年版。
27. 潘守永：《重访抬头——中国基层社会文化变迁的田野研究》，博士学位论文，中央民族大学，1999年。
28. 刘豪兴：《社会学概论》，高等教育出版社1992年版。
29. 林本炫：《宗教与社会变迁》，巨流图书公司1999年版。
30. 乌格鹏著，费孝通、王同惠译：《社会变迁》，商务印书馆1935年版。
31. 张英：《文化变迁与当代日本社会》，湖南人民出版社2000年版。
32. 钱宁：《基督教与少数民族社会文化变迁》，云南大学出版社1998年版。
33. 庄孔韶、银翘：《中国的地方社会与文化变迁》，生活·读书·新知三联书店2000年版。
34. 石彤：《中国社会转型时期的社会排挤》，北京大学出版社2004年版。
35. 朱强：《异村中的异乡人》，黑龙江人民出版社2004年版。
36. 曲晓范：《近代东北城市的历史变迁》，东北师范大学出版社2001年版。
37. 赵展：《满族宗教与文化》，辽宁民族出版社1996年版。

38. 魏国忠：《东北民族史研究》，中州古籍出版社 1994 年版。
39. 包路芳：《社会变迁与文化适应——游牧鄂温克社会调查研究》，中央民族大学出版社 2006 年版。
40. 孔繁志：《敖鲁古雅鄂温克人的文化变迁》，天津古籍出版社 2002 年版。
41. 色音：《蒙古游牧社会的变迁》，内蒙古人民出版社 1998 年版。
42. 沈斌华、高建纲：《中国达斡尔族人口》，内蒙古大学出版社 1998 年版。
43. 张伯英：《黑龙江志稿》卷 11，《经政志》，黑龙江人民出版社 1992 年版。
44. 郑东日：《鄂伦春族社会变迁》，延边人民出版社 1985 年版。
45. 国家民委：《民族问题五种丛书》，民族出版社 2009 年版。
46. 单波：《跨文化传播的问题与可能性》，武汉大学出版社 2010 年版。
47. 姜长喜等：《辽宁期刊史（1905—2010）》，辽宁人民出版社 2011 年版。
48. 王雅林、李鹏雁、马涛：《东北区域的科学发展》，社会科学文献出版社 2010 年版。
49. 关捷：《东北亚历史与文化研究》，辽宁民族出版社 2011 年版。
50. 吴廷俊：《中国新闻传播史（1978—2008）》，复旦大学出版社 2011 年版。
51. 延边朝鲜族自治州广播电视局：《延边广播电视志（1989—2005）》，吉林省内部资料性出版物，第 200704015 号。
52. 延边朝鲜族自治州广播电影电视局：《延边广播电影电视年鉴（2011 年版）》，吉林省内部资料性出版物，第 200704015 号。
53. 延边朝鲜族自治州广播电影电视局：《延边广播电影电视年鉴（2010 年版）》，吉林省内部资料出版物，第 200704015 号。
54. 吴泰镐著，朱玉斌等译：《延边日报五十年史（1948—1998）》，延边人民出版社 1998 年版。
55. 吉林省地方志编纂委员会：《吉林省志（卷四十二）——新闻事业志/广播电视》，吉林人民出版社 1991 年版。
56. 黑龙江省志编撰委员会：《黑龙江省志（第五十二卷）出版志》，黑龙江人民出版社 1996 年版。

57. 当代中国广播电视编辑部：《广播电视史料选编之四：中国的有线广播》，北京广播学院出版社1988年版。

58. 吉林省地方志编撰委员会：《黑龙江省志（第四十二卷）——新闻事业志/广播电视》，吉林人民出版社1991年版。

59. 辽宁省地方志编撰委员会办公室：《辽宁省志——广播电视志》，辽宁科学技术出版社1998年版。

60. 黑龙江省志编撰委员会：《黑龙江省志（第五十一卷）——广播电视志》，黑龙江人民出版社1996年版。

61. 白润生：《中国少数民族新闻传播通史》（上、下），中央民族大学出版社2008年版。

62. 白润生：《中国少数民族新闻工作者生平检索》，贵州民族出版社2007年版。

63. 白润生：《中国少数民族文字报刊史纲》，中央民族大学出版社1994年版。

64. 崔相哲：《中国朝鲜族言论（报纸、广播、杂志）史》，韩国庆南大学出版社1995年版。

65. 林青：《中国少数民族广播电视发展史》，北京广播学院出版社2000年版。

66. 黑龙江日报社：《东北新闻史》，黑龙江人民出版社2001年版。

67. 孙进己：《东北各民族文化交流史》，春风文艺出版社1992年版。

68. 关捷：《东北少数民族历史与文化研究》，辽宁民族出版社2007年版。

69. 刘家林：《新中国新闻传播60年长编（1949—2009）》（上、下），暨南大学出版社2010年版。

70. 辽宁省统计局：《2009辽宁统计年鉴》，中国统计出版社2009年版。

71. 国家民委经济发展司等：《中国民族统计年鉴（2000—2011）》，中国统计出版社2012年版。

72. 国家统计局人口和就业统计司：《中国人口统计年鉴2006》，中国统计出版社2007年版。

（二）外文译著：

1. ［荷］托伊恩·A.梵·迪克：《作为话语的新闻》，曾庆香译，华夏出版社2003年版。

2. [美]大卫·阿什德:《传播生态学》,邵志择译,华夏出版社 2003 年版。

3. [英]罗杰·迪金森、拉瓦丝瓦米·哈里德拉纳斯、奥尔加·林耐编:《受众研究读本》,单波译,华夏出版社 2006 年版。

4. [荷]丹尼斯·麦奎尔:《麦奎尔大众传播理论》,崔保国、李琨译,清华大学出版社 2010 年版。

5. [英]雷蒙德·弗思:《人文类型》,费孝通译,华夏出版社 2002 年版。

6. [英]斯图亚特·霍尔、保罗·杜盖伊:《文化身份问题研究》,庞璃译,河南大学出版社 2010 年版。

7. [英]诺曼·费尔克拉夫:《话语与社会变迁》,殷晓蓉译,华夏出版社 2003 年版。

8. [德]马勒茨克:《跨文化传播:不同文化的人与人之间的交往》,潘亚玲译,北京大学出版社 2001 年版。

9. [美]威廉·奥格本:《社会变迁——关于文化和先天的本质》,王晓毅、陈育国译,浙江人民出版社 1989 年版。

10. [美]克莱德·伍兹:《文化变迁》,施惟达、胡华生译,云南教育出版社 1989 年版。

11. [美]印克勒斯:《意识形态与社会变迁》,沙亦群译,巨流图书公司 1973 年版。

12. [美]罗杰斯:《传播学史——一种传记式的方法》,殷晓蓉译,上海译文出版社 2005 年版。

(三)外文原著:

1. James Lull. Media, Communication, Culture: A Global Approach [M]. Polity Press, 1995.

2. Anthony Ciddens, the Consequences of Modernity [M]. Stanford University Press, 1990.

3. Philip Meyer: The Vanishing Newspaper [M]. University of Missouri Press, 2004.

4. Werner Severin, James W, Tankard, Jr: Communication Theories: Origins, Methods and Uses in the Mass Media [M]. Addison Wesley Long-

man, Inc. ; 5 edition, 2000.
5. James W. Carey, Communication as Culture: Essays on Media and Society [M]. Boston; Unwin Hyman, 1989.
6. Max Weber. Economy and Society [M]. New York: Bedminster Press, 1968.
7. Brown I. C. Racial and Cultural Minorities: An Analysis of Prejudice and Discrimination. George E. Simpson and J. Milton Yinger. [J]. American Anthropologist, 1959, 61 (3).
8. Harris, R. J., A Cognitive Psychology of Mass Communication [M]. Lawrence Erlbaum Associates, New Jersey, 1994.
9. Kattak, Conrad Phillip : Anthropology: The Exploration of Human Diversity [M]. Donnelley & Sons Company, 2000.
10. Wirth. Louis. the Problem of Minority Groups in Linton Ed, The Science of Man in the World Crisis [M]. New York: Columbia University, 1957.
11. Gordon, Milton, 1964. Assimilation in American Life [M]. New York: Oxford University Press, 1980.
12. Law, Caroline. Development and Nationalism: An Analytical Model on Economic Growth to Social Prefrence and Party System [J]. Nebula, 2005.
13. John Hutchinson and Anthony D. Smith, Nationalism [M]. Oxford, New-York: Oxford University Press, 1994.
14. Simpon, G. E. and Yinger, J. M. 1985. Racial and Cultural Minorities: An Analysis of Prejudice and Discrimination (five) [M]. Plenum Press, New York and London.
15. Frederick L. Shiels, Ethnic Separatism and World Politics. Lanham, MD [M]. University Press of America, 1984.
16. Deane Alger, The Media and Politics [M]. Prentice-Hall, Inc, 1989.
17. Milton J. Esman. Ethnic Politics [M]. Ithaca: Cornell University Press, 1994.
18. Leonie Sandercock, Towards Cosmopolis: Planning for Multicultural Cities [M], John Wiley & Sons, 1998.
19 Theodor Herzl. A. Separate Jewish State is Necessary. in P. Cozic Charles

(ed.), Israel: Opposing Viewpoints [M]. Green heaven Press, Inc, San Diego, 1994.
20. Hunter A. Local Knowledge and Local Power: Notes on the Ethnography of Local Community Elites [J]. Journal of Contemporary Ethnography, 1993, 22 (1): pp. 36 – 58.
21. Banton, Michael, Racial Consciousness [M]. New York Longman, 1988.
22. Daniel Harrison Kulp, Country Life in South China, The Sociology of Familism. New York Teachers College [M]. Columbia University, 1925.
23. Tan Chee-Beng, Ethnic Identities and National Identities: Some Examples From Malaysia [J]. Identities: Global Studies in Culture and Power, Vo. 16, No. 4, 2000.
24. C. K. Yang, The ChineseFamily in the Communist Revolution [M]. Harvard University Press, 1959.
25. Milton M. Gordon. Assimilation in American Life [M]. New York, Oxford: Oxford University Press, 1964.
26. Chan, R. Madsen & J. Unger, Chen Village: the Recent History of a Peasant Communist in Mao's China [M]. Berkeley: University of California Press, 1984.
27. Roland Robertson, "Globalization, Politics and Religion", in The Changing Face of Religion, eds., James A. Beckford and Thomas Luckmann [M]. London: Sage, 1989.
28. Geoffrey Cupit. The Basis of Equality [J]. Philosophy, Volume, Issue, 1, January, 2000.
29. Hirsch: Television as a National Medium: Its Cultural and Political Role in American Society [M]. In D. Street, Handbook of Urban Life, 1978.
30. Cohen Bernard: The Press and Foreign Policy [M]. Princeton University Press, 1963.
31. A. Weiss, L. Van Crowder, M., Bernardi Communicating Agrometeorological Information to Farming Communities [M]. Agricultural and Forest Meteorology, 2000.
32. Iver Thysen, Agriculture in the Informotion Society [J]. Journal of Agricultural Engineering Research, Volume 76, Issue 3, July 2000.

33. Rogers, E. Diffusion of Innovations 3ed [M]. New York Free Press, 1983.
34. Richardson, D. The Internet and Rural and Agricultural Development: an Integrated Approach. [M]. Rome, Italy, 1997.

后　　记

　　面朝大海，又一季花开时节，《当代东北地区少数民族新闻传播史研究》完稿落笔。

　　向往海天一色的壮阔无际，感慨于信息时代的日新月异。十几年前，自我接触民族新闻研究伊始，东北地区少数民族新闻传播鲜明的民族特色就在我眼前跃动出了斑斓的彩晕和无尽的魅力，激发了我的专业责任意识和不懈的探索欲望。于是，全身心地投入少数民族新闻传播研究尤其是东北地区少数民族新闻传播研究这一亟待开拓的领域。

　　我的民族新闻传播研究起步于辽宁省喀左蒙古族自治县的新闻传播，推进到辽宁全省的十几个民族自治县（区），进一步扩展到东北三省的少数民族及民族地区。多年的探索、耕耘、积累，从主持校级课题、省级课题到主持国家民委课题，围绕东北地区少数民族新闻传播的研究不断延伸和深化，至2011年获批国家社科基金项目"当代东北地区少数民族新闻传播史研究（1949—2010）"，先后主持、参与课题十几项，在兼顾民族新闻传播基本理论研究的同时，对东北地区少数民族新闻传播展开全面系统的梳理和研究。

　　东北地区是我国最大的少数民族散居地区，也是我国跨境民族人数最多的地区。东北三省作为中国的老工业基地和农业基地，经过了市场脱胎换骨式的改革和提升，国家东北亚地区战略的实施更把东北推进到了发展和改革的前沿，推进到了东北亚的核心和基础地位。在此形势下，东北地区少数民族新闻传播的发展和提升的重大意义自然得到彰显。

　　但是，展开对东北地区少数民族新闻传播的研究并非易事。从全国来看，研究少数民族新闻传播的论著，其重点一般集中在全国、五个民族自治区，较少关注东北的少数民族新闻传播。从现有的涉及东北少数民族新闻传播的研究成果来看，对东北少数民族新闻传播的记述，时间多截至新中国成立前，而且有些零散。凡有涉及新中国成立后东北少数民族新闻传播的论著，一般都为专题研究，没有展现东北地区少数民族新闻传播的整体概况。东北地区的少数民族新闻研究记述也多散落在民族史、新闻史或少数民族新闻史的研究之中。综观目前学界和业界，关于东北少数民族新闻传播研究的空白点较多，尤其没有对新中国成立以来东北少数民族新闻传播活动进行综合式深入系统的研究，对东北少数民族新闻传播发展的对策性研究更是鲜见。东北的民族地区以县级为主，对东北少数民族新闻传播的研究必然延伸到国家行政层次的第四级——县级，地域分布范围广泛、偏远，研究基础是空白，对课题研究提出了严峻的挑战。

基于上述背景，在2008—2014年，笔者主持了十几次针对东北地区少数民族新闻传播的田野调查，足迹在白山黑水中穿行，广布东北满族、朝鲜族、蒙古族、达斡尔族等十余个少数民族地区以及大连、丹东、沈阳、长春、哈尔滨、牡丹江和齐齐哈尔等非少数民族地区，内容涉及东北地区少数民族新闻传播的各个环节及要素，走访媒体、调研、访谈媒体从业人员和各类受众，发放问卷几千张，得到了大量珍贵的第一手数据、资料和信息。与此同时，还多次走访北京、上海、武汉、哈尔滨、长春、沈阳、延吉、丹东等地的相关专家学者，得到他们的热情鼓励和支持，并从各地的研究、教学、档案等机构搜集到了极具价值的研究资料。

随着对东北地区少数民族新闻传播研究的全面展开和深入，研究成果不断在各类期刊发表，在相关学术会议上交流，得到了专家学者的一致好评，研究成果获得国家民委、辽宁省政府、大连市政府优秀社科成果奖及其他各类奖项十几项。

其间更有一份意外的收获。2011年获批国家社科基金项目后，得武汉大学新闻传播学院罗以澄先生的赏识，有幸成为罗先生的博士门生。几度寒暑，潜心修学，经罗先生的悉心指导，在武大校园樱花灿烂的时节提交了博士论文《当代东北地区少数民族新闻传播的"两极格局"研究》，并于2014年5月顺利通过答辩，知天命之年带上了博士帽。樱花盛开一季，梦圆今生一世。

叙述中，似有一种顺理成章、水到渠成之感，回头看，却是步履维艰、苦乐交织。然而，自身的提升、对社会的一点贡献、学界及业界的肯定令我掩卷泰然。

本书作为国家社科基金项目的研究成果，是我十几年来关于东北地区少数民族新闻传播研究成果的凝炼和升华。

1. 历史研究

首次对东北地区少数民族新闻传播展开全面、系统的梳理和评估，厘清了新中国成立以来东北地区少数民族新闻传播的发展脉络。

本书以时间为序，把当代东北地区少数民族新闻传播的发展分为1949—1966年、1966—1976年、1976—1999年和2000—2010年四个时期。对每个时期，按照不同民族地区、不同的媒体门类分别予以分析和阐述，重点对其2000—2010年新闻传播事业的发展予以整体观照，并兼顾少数民族新闻传播教育、学术研究等。

2. 发展研究

本书总结了东北地区少数民族新闻传播经过60年的发展历程所形成的独有特色，即由跨境传播和县域乡村传播共同构成的外向和内向"两极传播"格局，分析了"两极格局"在上述四个时期里显示的萌动、偏狭、重振、确立四种态势和成因。这是我国学术史上首次对东北地区少数民族新闻传播发展格局的概况和总结。

本书在追溯其在上述四个时期里新闻传播事业发展和传播内容变化过程，尤其是朝鲜族语文的跨境传播和县域乡村新闻传播发展演进的同时，总结了东北地区少数民族新闻传播经过60年的发展历程形成的富有特色的由跨境传播和县域乡村传播共同构成的外向和内向两极传播格局，并通过梳理、研究每个时期的典型媒介，如有线广播、无线电台、开路电视、闭路电视、卫星广电、网络媒体等多种媒体的现状结构、宣传内容、影响范围、传播效果等，分析当代东北地区少数民族新闻传播的"两极格局"在上述四个时期里显示的萌动、偏狭、重振、确立四种态势，把握当代东北地区少数民族新闻传播事业发展的架构和路径。

3. 生态研究

本书提出了县域乡村要素、跨境民族要素和语言特色要素是影响东北地区少数民族新闻传播"两极格局"的论断，这是我国学术史上首次对东北地区少数民族新闻传播的社会生态进行的提炼和归纳，找到了决定东北地区少数民族新闻传播"两极"态势和民族特色的根本因素。

本书指出，县域乡村、跨界民族和语言特色是东北地区少数民族新闻传播的基本生态要素，也是决定东北地区少数民族新闻传播"两极"态势和民族特色的根本因素，是影响东北少数民族新闻传播形成"两极格局"的最主要原因。同时本书把这三要素与我国和东北地区社会发展的合力影响放在新中国成立后四个时期去考察，辨明了东北少数民族媒介生态基本要素对新闻传播的根本性影响。

4. 民族特色研究

"两极格局"中，东北主要少数民族地区的新闻传播具有不同的民族特色。

东北主要少数民族民族——朝鲜族、蒙古族和满族等民族语言的特点造成了东北地区三个民族新闻传播发展的不同轨迹。东北地区少数民族新闻传播对民族特色的认识和把握及表现方式经历了从民族语言到风土人情再到以多面的社会生活体现文化理念和民族精神的"三级跳跃"。通过这个"三级跳跃"，可以看到东北地区少数民族新闻传播整个系统对民族特色认识的提升和发展进程。

5. 问题研究

本书在多次实地考察和问卷调查的基础上，将传者和受众对县域传播的认知，中国朝鲜族和韩国人、朝鲜人对延边卫视跨境传播的认知进行了比对和分析，从传者和受众对县域传播和跨境传播的媒体偏重、媒体接触率、媒体接触时间、媒体接触意愿、民族语言倾向、民族特色等方面的认知差异入手，分析了"两极格局"存在的问题及其症结。

6. 对策研究

基于对东北地区少数民族新闻传播的发展脉络和总体面貌的充分认识，并对当今东北地区少数民族新闻传播的现实布局及其发展趋势进行合理的解析后，针对东北地区少数民族新闻传播"两极格局"存在的五个方面的问题及其症结，本书有针对性地提出了一系列富有建设性的优化东北地区少数民族新闻传播"两极格局"的对策和建议。

对东北地区少数民族新闻传播的研究，不仅要厘清其历史沿革，回忆、钩沉往昔失去的岁月和印迹，而且要进行发展研究，展示其当今的现状和将来行进的轨迹，深入地探讨和开掘当代东北地区少数民族新闻传播的属性、特征和动因，进而就其存在的问题及症结进行系统分析，并提出对策和建议。只有如此才能刻印历史，启迪未来，彰显研究的价值。我的学术抱负与研究价值会在本书中展现些许。

其一，本书提出东北地区少数民族新闻传播呈现跨境传播和县域乡村传播的"两极格局",并对其在不同时期的发展状貌和历史功能进行了全方位的研究,这在学界尚未有先见。本书建构的研究方式和理论架构揭示了东北地区少数民族新闻传播发展的总体框架与特色,在全球化的传播语境中,其结论具有较高的学术价值和现实意义。

其二,目前学界和业界对东北地区少数民族新闻传播的研究空白点较多,对新中国成立以来东北少数民族新闻传播活动没有进行系统的论述,对东北少数民族新闻传播发展的对策性研究更是鲜见。本书运用传播学、民族学等多学科理论与方法,首次对东北地区少数民族新闻传播展开了全面、系统的梳理和评估,在一定程度上填补了对其历史系统研究和发展研究的空白。

其三,本书提出,县域乡村、跨境民族和民族语言特色是东北地区少数民族新闻传播的基本生态要素,并重点从该三个要素方面提出了优化其"两极格局"的对策。这一见解及其论述,不仅厘清了东北地区少数民族新闻传播与中国社会和东北地区、东北少数民族地区社会发展诸系统之间的整体关系,对其属性和特征做出了完整的评估和把握,而且对新形势下的新闻传播活动具有重要的实践指导意义。

书稿即将付梓,掩卷回味,不胜感慨。如果本书真正存有这些价值的话,那么其来源不仅仅是我一个人的付出,而是一个群体的智慧。书稿是温暖的,多种情谊流淌在字里行间;书稿是沉重的,寄寓着师友对我的期望;书稿是曼妙的,隐映着白山黑水中少数民族的文化魅力。

在此,衷心地感谢我国少数民族新闻传播研究的开拓者、集大成者白润生先生!可以说他是我从事民族新闻传播研究的领路人。在我的课题研究过程中,尤其是本书的撰写期间,白先生不论是在国内外还是在国外,都会随时给予我悉心的指导和热情的鼓励。本书的些许成就也体现了白润生先生付出的心血,唯有今后扎实的学习和卓有成效的工作,才能回报白润生先生于万一!

感谢我的导师罗以澄先生!我的博士论文《东北地区少数民族新闻传播的"两极格局"研究》是在罗先生的精心指导下完成的。罗先生博学精深的专业素养、诲人不倦的教学品质、淡泊名利的师德操守、善解人意的学者品行令我仰视,更是我人生追求的境界。

感谢延边大学的李逢雨教授、时任国家民委民族理论政策研究室主任的孙青友先生、黑龙江地区蒙文报刊的首创者波·少布先生等前辈及同仁在课题调研及书稿撰写过程中的鼎力相助和亦师亦友的关照。

感谢东北少数民族地区的有关领导、传媒机构的领导及相关从业人员、受访群众和我可爱的学生，是他们给我提供了丰富的第一手资料和热情的帮助。他们的热心支持与配合是我完成本书的基本保证。

感谢中国社会科学出版社的编辑吴丽萍老师，她温柔典雅中流动的智慧、热情周到的服务和不厌其烦的辛勤付出，使我的研究成果锦上添花！

最后要感谢中国少数民族新闻传播学研究的开拓者白润生先生、中国新闻史学会会长陈昌凤教授于百忙中为拙作作序，他们的热情鼓励和对论著较高的评价使我从中体会到了两位学者对我学术研究的提升寄予的希望，并将激励我前行不辍。

民族新闻传播研究已成显学，但需要拓展的内容和领域还很多。本书虽然是我研究进程中的一点成绩和总结，但我更愿意以此为基础在各位专家和学者的指导下，在少数民族新闻传播研究领域深耕细作，希冀实现新的突破！

回望十几年研究历程的每一个日日夜夜，呵护、关心如影随形，这就是来自先生和女儿的爱。这是我心灵的依靠，是我探索前行的动力，是我研究灵感的源泉！

夜色沉静，意犹未尽，只是窗外月涌海面，万里无垠……

是为记。

于凤静
2017年7月8日深夜于大连